高等职业教育优质校建设轨道交通通信信号技术专业群系列教材

轨道交通信号与通信设备

主　编　李丽兰　徐晓冰
副主编　占雪梅　魏　君　房新荷
主　审　韦成杰

西南交通大学出版社
·成　都·

图书在版编目（CIP）数据

轨道交通信号与通信设备 / 李丽兰，徐晓冰主编
. —成都：西南交通大学出版社，2022.9
高等职业教育优质校建设轨道交通通信信号技术专业群系列教材
ISBN 978-7-5643-8898-0

Ⅰ. ①轨… Ⅱ. ①李… ②徐… Ⅲ. ①城市铁路－轨道交通－铁路信号－信号设备－高等职业教育－教材②城市铁路－轨道交通－铁路通信－通信设备－高等职业教育－教材 Ⅳ. ①U239.5②U285

中国版本图书馆 CIP 数据核字（2022）第 162298 号

高等职业教育优质校建设轨道交通通信信号技术专业群系列教材

Guidao Jiaotong Xinhao yu Tongxin Shebei

轨道交通信号与通信设备

主　编 / 李丽兰　徐晓冰
责任编辑 / 李　伟
封面设计 / 吴　兵

西南交通大学出版社出版发行
（四川省成都市金牛区二环路北一段 111 号西南交通大学创新大厦 21 楼　610031）
发行部电话：028-87600564　028-87600533
网址：http：//www.xnjdcbs.com
印刷：四川森林印务有限责任公司

成品尺寸　185 mm × 260 mm
印张　19.75　插页　1　字数　499 千
版次　2022 年 9 月第 1 版　印次　2022 年 9 月第 1 次

书号　ISBN 978-7-5643-8898-0
定价　48.00 元

课件咨询电话：028-81435775

前 言

新中国成立尤其是改革开放以来，我国国民经济蓬勃发展，综合国力日益增强，轨道交通事业取得了巨大成就，“先进轨道交通装备”被列入我国制造强国战略第一个十年行动纲领《中国制造 2025》。作为国家十大重点发展领域之一，轨道交通技术的持续快速发展需要以“市场主导、政府引导，立足当前、着眼长远，全面推进、重点突破，自主发展、合作共赢”为原则，以“创新驱动、质量为先、绿色发展、结构优化、人才为本”为方针，全面提高发展质量和核心竞争力。

轨道交通通信信号设备是保障轨道运输安全、提高轨道运输效率的核心。随着轨道交通技术的快速发展，新型信号与通信设备层出不穷，信息化、自动化的轨道控制设备得到广泛应用。紧跟轨道现场技术的发展，学习信号与通信专业基础知识，了解信号与通信设备功能，掌握行车设备基本操作，对从事轨道运输生产的各专业技术与管理人员都很重要，对高职院校轨道运营管理、机车驾驶等专业的学生尤为必要。

按照高职院校基于工作过程的课程开发要求，本书在对轨道交通信号与通信设备系统介绍的前提下，还在关键内容上进行了精心编排，以便于实施“项目导向、任务驱动、理论实践一体化”的教学模式，突出对学生职业技能的培养。

本书由郑州铁路职业技术学院李丽兰、徐晓冰担任主编，占雪梅、魏君和房新荷担任副主编，楚彩虹、苏向上、李珊珊、常仁杰、李春莹和中铁七局集团有限公司朱宝峰参编，韦成杰担任主审。全书具体编写分工如下：李丽兰编写项目一和项目七的任务一，朱宝峰编写项目二，房新荷编写项目三的任务一，常仁杰编写项目三的任务二，李春莹编写项目三的任务三、任务四和任务五，魏君编写项目四的任务一，占雪梅编写项目四的任务二，李珊珊编写项目五的任务一和任务二，苏向上编写项目五的任务三，楚彩虹编写项目六，徐晓冰编写项目七的任务二和任务三。此外，从教铁道信号与通信专业多年的郑州铁路职业技术学院铁道信号自动控制、铁道通信与信息化技术专业的诸多资深教师，为本书的编写提供了大量技术资料，并提出了许多宝贵意见，在此一并致谢。

本书力求知识结构完整、重点突出、理论联系实际、内容易于自学，并充分结合课堂教师讲授和课下学生自学，让学生能更好地认识我国铁路信号与通信的新知识、新技术、新设备，更好地进行职业能力的提升。但由于我国轨道交通信号与通信设备类型太多，并在不断更新、完善，加之编者专业知识水平及文献资料相对有限，内容详略和深度的把握难免不够准确，书中不足之处在所难免，希望广大读者及专家提出批评和改进建议，以便我们日后不断完善。

编 者

2022 年 6 月

目　录

模块一　轨道交通信号与通信系统概述

模块二　轨道交通信号系统

模块三　轨道交通通信系统

模块一 轨道交通信号与通信系统概述

轨道交通是指运营车辆在特定轨道上行驶的一类交通工具或运输系统。最典型的轨道交通就是由传统列车和标准铁路所组成的铁路系统。随着铁路技术的多元化发展，轨道交通呈现出越来越多的类型，不仅遍布于长距离的陆地运输，也广泛运用于中短距离的城市公共交通中。

常见的轨道交通有传统铁路（国家铁路、城际铁路和市域铁路）、地铁、轻轨和有轨电车，新型轨道交通有磁悬浮轨道系统、单轨系统（跨座式轨道系统和悬挂式轨道系统）和旅客自动捷运系统等。

根据服务范围差异，轨道交通一般分为国家铁路系统、城际轨道交通和城市轨道交通三大类。轨道交通普遍具有运量大、速度快、班次密、安全舒适、准点率高、全天候、运费低和节能环保等优点，但同时也伴随着较高的前期投资、技术要求和维护成本，并且占用的空间往往较大。

项目一　信号系统设备概述

项目导引

铁路交通是我国轨道交通系统的核心构成，在我国综合交通运输体系中处于骨干地位，是国家的重要基础设施。铁路信号设备用来指挥列车运行，确保行车安全。传统的铁路交通，列车运行速度较慢、运行时间间隔较大，信号设备对列车只起到地面信号显示的作用，列车运行安全主要依靠司机；现代化的信号系统能对列车高效控制，列车运行自动控制系统更是能实现列车运行的全过程自动控制，使列车运行速度高、时间间隔短，能适应复杂地形线路且乘客舒适性好。

城市轨道交通作为城市交通的重要组成部分，其应用范围不断扩展，已经成为解决城市交通压力的重要方式。城市轨道交通信号系统是人工或自动和远程实现行车指挥及列车运行控制、安全间隔控制等技术和设备的总称。

任务一　铁路信号系统设备概述

学习目标

（1）了解铁路信号设备的发展；

（2）熟悉铁路主要信号设备的基本功能。

相关知识

一、铁路信号设备发展简介

1. 人工信号

1825 年，世界上第一列列车在英国运行，采用手持信号旗的方式骑马引导列车行进。

1832 年，美国铁路开始采用通过望远镜瞭望球形固定信号装置的颜色驾驶列车。

1839 年，英国铁路开始使用电报方式传递行车信息。

2. 机械装置信号

1841 年，英国铁路开始使用臂板信号机。

1851 年，英国铁路使用电报机实现了闭塞。

1856 年，J.萨克斯贝发明了机械联锁机。

1866 年，美国设计出轨道接触器检查闭塞区间占用。

1867 年，点式停车装置出现，列车需要在显示停车信号的信号机前方停车。

1872 年，美国人 W.鲁滨逊发明了闭路式轨道电路。

3. 电气信号

20 世纪 30 年代到 60 年代，世界各国相继出现了色灯信号机、继电式联锁系统和车载辅助信号设备等，司机按照设置在线路旁的信号机显示的行车信息驾驶列车。

4. 电子信号

20 世纪 60 年代，电子器件和计算机开始被大量应用，日本新干线应用了列车自动控制（Automatic Train Control，ATC）系统，开始采用“机控为主、设备优先”的列控方式。

20 世纪 70 年代，地面信息传输技术（应答器、轨道电路和轨间环线等）和列车信息接收技术不断完善，点式 ATC 系统、点连式 ATC 系统相继出现，多国开始推出基于数字轨道电路的准移动闭塞 ATC 系统。

20 世纪 80 年代，车载信号设备功能不断增强，自动制动、自动驾驶、节能运行、“距离-速度曲线”列控模式等技术陆续被采用。

20 世纪 90 年代后，随着无线通信技术的广泛应用，以信号控制为核心的传统铁路信号系统逐渐演变成以无线车地通信和移动闭塞为特点的基于通信的列车自动控制系统（Communication Based Train Control system，CBTC）。

当代铁路信号系统主要用于控制、监督、执行、保障列车运行安全，是以信号控制技术、计算机技术和现代通信技术为基础，结合冗余技术、“故障-安全”等技术的列车运行控制、行车指挥、设备检测和信息管理的综合控制系统。

二、铁路信号设备简介

现在的轨道交通技术已发展出多种类型，其信号系统各有特点，又相互借鉴，具体的信号设备种类众多，以下仅对我国铁路主要信号设备做简要介绍。

1. 继电器

继电器本质上是一种二级开关组合器件，包含电磁系统、接点组系统和封装部分。继电器输入部分主要表现为电磁特性，输出部分主要表现为电气和机械特性，此外还有继电、逻辑、时间等特性。

继电器在电气领域大量应用，种类非常多，铁路信号系统中常用的继电器简称“信号继电器”；符合“故障-安全”原则的信号继电器称作“安全型继电器”。传统的电气信号系统中继电器数量较多，现代信号系统电子技术被大量应用，大规模电子电路和计算机取代了以往大多数继电式电气电路，继电器如今主要应用在信号接口电路及表示电路中。

2. 信号机

广义的信号泛指表示信息的物理量，种类可无限多。狭义的铁路信号是指在铁路行车作业过程中，向行车有关人员发出的指示和命令。

铁路信号分听觉信号和视觉信号。听觉信号如号角、口笛、机车鸣笛和响墩等，视觉信号如旗帜、标牌、不同颜色的灯光等。

视觉信号又可分为移动信号和固定信号。移动信号如手持信号旗、手提信号灯、火炬、移动标牌等，固定信号如信号机、表示器等。

信号机又可分为臂板信号机、色灯信号机和机车信号机。如今所说的信号机一般仅指地面固定色灯信号机，它可通过设置的位置、组成结构和灯光颜色的不同向行车有关人员发出多种行车指示和命令。

3. 轨道电路

轨道电路本质上是一种部分导线采用钢轨线路的电气电路。作为铁路信号设备中的一类，它能监督线路的完整性，检测列车对轨道电路区段的占用。部分轨道电路还能通过钢轨向列车传送一定量的行车信息。

4. 转辙机

转辙机位于线路道岔位置，是道岔的核心设备，其主要功能是转换道岔的定反位状态，实现对车列进路方向的控制。

通常情况下，道岔被转换到规定位置并且密贴后，转辙机还需要对道岔实施机械锁闭，用电路表示道岔状态，当道岔被挤或因故处于“四开”位置（两侧尖轨均不密贴）时，及时切断表示电路并发出报警提示。驼峰转辙机的主要特点是能快速转换道岔位置状态。

5. 车站联锁设备

联锁关系是指铁路信号设备之间的相互制约关系，简称“联锁”。一般所说的联锁，专指车站范围内进路、道岔和信号之间的制约关系。能实现联锁关系的信号设备称作联锁设备，联锁设备必须遵守“故障-安全”原则，且可靠工作，主要实现行车进路的排列、安全防护和解锁，防止进路间发生冲突。

6. 区间闭塞设备

所谓区间，是指两个车站（或线路所）之间的铁路线路。

列车在区间的运行组织方法称为“闭塞行车法”，简称闭塞。我国铁路主要的闭塞制式有半自动闭塞、自动站间闭塞和自动闭塞。能实现闭塞功能的信号设备称为闭塞设备。铁路区间的信号、闭塞及区段自动控制、远程控制技术常统称为区间信号自动控制。

闭塞相关常用概念还有空间闭塞、时间闭塞、电报闭塞、电话闭塞、固定闭塞、准移动闭塞和移动闭塞等。

7. 调度集中设备

调度集中控制（Centralized Traffic Control，CTC）由美国人 S.N.怀特于 1925 年首先提出并定名，1927 年在美国纽约首次被应用，我国常简称调度集中。

在我国，CTC 以列车调度指挥系统（TDCS）为基础，由铁路局、车站两级构成，主要实现区域范围内列车调度指挥、列车编组信息管理、调车作业管理、综合维修管理、列/调车进路人工和计划自动选排、分散自律控制等功能。

CTC 集中多个车站与区间的联锁、闭塞和信号基础设备于一体，采用遥信和遥控技术，调度员在调度处所可集中、统一操控区域内各车站，提高了列车运行速度，改善了列车运行准点率，使列车运行更加安全。

8. 调度指挥设备

为了增强各级铁路的运输调度指挥手段、提高运输效率、逐步实现行车调度自动化，1996 年我国开始实施调度指挥管理信息系统（Dispatch Management Information System，DMIS）工程，它是我国铁路现代化的重要标志性工程。2005 年，DMIS 更名为铁路列车调度指挥系统（Train operation Dispatching Command System，TDCS），系统侧重点从管理信息转变为调度指挥。

TDCS 是覆盖全路的现代化调度指挥管理和控制网络，采用二级三层体系结构，以行车调度为核心，实现运输调度的集中管理、透明指挥、实时监视、自动调整。TDCS 服务于全路的各运输生产部门，是铁路运输指挥信息化、自动化的基础。

铁路运输调度是铁路运输组织的指挥中枢，要求高度集中联系运输作业的各个工作环节。根据分级管理、统一指挥的原则，国铁集团设调度处，铁路局设调度所，技术站设调度室。

TDCS 的二级三层结构：最高层，国铁集团调度指挥中心 TDCS，是核心；第二层，铁路局调度指挥中心 TDCS；第三层，车站/分界口基层调度指挥网。

9. 列控设备

铁路列车运行控制系统（Train operation Control System，TCS）或城轨列车自动控制系统（Automatic Train Control，ATC）简称列控系统，是对列车运行全过程或一部分作业实现运行速度、位置等状态的监督、控制和调整，确保行车安全、提高运输效率的新型信号系统。

列控系统的主要特点是具备高度的智能化，设备能直接对移动的列车进行控制，大大降低了司机的劳动强度，大幅提高了列车的最高运行速度，优化了列车运行速度曲线。

10. 信号集中监测设备

传统信号设备不具备实时的电气特性自诊断能力，不能预判故障，也不能将行车信息长时间存储、回放。信号集中监测设备就是电务安全的“黑匣子”，是信号检修技术的重大突破，是铁路安全行车的重要保障设备。信号集中监测系统拓扑与设备如图 1-1-1 所示。

信号集中监测系统融合了现代传感技术、现场总线技术、计算机网络通信技术、软件工程及数据库等技术，能监测并记录信号设备的运行状态、统计分析相关数据，对科学管理设备、提高设备检修效率提供重要技术支持。

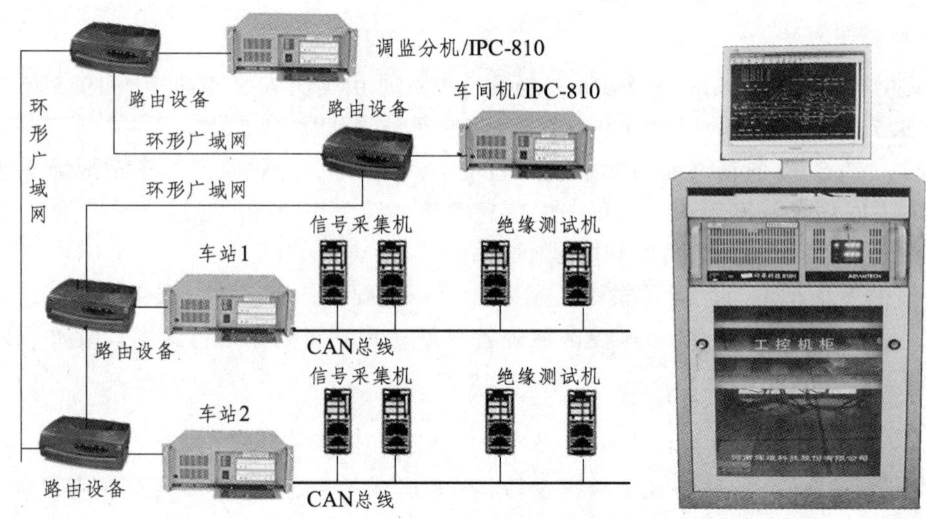

图 1-1-1 信号集中监测系统拓扑与设备

集中监测系统采用国铁集团电务监测中心、铁路局电务监测中心、电务段监测中心和车站监测系统的三级四层体系结构，对各种信号设备及开关量、熔丝、接口、外电网、环境状态、灯丝电流、电缆绝缘、漏电流等各种电气参数进行记录和诊断。

11. 驼峰信号设备

铁路编组站的作业主要有改编货物列车作业、无改编中转列车作业、机车整备与检修、车辆检修等。编组站按作业需要设置若干作业各异的车场，主要有到达场、调车场、出发场、到发场，此外还有车辆段、机务段等。编组站调车作业分为平面调车和驼峰调车，大能力驼峰调车场每昼夜的解编能力要求在 4 000 辆以上，设两条溜放线，调车线不少于 30 条。驼峰信号设备是编组站（及部分区段站）的重要技术装备。调车驼峰结构示意图及驼峰信号设备如图 1-1-2 所示。

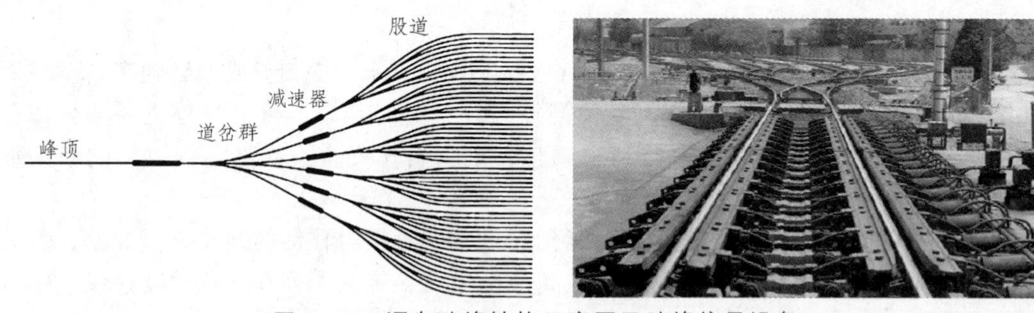

图 1-1-2 调车驼峰结构示意图及驼峰信号设备

所谓调车驼峰，就是在驼峰调车场头部建起的高于调车场平面的土丘。机车将解体车列推上峰顶后，摘钩车辆主要依靠自身高度和重力向编组线自行溜放；在保证前后两车组有适当距离的情况下，解编溜放作业可以连续进行。驼峰调车场的列车改编能力强、效率高。

驼峰信号设备包括驼峰信号机、转辙机、轨道电路、按钮柱、限界检查器、调速设备、测量设备、驼峰进路自动控制设备、驼峰溜放速度控制设备、驼峰推峰机车速度控制设备和驼峰计算机过程控制设备等。

12. 道口信号设备

铁路和公路在同一平面内的交叉空间称为铁路道口，简称道口。道口可分为有人看守道口和无人看守道口、区间道口和站内道口，依据通过列车次数和交通流量还可分为一、二、三、四级道口。

道口基础设施有道口护桩、平台纵坡、值班房、栏杆或拦门、道口电话、道口照明、道口广播、排水设施等。道口视觉信号有司机鸣笛标、遮断信号、火炬信号、手信号、道口自动信号设备以及各种道口标志；道口听觉信号有口笛、号角、广播、机车鸣笛、响墩、道口自动信号音响器和列车无线调度电话等。铁路道口及道口信号标志如图 1-1-3 所示。

图 1-1-3　铁路道口及道口信号标志

13. 信号电源设备

铁路信号设备种类和数量众多，需要专用的电源设备提供可靠、稳定、安全、容量充足的供电。信号电源设备分机械式电源和智能化电源，如今普遍采用智能电源设备。现代的信号电源系统一般都包含不间断供电系统（Uninterruptable Power System，UPS）和电源屏两部分。

信号电源设备可输出不同的电压和容量，按输出电源特性分为直流电源屏、交流电源屏和交直流电源屏；按供电对象分为继电电源、表示电源、信号电源、轨道电源、转辙机电源、联锁电源、闭塞电源、监测电源、调度集中电源等。

任务二　城轨信号系统设备概述

学习目标

（1）了解城轨信号系统的组成；

（2）熟悉城轨信号设备的分布。

相关知识

城市轨道交通是现代都市的重要基础设施，具有运量大、速度快、安全可靠、污染低、受其他交通方式干扰小等特点，可最大限度地满足市民的出行需要，有效改善城市交通运行状况。信号系统是城市轨道交通调度指挥和运营管理的中枢神经，合适的信号系统可以带来较好的经济效益和社会效益。

一、城市轨道交通对信号系统的要求

1. 高安全性

城市轨道交通尤其是地下部分隧道空间小，行车密度大，故障排除难度大，若发生事故难以施援，因此，对信号系统提出了更高的安全要求。

2. 通过能力

城市轨道交通不设站线，进站列车停在正线上，先行列车的停站时间会直接影响后续列车接近车站，所以信号设备必须满足通过能力的要求。

3. 强抗干扰能力

城市轨道交通均为直流电力牵引，因此，信号设备对其应有较强的抗干扰能力。

4. 高可靠性

城市轨道交通隧道净空小，且装有带电的牵引接触轨或接触网，行车时不便维修和排除设备故障，所以，信号设备应具有高可靠性。

二、城市轨道交通信号系统的组成

城市轨道交通信号系统沿袭铁路制式，但由于其自身的特点，与铁路信号系统有一定的区别，以速度控制为基础的列车自动控制系统已成为城市轨道交通信号的共同选择。

城市轨道交通信号系统通常由列车自动控制（ATC）系统和车辆段信号控制系统两大部分组成，如图 1-2-1 所示，它主要用于列车进路控制、列车间隔控制、调度指挥、信息管理、设备工况监测及维护管理等。

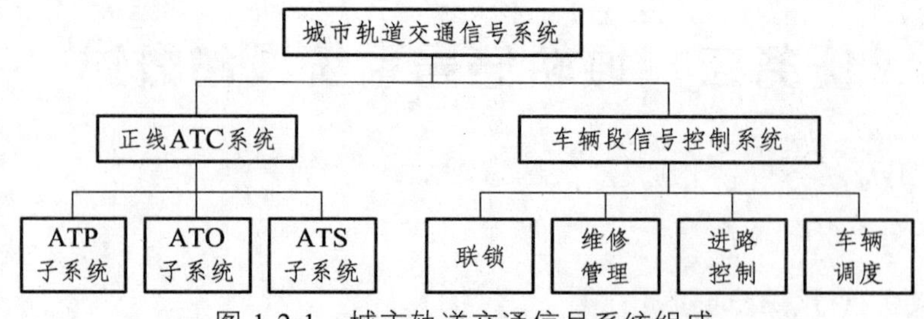

图 1-2-1　城市轨道交通信号系统组成

1. ATC 系统

ATC 系统可实现行车指挥和列车运行自动化，它包括列车自动防护（Automatic Train Protection，ATP）、列车自动驾驶（Automatic Train Operation，ATO）及列车自动监控（Automatic Train Supervision，ATS）三个子系统。

（1）ATP 系统：能对列车进行速度监督和超速防护，它可与 ATS 系统、ATO 系统及车辆系统连接并进行信息交换。ATP 系统通过实时测速和测距，确保列车在安全速度下行驶，必要时给出各种提醒信号，甚至自动启动紧急制动。

（2）ATO 系统：实现“地对车控制”，即用地面信息实现对列车驱动和制动的控制，包括列车自动折返，根据控制中心的指令使列车按最佳工况正点、安全、平稳地运行，自动完成对列车的起动、牵引、惰行和制动，并传送车门和屏蔽门的同步开关信号等。

（3）ATS 系统：实现对列车运行的监督和控制，辅助调度人员对全线列车进行管理。

ATC 系统需设置行车控制中心，沿线各车站设计为区域性联锁，其设备放在控制站（一般为有岔站），列车上安装车载控制设备。控制中心与控制站通过有线数据通信网连接，控制中心与列车之间采用无线通信进行信息交换。

2. 车辆段联锁设备

城市轨道交通的车辆段类似于铁路区段站的功能，包括列车解编、接发列车和频繁调车作业，线路、道岔和信号设备都较多，所以一般独立采用一套联锁设备。车辆段设一套联锁设备，可实现车辆段的进路控制，同时，通过 ATS 车辆段分机可与行车指挥中心交换信息。车辆段联锁设备前期常采用 6502 电气集中联锁，近年来均采用计算机联锁。

三、城市轨道交通信号系统设备分布

根据所处位置不同，城市轨道交通信号系统设备可分为 5 类：控制中心设备、车站及轨旁设备、车辆段设备、试车线设备、车载设备。

1. 控制中心设备

控制中心设备属于 ATS 系统，是 ATC 系统的核心。控制中心设备主要包括中心计算机系统、综合显示屏、调度员和调度长工作站、运行图工作站、培训/模拟工作站等，如图 1-2-2 所示。

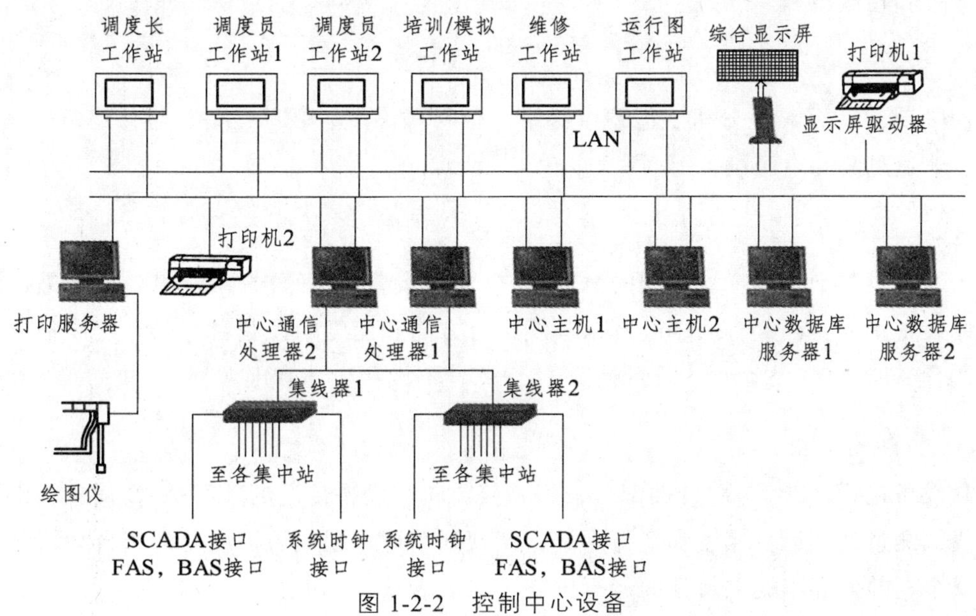

图 1-2-2　控制中心设备

（1）中心计算机系统：包括控制主机、通信处理器、数据库服务器、维修工作站、局域网及各自的外部设备，设于设备室。

（2）综合显示屏：用来监视正线列车的运行情况及系统设备的状态，由显示设备和相应的驱动设备组成，设于主控制室。

（3）调度员和调度长工作站：用于行车调度指挥，设于主控制室。

（4）运行图工作站：用于运行计划的编制和修改，通过人机对话可以实现对运行时刻表的编辑、修改及管理，设于运行图室。

（5）培训/模拟工作站：配有各种系统的编辑、装配、连接和系统构成工具以及列车运行仿真软件。它能仿真列车在线运行及各种异常情况，而不参与实际的列车控制。实习操作员可通过培训/模拟工作站模拟实际操作，培养控制系统能力和各种情况下解决问题的能力。

2. 车站及轨旁设备

车站分集中联锁站和非集中联锁站。集中联锁站一般为有道岔车站，也有无道岔车站。非集中联锁站一般为无道岔车站。有道岔车站根据需要也可以由邻近车站控制，从而成为非集中联锁站。

1）集中联锁站及轨旁设备

集中联锁站设有 ATS 车站分机、车站联锁设备、ATP/ATO 系统地面设备、电源设备、维修终端、乘客向导显示牌、紧急关闭按钮、信号机、发车指示器和转辙机等。

2）非集中联锁站及轨旁设备

非集中联锁站的设备只有发车指示器、紧急关闭按钮和乘客向导显示牌。无道岔的非集中联锁站轨旁仅有轨道电路的耦合单元。有道岔的非集中联锁站除轨旁的耦合单元外，还有防护信号机和转辙机。

3. 车辆段设备

车辆段设备包括 ATS 分机、派班室终端、信号楼终端、联锁设备、维修终端、信号机、转辙机、轨道电路和电源设备等。

4. 试车线设备

试车线上设若干段与正线相同的 ATP/ATO 地面设备，用来对车载 ATC 设备进行试验。在试车线设备室内，设置有用于改变试车线运行方向和速度的控制台。试车线设备室一般配备一套适合 ATP/ATO 设备的不间断电源（UPS），不设蓄电池和电源屏。

5. 车载设备

车载设备包括 ATP 和 ATO 两部分，用来接收轨旁设备传送的 ATP/ATO 信息，计算列车运行曲线，测量列车运行速度和走行距离，实现列车运行超速防护以及列车自动驾驶，以保证行车安全，并为列车提供最佳的运行方式。

任务三　车站信号设备平面布置图

学习目标

（1）熟悉铁路车站功能、类型及结构组成；
（2）能够进行车站信号设备平面布置图的识读；
（3）能够进行车辆段信号设备平面布置图的识读。

相关知识

一、铁路车站认知

1. 车站与区间

铁路运输线路由车站和区间共同构成，车站负责完成各种机车车辆作业，区间用来实现列车的快速通行，二者之间的线路结构、长度、信号设备的布置，以及列车运行控制的特点等都有很大不同。

线路所是为提高区间通过能力或为管理区间分歧道岔而设置的，一般设置在比较大的站间区间或者有去往不同方向车站的地方。线路所一般只设置预告和通过信号机，不设到发线（配线），也不办理客货运业务；少数线路所需要有一定的管辖地段，需设置进站和出站信号机。线路所应装设与临站相同的基本闭塞设备。线路所一般不能连续设置。

车站与车站之间的铁路线路称为站间区间，车站与线路所之间的铁路线路称为所间区间，它们均可简称区间。区间按所含铁路线路的数目，可分为单线区间、双线区间以及多线区间（如三线区间、四线区间等）。

车站与区间的分界标志为站界标，如图 1-3-1 所示，现常用进站信号机位置划分车站与区间。

2. 铁路车站概述

铁路车站，也称火车站，是铁路部门办理客、货运输业务和列车技术作业的场所。

世界上第一座正式的铁路车站建于 1830 年的英国曼彻斯特，如今我国已建成数量众多的铁路车站，它们的功能和特点类型各异。我国铁路主要有既有线、高铁线和重载线三种类型。第一座既有线铁路车站是建于 1881 年的“唐山站”。第一座标准高铁车站是 2009 年正式启用的武广线武汉站，如图 1-3-2 所示，它是我国第一个采用上部大型建筑结合下部桥梁共同构成，能实现高铁、地铁、公路无缝衔接的铁路车站。我国重载线车站源于 1992 年全线贯通的“大秦线”。

图 1-3-1　站界标

图 1-3-2　武汉站

我国铁路车站共分 6 个等级：特等站、一等站、二等站、三等站、四等站和五等站。大型铁路车站可由主要作业内容不同的多个车场组成。

3. 常见铁路车站类型

铁路车站按业务性质主要分为客运站、货运站和客货运站；按列车技术作业分为编组站、区段站和中间站。一般车站以一项业务和一项作业为主兼办其他业务和作业；部分车站能同时办理多项主要业务和作业。

1）客运站

客运站主要办理售票、行李包裹运送、随身携带品寄存、旅客上下车等客运业务，以及旅客列车终到、始发、技术检查等行车工作和客车整备等作业。客运站的主要设备有站房、站台、到发线等。办理大量始发、终到旅客列车的客运站，还需设置能提供客车检修、清洗等作业的客车整备场。

客运站按布置图形式可分为通过式、尽头式和混合式。

通过式客运站的正线和到发线是贯通的，站房一般设在铁路的一侧。尽头式客运站的站房可设在到发线终端或一侧。混合式客运站是通过式和尽头式两种形式的结合。

2）货运站

货运站主要办理货物承运、交付、装卸，以及货物列车的到发、车辆取送等作业。货运站主要设备有货物列车到发线、编组线、牵出线和铁路货场等。

货运站的布置图形式有通过式和尽头式，一般中小型货运站采用通过式，大型货运站采用尽头式。

3）客货运站

客货运站是指可以同时办理客运、货运业务的铁路车站。

4）编组站

编组站是专门办理大量列车编组、解体和列车、车辆技术作业的车站。编组站主要设备有到发线（场）、调车线（场）、驼峰、牵出线以及机务段、车辆段等，如图 1-3-3 所示为单向纵列式三级三场编组站。

5）区段站

区段站是设在铁路牵引区段分界处的车站，主要办理机车换挂、技术检查以及小运转列车改编等作业。区段站主要设备有到发线、调车线、牵出线、机务段、车辆段及其他有关设备。

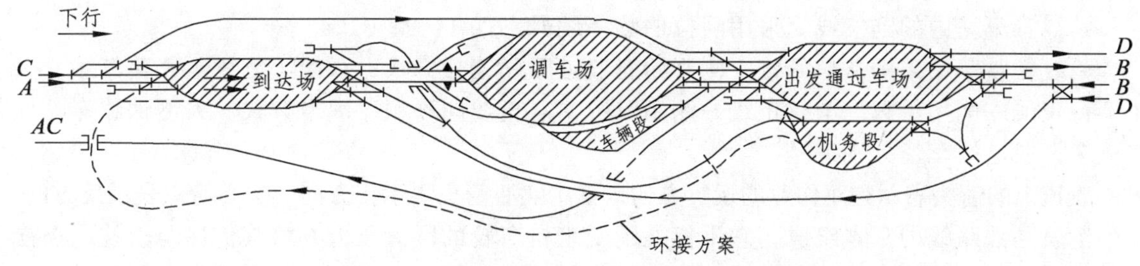

图 1-3-3　单向纵列式三级三场编组站示意图

区段站布置图形式可分为横列式和纵列式。

6）中间站

中间站是主要办理列车会让（单线铁路）和越行（双线铁路）作业的铁路车站。技术作业有列车到发、会让和调车等。中间站主要设备有到发线、货物线、牵出线和旅客乘降设备等。

此外，我国铁路还有专为工矿企业服务的工业站，铁路与专用铁道衔接的联轨站，为港口水陆联运服务的港湾站，本国与国外铁路衔接的国境站，在不同轨距铁路联结处办理旅客换乘、货物换装或客、货车辆换轮的换装站等。

二、铁路车站信号平面布置图识读

铁路线路可分为正线、站线、岔线、安全线、避难线、牵出线、段管线等。

铁路车站信号设备平面布置图是根据具体站场线路的结构组成绘制的，是设计车站联锁电路的基础，是进行车站信号工程设计与施工的重要依据。

信号平面布置主要内容有：信号楼及其设置位置，集中联锁区范围，线路列车作业方向，联锁区全部线路及与联锁区有密切联系的非联锁区线路，联锁区全部道岔及岔尖距车站中心线距离，信号机布置及距车站中心线距离，道口房和机车出入库闸楼位置，站台位置、宽度及线路间距，与信号机有关或侵限绝缘节处警冲标位置，集中道岔、股道、色灯信号机、轨道电路区段的编号或名称，道岔类型和股道有效长度统计表等。

1. 信号楼

信号楼是铁路车站或车场设有控制、监督现场信号设备等的专用楼舍。信号楼设有操纵、监督信号设备和作业状况的控制台室（运转室），信号自动或半自动控制的联锁、电源等设备的机械室，以及计算机房、维修工区值班室、库房等。

为了便于瞭望，信号楼一般设计为多层楼式建筑，通常设于站场线路近旁。一个车站可以集中设置一个信号楼，也可以在站场两端咽喉附近各设置一个信号楼，根据具体需要还可设置 3 ~ 4 个信号楼。

2. 股　道

股道指铁路车站内带编号名称的轨道线路，用于确定列车停靠的具体位置。股道包括正线和站线。

正线：贯穿并直股伸入车站的线路，采用罗马数字编号，如Ⅰ、Ⅱ、Ⅲ、Ⅳ等。

站线：车站内的到发线，采用阿拉伯数字编号，如 1、2、3、4 等。

单线铁路车站采用从信号楼一侧开始对股道顺序编号方式；双线（复线）铁路车站，采用下行正线一侧用单数，上行正线一侧用双数，从正线向外顺序编号方式。大型铁路车站股道较多，股道按车场分别编号。

股道上的箭头表示列车作业的运行方向，其中实心箭头表示正方向，空心箭头表示反方向。

钢轨是铁路线的基本组成，它不仅能承受来自车轮的巨大压力并将其传递至轨枕，还能利用轮轨的机械关系引导列车行进，在电气化区段，钢轨还能兼作相关电路的必要组成。我国钢轨的标准长度有 12.5 m 和 25.0 m 两种。钢轨按每米公称质量可分为轻轨（9#、12#、15#、22#、30#等）、重轨（38#、43#、45#、50#、60#、75#等）和吊车轨（可达 118 kg/m），我国铁路主要采用 50#普通轨道和 60#提速轨道。

3. 股道有效长度及间距

股道（到发线/站线）有效长度是指股道可以停放列车而不影响邻线办理行车进路的最大长度，其起止标志有出站信号机、警冲标、道岔尖轨尖端或车挡等。股道的有效长度对货物列车的长度、牵引吨数、工程造价、运营指标等有重大影响，根据铁路等级，我国铁路股道有效长度标准一般为 550 ~ 1 050 m。附图 1 中各个股道的有效长度如表 1-3-1 所示。

表 1-3-1　附图 1 股道有效长度

股道编号	线路类别	起止点		长度/m	
		起	止	上行	下行
IG	正线	S_{I}	警冲标	1 094	
		X_{I}	警冲标		1 094
ⅡG	正线	S_{II}	警冲标	1 028	
		S_{II}	警冲标		1 028
ⅢG	正线	S_{III}	警冲标	1 060	
		X_{III}	警冲标		1 056
4G	站线	S_4	警冲标	1 028	
		X_4	警冲标		1 028
5G	站线	S_5	警冲标	1 020	
		X_5	警冲标		1 020

股道间距又称线间距，是指两相邻线路中心线间的距离。线间距应符合有关限界要求，由多项因素决定，一般为 4.6 ~ 6.5 m。

4. 道　岔

道岔通常在车站、编组站的咽喉区大量铺设，起到不同线路连接的作用，是轨道线路中最复杂、最薄弱、维修量最大的一部分。道岔类型众多，结构也不尽相同，一般道岔单体都包含转辙部分、连接部分和岔心部分。

一般情况下，不同道岔采用编号进行区分，用阿拉伯数字从小到大进行编号，信号楼中心线下行咽喉区一侧用单数，上行咽喉区一侧用双数。编号顺序原则：由站外向站内（信号楼中心线），由近端（信号楼一侧）向远端，渡线等联动道岔连续编号。附图 1 中道岔主要参数如表 1-3-2 所示。

表 1-3-2　附图 1 道岔类型

轨道类型	道岔号数	道岔编号	备　注
50 kg/m	1/9（9#）	2、22	
60 kg/m	1/12（12#）	7、11、13、21、25、18、20	
60 kg/m 提速	1/12（12#）	9、15、4、6、8、10、12	固定辙叉
60 kg/m 提速	1/12（12#）	1、3、5、17、19、23、27、14、16	可动心轨

5. 咽喉区

咽喉区是指从车站（或车场）最外方道岔基本轨接头处，分别至到发线最内方信号机（或警冲标）的区域范围，简称“咽喉”。车站咽喉是为保证各种作业和平行进路安全完成、提高车站作业效率而设置的。

在具体铁路站场中，主要线路下行方向进站的咽喉区称为下行咽喉区，上行方向进站的咽喉区称为上行咽喉区。下行咽喉区设备编号为单数，上行咽喉区设备编号为双数。

6. 下行、上行

上下行与列车的车次号编制和整体运行方向密切相关，下行车次号为单数，上行车次号为双数。如 T21 表示下行 21 次特快列车，G1306 表示上行 1306 次高铁列车。

上下行区分基本原则：列车离开北京的方向规定为下行，驶向北京的方向为上行；从北向南为下行，从南向北为上行；从东向西为下行，从西向东为上行。部分线路区段，列车上下行的区分还需其他具体要求。

我国铁路采用左侧行车制，复线区段列车的正方向标注和信号机设置应符合左侧行车制相关原则。

7. 信号机

附图 1 中有进站信号机、出站兼调车信号机及进路表示器、调车信号机和预告信号机等。

信号设备平面布置图应标明各个信号机的类型、设置、名称、色光配列、定位显示等基本信息。如 YX_D 表示为：东郊方面下行进站信号机的预告信号机，采用高柱、左侧设置，色光配列是绿、黄，定位显示黄色稳定着光。X_4 表示为：4 股道下行出站兼调车信号机，采用矮柱左侧设置，由一个三显示机构和一个二显示机构构成，色光配列是绿、空灯位、黄、月白、红，定位显示红色稳定着光，当次要方向发车时，X_4 的进路表示器发光。

8. 轨道电路区段

信号设备平面布置图应标明各个轨道电路的绝缘节（侵限绝缘节）位置，相关绝缘节内的钢轨线路称为一个轨道电路区段。轨道区段按所含线路有无道岔分为无岔轨道区段、有岔轨道区段，无岔轨道区段如ⅡG、D_2G、ⅡAG、1/19WG，有岔轨道区段如21DG、27DG。

9. 警冲标

警冲标是一种限界标志，如图 1-3-4 所示，主要设置在道岔内方距离两条线路中心线都不小于 2 m 的位置，如图 1-3-5 所示，用来指示机车车辆停车时不准越过，防止不同列车在道岔处发生侧面冲突。

图 1-3-4 警冲标实物

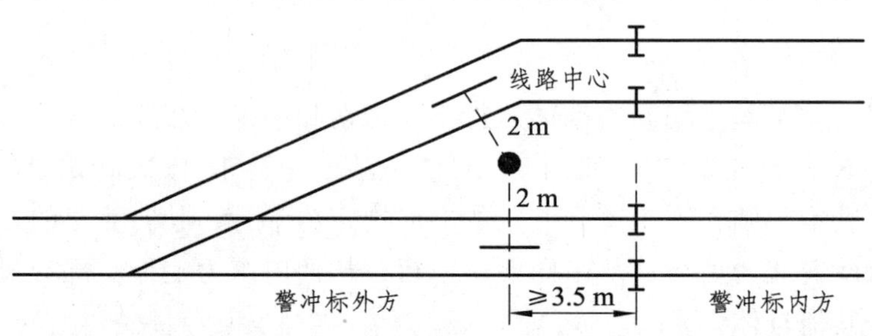

图 1-3-5 警冲标设置示意图

信号机的位置设定常和警冲标位置有关，如出站信号机一般应设置在到发线警冲标内方距离警冲标 3.5 ~ 4 m 的位置，如图 1-3-6 所示。

轨道电路的绝缘节设置位置也常和警冲标位置有关，绝缘节一般应设在相关警冲标后方 3.5 ~ 4 m 处，如果距离小于 3.5 m，则该绝缘节称为侵入限界绝缘，常简称侵限绝缘或超限绝缘，如图 1-3-7 所示。侵限绝缘在信号平面布置图中需标明具体位置。

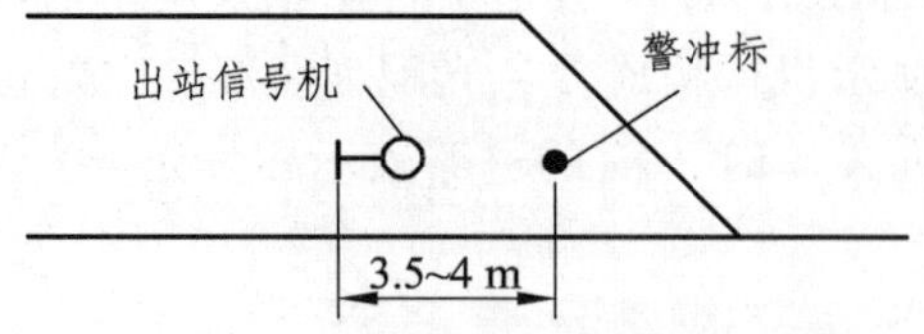

图 1-3-6 出站信号机岔后设置示意图

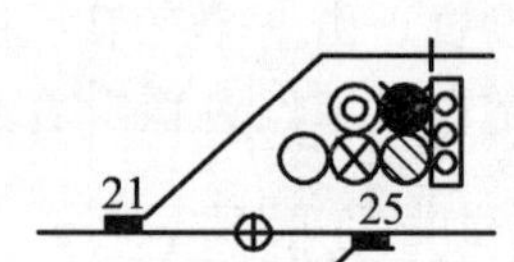

图 1-3-7 侵入限界绝缘图例

10. 距离标注

车站信号设备平面布置图（附图 1）还标明了各种信号设备距离信号楼中心线的距离，如图 1-3-8 所示。

距信号楼中心距离/m														
信号机	距离	2074	899	864	849	777	757	642	621	558	545	524	453	0
	名称	YX_D	X X_F	X_D	D_1 D_3	D_5	D_7 D_9 D_{11}	D_{13}	D_{15}	S_5	S_I	S_{III}	S_{II} S_4	
道岔	距离	846	760	754	645	639 626	613	553 547	527	0				
	编号	1 5	3 7	9 13	11 15	17 21	23	19 27	25	信号楼				

图 1-3-8　举例站场下行咽喉侧道岔和信号机的距离标注

三、车辆段信号平面布置图识读

车辆段是城市轨道交通列车停车，车辆检查、修理、维护保养的基地，主要作业包括存车、清洗、维护、架修、编组、试车等作业。其信号平面图如附图 2 所示。

在线路配置中，首先要考虑的是停车线（或称为停车库），其停车线路的数量取决于线路上运行列车的数量，每条停车线一般可停放两列 8 节编组的列车，如果公司有 30 列列车，那么至少应该设置 15 条停车线。

车辆段还设有与正线相连接的出入库线，为便于调度列车，出入库线应按双线配置。停车场还设有：

（1）清扫线 2 条。

（2）洗车线 1 条，长 420 m，洗车线的中部设有洗车库，库内安装自动洗车机。

（3）检修线 4 条，设在双周、双月检修库内。

（4）定修线 2 条，配置在定修库内，库内设有检查坑，可以停放一列列车，其中一条还配有移动式架车机 12 台。

（5）架、大修线，共有 6 条线，配置在架修、大修库内，每条线可以停放 3 节车。

（6）试车线，长 1 435 m；临时存车线 3 条。

另外，还有镟轮线、静调线、解钩线、材料线等。

由于地铁线路结构不同，而且每条线路所使用的列车类型不同，所以每条轨道交通线路一般设置一个停车场。有些线路因为车辆配置相同，线路之间设置有连接设施，这种线路可以使用同一个停车场。

城市轨道交通不同线路采用的车辆和信号系统各不相同，而车载信号系统又与车辆相关，因此列车在正线运行之前，必须在停车场的试车线进行调试。同时，车辆段也是维护轨道交通其他设备的基地，包括工务、电力、通信、机电、接触网等的综合维护中心，这些都是决定停车场内部线路配置和装备设施的重要因素。

思考题

1. 我国铁路中的信号系统设备一般都有哪些？各自的主要功能是什么？
2. 信号集中监测设备的主要应用价值是什么？
3. 铁路线路如何区分车站和区间？其中区间有哪些类型？
4. 铁路车站信号楼应包含哪些基本功能设置？在站场信号设备平面布置图中如何表示？
5. 铁路车站中的道岔如何进行编号命名？
6. 铁路中间车站的两个咽喉区如何进行区分？其特征有哪些？
7. 如何对铁路中的上行、下行进行区分？
8. 铁路车站中的轨道区段有哪些命名方法？
9. 何谓“侵限绝缘节”？它有哪些特别之处？
10. 画出城市轨道交通信号系统的组成结构图。

项目二　通信系统设备概述

项目导引

通信系统是轨道交通运营指挥、企业管理、公共安全治理、服务乘客的网络平台，它是轨道交通正常运转的神经系统，为列车运行的快捷、安全、准点提供了基本保障。通信系统在正常情况下应保证列车安全、高效运营，为乘客出行提供高质量的服务保证；在异常情况下能迅速转变为供防灾救援和事故处理的指挥通信系统。

任务一　铁路通信系统设备概述

学习目标

（1）了解我国铁路通信设备的发展历程；

（2）熟悉我国铁路主要通信设备的基本功能；

（3）了解铁路通信各个子系统之间的关系。

相关知识

铁路通信系统服务于铁路运输各环节的信息交互，主要功能是辅助实现对机车车辆作业的调度与指挥。铁路通信设备包括光电缆线路、传输网、接入网、数据网、机车综合无线通信设备、数字移动通信子系统、综合视频监控子系统、应急通信子系统、数字调度通信子系统、列车无线调度子系统、铁路自然灾害及异物侵限监测子系统、通信电源及动环监控子系统等。

一、我国铁路通信设备发展概述

自 1839 年英国在铁路上使用车站间的电报通信以来，电话、传真、短波、微波、卫星、光纤等不同通信手段陆续在铁路上得到应用。1876 年，上海铺设了我国第一条铁路通信线路。

蒸汽机车时代，机车运行速度慢，我国铁路采用模拟通信，提供以语音为基础的行车闭塞电报、电话和指挥联络服务，传输媒介以架空明线为主。1903 年，我国铁路开始使用磁石式人工电话交换机，1958 年应用了步进式自动交换机，不久之后纵横式小型交换机也逐渐开始普及。

内燃机车时代，随着机车运力的逐渐增加，铁路对通信效率的需求也进一步提升，铁路通信网迅速形成，可实现语音和低速数据业务，通信服务逐渐成为铁路各部门、各领域的生产必需品。为确保通信线路的稳定和可靠，架空明线方式的通信干线被直埋电缆方式取代。

1980 年，我国开始普及电力机车，随着列车速度和运输效率的进一步提高，铁路各系统对通信的要求也进一步提高。铁路通信开始大范围采用现代化的程控交换技术、光通信技术、数字无线通信技术以及多媒体信息技术等。铁路通信的传输、交换、数据通信、会议电视、电报通信等均实现了从模拟向数字的迭代升级。

2008 年，京津城际与合宁客专相继开通，标志着我国高铁时代的到来。更先进的传输网、数据网、同步网、管理网等高速数据技术，以及 GSM-R（Global System for Mobile communications-Railway，铁路专用全球移动通信系统）保障了高铁运输的稳定可靠。基于 GSM-R 的 CTCS-3 列控系统极大地提高了铁路运输效率和安全。

随着中国标准动车组“复兴号”应用的推进，未来我国铁路无线通信系统需要由 GSM-R 升级到 LTE-R（Long Term Evolution-Railway，铁路专用 4G 通信标准）。LTE-R 网速更快、更易运维、更加安全，它向下兼容 GSM-R 全部业务，并可为用户提供多媒体集群调度、可视电话、实时视频监控、防灾预警、应急通信、铁路物联网、客运综合信息发布等功能，能承载 CTCS-3 级以上列控系统，能满足 500 km/h 高速列车的移动通信需求。

二、铁路通信设备简介

1. 光电缆线路

通信光缆和电缆是铁路通信的基础设备，没有它们就无法实现铁路信息的传递。

1976 年，美国贝尔研究所在亚特兰大建成世界上第一套光通信实验系统，我国于 1978 年自行研制出通信光缆，并于 1979 年开始应用。光通信容量大、衰耗小、传输距离远、体积小、质量小、无电磁干扰、综合成本低。当前光缆主要应用于主干网，未来将成为通信网络的主体线缆。光缆需避免强烈的机械冲击和弯曲，光通信端口需适当保护。

通信电缆是指用于近距离音频通信和远距离高频载波、数字通信及信号传输的电缆。通信电缆分市内通信电缆、长途对称电缆、同轴电缆、海底电缆、光纤电缆和射频电缆六大系列。常见的通信电缆端口有 RS-232/422/485/CAN、RJ-11/45、VGA、USB 等，如图 2-1-1 所示。

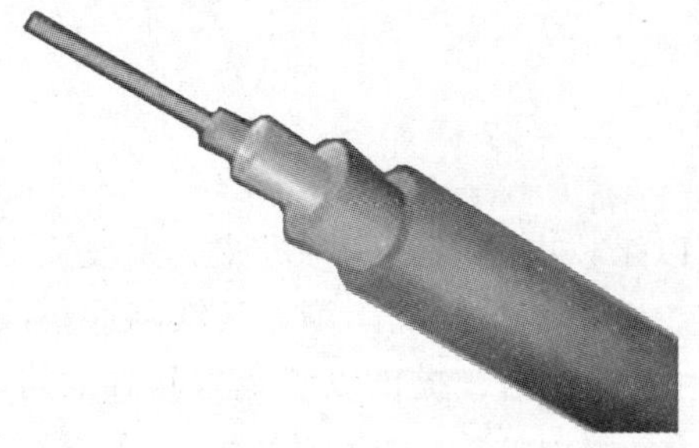

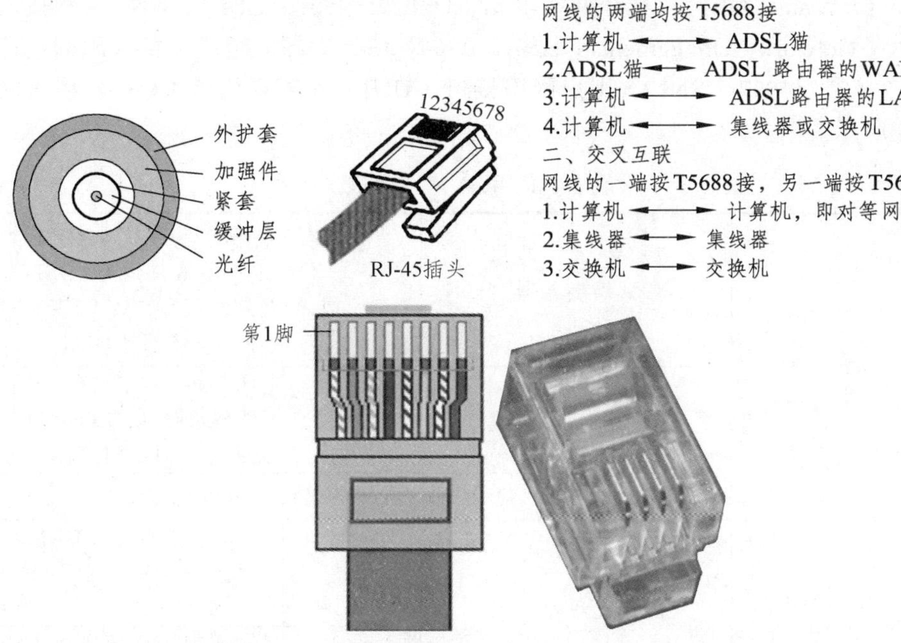

图 2-1-1　光纤、RS232/422/485/CAN、RJ-45/11

光电缆线路子系统能够服务我国铁路通信系统中的其他各个子系统。

2. 传输网与接入网

广域网架构可分为三部分：核心网（骨干网）、接入网、用户驻地网，如图 2-1-2 所示。核心网和接入网共同构成公网，核心网面对一致的用户，负责业务处理；接入网负责适应用户的多样性。

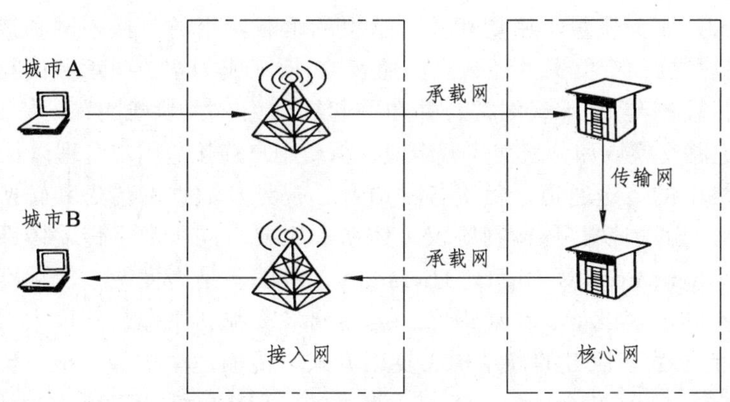

图 2-1-2　广域网的系统拓扑

通信的整个逻辑过程可进一步描述为：固定/移动终端→接入网→承载网→传输网（核心网）→承载网→接入网→固定/移动终端。

固定/移动终端：如计算机、手机等。

接入网：核心网与用户终端之间所有通信的设备，长度范围一般几百米至几千米，直接面对广大用户和各种应用系统。综合业务接入网可采用不同的传输方式，由光纤线路终端（Optical Line Terminal，OLT）、光纤网络单元（Optical Network Unit，ONU）和接入网网络管理系统（AN Network Management System，AN-NMS）三部分组成。接入网的接口类型主要有三种：业务节点接口（SNI）、用户网络接口（UNI）和管理接口（Q3）。接入网具体分类如表 2-1-1 所示。

表 2-1-1　接入网分类表

<table>
<tr><td rowspan="6">接入网</td><td rowspan="3">有线接入网</td><td>铜线接入网</td><td colspan="2">高比特数字用户线（HDSL）
不对称数字用户线（ADSL）
甚高比特数字用户线（VDSL）
数字线对增容（DPG）</td></tr>
<tr><td>光纤接入网</td><td colspan="2">光纤到路边（FTTC）
光纤到大楼（FTTB）
光纤到户（FTTH）</td></tr>
<tr><td colspan="3">混合光纤/同轴电缆接入网（HFC）</td></tr>
<tr><td rowspan="3">无线接入网</td><td rowspan="2">固定无线接入网</td><td>微波</td><td>一点多址（DRMA）
本地多点分布业务（LMD）
固定无线接入（FWA）</td></tr>
<tr><td>卫星</td><td>甚小型天线地球站（VSAT）
直播（DBS）</td></tr>
<tr><td>移动接入网</td><td colspan="2">蜂窝移动电话
卫星通信
无绳电话
无线寻呼
集群调度</td></tr>
</table>

承载网：所谓承载，主要指 IP（Internet Protocol，网络之间的互联协议）承载，与 QoS（Quality of Service，服务质量）密切相关，这里的承载网指的是接入网和核心网之间的互联网络，只负责承载数据，不负责处理数据。随着 IP 承载成为主流，承载网与传输网实现了深度融合，传统的传输网与 IP 承载网常合并在一起统称为“大承载网”。

核心网：由电路交换域和分组交换域组成，承载用户连接、用户管理以及业务完成等功能。

传输网：网络中的传送通道，负责各种语音、视频及数据的传送和转换，是影响网络质量的关键要素之一。我国铁路传输网协议（体系）主要有同步数字传输体系和光传输网。同步数字传输体系（Synchronous Digital Hierarchy，SDH）是高度统一、标准化、智能化的网络体系，能兼容不同厂家设备、灵活组网、提高网络资源利用率，并可大大降低设备运行维护费用。SDH 规范了数字信号的帧结构、复用方式、传输速率等级、接口码型等特性。光传输网（Optical Transport Network，OTN）是融合 SDH 和 WDM（Wavelength Division Multiplexing，波分复用）的优点构造的一个光传输平台，是由一系列光网元经光纤链路互联而成，能按照 G.872 通信协议的要求提供有关客户层信号的传送、复用、选路、管理、监控和生存性功能的网络。

网元：网络中可以监视、管理的最小单位，能独立完成一定的传输功能。

传输网子系统和接入网子系统能够服务我国铁路通信系统中的其他所有应用子系统。

3. 数据网

数据通信指的是数字设备之间的通信技术，是通信技术和计算机技术相结合形成的通信方式。数据网络通过传输信道将数字终端设备和计算机连接起来，使不同地点的数据终端能实现软硬件和信息资源的共享。

铁路数据通信网络，简称数据网，是铁路 IP 数据业务的综合承载网络，是铁路通信系统和信息系统共用的基础网络平台。数据网由骨干网络和各铁路局建设的区域网络构成，分为接入层、汇聚层和核心层。数据网设备包括网络设备、网管设备和配套设备，采用“集中管理、集中监控、分级维护”的管理方式。数据网网管按两级设置，国铁集团（通信中心）设置国铁集团网管，铁路局设置局网管，站段可根据需要在车间或数据网汇聚节点处设置复示终端。数据网主要设备有交换机、路由器等。

目前，数据网承载的主要业务有：电子客票、车辆 5T 检测、TMIS（综合计算机网）、综合视频监控系统、电力远动系统、电视会议系统、电源及动环监控系统、客运服务信息系统等。

数据网子系统能够服务我国铁路通信系统中各种应用子系统的所有数据通信业务。

4. 铁路数字（综合）移动通信系统

GSM 是世界上主要的蜂窝式移动通信系统之一，采用窄带 TDMA（Time Division Multiple Access，时分多址）制式，一个频点允许同时进行 8 组通话。GSM 于 20 世纪 80 年代兴起于欧洲，并于 1991 年投入使用。

1999 年，世界上第一个 GSM-R 网络在欧洲投入运营，我国铁路于 2000 年确定采用 GSM-R 取代之前的无线集群通信系统。GSM-R 上行工作频率范围为 885 ~ 889 MHz，下行工作频率范围为 930 ~ 934 MHz，频率间隔为 200 kHz，可用频点共 19 对。当然，随着通信技术的不断发展，GSM-R 的性能也在不断升级，最终也将被 LTE-R（4G）取代。

GSM-R 是我国铁路无线通信平台之一，是一种专门为铁路设计的综合业务数字移动通信系统，其业务功能如图 2-1-3 所示。GSM-R 是在 GSM 的技术基础之上，增加了与铁路调度专用通信相关的功能，结合了高速移动环境的应用条件，是为铁路经济、高效运营而提供的一种定制了附加功能的综合移动通信系统，该系统能以无线通信形式为铁路现代化运营提供专用的移动话音和数据承载业务。

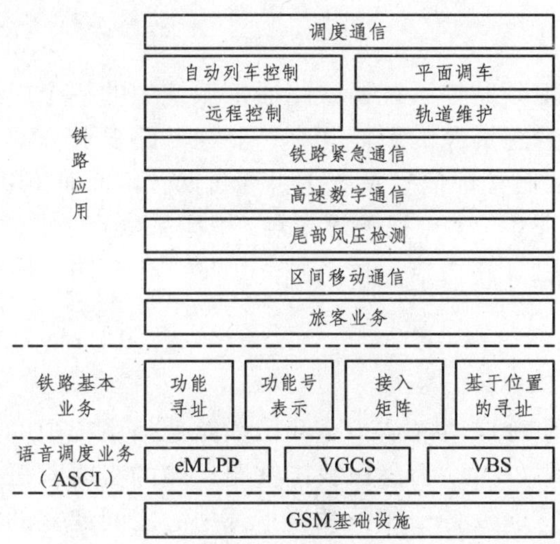

图 2-1-3　GSM-R 系统业务模型示意图

我国全路的 GSM-R 系统共设 19 个网络节点，分别建设在 18 个铁路局所在驻地及拉萨。

我们常说的 18 个铁路局是指：哈尔滨铁路局、沈阳铁路局、北京铁路局、太原铁路局、呼和浩特铁路局、郑州铁路局、武汉铁路局、西安铁路局、济南铁路局、上海铁路局、南昌铁路局、广州铁路（集团）公司、南宁铁路局、成都铁路局、昆明铁路局、兰州铁路局、乌鲁木齐铁路局、青藏铁路公司。2017 年，铁路局（公司）进行了工商登记变更，名称全部改为“中国铁路××局集团有限公司”，依旧简称铁路局。

数字（综合）移动通信子系统能服务我国铁路通信系统中不同应用子系统的大多数无线移动通信业务。

5. 数字（综合）调度通信系统

调度通信系统是铁路行车指挥的神经枢纽，是直接保障列车运行畅通、安全高速的重要通信服务设施。随着数字通信技术的发展，调度通信也由模拟时代跨入数字时代。

按照我国铁路现有属地化管理模式，我国全路的各个铁路局所在驻地都设有调度主系统，调度主系统能通过数字环形网络管理局内各个车站分系统，局间的调度主系统通过 30B＋D ISDN（Integrated Service Digital Network，综合业务数字网，俗称“一线通”）的数据通道连接，国铁集团干调系统通过 30B＋D ISDN 数据通道与各局调度主系统连接。在网络结构上，铁路局调度主系统和局内车站分系统采用环形组网方案，国铁集团干调主系统和各路局调度主系统采用星形组网方案。

数字调度通信系统可以实现调度电话、区间电话、站场通信、站间通信以及站场广播和无线调度的接入功能，调度电话业务是数字调度通信系统的核心业务。

FAS（Fixed users Access Switching，固定用户接入系统）是新一代铁路调度通信系统，它是随着我国高铁技术发展，基于 GSM-R 的新型调度通信系统。FAS 主要采用数字交换技术，负责调度员、车站值班员以及其他用户之间的通信。FAS 采用模块化设计、分布式集中控制、数字交换和计算机通信技术，能适用于各种通信业务接口，既能满足调度通信的需要，也能满足多种业务的综合接入，还能与 GSM-R 网络及其他数字程控交换机实现互联互通。

数字（综合）调度通信子系统是我国铁路通信系统中的一个应用子系统，需要相关有线、无线子系统的功能支持来完成大多数铁路专用电话业务。

6. 综合视频监控系统

我国铁路专用的综合视频监控系统是铁路通信系统中的一个应用子系统，采用网络化、数字化技术，实现了视频信息资源的整体共享，能为铁路多业务部门和信息系统提供所需视频信息，如 TMIS（铁路运输管理信息系统）可通过防火墙单向访问综合视频监控系统。

综合视频监控系统由视频节点、视频汇聚点、视频采集点、承载网络和终端设备等组成，如摄像机、编码器、交换机、路由器、服务器、UPS、客户端、磁盘阵列、拾音器、视频光端机等，如图 2-1-4 所示。

7. 应急通信系统

铁路应急通信系统（简称应急通信）是我国铁路通信系统中的一个应用子系统，它是在发生自然灾害或突发紧急事件时，为确保我国铁路运输的实时救援指挥，在救援现场内部、现场与救援指挥中心之间，以及各个相关救援指挥中心之间建立的语音、图像和数据的通信系统，是铁路战备通信系统的重要组成部分。

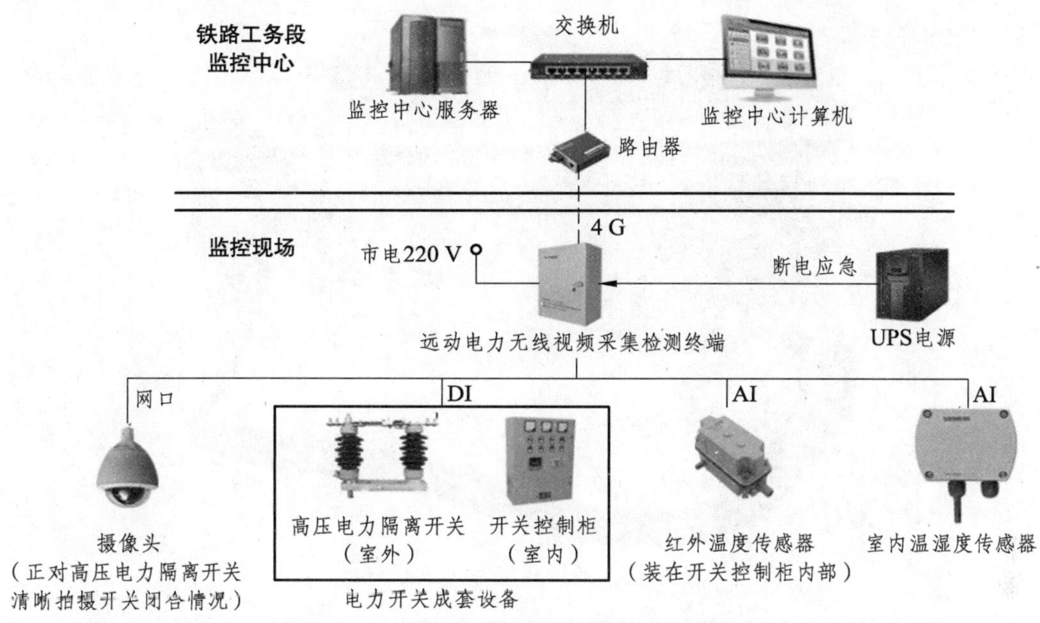

图 2-1-4　铁路综合视频监控系统（局部）

铁路应急通信系统主要是由铁路应急中心通信设备、传输网络和现场设备等组成。铁路应急中心通信设备由视频动图设备、4G 通信设备、卫星通信设备等组成。铁路应急通信不同于常规的公务通信，与铁路调度通信相似，属于指挥性质的通信系统，要求通信设备操作简单、快捷、直观、科学。常用的铁路应急通信系统需设置 4 台专用电话（1 台直达“117”的立接制人工话务台，1 台能与调度所建立通话的调度电话，2 台铁路自动电话）。

我国铁路采用两级应急指挥结构，分别为国铁集团至局集团公司、局集团公司至事件现场。按照两级指挥结构建设的应急通信网络应专网专用，保证能随时正常启用。根据我国《铁路交通事故应急救援规则》，当接到启用应急通信的通知，一般应在 30 min 内可以接通应急电话，1 h 内开通图像传输设备，并配置好足够的应急通信现场设备，以确保应急指挥通信畅通。

8. 列车无线调度通信系统

铁路无线通信是铁路专用的能实现铁路工作人员之间，或铁路专用设备之间无线通信的系统，是保障行车安全、防止作业事故、提高列车运输效率、改善运输服务质量不可缺少的铁路重要基础设施。列车无线调度通信子系统是由我国铁路通信系统中的多个无线子系统提供技术支持，实现列车无线调度业务的重要应用子系统。

我国铁路的无线列调通信始于 1964 年的沪宁线，当时采用 2 MHz 频段、窄带调频的无线调度电话。早期无线列调主要用于语音通信，后来随着数据业务的需求和通用式机车台的出现，逐渐实现了大三角（司机、值班员和调度员）和小三角（司机、车站值班员和车长）之间的语音、调度命令、车次号校核等信息的通信。通用式机车台（见图 2-1-5）还引入了 GPS，实现了列车的实时地理定位。2002 年，我国正式以 GSM-R 作为铁路数字移动通信系统，时经半个世纪，终于实现了铁路无线通信从语音到数据、从模拟到数字、从分立到综合、从单一到系统的逐步升级。

图 2-1-5　通用式无线列调机车台

列车无线调度通信系统采用无线电波来传递信号，是以铁路运输调度为目的，能完成列车与调度中心之间、车站值班员之间以及列车与列车之间的通信系统，简称无线列调。无线列调通信系统由调度总机、监测总机、监测分机（可选）、车站台、区间中继台、数字中继台、机车台和便携台组成，如图 2-1-6 所示。无线列调通信系统采用有线与无线相结合的通信方式，在一般信号传播困难的区域，系统还可采用漏泄同轴电缆结合双向直放式中继器的特殊方式来完成信号的覆盖。

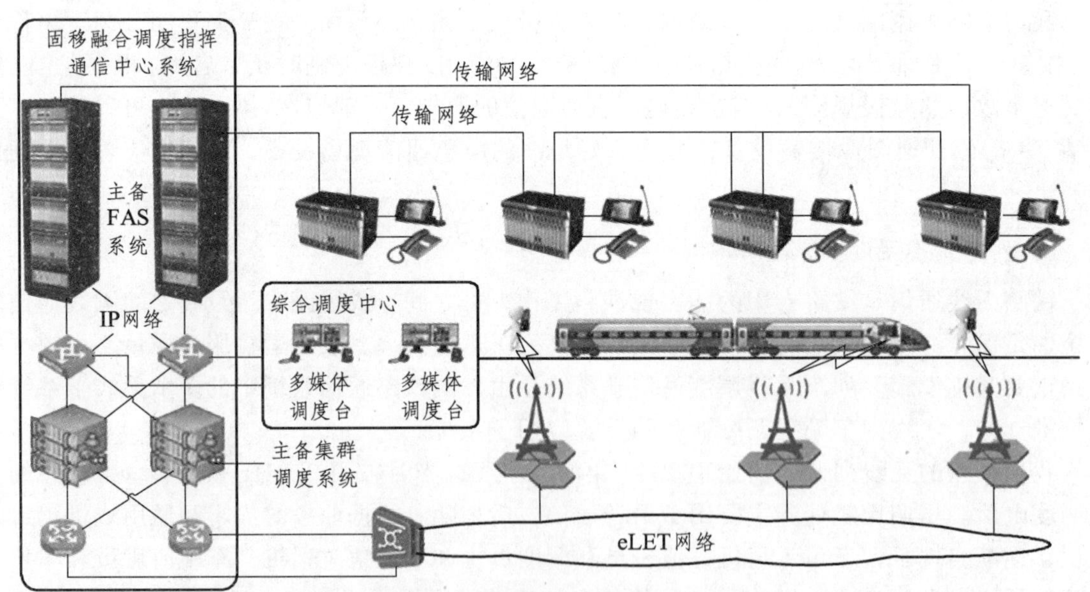

图 2-1-6　铁路列车无线调度通信系统结构组成

9. 铁路自然灾害及异物侵限监测系统

铁路自然灾害及异物侵限监测系统，简称防灾系统，是保障列车安全行车管理体系的重要组成部分，能对危及高速列车运行安全的自然灾害、突发事故和异物侵限，进行监测报警和防护。防灾系统能提供经处理后的灾害预警、限速、停运等信息，帮助调度中心进行运行计划调整、下达行车管制、抢险救援、维修等命令。

铁路防灾系统由风监测子系统、雨量监测子系统、地震监控子系统以及异物侵限监控子系统等组成，设备包括风、雨、地震、异物侵限等传感器，监控单元设备，监控数据处理设备，监控终端设备及信息传输通道等。如异物侵限监测子系统，能通过设置在公跨铁立交桥处的异物侵限监测设备，实时监测双电网传感器的状态，当发生异物侵限时，监控单元向信号列控系统、联锁系统发出控制命令，使列车自动停车，与此同时向列车调度员发出异物侵限报警信息。

10. 机车综合无线通信设备

机车综合无线通信设备（Cab Integrated Radio communication equipment）简称CIR，是安装在机车、动车组上的车载无线通信设备。CIR是我国铁路中的一个重要应用通信子系统，用于实现列车司机与地面人员、行车指挥人员（如调度员、车站值班员等）以及列车上相关人员（如运转车长等）之间的各种通信。

CIR包括语音通信和数据通信功能。CIR具有GSM-R和450 MHz两种工作模式，两种模式均能实现列车调度通信、车次号传送、调度命令传送、列尾风压信息传送等功能。

CIR由主机（包括A、B子架及机柜）、MMI（操作显示终端）、送（受）话器、打印机、扬声器、天馈线（两个GSM-R天线、一个GPS天线、一个450 MHz天线）及各种连接电缆组成。CIR采用可视化的操作终端（见图2-1-7），界面友好，便于操作。

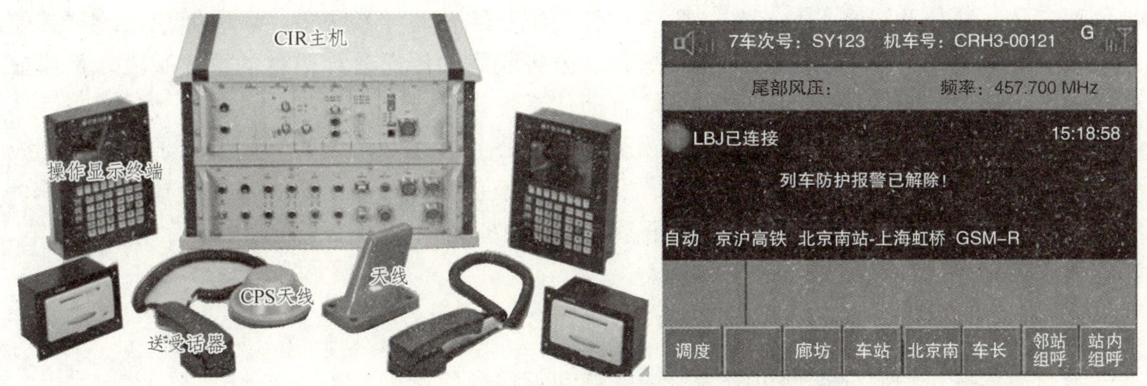

图2-1-7　机车综合无线通信设备（CIR）

CIR作为我国铁路的新一代无线通信系统机车设备，功能强大、标准化程度高、操作灵活。在GSM-R模式下，CIR数据传输可靠、话音质量高、误码率小，同时还预留了更多的数据接口，以便传送机车将来所需扩展的通信功能。

11. 通信电源及动环监控系统

铁路通信电源是以功率电子技术为基础，加上必要的外部监控，为通信设备提供稳定、可靠、抗干扰、不间断供电的设备。通信电源设备现已实现模块化、小型化、自动化的设计和生产，主要组成包括交直流配电设备（G2/G3 盘）、高频开关电源、UPS 电源、逆变器、蓄电池组、发电机组、防雷器、接地装置等。

动环监控是指对各类机房中的动力设备和环境变量进行集中监控。动环监控系统的作用是对监控范围内的电源系统、空调系统、机房环境等进行遥测、遥信和遥控，实时监视设备的运行状态，记录、处理监控数据，及时诊断出故障并通知维护人员。动环监控系统能辅助实现通信局（站）的无人值守或少人值守。

通信电源及动环监控设备是保障我国铁路运输顺利进行的基础通信子系统。

任务二　城轨通信系统概述

学习目标

（1）了解我国城轨通信设备的组成；

（2）熟悉我国城轨主要通信设备的基本功能；

（3）了解城轨通信各个子系统之间的关系。

相关知识

城市轨道交通（简称城轨）的弱电系统包括信号系统、通信系统、电力监控系统、自动售检票系统、环境与设备监控系统、灾害报警系统、综合监控系统等。城轨通信系统与其他系统都有十分密切的关系，是指挥列车运行、公务联络和传递各种信息的重要手段，是保证列车安全、快速、高效运行不可缺少的综合通信系统。

城轨通信系统主要包括光线缆及传输子系统、公务电话子系统、专用电话子系统、无线集群通信子系统、闭路电视监视子系统、有线广播子系统、时钟子系统、乘客导乘信息子系统、办公室自动化子系统、电源及接地子系统等，服务的范围涵盖了控制中心、车站、列车、车辆段、停车场、地面线路及地下隧道。

1. 光电缆及传输系统

城轨通信按传输媒介类型可分为有线通信和无线通信。

有线通信的传输媒介为各种光缆和电缆。在不同城市的城轨交通通信系统中，通常都采用一个大容量的公共光传输网，通过信道复用设备和数字交叉连接设备（由软件控制的数字配线架）构成通信业务的骨干传输通道，再经各型电缆及光纤联通所有终端设备，来完成整个有线通信网络的建设。城轨传输系统结构简图和光端子如图 2-2-1 所示。

传输设备是构成通信网络的基础设备，城轨的传输系统能承载音频、视频和数据等各种通信业务。传统的城轨传输系统多数采用基于 SDH 的多业务传输平台（MSTP/SDH），MSTP/SDH 环路可提供电路和分组两种传输通道。分组传输的网络结构以总线方式为主，电路传输的网络结构以星形方式为主。

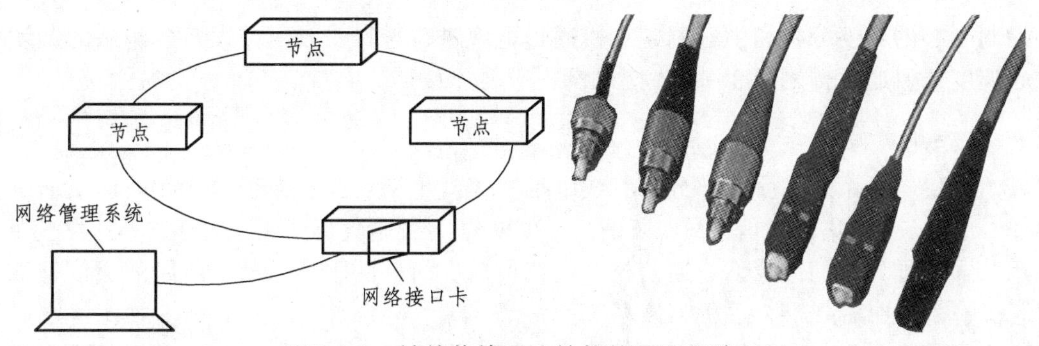

图 2-2-1　城轨传输系统结构简图和光端子

传输系统的节点设备（数字分插复用设备）串接在光纤环路中，不仅能实现信息的分/插与连接，而且在骨干网络发生断点故障时，有良好的抗毁通信能力。

2. 公务电话系统

城轨公务电话系统相当于企业总机，是地铁公司的内部电话网，一般用于办理内部的公务联络和与外界必要的话务、数据通信。公务电话系统能实现办公管理部门、运营部门、维修等部门基本的固定通信服务（电话、传真、有线数据通信等），并具备自动计费、自我诊断、维护管理、业务扩展等功能。公务电话系统还能与市公众电话网互联，实现与本市、国内和国际长途电话用户的通信。该系统还应与城轨无线集群通信系统互联，实现地铁公司的公务电话和无线调度电话互联互通。

专用电话系统内部组织与管理所使用的通信网络，包括行车、电力、维修、公安和防灾调度以及站内、区间（轨旁）、相邻车站的通信，平时主要用于直接组织、指挥列车运行；紧急情况下，可进行应急调度指挥，是城轨中最重要的业务通信网。

3. 车站专用电话系统

城轨专用通信系统是指能满足轨道交通系统内部运输组织和管理的通信网络。它一般包括行车、电力、维修、公安、防灾等调度电话通信，以及站内、区间（轨旁）、相邻车站的话务通信两部分。城轨专用通信系统平时主要用于对列车进行直接运行指挥，以及相关运营工作的组织，紧急情况下，能进行应急指挥调度，是城轨通信的核心业务系统。

车站专用电话系统是以管辖范围对专用电话进行的区段划分，能实现车站范围内的各型专用电话业务，是组织城轨日常运输工作的重要基础设施。

4.（有线）调度专用电话系统

调度电话是城轨专用电话系统按业务功能划分的核心系统，它与铁路调度电话系统的设备组成和功能均非常相似。城轨（有线）调度电话系统设备主要包括调度总机、调度台和调度分机三部分，业务功能方面一般设有：行车调度、电力调度、维修调度、环控调度、保安调度和值班主任调度 6 个（虚拟）调度专网和 7 个调度台（行车调度专网设 2 个调度台）。

调度总机和调度台一般设置在控制中心，调度分机设置在控制中心、车辆段以及各车站。调度总机具有信息处理和分组交换的能力；调度台具有选呼、组呼、群呼、强插、强拆、会议、应急处理等特定功能，可单键选呼、组呼、全呼调度分机；调度分机具有摘机直呼调度台的功能。

控制中心的调度分机和中心调度总机通过电缆进行连接，车辆段以及各车站的调度分机和中心调度总机通过传输网和 PCM 接口设备进行连接。

5. 无线集群通信系统

城轨专用电话系统包含两部分：有线电话、无线电话。无线专用电话在轨道交通中一般被称作（专用）无线集群通信系统。所谓“无线集群”，就是集群式无线通信，是比之前的“信道专用”式更加先进的无线话音通信技术。我们现在所用的手机，其实所属的通信领域就是“公用无线集群通信系统”，手机为该系统的移动终端（电台），2.5G（GPRS 技术）之后无线集群实现了数字语音与数据同时通信的能力。新一代的基于 4G 的 LTE-M 专用无线集群系统如图 2-2-2 所示。

图 2-2-2　城市轨道交通 LTE-M 无线集群通信系统

在城轨通信系统中，无线集群发挥了十分重要的作用，是调度员与司机之间唯一、可靠的通信手段，同时也是调度员与移动作业人员、移动作业人员之间、抢险救援时相关人员实现无线通信的重要手段。总之，无线集群在保障安全行车和处理紧急突发事故等方面有着不可替代的作用。

城轨的无线集群普遍采用 800 MHz 无线数字集群（TETRA，Trans European Trunked Radio，泛欧集群无线电）系统，它是基于数字时分多址（TDMA）技术的开放性专业移动集群通信系统，该系统在我国铁路中也被大量使用。TETRA 的主要设备包括集群中心交换与控制设备、基站设备、直放站、漏泄电缆（见图 2-2-3）、天线、调度台、车载台、车站固定台和手持台。

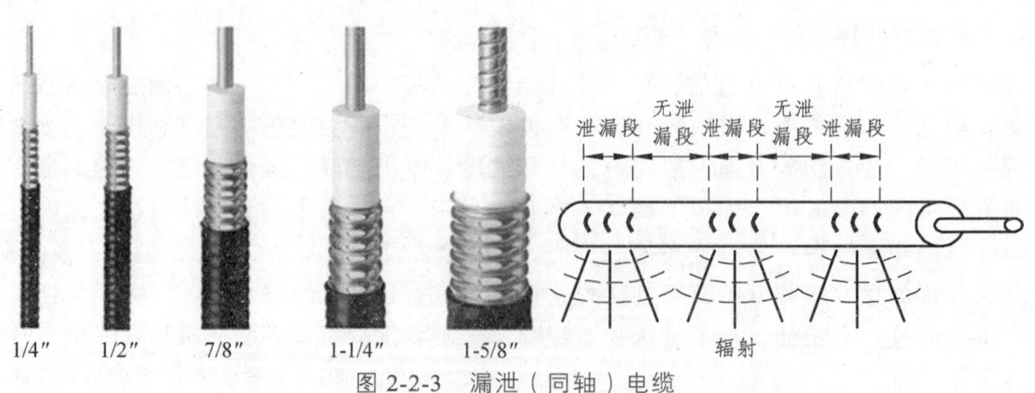

图 2-2-3　漏泄（同轴）电缆

城轨无线集群通信系统一般包括行车调度网、维修调度网、环控调度网、车辆段调度网和防灾调度网等，各调度网设置有专用的调度台。TETRA 系统将各调度网以虚拟网的方式互相独立，共用传输资源又互不影响。

6. 闭路电视监控系统（CCTV）

闭路电视（Closed Circuit Television，CCTV）监控系统是控制中心调度管理人员、车站值班员、列车司机以及站台监视亭值班员等对车站的站厅、站台、出入口等主要区域进行视频监控服务的通信系统。

通过 CCTV 系统，控制中心的行车调度员可实时监督全线各车站，车站的值班员能实时监督本站，列车司机在驾驶室能监督乘客的上下车情况。

城轨的 CCTV 系统有模拟、网络与准网络三种组网方式。

7. 有线广播系统（PA）

城轨有线广播系统（Public Address system，PA）由正线广播、车辆段广播两个独立的子系统组成，其中正线广播系统又分中心广播和车站广播两级。该系统是控制中心调度员、车站值班员、车辆段值班员对相应区域进行有线广播的通信系统，该系统同时也能对控制中心大楼进行有线广播。

有线广播系统具有自动、人工两种播报方式，自动播报方式能设置内容的优先级顺序。PA 系统采用车站和控制中心两级控制方式，平时以车站广播为主，控制中心可随时进行插入播报；情况紧急时，PA 系统以控制中心广播为主。

车辆段 PA 系统为独立于中心控制的有线广播系统。

正线 PA 系统与 ATS 联网时，可实现无人干预的全自动广播，控制中心能根据 ATS 提供的列车运行信息自动运算并编程，按预制程序向各车站发布列车时刻信息等。

8. 乘客信息系统（PIS）

乘客（导乘）信息服务系统（Passenger guidance Information service System，PIS）与城轨信号系统（ATS）相连接，主要功能是为车站和列车乘客提供及时的列车到站/离站时间、误点、时间表变更、换乘线路等导乘信息，同时也可提供诸如时间、天气预报、新闻以及广告等其他信息。

为了实现在城轨列车上对乘客提供实时的导乘信息、新闻、赛事等直播，可以在城市轨道交通系统建设时铺设地-车之间的 WLAN（Wireless Local Area Network，无线局域网）通信系统。该通信系统能上行传送列车的 CCTV 监督画面，下行传送列车的 PIS 信息。我国新一代 PIS 系统（见图 2-2-4）还新设计了智慧车窗和魔镜等 PIS 设备。

9. 时钟系统

城轨和铁路均具有时钟系统，它是保障轨道交通准时运营，提供同步通信的时钟信号，统一系统标准时间，服务乘客和工作人员时间确认而设置的通信系统。我国城轨的时钟系统信号接收自 GPS 和北斗系统，根据时间精度需要设置一级母钟系统和二级母钟系统。

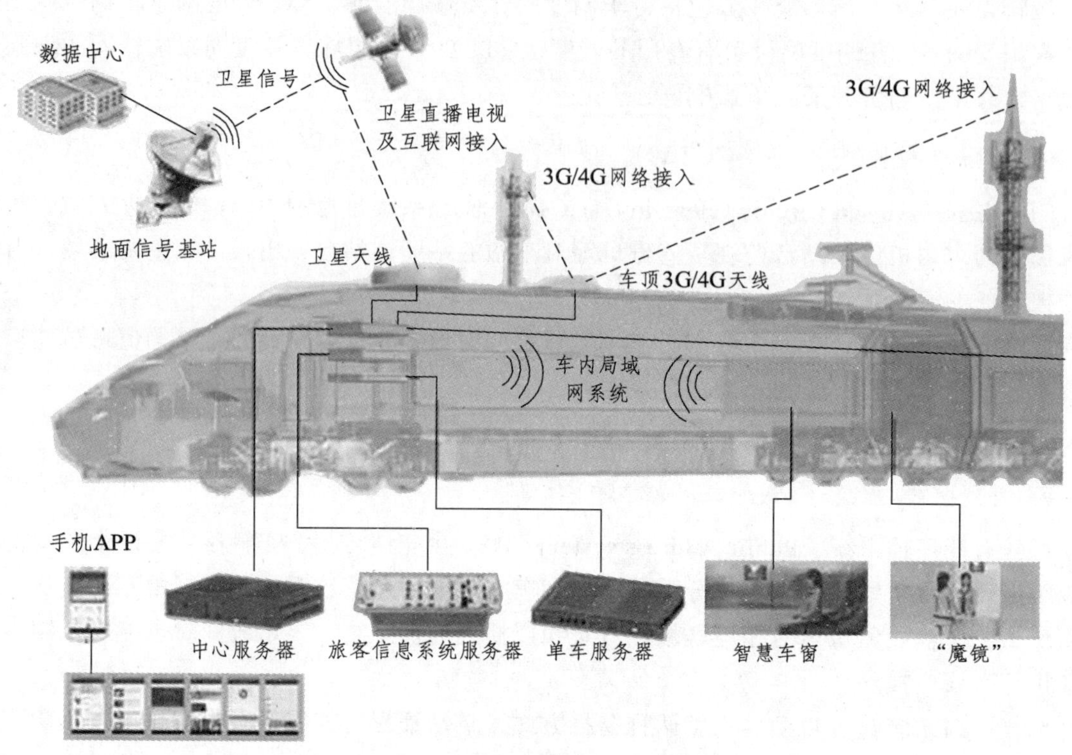

图 2-2-4　新一代 PIS 结构组成

10. 集中告警系统

城轨通信系统设备功能多样、种类繁多，虽然通信设备普遍具备自身的监督、告警能力，但大量通信设备让工作人员难以做到故障及时发现、及时解决。所以，利用通信网络在控制中心建立一套独立的集中告警系统，及时采集、显示、存储并打印通信各子系统的故障告警信息，能更高效管理全网通信设备，进一步提升系统的通信能力和服务质量。

集中告警系统能对通信各个子系统进行 24 h 不间断的运行状态监督，通过连续的信息采集，设备状态数据集中在控制中心，以简洁、直观、友好的方式显示在人机界面，方便设备维护管理人员的使用与操作。集中告警系统能对用户进行分级管理，提供相关用户操作日志和查询信息，使设备的维护管理人员可以站在更高层次统一监控全网设备的运行情况。

11. 公共覆盖系统

乘客在城轨管辖范围内的公用移动通信信号，在地面和高架线路区段一般通过移动运营商提供的覆盖系统完成通信，而在城轨的地下部分，特别是隧道线路内部，共用移动通信的信号覆盖必须由地铁公司负责铺设。

城轨地下部分的公共覆盖系统主要包括信号源（基站）、分布式天馈线系统两部分。

12. 通信电源及接地系统

通信设备是城轨系统的一级负荷，所以它的电源系统必须保证对设备的安全、不间断、稳定供电。电源系统的电能取自变电所，交流双电源通过双回路接入通信机房的交流配电柜，采用集中控制方式，将交流电经电源系统的高频开关整流模块、阀控式铅酸蓄电池组、直流配电盘等部件，最后对众多的通信设备分别进行直流隔离供电。

为了满足通信设备对供电可靠性的要求，电源系统首先将交流配电柜的双电源进行主备设置（不同源的交流电一般不能并联），确保当主用电源故障时，系统在规定时间内自动切换至备用电源。对要求不间断供电的通信设备，需增设不间断电源（UPS）供电设备。

通信设备需要进行高速的信号处理，为了保证自身工作的稳定性，一般采用直流供电方式，所以通信领域的电源输出主要采用 DC 48 V 制式。

城轨通信设备的接地系统在设计、施工等方面必须符合相关规定要求，确保人身和设备的安全，保证通信设备的高质量工作。城轨通信系统的接地和其他系统设备的接地，可根据具体情况采用合设接地方式或分设接地方式。

思考题

1. 铁路通信光缆和电缆各有什么特点？使用时有何不同之处？
2. 广域网络一般由哪些部分组成？它们各有怎样的功能分工？
3. 列车无线调度通信系统的主要功能是什么？该系统主要由哪些设备组成？
4. 城市轨道交通通信系统的功能是什么？
5. 城轨通信系统可包含哪些子系统？它们各自的主要功能是什么？

模块二

轨道交通信号系统

我国铁路信号系统设备包括信号基础设备、联锁闭塞设备、调度集中（CTC）设备、调度指挥（TDCS）设备、列控设备、集中监测设备、驼峰信号设备、道口信号设备以及信号电源设备等。城轨信号系统设备主要包括联锁、闭塞、列车控制和调度指挥四个方面，由 ATC 系统和车辆段联锁设备完成，能够保证行车安全、提高区间和车站通过能力以及解编能力，通常用于车站信号、区间信号、机车信号和道口信号灯。

项目三　信号基础设备

项目导引

铁路信号设备是组织指挥列车运行，保证行车安全，提高运输效率，传递信息，改善行车人员劳动条件的关键设施。铁路信号的基础设备，包括信号继电器、信号机、轨道电路、转辙机等。它们的质量、安全性和可靠性直接影响信号系统效能的发挥、安全的保证、可靠性的提高，在铁路信号现代化的进程中，信号基础设备在不断地更新和改造。

任务一　信号机

学习目标

（1）掌握铁路信号的分类及设置；
（2）了解铁路信号的结构；
（3）熟悉铁路信号的显示意义及显示距离。

相关知识

为指示列车运行及调车作业的命令，铁路必须根据需要设置各种信号机和信号表示器，它们是各种信号系统中不可缺少的组成部分，用来形成信号显示，指示运行条件。

信号机可分为色灯信号机和臂板信号机。臂板信号机是以臂板的形状、颜色、数目、位置表达信号含义的信号机。我国铁路规定臂板呈水平位置为关闭，与水平位置向下夹 45°角为开放，夜间则以臂板信号机上的灯光颜色与数目来显示。臂板信号机须通过机械装置由人工开放，也可通过电动机开放，后者称为电动臂板信号机。臂板信号机存在较多缺点，难以自动化，不能构成现代化信号系统，已与所从属的臂板电锁器联锁设备一起淘汰。

色灯信号机是用灯光的颜色、数目及亮灯状态表示信号含义的信号机。它具有昼夜显示一致、占用空间小等特点，但需可靠的交流电源。目前，我国铁路信号普遍采用色灯信号机，包括广泛使用的透镜式色灯信号机、组合式色灯信号机及LED信号机，其他类型的信号机已淘汰。

地面信号向司机提供视觉信号，但由于地形和气候条件的影响，司机往往不能在规定的距离及时瞭望到前方信号机的显示，因而有产生冒进信号的危险。因此，发明了机车信号设备，将地面的视觉信号引入司机室，改善了司机的瞭望条件。

一、信号机分类

信号机的分类

透镜式色灯信号机，因其结构简单，安全方便，控制电路所需电缆芯线少，因此得到广泛采用。透镜式色灯信号机有高柱和矮型两种类型，高柱信号机的机构安装在钢筋混凝土信号机柱上，矮型信号机的机构安装在信号机水泥基础上。

1. 高　柱

高柱透镜式色灯信号机如图3-1-1所示。它由机柱、机构、托架、梯子等部分组成。机柱用于安装机构和梯子。机构的每个灯位配备有相应的透镜组和单独点亮的灯泡，给出信号显示。托架用来将机构固定在机柱上，每一机构需上、下托架各一个。梯子用于给信号维修人员攀登及作业。

高柱信号机具有显示距离远、观察位置明确等优点。因此，为保证安全，提高效率，进站、正线出站、接车进路、通过、预告、驼峰等信号机必须采用高柱信号机。

2. 矮　型

矮型透镜式色灯信号机如图3-1-2所示，由机构、基础等组成。它用螺栓固定在信号机基础上，没有托架，更不需要梯子。

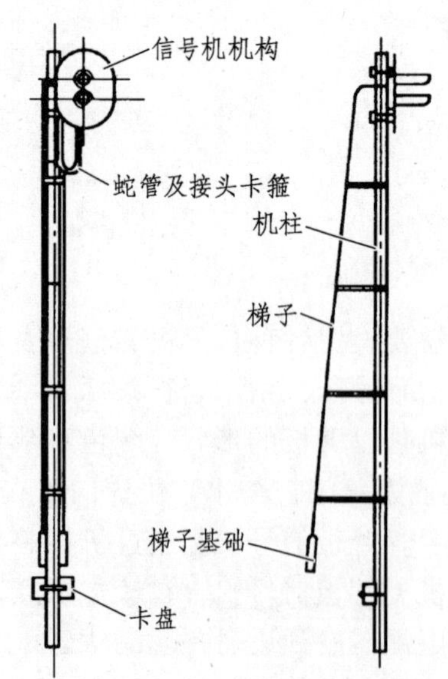

图3-1-1　高柱透镜式色灯信号机

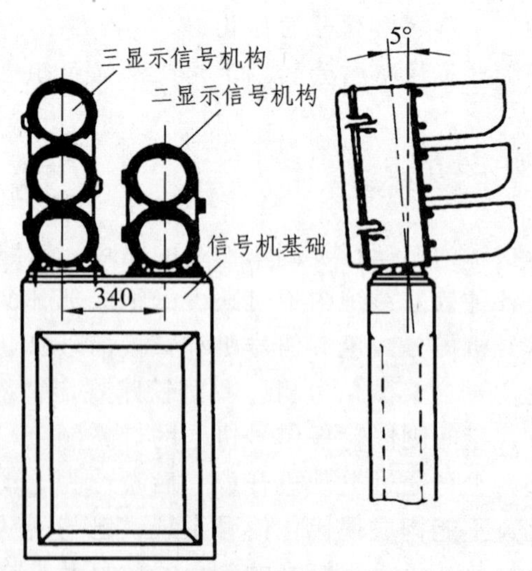

图3-1-2　矮型透镜式色灯信号机

矮型信号机设于建筑限界下部外侧的信号机基础上，一般用于显示距离要求不远的场合。因高柱信号机的设置受建筑限界的限制，另外考虑信号机的设置不影响到发线有效长，站线出站、发车进路信号机和一般情况下的调车信号机等采用矮型信号机。

设于特殊地形和特殊条件下的信号机，其中包括进站信号机，经铁路局集团公司批准，也可采用矮型信号机。设于桥隧的进站信号机、预告信号机、通过信号机，双线双向自动闭塞区段的反方向进站信号机可采用矮型信号机。

高柱和矮型信号机的图形符号见图 3-1-3。

符号		名称
高柱	矮型	信号机一般符号

图 3-1-3　信号机的图形符号

我国铁路实行左侧行车制，机车上的司机的座位统一设在左侧，为便于瞭望，规定所有信号机应设在行车线路的左侧。如果两线路之间距离不足以设置信号机时，可采用信号托架或信号桥。装在信号托架和信号桥上的信号机，可设置于线路左侧，也可设于线路中心线的上方。在特殊情况下，如线路左侧没有装设信号机的条件或因曲线、隧道、桥梁等影响，装在线路左侧显示距离较远，在保证不致使司机误认的条件下，经铁路局批准，也可设于线路右侧。

二、信号机机构

1. 机构分类

高柱和矮型透镜式色灯信号机又各有单机构和双机构之分。单机构只有一个机构，可构成二显示、三显示和单显示信号机，图 3-1-1 即为单机构二显示信号机。双机构色灯信号机可构成四显示、五显示，图 3-1-2 即为双机构五显示信号机。各种信号机根据需要还可以分别带引导信号机构、容许信号机构或进路表示器。

2. 机构组成

透镜式色灯信号机的每个灯位由灯泡、灯座、透镜组、遮檐和背板等组成，如图 3-1-4 所示。

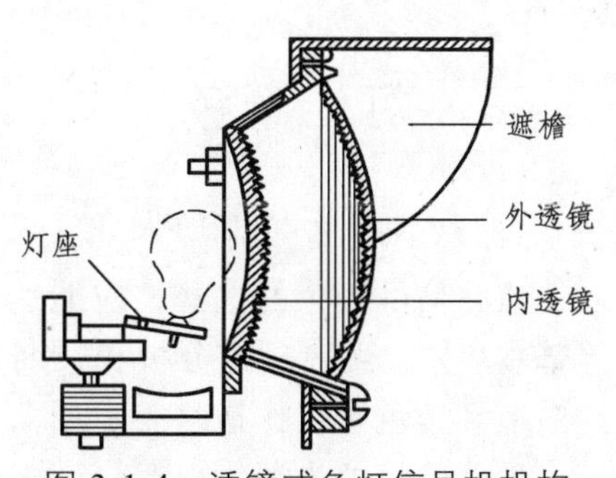

图 3-1-4　透镜式色灯信号机机构

灯泡是色灯信号机的光源，采用直丝双丝铁路信号灯泡。

灯座用来安放灯泡，采用定焦盘式灯座，在调整好透镜组焦点后固定灯座，更换灯泡时无须再调整。

透镜组装在镜架框上，由两块带棱的凸透镜组成，里面是有色带棱外凸透镜（有红、黄、绿、蓝、月白、无色六种颜色），外面是无色带棱内凸透镜。之所以采用两块透镜组成光学系统，是利用光的折射和反射原理，将光源发出的光线集中射向所需要的方向，即增强该方向的光强。这样，就能满足信号显示距离远且具有很好的方向性的要求。信号机构的颜色取决于有色透镜，可根据需要选用。

遮檐用来防止阳光等光线直射时产生错误的幻影显示。

背板是黑色的，构成较暗的背景，可衬托信号灯光的亮度，改善瞭望条件。只有高柱信号机才有背板。

3. 复示信号机构

一般信号机采用圆形背板。各种复示信号机、遮断信号机、预告信号机、容许信号机则采用方形背板，以示区别。除进站复示信号机采用灯列式结构外，其余多数为单机构、单显示。进站复示信号机的符号如图 3-1-5 所示。

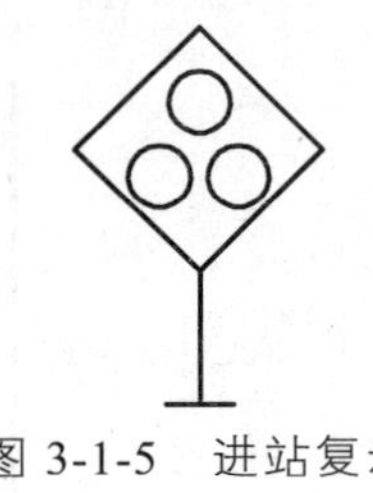

图 3-1-5　进站复示信号机

4. 进路表示器

进路表示器设在出站信号机和发车进路兼出站信号机上，用以指示发车进路开通方向。当这两种信号机有两个及以上发车方向，而信号显示本身不能分别表示进路方向时，应在信号机上装进路表示器。双线自动闭塞区段，有反方向运行条件时，出站信号机应装设进路表示器。

如图 3-1-6 所示，有三个出站方向，表示器并排有三个灯，哪个灯亮再配合一个绿灯，便指示准许向哪个区间发车。当只有两个出站方向时，用两个进路表示器区分列车的左、右运行方向。当有四个或五个方向时，设两排进路表示器，第一排三个白灯，第二排一个白灯，以两个灯光组成直线或斜线表示开通方向。双线双向自动闭塞区段，出站信号机装设一个进路表示器白灯，不着灯时作为正方向发车，反方向发车时点亮白灯。

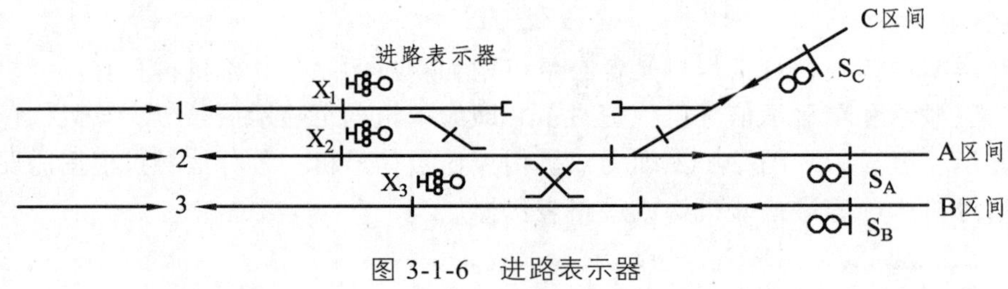

图 3-1-6　进路表示器

三、灯光颜色

1. 基本颜色和辅助颜色

铁路信号颜色的选择，应能达到显示明确、辨认容易、便于记忆和具有足够的显示距离等基本要求。经过理论分析和长期实践，铁路信号的基本色为红、黄、绿三种，再辅以蓝色、月白色和紫色（仅作道岔表示用），构成铁路信号的基本显示系统。

铁路信号的光源为白炽灯产生的白色光。白光是一种复合光，由红、橙、黄、绿、青、蓝、紫七种颜色的光混合而成。其中红光波长最多，紫光波长最短，一般来说，波长越长，穿透周围介质（如空气、水汽等）的能力越强，显示距离越远。

同样强度的光，红光最诱目，因为人眼对红色辨认最敏感，红色比其他颜色的光都更能引人注意，对人会产生不安全感，所以规定红色灯光为停车信号是最理想的。

黄色（实际上是橙黄色，简称黄色）玻璃透过光线的能力较强，显示距离较远，又具有较高的分辨率，辨认正确率接近 100%，故采用黄色灯光作为注意和减速信号。

绿色和红色的反差最大，容易分辨，而绿色灯光显示距离也较远，能满足信号显示的要求，故采用绿色灯光作为按规定速度运行的信号。

调车信号机的关闭不能影响列车运行，所以它不能采用红色灯光，而选用蓝色灯光作为禁止调车信号较合适。调车信号机的允许信号采用月白色灯光，主要目的是可与一般普通照明电源相区别。蓝色、白色灯光虽显示距离较近，但因为调车车列速度较低，所以能满足调车作业的需要。

紫色灯光具有较高的区别性，作为道岔表示器表示道岔在直向开通的灯光，基本上能满足需要。

2. 图形符号

不同颜色的灯光用不同的符号和代号来表示，各种灯光的符号和代号如表 3-1-1 所示。

表 3-1-1　不同颜色灯光的符号及代号

颜色	红灯	黄灯	绿灯	白灯	蓝灯
符号	●	⊘	○	◎	⦿
代号	H	U	L	B	A

为了提供更加明确的信号，铁路信号的显示意义不仅以灯光的不同颜色来区分，还以灯光的数目和不同组合来区分，有时还以稳定灯光和闪光显示来区分。灯光符号外加四个长点表示稳定灯光点亮，如“¤”表示绿色稳定灯光点亮；如果灯光符号外的每一角变为双点则表示该灯光闪光，如“¤”表示绿色灯光闪光。

信号布置图中所反映的设备状态约定为设备的定位状态。将信号机经常保持的显示状态作为信号机的定位。信号机定位的确定，一般是考虑保证行车安全、提高运输效率或信号显示自动化等因素。

3. 灯光含义

铁路信号的显示意义还有不同的描述方式。例如：要求停车的信号称为禁止信号，要求注意或减速运行的信号及准许按规定速度运行的信号称为进行信号，显示禁止灯光不允许越过的信号称为绝对信号，而显示禁止灯光在特殊条件下允许越过的信号称为非绝对信号（容许信号）。

信号机状态有三种，即关闭状态、开放状态和灭灯状态。关闭状态，指信号机点亮禁止灯光。调车信号机，禁止灯光为一个蓝灯；列车信号机和出站兼调车信号机，其禁止灯光为一个红灯。开放状态，指信号机点亮允许灯光。调车信号机的允许灯光为一个白灯。列车信号机允许灯光的显示颜色和显示数目与多种因素有关，所以允许灯光有多种。对于列车信号机而言，同时显示的灯位最多不超过两个。灭灯状态，指信号机所有灯位都不点灯时所处的状态。例如，调车信号机平时点禁止灯光——蓝灯，当蓝灯的灯丝断丝时，该信号机将处于灭灯状态；列车信号机平时点禁止灯光——红灯，当红灯的灯丝断丝时，该信号机将处于灭灯状态。信号机处于灭灯状态时，为了安全起见，不允许其前方的列车或调车车列前进。

4. 色灯信号机灯光配列和应用的规定

（1）当根据实际情况需要减少灯位时，应以空位停用方式处理。减少灯位的处理方式可以维持信号机应有的外形，防止司机误认。如进站信号机没有绿灯和绿黄灯显示时（例如附图 1 中的 X_D），其绿灯可采用封闭方式处理，但不允许改变信号机外形。这是因为信号机的外形是识别信号机类型的重要标志。

（2）以两个基本灯光组成一种信号显示时，为了防止两个灯光被误认为是不同信号机的显示，应在一条垂直线上（进站复示信号机除外）。进站复示信号机是一组灯列式显示，所以可以不在一条垂直线上。

以两个基本灯光组成一种信号显示时，还应有一定的间隔距离，这是为了防止和减少两个同一颜色的灯光在远距离上被误认为是一个灯光而造成升级显示的危险。如进站信号机的双黄灯显示被误认为一个黄灯显示，将造成向侧线接车误认为向正线接车的危险；又如出站信号机的双绿灯显示，若误认为一个绿灯显示，将造成向次要线路发车误认为向主要线路发车，也不利于安全。

在高柱信号机上有足够的空间保证两个信号灯光之间的距离，而且一般采用高柱的信号机都有较远显示距离的要求。为了保证一定间隔，规定高柱信号机不得使用一个三显示机构的上下两个灯位显示同一颜色的灯光。但是矮型信号机由于结构上的原因，同时一般要求显示距离不小于 200 m，所以允许采用三显示机构的上下两个灯位显示同一颜色的灯光。

当两种不同颜色的灯光组成一种信号显示时，例如通过信号机和出站信号机的绿、黄灯光显示，可允许采用同一个三显示机构的上下两灯位来显示，但其间必须间隔一个灯位。

（3）在以两个机构组成的矮型信号机上，应将最大限制信号设在靠近线路的机构上。其目的是防止和避免该信号机被误认为是邻线的信号机。

（4）双机构加引导信号是一种专门的信号机形式，唯有它能区分始端速度。具有接车性质的信号机，包括进站信号机、接车进路（含接发车进路）信号机、有分歧道岔线路所的通过信号机都应采用此形式。

（5）一般情况下，站内高柱信号机的机构安装于机柱内侧，区间高柱信号机的机构安装于机柱的外侧。而在电气化区段，通过信号机的机构安装于机柱内侧。这项规定是根据限界、确认和改善维修条件而定的。

四、典型信号机

铁路信号机可分为进站、出站、进路、调车、通过、遮断、防护、预告、驼峰、复示及引导信号机等。

1. 进站信号机

1）进站信号机的作用

进站信号机主要用来防护车站，具体来说，就是用来防护接车进路。进站信号机的显示明确了列车应该站外停车还是通过车站，是站内正线停车还是站内侧线停车。信号开放前检查进路上的道岔位置正确，进路上无车，没有建立敌对进路，所以能保证进路安全。

2）进站信号机的设置

进站信号机的具体设置，应距列车进站时遇到的第一个道岔尖轨尖端（顺向时为警冲标）大于 50 m 的地点；若因调车作业或制动距离需要，可以更大些，但不得超过 400 m；若因信号显示不良而外移时，最大不宜超过 600 m。

3）进站信号机的命名

进站信号机的命名是按列车运行方向进行的，上行用 S 表示，下行用 X 表示。若在车站一端有多个方向的线路接入，则在 S 或 X 的右下角加上该信号机所属线路名的汉语拼音字头，如东郊方面的下行进站信号机编为 X_D。若在同一方向有几条线路引入，出现并置的进站信号机时，则应加缀区间线路名称（单方向可不加）或顺序号。如山海关方面的上行进站信号机编为 S_{S2}、S_{S4}，北京方面的下行进站信号机编为 X_{B1}、X_{B3}（上行用双数，下行用单数）。

4）进站信号机的显示

铁路车站进站信号机的灯光配列基本相同，即从上至下的灯位排列为黄、绿、红、黄、白，在图上将站立的信号机用水平方式表示，如图 3-1-7 所示。进站信号机对行车安全起着极其重要的作用，故规定以显示停车信号——红灯为定位。

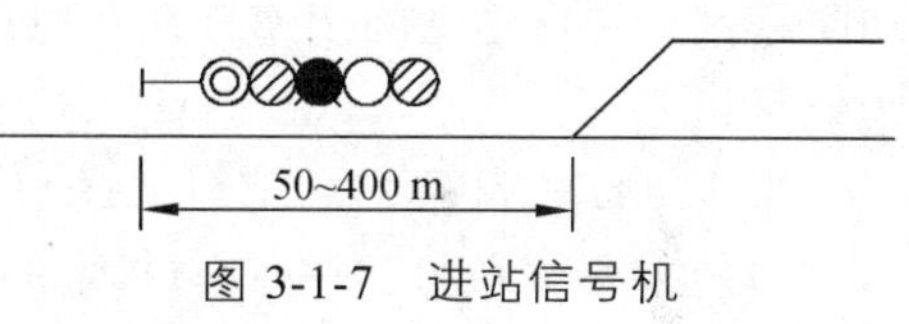

图 3-1-7　进站信号机

在四显示自动闭塞区段，进站信号机的灯光显示意义如下：

（1）一个绿色灯光——准许列车按规定速度经道岔直向位置进入或通过车站，表示运行前方至少有三个闭塞分区空闲。

（2）一个黄色灯光——准许列车经道岔直向位置，进入站内正线准备停车。

（3）两个黄色灯光——准许列车经道岔侧向位置，进入站内准备停车。

（4）一个黄色闪光和一个黄色灯光——准许列车经过 18 号及以上道岔侧向位置，进入站内越过次一架已经开放的信号机，且该信号机防护的进路是经道岔的直向位置或 18 号及以上道岔的侧向位置。

（5）一个红色灯光——不准列车越过该信号机。

（6）一个绿色灯光和一个黄色灯光——准许列车按规定速度越过该信号机，经道岔直向位置进入站内，表示次一架列车信号机开放一个黄灯。

（7）一个红色灯光及一个月白色灯光——引导接车信号，准许列车在该信号机前方不停车，以不超过 20 km/h 的速度进站或通过接车进路，并须准备随时停车。

5）进站信号机的关闭时机

集中联锁车站的进站信号机，当列车第一轮对越过该信号机后自动关闭。引导信号应在列车越过信号机后及时关闭。

2. 出站信号机

1）出站信号机的作用

出站信号机的作用：防护区间，作为列车占用区间的凭证，指示列车能否进入区间；与发车进路及敌对进路相联锁，信号开放后保证发车进路安全；指示列车在站内的停车位置。所以，车站发车线（含救援列车停留线）端部必须装设出站信号机。

2）出站信号机的设置

一般情况下，每一发车线应单独装设出站信号机。出站信号机的设置应尽量不影响股道有效长，设于警冲标（对向道岔为尖轨尖端）内方 3.5～4 m 处，岔后出站信号机如图 1-3-6 所示，岔前出站信号机如图 3-1-8 所示。

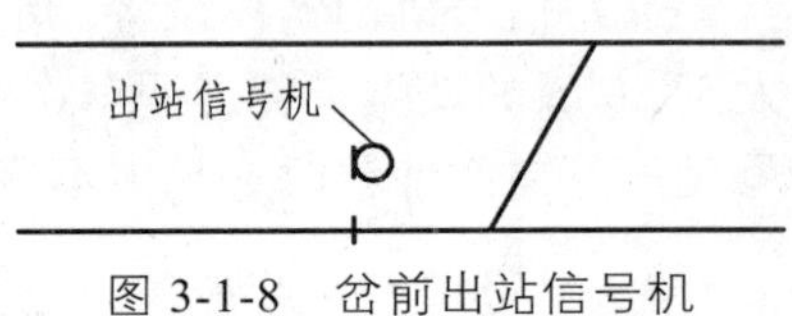

图 3-1-8　岔前出站信号机

3）出站信号机的命名

出站信号机按列车运行方向命名，上行用 S 表示，下行用 X 表示，在名称的右下角加股道号，如 S_{I}、X_3 等。线群出站信号机应加所属线群的股道号，如 $S_{5\text{-}8}$。当有数个车场时，则先加车场号，再在右下角缀以股道号，如 S_{I2}、X_{II3}。

4）出站信号机的显示

普速铁路的出站信号机有三种情况：三显示自动闭塞区段、四显示自动闭塞区段和半自动闭塞区段（自动站间闭塞区段）。只要是集中联锁车站，各种情况下的出站信号机均兼作调车信号机。

半自动闭塞区段出站信号机的显示意义如下：

（1）一个绿色灯光——准许列车由车站出发。

（2）一个红色灯光——不准列车越过该信号机。

（3）两个绿色灯光——准许列车由车站出发，开往次要线路。

（4）在兼作调车信号机时，一个月白色灯光——准许越过该信号机调车。

自动闭塞区段的出站信号机不仅指示列车可以向区间出发，同时为了保证列车的运行安全，还要进一步明确列车运行前方区间闭塞分区占用情况。因此，自动闭塞区段的出站信号机与半自动闭塞区段的出站信号机比较，要增加一个黄灯。

三显示自动闭塞区段出站信号机的显示意义如下：

（1）一个绿色灯光——准许列车由车站出发，表示运行前方至少有两个闭塞分区空闲。

（2）一个黄色灯光——准许列车由车站出发，表示运行前方有一个闭塞分区空闲。

（3）两个绿色灯光——准许列车由车站出发，开往半自动闭塞区间。

一个红色灯光、一个月白色灯光的显示意义与半自动闭塞区段的出站信号机相同。

四显示自动闭塞区段出站信号机的显示意义如下：

（1）一个绿色灯光——准许列车由车站出发，表示运行前方至少有三个闭塞分区空闲。

（2）一个绿色灯光和一个黄色灯光——准许列车由车站出发，表示运行前方有两个闭塞分区空闲。

一个黄色灯光、一个红色灯光、两个绿色灯光、一个月白色灯光的显示意义与上述三显示自动闭塞区段的出站信号机相同，不再重复。实际上，四显示自动闭塞区段车站的出站信号机灯位排列之所以与三显示区段不同，就是为了构成一个绿灯和一个黄灯同时点亮的信号显示。

5）进路表示器

有的车站一个咽喉与多条区间线路连接，一架出站信号机可以防护多条发车进路，即一架出站信号机开放可以指示多个发车方向。出站信号机有两个及以上的运行方向，而信号显示不能分别表示进路方向时，应在信号机上装设进路表示器。

另外，双线自动闭塞区段，有反方向运行条件时，出站信号机应装设进路表示器。

一个咽喉发车方向数量不同，进路表示器小白灯的设置数量也不同。只有一个发车方向的不需要设置，双线区段有反方向发车的出站信号机设置一个小白灯。最复杂的情况设置 4 个小白灯，最多可以区分 5 个发车方向。以最简单情况为例进行分析：

出站信号机下方设置左、右两个进路表示器小白灯，如图 3-1-9 所示。

当信号机在开放的条件下，分别按左、右两个白色灯光区别进路开通方向。

图 3-1-9　两个发车方向的进路表示器

双线双向自动闭塞区段有反方向发车的出站信号机，如果没有其他支线发车方向，出站信号机下方只需要设置一个小白灯（如举例站场的下行出站信号机），仅用于区分反方向发车。其显示方式如下：

（1）信号机在开放状态且表示器不着灯——准许列车正方向发车。

（2）信号机在开放状态及表示器显示一个白色灯光——准许列车反方向发车。

如果还有其他的支线发车方向，有的车站对应正方向发车也设置一个小白灯（如举例站场的上行出站信号机设置 3 个小白灯）。正方向发车时，出站信号机在开放状态，对应左边的小白灯点亮。但是，如果小白灯因故不能点亮，不影响出站信号机的开放和正方向发车。出站信号机在开放状态，中间或右边的小白灯点亮分别表示向区间反方向发车或向支线（X_D）方向发车。此时，如果小白灯灭灯，则出站信号机不允许开放。

需要特别指出的是：进路表示器仅在其主体信号机开放后才能着灯，用于区别进路开通方向或双线区段反方向发车，不能独立构成信号显示。

出站信号机对行车安全起着极其重要的作用，故规定以显示停车信号——红灯为定位。双线单方向运行自动闭塞区段的车站（线路所）如将进站及正线出站信号机转为自动动作时，以显示进行信号为定位。

6）出站信号机的关闭时机

集中联锁车站的出站信号机，当列车第一轮对越过该信号机后自动关闭。

3. 通过信号机

通过信号机分为自动闭塞区段的通过信号机和非自动闭塞区段的通过信号机。

1）自动闭塞区段的通过信号机

自动闭塞区段的通过信号机，用来防护闭塞分区，指示列车能否进入运行前方的闭塞分区。该通过信号机设于各闭塞分区入口处（第一离去闭塞分区除外，因其邻接车站，由出站信号机防护，不设通过信号机），参见图 3-1-10。

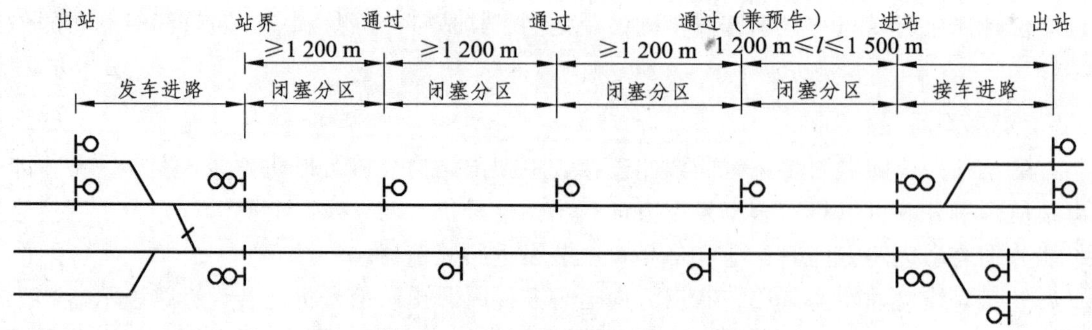

图 3-1-10　防护闭塞分区的通过信号机

自动闭塞区段的通过信号机不应设于停车后可能脱钩的处所，也不宜设在货物列车在上坡道上停车后起动困难的地点。遇到特殊情况，必须设在上坡道上货物列车停车后起动困难的地点时，该通过信号机上应装设容许信号，方形背板，蓝灯。

自动闭塞区段的通过信号机，应尽量设在直线上或便于司机瞭望（如曲线起点的前方）的地点，不宜设在大型桥梁上或隧道内。必须设于桥梁上或隧道内时，可采用矮型，但须经批准。

为了节约投资和方便维修，上、下行方向的通过信号机在不影响行车效率和司机瞭望信号的条件下，应尽可能并列设置。

自动闭塞区段的通过信号机的名称以该信号机所在地点坐标公里数和百米数组成，下行编为奇数，上行编为偶数。例如在 100 km + 350 m 处的并置通过信号机，下行方向的编为 1003，上行方向的编为 1004。区间正线有分歧道岔的通过信号机，包括自动闭塞和非自动闭塞区段的，以 T 字命名，并在其右下角缀以运行方向，如 T_S、T_X，当有数架并存时，再加缀顺号，如 T_{S2}、T_{X3}（上行用双数，下行用单数）。

三显示自动闭塞区段和四显示自动闭塞区段的通过信号机均采用三显示机构，只是灯光排列不同。三显示自上而下是黄、绿、红；四显示自上而下是绿、红、黄。因为四显示有绿、黄显示。中间必须间隔一个灯位。

三显示及四显示自动闭塞区段通过信号机的显示见表 3-1-2。

自动闭塞的每架通过信号机，都是其运行前方信号机的预告信号机，为提高区间通过能力，保证列车经常在绿灯下运行，规定通过信号机以显示进行信号为定位，即一般通过信号机显示绿灯为定位，进站信号机前方第一架通过信号机兼有预告信号机的作用，故以显示黄灯为定位，四显示自动闭塞的进站信号机前方第二架通过信号机则以显示绿、黄灯为定位。单线自动闭塞，当一个方向的通过信号机开放时，另一个方向的通过信号机灭灯。

2）非自动闭塞区段的通过信号机

在非自动闭塞区段，也可将较长的那个区间，划分成两个区段，在其中间增设一个线路所（无配线的分界点称为线路所）。如图 3-1-11 所示，在线路所与两邻站间构成两个所间区间，在线路所处，分别设置两架信号机，叫作通过信号机，用它来防护所间区间的运行安全。这样，用增加线路所和增设通过信号机的办法，也可加大行车密度。但线路所无配线，所以不能办理列车越行。

表 3-1-2　通过信号机显示

通过信号机	三显示自动闭塞			准许列车按规定速度运行，表示运行前方至少有两个闭塞分区空闲
				要求列车注意运行，表示运行前方有一个闭塞分区空闲
				列车应在该信号机前停车
				容许信号显示一个蓝灯，准许列车在通过信号机显示红灯的情况下不停车，以不超过 20 km/h 的速度通过，运行到次一架通过信号机，并随时准备停车
	四显示自动闭塞			准许列车按规定速度运行，表示运行前方至少有三个闭塞分区空闲
				准许列车按规定速度运行，要求注意准备减速，表示运行前方有两个闭塞分区空闲
				要求列车减速运行，按规定限速要求越过该信号机，表示运行前方有一个闭塞分区空闲
				列车应在该信号机前停车
				容许信号显示一个蓝灯，准许列车在通过信号机显示红灯的情况下不停车，以不超过 20 km/h 的速度通过，运行到次一架通过信号机，并随时准备停车
	半自动闭塞及自动站间闭塞区段			准许列车按规定速度运行
				不准列车越过该信号机

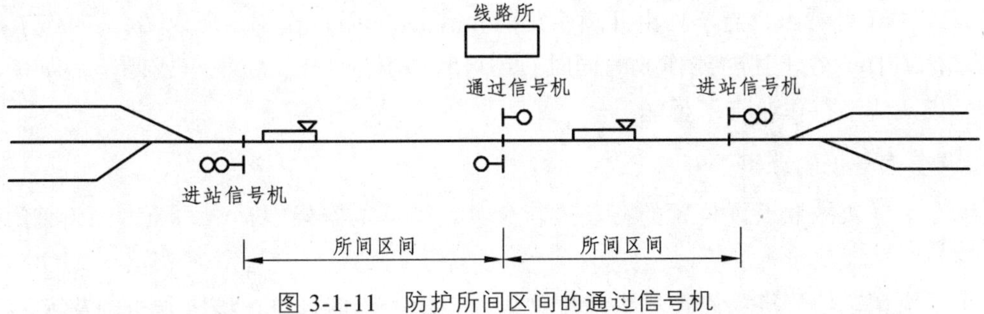

图 3-1-11　防护所间区间的通过信号机

非自动闭塞区段的线路所的通过信号机，无分歧道岔时为二显示，自上而下是绿、红。防护分歧道岔的通过信号机采用与进站信号机相同的机构和灯光，因不允许办理引导接车，月白灯必须封闭。通过信号机的显示见表 3-1-2。

线路所的通过信号机，兼有防护接车、发车的作用，故以显示红灯为定位。

线路所通过信号机及自动闭塞区段的通过信号机，当列车第一轮对越过该信号机后自动关闭。

4. 调车信号机

1）调车信号机的作用

调车信号机装设在集中联锁的车站经常进行调车作业的线路上（如到发线、咽喉道岔区等），用来指示机车进行调车作业，以及从非联锁区到联锁区的入口处。它的作用是指示调车机车进行作业，一般采用矮型信号机。

2）调车信号机的设置

为保证列车在站内的行车安全，凡影响列车作业的调车进路，均应设置调车信号机。调车信号机要根据调车作业的实际需要装设。

（1）尽头型调车信号机。由非联锁区向联锁区的入口处，由牵出线、场间联络线以及站内各种用途的尽头线，向联锁区的入口处装设的调车信号机，叫作尽头型调车信号机。在股道头部装设的调车信号机叫作出站兼调车信号机或进路兼调车信号机。在图 3-1-12 中，D_1 是尽头型调车信号机，而 S_{II} 和 S_4 是出站兼调车信号机。

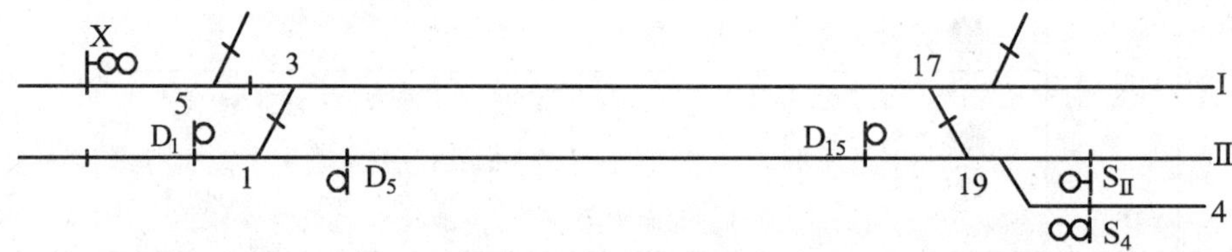

图 3-1-12　调车信号机

（2）咽喉调车信号机。设于咽喉区中间的调车信号机，叫作咽喉调车信号机。设置咽喉调车信号机，可增加调车作业的灵活性，从而提高调车作业效率和车站咽喉区的通过能力。如图 3-1-12 所示，由Ⅱ道转线到 4 道，有了 D_{15} 就可以牵出后越过 D_{15} 折返，所以 D_{15} 又叫作折返调车信号机。如不设 D_{15}，就得牵出至站界，越过 D_1 才能折返，显然将增加调车行程。从图 3-1-12 中还可看出，当车列由Ⅱ道牵出时，有 D_5 起阻拦作用，所以 D_5 又叫作阻拦调车信号机。有了 D_5，在上述转线作业的同时，还可利用道岔 1/3 反位发车或调车，即有了阻拦调车信号机，使平行作业有了可能。

3）调车信号机的分类

将调车信号机按照设置位置的特点进行分类，以某电器集中车站站场为例（见附图 1）进行介绍。

（1）尽头调车信号机：设在尽头线或岔线入口的调车信号机，该信号机的前方没有本咽喉其他信号机或道岔，如 D_2、D_{18} 等。

（2）单置调车信号机：在咽喉区岔群中间单个设置的调车信号机，如 D_{11}、D_{13}、D_8、D_{16} 等，其特点是单置调车信号机前后都是道岔。

（3）并置调车信号机：在咽喉区岔群中间同一坐标线路两侧成对设置的两架方向相反的调车信号机，如 D_7 与 D_9、D_{10} 与 D_{12} 等。

（4）差置调车信号机：在咽喉区中间一个无岔区段两端线路两侧不同坐标上成对设置的

两架方向相反的调车信号机，即无岔区段夹在两架差置调车信号机之间，如 D_5 与 D_{15}、D_4 与 D_{14} 等。

4）调车信号机的显示

一个月白色灯光，表示准许越过该信号机调车。

一个月白色闪光灯光，表示装有平面溜放调车区集中联锁设备时，准许溜放调车。

一个蓝色灯光，表示不准越过该信号机调车。

一般的车站，没有平面溜放作业，调车信号没有白灯闪光，只有白灯和蓝灯显示。

调车信号机的灯位配置很简单，大多数调车信号机采用一个白灯、一个蓝灯的矮型机构。

不办理闭塞的站内岔线，在岔线入口处设置的调车信号机，可用红色灯光代替蓝色灯光。

在尽头式到发线上，设置的起阻挡列车运行作用的调车信号机，应采用矮型三显示机构，用红色灯光代替蓝色灯光。当该信号机的红色灯光熄灭、显示不明或显示不正确时，应视为列车的停车信号。

调车信号机以显示禁止调车信号以蓝灯为定位。

5）调车信号机的关闭时机

调车信号机在调车车列全部越过调车信号机后自动关闭；当调车信号机外方不设或虽设轨道电路而占用时，应在调车车列全部出清该调车信号机内方第一个轨道区段后自动关闭（因对于调车车列，机车可能在前面牵引，也可能在后面推送，调车车列一进入调车信号机内方就关闭，就会使司机在见到蓝灯情况下进行调车）；根据需要也可在调车车列第一轮对进入调车信号机内方第一个轨道区段后自动关闭。

6）调车信号机的命名

调车信号机用 D 表示，在其右下角缀以顺序号。调车信号机编号是从列车到达方向顺序编号，上行用双号，下行用单号，如下行咽喉 D_1、D_3 等，上行咽喉 D_2、D_4 等。有若干个车场时，以百位数表示车场，如Ⅰ场的 D_{101}、D_{103}。如同一个咽喉调车信号机超过 50 架时，则超出部分的调车信号机编为 D_{1101}、D_{2100}，其中千位表示车场号。

五、组合式色灯信号机

组合式色灯信号机是为克服透镜式信号机的缺点而研制的新型信号机构。信号灯泡发出的光由反射镜会聚，经滤色片变成色光，再由非球面镜聚成平行光束，偏散镜折射偏散，能保证信号显示在曲线线段上的连续性。信号机构采用组合形式，一个灯位为一个独立单元，配一种颜色，使用时根据需要进行组合，故称为组合式色灯信号机。

（一）组合式色灯信号机结构

组合式信号机构由光系统、机构壳体、遮檐、瞄准镜插孔四部分组成，如图 3-1-13 所示。

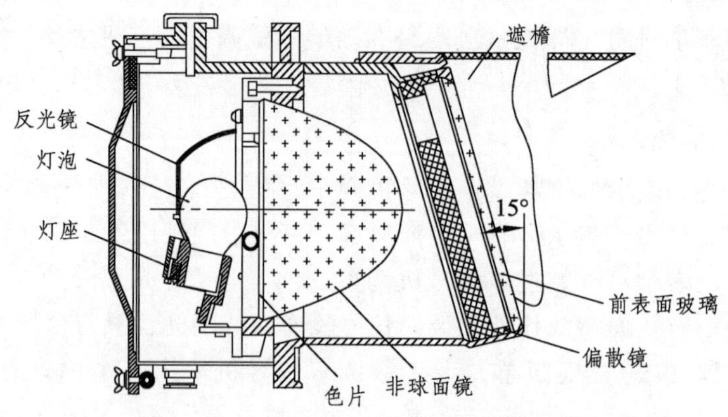

图 3-1-13　XSZ-135 型组合式信号机构

1. 光系统

组合式信号机构的光系统由反光镜、灯泡、色片、非球面镜、偏散镜及前表面玻璃组成。

（1）反光镜是椭球面镜，将光源发出的光反射后聚焦起来。

（2）灯泡采用 TX$\frac{12\text{-}30}{12\text{-}30}$ 型信号直丝灯泡。

（3）信号显示的颜色取决于色片颜色，按需配备。

（4）非球面镜用于聚光，其通光孔径大，焦距短，球面像差小，光能利用率高。

（5）偏散镜全称偏散透镜，由多个棱镜及曲面镜组成，是使部分光线按所需方向偏散一定角度的光学元件。偏散镜有 4 种型号，1 型、2 型、3 型、4 型，根据线路曲线半径范围选用正确的偏散镜。偏散镜还能增强部分近距离能见度，使得在距信号机 5 m 处时也能看到信号显示。

（6）信号机的前表面玻璃罩设计成向后倾斜 15°，可防止信号机因反光造成的信号误认现象。

2. 机构壳体

机构的外壳用硅铝合金压铸而成。内外表面涂成无光黑漆，可防止光反射。其结构合理，密封性能好，且体积小，质量轻。

3. 遮　檐

机构的遮檐采用玻璃纤维增强不饱和聚酯制造，质量轻，耐腐蚀性能好，强度高。其几何形状设计成既能遮挡阳光，又能满足偏散光显示的需要。

4. 瞄准镜插孔

信号机构右下方有一个瞄准镜插孔，供调整信号机显示方向时使用。

（二）组合式信号机的光学原理

组合式信号机的光学原理如图 3-1-14 所示，由光源（信号灯泡）发出的光，通过滤色片变成色光，经过非球面透镜将散射的色光会聚成平行光，再经过偏散镜进行折射偏散，将其中的一部分光保持原方向射出，称为主光；另一部分光按偏散镜的偏散角度射出，称为偏光。主光主要用于远距离显示，光强较高；偏光主要用于曲线部分。随着列车的运行，逐渐接近信号机，对光强的需要也逐渐减弱，所以偏光的光强也随着偏散角度的加大相应地逐渐减弱，从而充分有效地利用了光源，使得在曲线上各个位置看到的信号灯光亮度均匀一致。

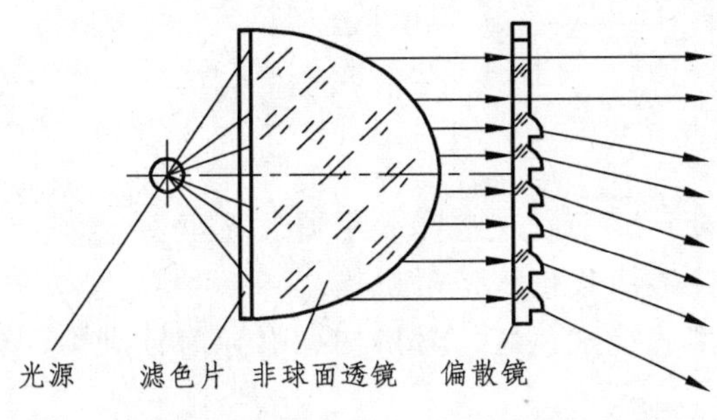

图 3-1-14　组合式信号机的光学原理示意图

六、LED 式色灯信号机

LED 组合式色灯信号机的机构由铝合金材料构成，质量轻，便于进行施工安装。信号点灯单元由 LED 发光二极管构成，使用寿命长，免维护。LED 色灯控制系统，在与现有点灯控制电路兼容、LED 驱动电路与二极管供电方式的设计方面取得突破，通过监测控制系统的电流，可监督信号显示系统的工作状态，预警异常情况有助于准确判断故障点，便于及时处理。LED 信号显示系统作为一种节能、免维护的新型光源，在城市轨道交通信号系统中得到广泛运用。

LED 色灯信号机主要由点灯变压器、超高亮度发光二极管矩阵（发光盘）、光学透镜、固定框架等组成。

现以 XSL 型 LED 铁路色灯信号机为例进行介绍。

XSL 型 LED 铁路信号机由铝合金信号机构、PFL-1 型 LED 发光盘和 FDZ 型发光盘专用点灯装置组成。

（一）铝合金信号机构

铝合金信号机构分为高柱机构和矮型机构。高柱信号机构由背板、箱体、遮檐和悬挂装置四部分组成。矮型机构分为二灯位矮型机构和三灯位矮型机构两种，其安装方法与透镜式信号机构相同，即厂家已按二灯位（或三灯位）组装成一个整体。

另有复示信号铝合金机构、灯列式进站复示信号铝合金机构。

（二）PFL-1 型铁路 LED 发光盘

PFL-1 型 LED 发光盘采用发光二极管制成的色灯信号机的新光源。

发光盘的型号由汉语拼音字母和罗马数字组成，如图 3-1-15 所示。

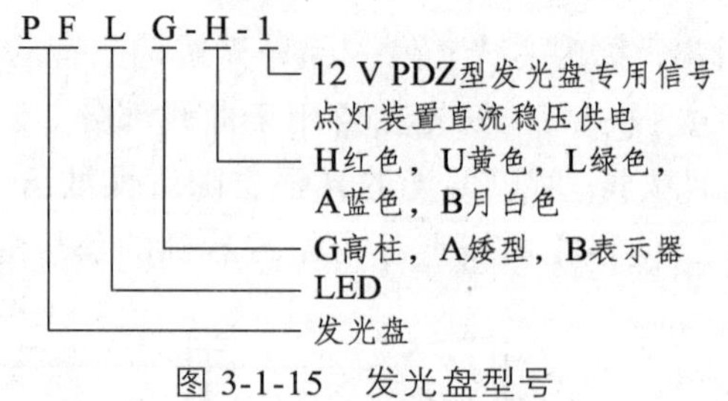

图 3-1-15　发光盘型号

1. 发光盘的分类

发光盘分为高柱发光盘、矮型发光盘和表示器发光盘。

高柱发光盘适用于高柱透镜式色灯信号机构。

矮型发光盘适用于矮型透镜式色灯信号机构、引导信号机构、矮型复示信号机构和发车线路表示器机构。

2. 发光盘的结构

发光盘为圆形盘状结构，其上安装众多发光二极管，如图 3-1-16 所示。发光盘前罩上有鉴别销，以确认该灯位的颜色。只有发光盘的灯光颜色与该灯位灯箱玻璃卡圈上的鉴别槽相吻合，才能安装。

为满足曲线轨道的信号显示，可根据现场实际需要，安装偏散镜片，安装在需要偏散的高柱发光盘的前面。为满足曲线信号显示的需要，可在发光盘灯罩前叠装偏散镜片；有 10°、15°、20°三种偏散角。发光盘后面有一个凸起的防雷盒。

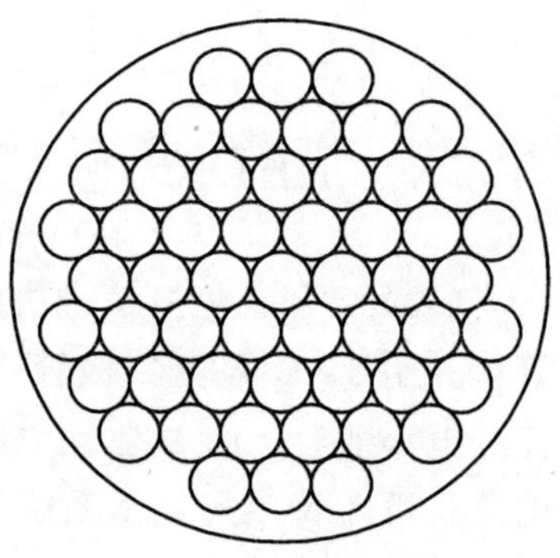

图 3-1-16　发光盘

（三）LED 色灯信号机构的优点

LED 色灯信号机构采用铝合金机构，组合灵活、安装简单，显示距离远且清晰，使用寿命长，安全可靠。用 LED 取代传统的双丝信号灯泡和透镜组，从而彻底消除了灯泡断丝这一多发性的信号故障，结束了普通信号机定期更换信号灯泡的维修方式，从而减少了维修工作量，节省了维修费用。LED 色灯信号机更适应于正线安装。

用发光盘取代信号灯泡具有以下显著优点：

（1）寿命长。发光二极管理论寿命超过 10^5 h，是信号灯泡的 100 倍，可免除经常更换灯泡的麻烦，且有利于实现免维修，从而降低了运营成本。

（2）可靠性高。发光盘是用上百只发光二极管和数十条支路并联工作的，在使用中即使个别发光二极管或支路发生故障，也不会影响信号的正常显示，提高了信号显示的可靠性。

（3）节省能源。单灯 LED 光源功率小于 8 W，不到传统 25 W 信号灯泡的 1/3。

（4）聚焦稳定。发光盘的聚焦状态在产品设计与生产中已经确定，并能始终保持良好的聚焦状态，现场安装与使用不需再调整。

（5）显示效果好。发光盘除有轴向主光束外，还有多条副光束，有利于增强主光束散角和近光显示效果。

（6）无冲击电流，有利于延长供电装置的使用寿命。

七、其他常见信号机

1. 机车信号机

固定信号装在地面上。由于曲线、隧道等地形限制，给司机瞭望带来一定的困难，特别是在雨雪、风沙、大雾迷茫等恶劣气候条件下，地面信号更看不清。另外，随着列车速度的不断提高，特别是高速列车的出现，显示距离约 1 km 的信号机已很难使司机从容采取措施。比如司机发现红色停车信号，即使立即紧急制动，列车在巨大惯性的推动下，也要越过信号机 2 km。因此，再单纯依赖地面信号机显然是极其危险的。为了解决这个问题，人们研制了机车信号机，它装在机车司机室内（见图 3-1-17），能复示地面信号机的显示，保证了行车安全，提高了运行效率，也改善了司机的工作条件。

图 3-1-17　机车信号机

中国铁路目前采用的机车信号分为接近连续式和连续式两种。接近连续式多用于非自动闭塞区段。在进站信号机外方接近区段及站内正线接车进路和侧线股道设置发送设备，使机车信号机连续复示进站信号机及出站信号机的显示。

连续式机车信号没有距离限制（除了站内侧线接、发车进路的咽喉部分），只要列车在轨道上行驶，装在机车上的感应器接收到信号，经过解码使机车信号机不断地复示运行前方地面信号机的显示。机车信号机显示见表 3-1-3。

表 3-1-3　机车信号显示意义

机车信号显示	信息定义	
	四显示自动闭塞区段	三显示自动闭塞区段
绿灯	准许列车按规定速度运行	
半绿半黄灯	准许列车按规定速度注意运行	
黄灯	要求列车减速到规定的速度等级越过接近的信号机	要求列车注意运行
双半黄灯	要求列车限速运行，表示列车接近的地面信号机开放经道岔侧向位置的进路	
带“2”字的黄灯	要求列车减速到规定的速度等级越过接近的显示一个黄色灯光的地面信号机，并预告次一架地面信号机开放经道岔侧向位置的进路	要求列车注意运行，表示列车接近的地面信号机显示一个黄色灯光，并预告次一架地面信号机开放经道岔侧向位置的进路
双半黄色闪光	要求列车限速运行，表示列车接近的地面信号机开放经 18 号及以上道岔侧向位置进路，且次一架信号机开通直向进路或开放经 18 号及以上道岔侧向位置进路；或表示列车接近设有分歧道岔线路所的地面信号机开放经 18 号及以上道岔侧向位置进路	

续表

机车信号显示	信息定义	
	四显示自动闭塞区段	三显示自动闭塞区段
带“2”字的黄色闪光	要求列车减速到规定的速度等级越过接近的显示一个黄色灯光的地面信号机，并预告次一架地面信号机开放经 18 号及以上道岔侧向位置的进路，且列车运行前方第三架信号机开通直向进路或开放经 18 号及以上道岔侧向位置的道路	要求列车注意运行，表示列车接近的地面信号机显示一个黄色灯光，并预告次一架地面信号机开放经 18 号及以上道岔侧向位置的进路，且列车运行前方第三架信号机开通直向进路或开放经 18 号及以上道岔侧向位置的进路
半红半黄灯光	要求及时采取停车措施，表示列车接近的地面信号机显示红色灯光	
半红半黄色闪光	表示列车接近的进站、接车进路或接发车进路信号机显示引导信号或通过信号机显示容许信号	
红灯	表示列车已越过地面上显示红色灯光的信号机	
白灯	不复示地面上的信号显示，机车乘务人员应按地面信号机的显示运行	
无显示	机车信号停止工作	

2. 预告信号机

1）预告信号机的作用

由于地面信号常常受到地形条件和气象条件的影响，以致信号显示距离有时难以满足运营要求。因此，应根据实际需要对进站、通过（指防护所间区间的）、遮断等绝对信号机，装设预告信号机，以防止冒进绝对信号。

2）预告信号机的设置

在自动闭塞区段，进站信号机前方的通过信号机即起预告信号机的作用，在进站信号机前方第一架通过信号机机柱上涂以三道黑斜线，四显示自动闭塞区段第二架涂一道黑斜线。在非自动闭塞区段必须安装预告信号机。在半自动闭塞提速区段，该预告信号机称为接近信号机。进站信号机的预告信号机如图 3-1-18 所示。遮断信号机和半自动闭塞线路所的通过信号机，均应装设预告信号机。遮断信号机的预告信号机的外形同遮断信号机。

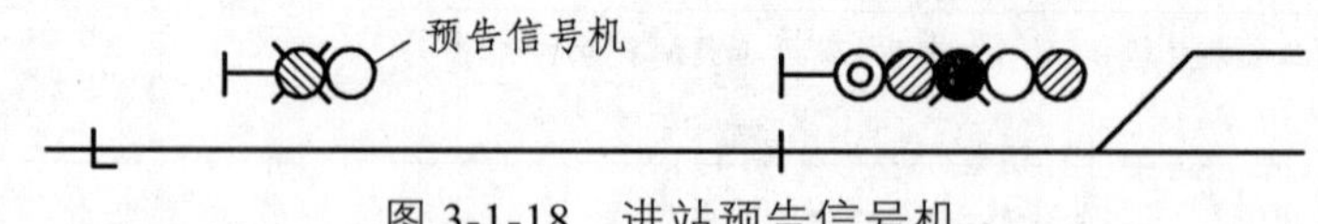

图 3-1-18　进站预告信号机

预告信号机距其主体信号机的距离规定不得少于 800 m，以满足列车制动距离的要求。当预告或其主体信号机的显示距离不足 400 m 时，为了让司机预先有足够的时间确认信号，所以在这种情况下，规定预告信号机距其主体信号机不得少于 1 000 m。

3）预告信号机的显示

对应进站信号机及线路所通过信号机设置的预告信号机显示如下：

（1）一个绿色灯光——表示主体信号机在开放状态。

（2）一个黄色灯光——表示主体信号机在关闭状态。

“主体信号机在开放状态”是指主体信号机显示允许灯光，包括绿灯、绿黄灯、黄灯、双黄及黄闪黄等信号显示。

主体信号机在关闭状态，实际上是指主体信号机在未开放状态，包括主体信号机显示红灯、引导信号，甚至有时主体信号机灭灯时，预告信号机也显示黄灯。

预告信号机作为配合主体信号机设置的信号机，它没有禁止灯光显示，平时显示黄灯。如果预告信号机黄灯因故灭灯，变为不着灯，也应视为“不起信号作用”，但它的外形并没有特殊标志。

对应遮断信号机设置的预告信号机显示如下：

一个黄色灯光——表示遮断信号机显示红色灯光；不着灯时，不起信号作用。

遮断信号机的预告信号机外形与遮断信号机相同，也是为了区别于其他信号机。

预告信号机是附属于主体信号机的，仅能表示主体信号机的显示状态，故以显示注意信号——黄灯为定位。

3. 遮断信号机

1）遮断信号机的作用

为了防止有紧急情况发生时列车进入危险地点，在有人看守的铁路与公路平面交叉的道口应装设遮断信号机；在有人看守的桥隧建筑物及可能危及行车安全的坍方落石地点，根据需要装设遮断信号机。

2）遮断信号机的设置

该信号机距防护地点不得小于 50 m。

在自动闭塞区段，遮断信号机应与通过信号机有联系。当遮断信号机与前方相邻的通过信号机之间小于 800 m 时，则通过信号机应重复遮断信号机红色灯光显示，当遮断信号机与前方相邻的通过信号机之间大于 800 m 时，则通过信号机应为该遮断信号机的预告信号。自动闭塞区段，遮断信号机不应设在停车后起动困难的地点。

3）遮断信号机的显示

遮断色灯信号机显示一个红色灯光——不准列车越过该信号机；不着灯时，不起信号作用。

为区别于其他信号机，遮断信号机在外形上与其他信号机不同：一是遮断信号机的机柱上涂有黑白相间的斜线，二是遮断信号机采用方形背板。这样司机发现遮断信号机灭灯，也不会采取制动措施。

遮断信号机和各种复示信号机均以无显示为定位。

4. 驼峰信号机

1）驼峰信号机的作用

驼峰信号机在驼峰调车场的峰顶上，用来指示调车车列能否向峰顶推送和用多大速度推送而设置的信号机。

2）驼峰信号机的设置

简易、非机械化、机械化、半自动化、自动化驼峰，为了进一步提高编组作业的效率和保证安全以及改善调车人员的劳动条件，在峰顶均应设置驼峰信号机，在到达场接车股道头部均应设置驼峰辅助信号机。驼峰信号机一般兼作到达列车的停车信号和非推送作业的调车信号用，在一定条件下还可兼作出站及进路信号机使用，如图 3-1-19 所示。

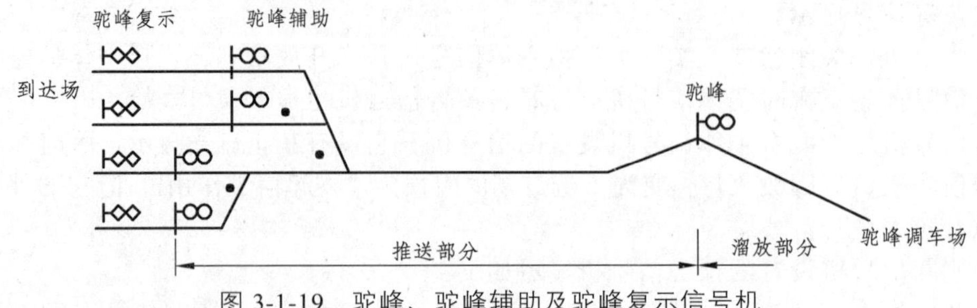

图 3-1-19 驼峰、驼峰辅助及驼峰复示信号机

3）驼峰信号机的显示

一个绿色灯光，指示准许机车车辆按规定速度向驼峰推进。

一个绿色闪光灯光，指示机车车辆加速向驼峰推进。

一个黄色闪光灯光，指示机车车辆减速向驼峰推进。

一个红色灯光，指示不准机车车辆越过该信号机或指示机车车辆停止作业。

一个月白色灯光，指示机车到峰下。

一个月白色闪光灯光，指示机车车辆去禁溜线。

驼峰辅助信号机的显示方式：一个黄色灯光，指示机车车辆向驼峰预先推送。当办理驼峰推送进路后，其灯光显示与驼峰色灯信号机显示相同。

到达场的驼峰辅助信号机平时显示红色灯光，对到达列车起停车信号作用。

5. 复示信号机

进站信号机、出站及进路信号机、调车信号机，因受地形、地物影响，达不到规定的显示距离时，应设置复示信号机。进站复示信号机由三个月白色灯组成，用两个月白色灯光的不同位置，分别表示进站信号机显示的接车信号；两个月白色灯光与水平线构成 60°角显示，表示进站信号机显示列车经道岔直向位置向正线接车信号；两个月白色灯光水平位置显示，表示进站信号机显示列车经道岔侧向位置接车信号；无显示表示进站信号机在关闭状态。出站及进路信号机用一个绿灯表示其主体信号机在开放状态，无显示表示主体信号机在关闭状态。调车复示信号机用一个月白色灯光表示调车信号机在开放状态，无显示表示调车信号机在关闭状态。复示信号机采用方形背板，以区别一般信号机。

在驼峰上调车时，主要是推送车列运行，不利于调车司机瞭望信号，当驼峰辅助信号机的显示距离不能满足推峰作业要求时，根据需要可在到达场每股道上再装设驼峰复示信号机。驼峰复示信号机，采用两个透镜式双机构高柱信号机，灯光排列为黄、绿、红、白，平时无显示，当办理驼峰推送或预先推送进路后，其显示方式与驼峰辅助信号机相同。在无峰前到达场的编组站，牵出线上可设驼峰复示信号机。

6. 道岔表示器

在非集中联锁车站或集中联锁车站的个别非集中操纵的道岔，道岔由人工扳动。为了使有关行车人员确认道岔开通位置，非集中操纵的接发车进路上的道岔，应装设道岔表示器。这种道岔表示器为一块画有一条鱼尾形黑线的黄色鱼尾形牌，上方带有表示灯，如图 3-1-20（a）所示。

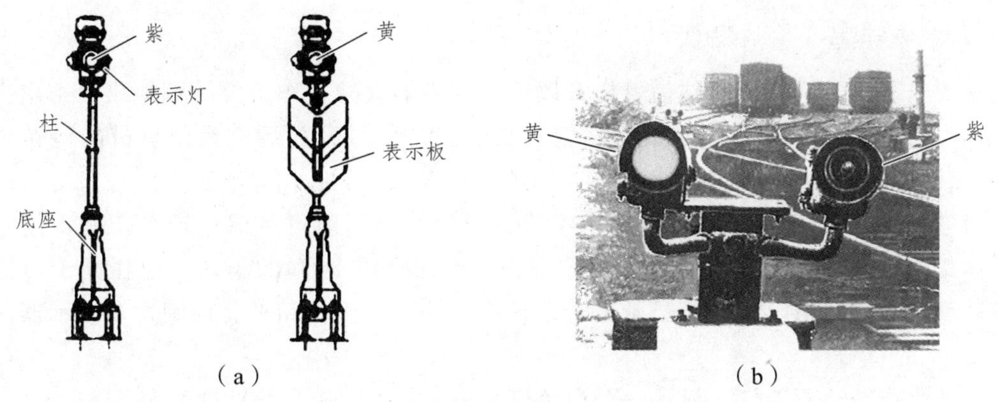

（a）　　　　（b）

图 3-1-20　道岔表示器

显示方式如下：

（1）昼间无显示；夜间为紫色灯光——表示道岔位置开通直向。

（2）昼间为中央画有一条鱼尾形黑线的黄色鱼尾形牌；夜间为黄色灯光——表示道岔位置开通侧向。

在调车区为集中联锁时，进行连续溜放作业的分歧道岔一般也装设道岔表示器。这种道岔表示器只有表示灯，不带鱼尾形牌，如图 3-1-20（b）所示。

显示方式如下：

（1）紫色灯光——表示道岔开通直向。

（2）黄色灯光——表示道岔开通侧向。

7. 发车线路表示器

在一些区段站或编组站，编组线上的列车编组完毕后可直接发车，称这种编组线为编发线。但是，并不是每一条编发线端部都设置出站信号机，而是几条编发线共用一架出站信号机，称此出站信号机为线群出站信号机。设有线群出站信号机时，应在线群每一条发车线路的警冲标内方适当地点装设发车线路表示器，如图 3-1-21 所示。

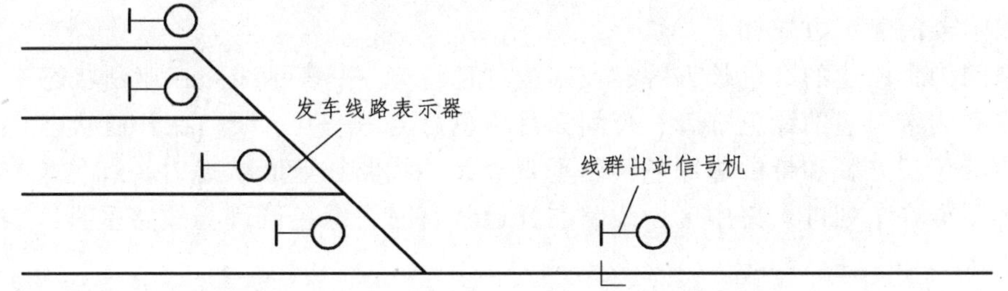

图 3-1-21　线群出站信号机与发车线路表示器

其显示意义如下：

在线群出站信号机开放后显示一个白色灯光——准许该线路上的列车发车。

不许发车的线路，所属该线路的发车线路表示器不能着灯。

发车线路表示器可用于驼峰调车场，作为调车线路表示器，显示一个白色灯光——准许调车。

8. 发车表示器

正常情况下，司机看到出站信号机开放后，并不能立即开车，要等到值班员给出准许发车的手信号。对于旅客列车，还设有运转车长，出站信号开放后先是值班员向运转车长发出手信号，运转车长再向司机发出允许发车的手信号，司机才能开车。有的车站，由于发车股道有弯道或由于站台雨搭等建筑物遮挡，司机看不到值班员或运转车长的手信号。在发车指示信号或发车信号辨认困难而中转信号又延长站停时间的车站，应在便于司机瞭望的地点装设发车表示器。由值班员及运转车长手动操纵一个按钮柱，控制发车表示器的白灯点亮。

发车表示器经常不着灯；显示一个白色灯光——表示运转车长准许发车。

由于实行车机联控后，车站值班员、运转车长及司机间一般都可以用无线对讲机直接通话，所以，目前发车表示器已很少使用。

9. 调车表示器

调车作业时，调车司机既要看地面调车信号，不能越过没有开放的调车信号机，又要看调车员的手信号，在适当地点停车。在作业繁忙的调车场上，因受地形、地物影响，调车机车司机看不清调车指挥人的手信号时，应设调车表示器。调车表示器的显示方式如下：

（1）向调车区方向显示一个白色灯光——准许机车车辆自调车区向牵出线运行。

（2）向牵出线方向显示一个白色灯光——准许机车车辆自牵出线向调车区运行。

（3）向牵出线方向显示两个白色灯光——准许机车车辆自牵出线向调车区溜放。

10. 车挡表示器

车挡表示器设置在线路终端的车挡上，昼间为一个红色方牌；夜间显示一个红色灯光。其作用是提醒有关作业人员线路已到尽头，应及时停车。

安全线及避难线可不设置车挡表示器。

11. 脱轨表示器

脱轨表示器的显示方式如下：

（1）昼间为带白边的红色长方牌；夜间为红色灯光——表示线路在遮断状态。

（2）昼间为带白边的绿色圆牌；夜间为月白色灯光——表示线路在开通状态。

带白边红色长方牌和带白边绿色圆牌垂直交叉，线路在遮断状态时，红色长方牌与线路垂直，表示不准许车列进入集中区；线路在开通状态时，绿色圆牌与线路垂直，表示准许车列进入集中区。

12. 非正常信号

有的情况下，由于设备发生故障或受施工影响，信号机不能显示正常的灯光。对于非正常信号显示的规定如下：

（1）进站、出站、进路和通过信号机的灯光熄灭、显示不明或显示不正确时，均视为停车信号。接近信号机的灯光熄灭、显示不明或显示不正确时，均视为进站信号机为关闭状态。

这是为了防止将非正常信号显示作为进行信号，列车继续运行发生危险。

（2）新设而尚未使用及应撤除而尚未撤除的信号机，均应装设信号机无效标，并应熄灭灯光。无效标为白色的十字交叉板，装在色灯信号机柱上。在新建铁路上，新设而尚未使用的信号机，可将色灯信号机机构向线路外侧扭转 90°，并熄灭灯光，以示无效。

八、信号显示距离要求

信号显示距离是指从机车上能连续确认信号机显示的距离。各种信号机及信号表示器，在列车规定分级制动距离小于 800 m（列车速度 120 km/h 时的紧急制动距离）的显示距离规定如下：

（1）进站、通过、遮断信号机的显示距离不得小于 1 000 m。

对进站、通过、遮断信号机的显示距离应严格要求，列车紧急制动距离为 800 m，加上司机确认信号和开始制动距离 200 m，共 1 000 m。以保证司机确认红灯信号后，紧急制动，使列车在信号机前方安全停车。在装设此类信号机时，应设法选择适当地点，尽可能使其显示距离达到标准。因条件限制在地形、地物影响视线的地方，如在山区弯道多、曲线半径小、隧道接连不断的不利条件下，显示距离实在无法达到标准时，考虑到它们均设有预告信号机，因此允许显示距离降低到不小于 200 m。

（2）高柱出站、高柱进站信号机的显示距离不得小于 800 m；矮型出站、矮型进路信号机的显示距离不得小于 200 m。

因出站和进路信号机前方已有进路或进站信号机起到预告显示的作用，并且这些信号机在站内，地形、地物复杂，易受各种条件影响，妨碍视线，所以对它们的显示距离规定较低。高柱出站信号机设于正线，高柱进路信号机一般设于正线和防护接车进路，有指示列车通过的意义，列车速度较高，故规定它们的显示距离不小于 800 m。矮型出站、矮型进路信号机设于侧线，列车出发的速度较低，故规定它们的显示距离不得小于 200 m。

（3）预告信号机的显示距离不得小于 400 m。

预告信号机本身没有停车信号显示，仅仅预告主体信号机的显示，显示距离规定为不小于 400 m。

预告信号机的显示距离，在最坏条件下，也规定不得小于 200 m。

（4）调车、复示信号机，容许、引导信号及各种信号表示器的显示距离不得小于 200 m。

调车信号机因调车速度低，故对信号显示距离的要求不高；复示信号机是一种附属性质的信号机，用来复示主体信号机的显示；容许信号及引导信号，在未看到它们的显示之前，司机已经看到了主体信号机要求停车的信号显示，而且它们的允许通过速度都很低（不大于 20 km/h），并随时准备停车。各种信号表示器，仅起表示作用，而且机构的光学设备也十分简单，所以对这些信号机和信号表示器的显示距离要求不小于 200 m 即可。

列车运行速度提高到 120 ~ 160 km/h 时，采用四显示自动闭塞，其速度等级一般分为三级，例如 140 ~ 110 ~ 0 km/h 三级，140 ~ 110 km/h、110 ~ 0 km/h 就是一个速度等级，一个闭塞分区长度只需满足一个速度等级所需的制动距离就可以了，所以原规定的信号显示距离也就适应了提速后的需要。

任务二　信号继电器

继电器是自动控制系统中常用的电器，它用于接通和断开电路，用以发布控制命令和反映设备状态，以构成自动控制和远程控制电路。铁路信号系统中广泛采用的继电器，称为信号继电器（简称继电器）。它无论作为继电式信号系统的核心部件，还是作为电子式或计算机式信号系统的接口部件，都发挥着重要的作用。继电器动作的可靠性直接影响到信号系统的可靠性和安全性。

学习目标

（1）掌握无极继电器的结构；
（2）掌握继电器的动作原理；
（3）能分析区别各种继电器插座接点及编号；
（4）熟悉各类继电器的图形符号。

继电器的认知

相关知识

一、结构组成

安全型继电器是直流 24 V 系列的重弹力式直流电磁继电器，有很多类，它们的特性和线圈电阻值各不相同，在信号电路中有不同的作用。其典型结构为无极继电器，其他各型继电器由无极继电器派生。因此，绝大部分零件都能通用。现就 JWXC-1700 型直流无极继电器的结构和动作原理做介绍，其他类型的无极继电器与该机构类似。

（一）基本结构组成

JWXC-1700 型直流无极继电器的结构如图 3-2-1 所示。

无极继电器由直流电磁系统与接点系统两大部分组成。

电磁系统的线圈 1 水平安装在铁心 2 上，分为前圈和后圈，可连接或单独使用，增强了控制电路的适应性和灵活性，衔铁 3 靠蝶形钢丝卡 5 固定在轭铁 4 的刀刃上，动作灵活，在衔铁的传动部分铆上重锤片 6，以保证继电器衔铁主要靠重力返回，重锤片的数量根据继电器接点系统的结构来确定，使衔铁的重量满足后接点压力的需要。一般八组接点用六片，四组用两片，两组不用，铁心、衔铁和轭铁都是由电工纯铁软磁性材料制成，导磁好，剩磁少。铁心端部有镦粗的极靴，便于导磁，极靴上有两小孔便于拆装铁心。衔铁上有止片 23，止片增加磁阻，减小剩磁的影响，能确保继电器可靠落下。

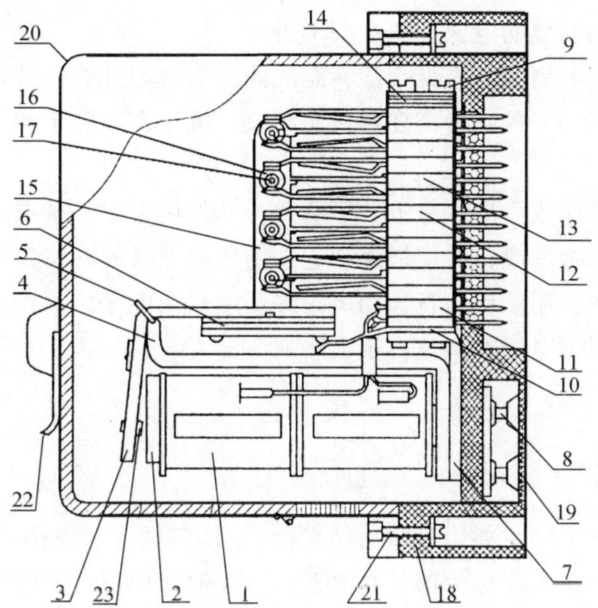

1—线圈；2—铁心；3—衔铁；4—轭铁；5—蝶形钢丝卡；6—锤片；7—接点架；8，9—螺钉；10—下止片；11—电源片单元；12—银接点单元；13—动接点单元；14—压片；15—推杆；16—绝缘轴；17—动接点轴；18—胶木底座；19—型别盖板；20—外罩；21—加封螺钉；22—提把；23—止片。

图 3-2-1　JWXC-1700 型直流无极继电器的结构

接点系统处于电磁系统的上面，通过接点架 7、螺钉 8 紧固在轭铁上，使两者成为一个整体。用螺钉 9 将下止片 10、电源片单元 11、银接点单元 12、动接点单元 13 以及压片 14 按顺序组装在接点架上，在紧固螺钉以前，应将推杆 15、绝缘轴 16、动接点轴 17 与动接点组装好，衔铁通过推杆的传动来带动动接点运动。

插入式继电器是通过螺钉 8 将继电器安装在胶木底座 18 内。外罩 20 通过加封螺钉 21 紧固在胶木底座上。型别盖板 19 通过螺钉 8 固定在胶木底座下端。提把 22 由弹簧钢丝做成，安装于外罩的正面，继电器插在继电器上架时，提把与挂簧配合使插接牢固。

JWXC 型直流无极继电器接点系统采用两排纵列式联动结构，因此，接点组数只能成偶数增减。拉杆传动中心线与接点中心线一致，以减少不必要的传动损失。为减少接点组组装时的积累公差，将接点片与托片组合压在酚醛塑料内以形成单元块。单元块之间为平面接触，易于控制公差，同时提高了接点组之间的绝缘强度。

银接点单元由锡磷青铜带制成的接点片与由黄铜制成的托片构成，两组对称地压制在胶木内。在接点簧片的端部焊有银接点。

接点接触时碰撞会产生颤动，颤动将形成电弧，对接点有较大的破坏作用，为消除这种颤动，必须设置托片。在调整继电器时，可在接点片和托片间加一个初压力，保证接点刚接触时可动部分的动能被接点片吸收，这样既可消除颤动，又可缩短接点的完全闭合时间，大大降低了接点的烧损概率。

动接点单元由锡磷青铜带制成的动接点簧片与黄铜板制成的补助片压制在酚醛塑料胶木内。动接点簧片端部焊有动接点。动接点由银氧化镉制成。

电源片单元由黄铜制成的电源片压在胶木内。

拉杆有铁制的和塑料制的，常见是塑料制成的，衔铁通过拉杆带动动接点组。

绝缘轴用冻石瓷料（一种新型陶瓷材料）制成，抗冲击强度足够。动接点轴由锡磷青铜线制成。

压片由弹簧钢板冲压成弓形，分上、下两片，其作用是保证接点组的稳固性。

下止片由锡磷青铜板制成，外层镀镍。它在衔铁落下时起限位作用。

接点架由钢板制成，用螺钉与轭铁固定，保证接点架不变位。接点架的安装尺寸是否标准，角度是否准确，对继电器的调整有很大影响。

（二）图形符号

1. 继电器的名称

继电器一般是根据它的主要用途和功能来命名的。例如，反映按钮动作的继电器称为按钮继电器，控制信号的继电器称为信号继电器。为了便于标记，继电器符号用汉语拼音字头来表示。例如，按钮继电器表示为 AJ，信号继电器表示为 XJ。在一个控制系统中会用到许多继电器，同一作用和功能的继电器也不止一个，它们的名称必须有所区别。例如，以 LZAJ 代表列车终端按钮继电器，DBJ 代表道岔定位表示继电器。

同一个继电器的线圈和接点必须用该继电器的名称符号来标记，以免互相混淆。同一个继电器的各接点组还需用其编号注明，以防重复使用。

2. 继电器的定位

继电器有两个状态：吸起状态和落下状态。在电路图中只能表达这两种状态中的一种。电路图中继电器呈现的状态称为通常状态（简称常态），或称为定位状态。在城轨信号系统中遵循以下原则来规定定位状态。

（1）继电器的定位状态应与设备的定位状态相一致，信号布置图中所反映的设备状态约定为设备的定位状态。例如，一般信号机以关闭为定位状态，道岔以经常开通位置为定位状态，轨道电路以空闲为定位状态。

（2）根据“故障-安全”原则，继电器的落下状态必须与设备的安全侧相一致。例如，信号继电器的落下应与信号关闭相一致，轨道继电器落下应与轨道电路占用相一致。这样，才能实现电路发生断线故障时导向安全侧。

根据以上两条原则就可以确定继电器的定位状态。例如，信号继电器 XJ 落下与信号关闭相对应，规定 XJ 落下为定位状态，道岔定位表示继电器 DBJ 吸起与道岔处于定位相对应，规定 DBJ 吸起为定位状态，而道岔反位表示继电器 FBJ 吸起应与道岔处于反位相对应，故规定 FBJ 落下为定位状态。轨道继电器 GJ 吸起与轨道电路空闲相对应，规定 GJ 吸起为定位状态。

在电路图中，凡以吸起为定位状态的继电器，其线圈和接点处均以“↑”符号标记；凡以落下为定位状态的继电器，其线圈和接点处均以“↓”符号标记。

3. 继电器的图形符号

在继电器电路中，涉及继电器线圈和接点组，它们的图形符号分别见表 3-2-1 和表 3-2-2。这些图形符号反映了继电器的某些特性，因此绘图时必须正确选用，以免混淆。表中的接点图形符号有工程图用和原理图用两种。工程图用的符号略为复杂，但能准确表达接点的状态，且不致因笔误而造成误解，所以工程图必须采用工程图用符号。原理图用的接点符号比较简单，但稍有笔误即易造成错误，仅限于设计草图和教学中使用。

表 3-2-1　继电器线圈的图形符号

序　号	符　号	名　称	说　明
1		无极继电器	两线圈串接
			两线圈分接
2		无极缓放继电器	两线圈串接
3			两线圈分接 单线圈缓放
4		无极加强继电器	
5		有极继电器	
6		有极加强继电器	
	2 1 3 4		两线圈分接
7	4 1	偏极继电器	
8		整流继电器	
9	3′	时间继电器	

续表

序　号	符　号	名　称	说　明
10		交流继电器	
11		交流二元继电器	
12		动态继电器	
			两线圈分接

表 3-2-2　继电器接点的图形符号

序　号	符　号		名　称	说　明
	标准图形	简化图形		
1	1	1	前接点闭合	
2	1	1	后接点断开	
3	1	1	前接点断开	
4	1	1	后接点闭合	
5	1	1	前、后接点组	前接点闭合 后接点断开
	1	1		前接点断开 后接点闭合

续表

序　号	符　号		名　称	说　明
	标准图形	简化图形		
6	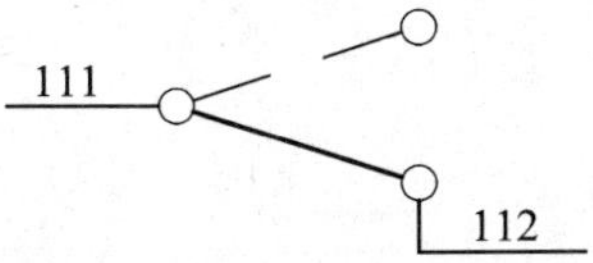 111 112	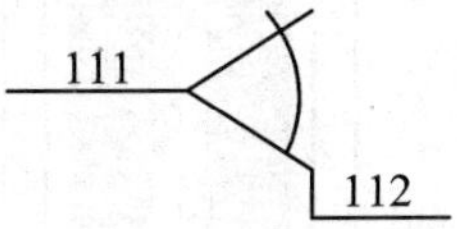 111 112	有极定位接点闭合	
7	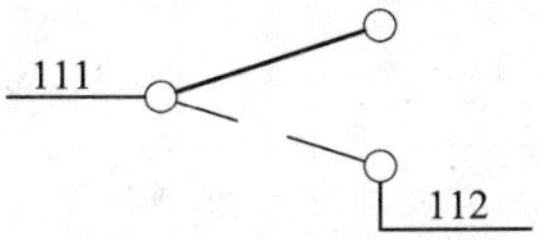 111 112	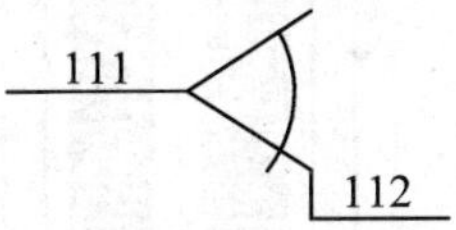 111 112	有极定位接点断开	
8	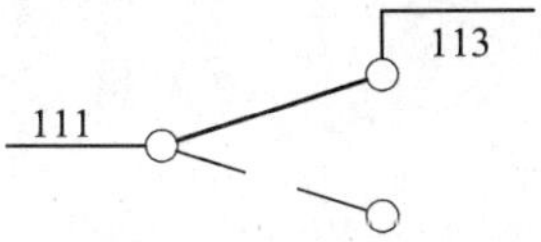 113 111	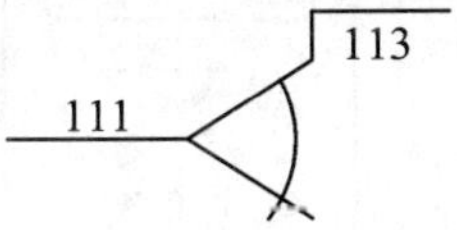 113 111	有极反位接点闭合	
9	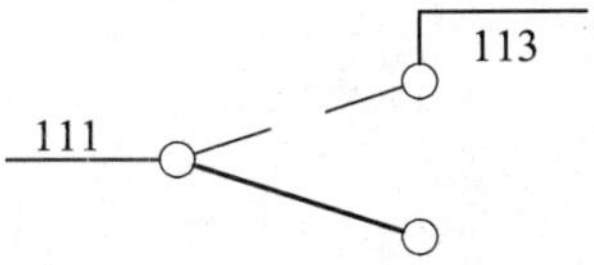 113 111	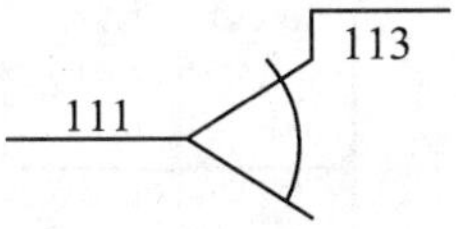 113 111	有极反位接点断开	
10	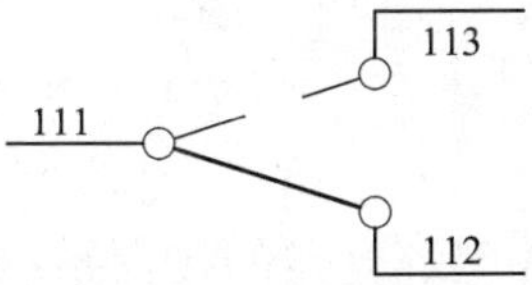 113 111 112	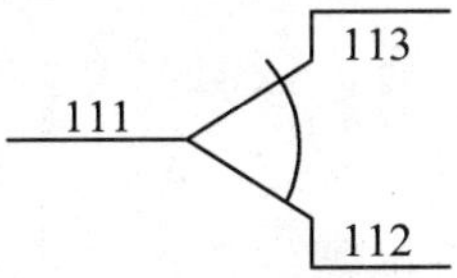 113 111 112	有极定、反位接点组	定位接点闭合 反位接点断开
	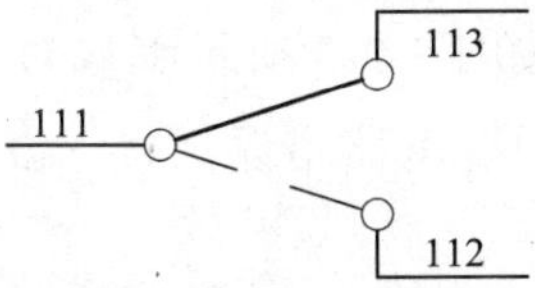 113 111 112	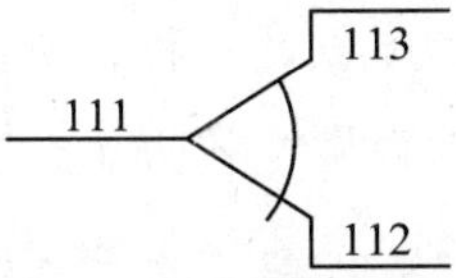 113 111 112		定位接点断开 反位接点闭合

对于初学者要注意的是，为绘图方便，一个继电器的线圈符号和它的接点符号可以分别画在电路图的不同位置，也可以画在不同的图纸上，当然它们的名称符号要标记清楚。

在继电器线圈符号上要注明其定位状态的箭头和线圈端子号。

对于继电器的前接点和后接点，可以只标出其接点组号，而不必详细表明动接点、前接点、后接点号，因为从图中可看出。例如，第一组接点，其动接点片为 11，前接点为 11-12，后接点为 11-13。

而对于有极继电器，因无法用箭头表示其状态，所以必须表明其接点号，如 111-112 表示定位接点，111-113 表示反位接点，百位数 1 是为了区别于其他继电器而增加的。

4. 插座接点

常见的 AX 系列安全型继电器是插入式的，需加装继电器插座板，其结构如图 3-2-2 所示。

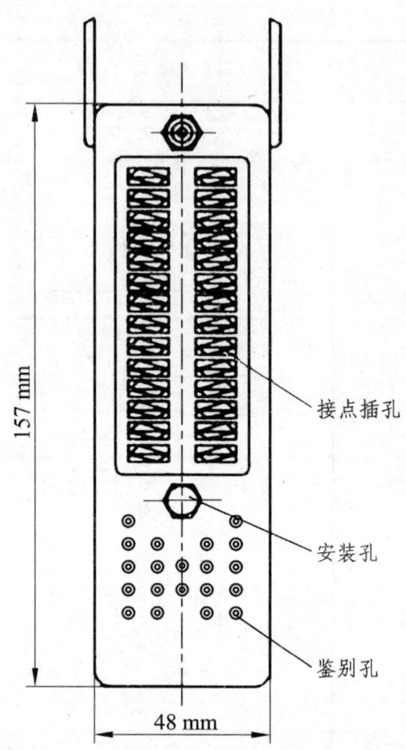

图 3-2-2　AX 系列安全型继电器插座

插座插孔旁所注接点编号是继电器的接点编号，其他各型继电器的接点系统的位置及使用编号与之不同，而实际使用的插座仅此一种，所以必须按图 3-2-3 所示编号对照使用。

AX 系列安全型继电器有多种类型，为防止不同类型的继电器错误插接，在插座下部鉴别孔内铆以鉴别销。

二、工作原理

（一）继电器的工作原理

无极电磁继电器采用的电源是直流电源，而且无论什么极性，只要达到它的规定电压（或电流）值，继电器就励磁吸起，因此称这种继电器为直流无极电磁继电器，简称无极继电器，如图 3-2-1 所示。这种继电器可以做成电压型或电流型继电器。电压型继电器，其线圈直接与电源相连，线圈的匝数较多，线径较细，线圈的电阻也较大，如常见的 JWXC-1700 和 JWXC-1000 等继电器就属于电压型继电器。电流型继电器，其线圈与负载串联，线圈的匝数少，线径较粗，线圈的电阻也较小，如 JWXC-7 和 JWXC-2.3 等继电器就属于电流型继电器。

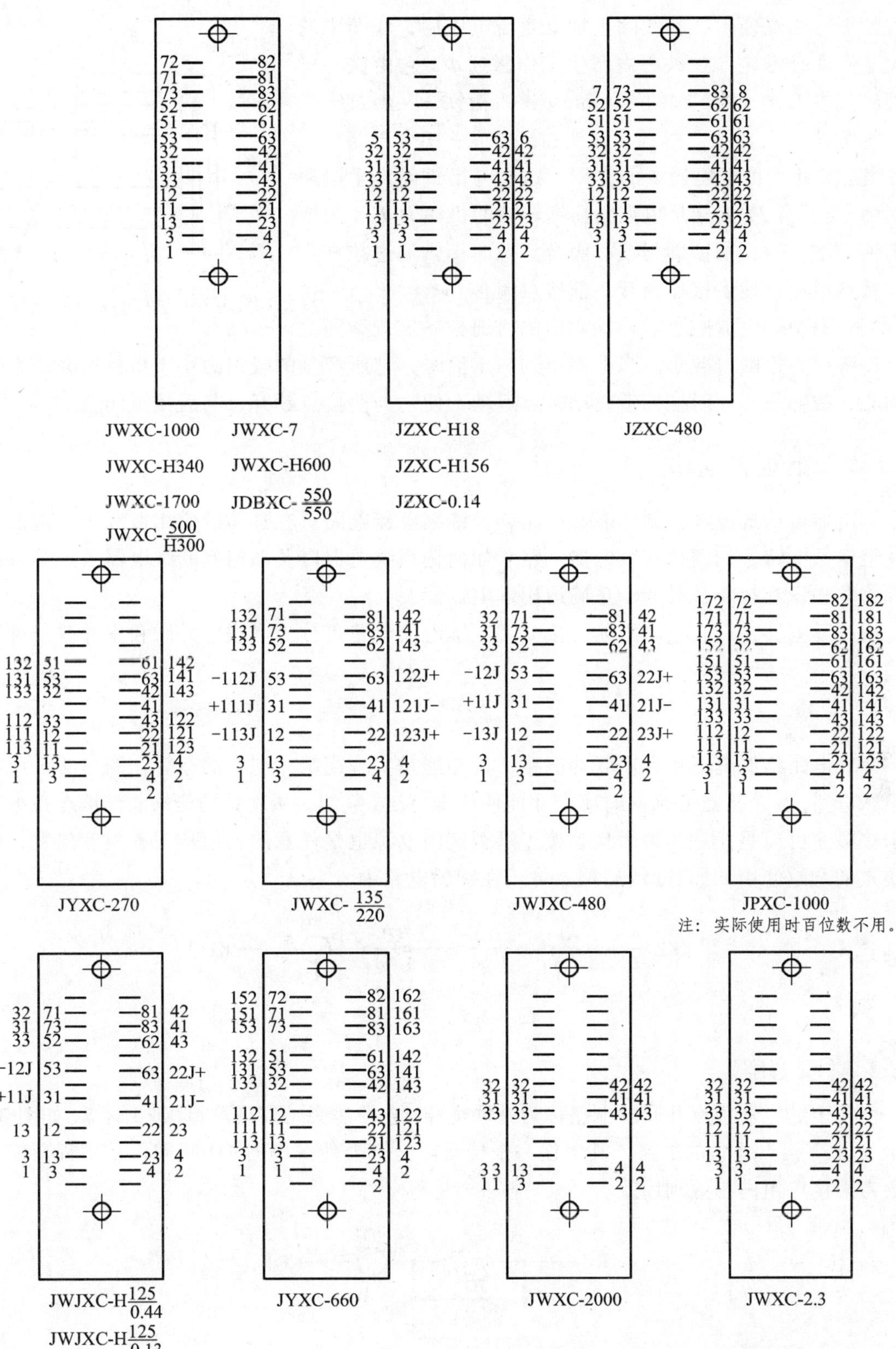

图 3-2-3　插座接点编号对照

如图 3-2-4 所示，在线圈上加上直流电压后，线圈中的电流 I 使铁心磁化，在铁心内产生工作磁通 Φ，它由铁心极靴处经过主工作气隙 δ（单位为 mm）进入衔铁，又经过第二工作气隙 δ' 进入轭铁，然后回到铁心，形成一闭合磁路。在工作气隙 δ 处，由于磁通 Φ 的作用，铁心与衔铁间产生电磁吸引力 F_D，当 F_D 大到足以克服衔铁转动的机械力 F_j（主要是衔铁自重）时，衔铁即与铁心吸合。此时衔铁通过拉杆带动动接点运动，使后接点断开，前接点闭合。

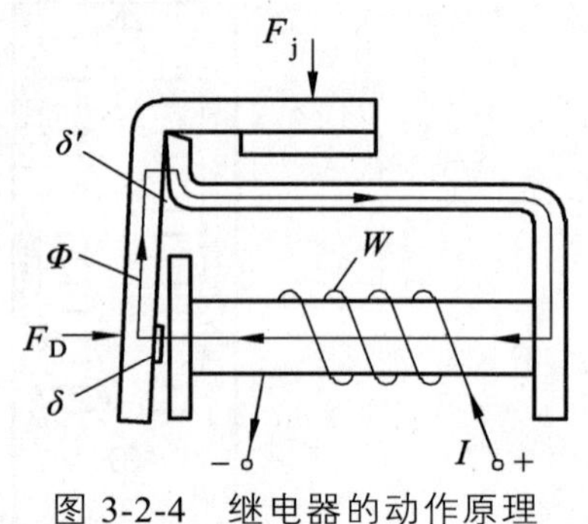

图 3-2-4　继电器的动作原理

当线圈中的电流减小时，铁心中的磁通按一定规律随之减小，吸引力也随着减小。当电流小到一定值时，它所产生的吸引力小于机械力时，衔铁离开铁心，被释放。此时拉杆带动动接点运动，使之与前接点断开，与后接点闭合。

（二）继电器电路

继电器可构成各种控制和表示电路，统称继电器电路。在具体的应用过程中，涉及如何识读继电器电路、如何分析继电器电路、如何选用继电器以及如何判断继电器故障等方面。掌握这些知识和技能，有利于正确运用继电器。

根据继电器接点在电路中的连接方式，继电器电路可分为串联、并联和串并联三种基本形式。

1. 串联电路

串联电路指继电器接点串联的电路，其功能是实现逻辑“与”的运算。图 3-2-5 所示为一串联电路，3 个接点必须同时闭合才能使继电器 DJ 吸起。从逻辑功能来看，接点在电路中的串接顺序可以是任意的，而且动接点是否接向电源也是任意的。但从工程角度出发，应考虑接点的有效使用，如 AJ 的后接点可用在别的电路中。

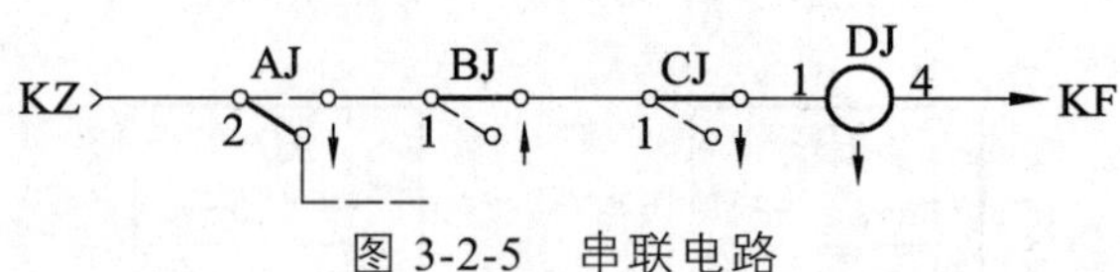

图 3-2-5　串联电路

2. 并联电路

由几个继电器接点并联的电路称为并联电路，它的功能是实现逻辑“或”运算。如图 3-2-6 所示为 3 个接点并联的电路，其中任一个接点闭合都会使继电器 DJ 吸起。从工程角度看，也要考虑接点组的有效利用。

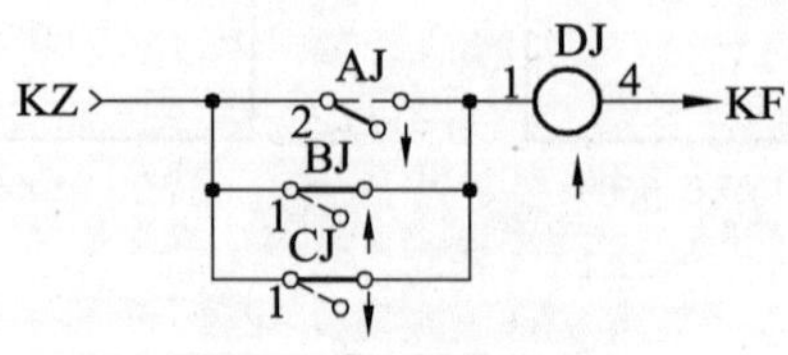

图 3-2-6　并联电路

3. 串并联电路

根据逻辑功能的要求，在电路中有些接点串联，有些接点并联，这类电路称为串并联电路，如图 3-2-7 所示。

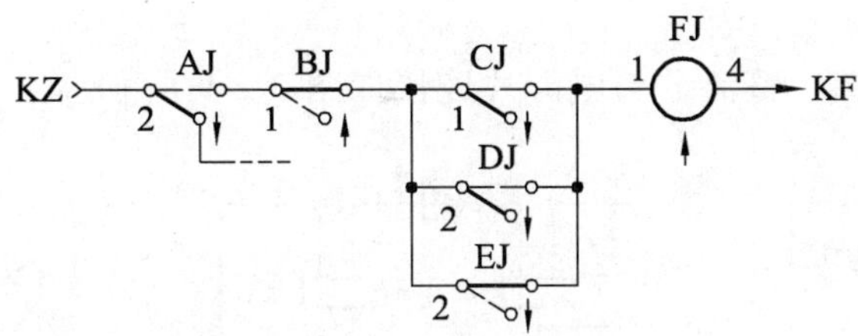

图 3-2-7　串并联电路

4. 自闭电路

在继电器构成的控制系统中，常需要将某一动作记录下来，为以后的过程做准备。例如，图 3-2-8 所示的按钮继电器电路，按下自复式按钮 A 后，继电器 AJ 经过励磁电路吸起。但松开按钮后，由于增加由自身前接点构成的电路，使按钮松开后，继电器不落下。这条由自身前接点构成的电路称为自闭电路。有了自闭电路后继电器就有了记忆功能。当然，当它完成任务后，就必须由表示该任务完成的继电器（BJ）接点使其复原。

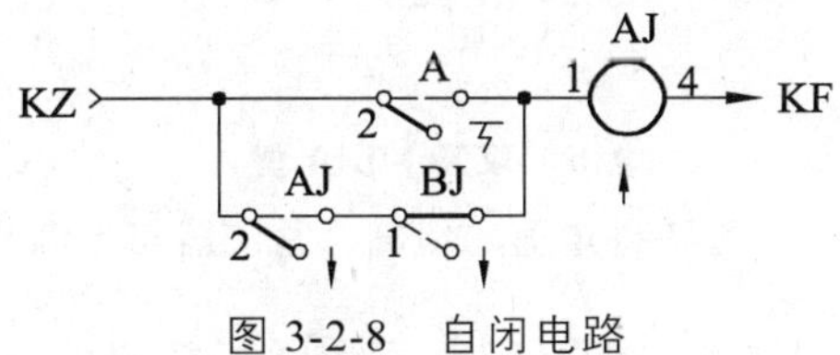

图 3-2-8　自闭电路

三、常用信号继电器

（一）整流继电器

整流式继电器用于交流电路中。它通过内部的半波或全波整流电路将交流电变为直流电，再供给继电器线圈而动作。之所以如此，是为了避免在 AX 系列安全型继电器中采用结构形式完全不同的交流继电器，以提高产品的系列化、通用化程度。

整流式继电器的电磁系统与无极继电器相同。只是磁路结构参数有所不同。更主要的是，在接点组上方安装由二极管组成的半波或全波整流电路。这样，整流继电器的接点组数就少了，一般有六组或四组。常见的整流式继电器有 JZXC-480、JZXC-0.14、JZXC-H156、JZXC-H18 型等继电器。

JZXC-480 型继电器的磁路具有加大的尺寸（加大止片厚度），是为了增大返还系数而不使工作值增加过多。它具有不规则的 4QH 与 2Q 接点组。在接点组上，安装有二极管 2CP25 组成的桥式全波整流电路。

JZXC-0.14 型继电器磁系统与 JZXC-480 相同。两线圈并联连接，有 4QH 接点组，接点组上方安装由 2CZ-1 型二极管组成的半波整流电路。

JZXC-H156与JZXC-H18型继电器是具有缓放特性的整流式继电器，它采用铜线圈架，继电器的接点系统为4QH接点组。在接点组上方，安装由二极管2CP25组成的桥式全波整流电路。JZXC-H18F是JZXC-H18的派生型号，具有防雷性能，以保护整流二极管免遭击穿。

整流式继电器的线圈、整流器与电源片连接如图3-2-9所示。

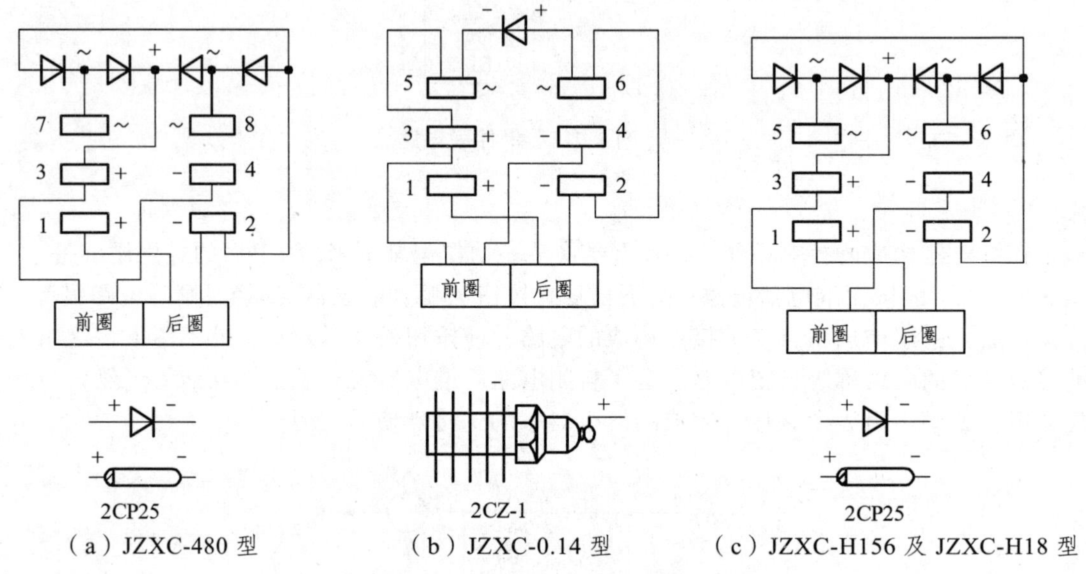

（a）JZXC-480型　（b）JZXC-0.14型　（c）JZXC-H156及JZXC-H18型

图3-2-9　整流继电器的线圈、整流器与电源片连接

整流式继电器接点系统的结构与无极继电器相同，零部件全部通用，只是接点的编号有区别，使产品系列化、通用化，便于生产、维修。

整流式继电器动作原理与无极继电器相同，但由于交流电源通过整流后再动作继电器，在线圈上加上的是全波或半波的脉动直流电，其中存在交变成分，使电磁吸引力产生脉动，工作时发出响声，对继电器正常工作带来不利影响。

（二）偏极继电器

常见的偏极继电器是JPXC-1000型，它是为了满足信号电路中鉴别电流极性的需要设计的。它与无极继电器不同，衔铁的吸起与线圈中电流的极性有关，只有通过规定方向的电流时，衔铁才会吸起，而电流方向相反时，衔铁不动作，一般用在道岔表示电路中。

1. JPXC-1000型偏极继电器的结构

JPXC-1000型偏极继电器由铁心、衔铁、轭铁和L形永久磁钢组成，如图3-2-10所示。偏极继电器的接点系统与无极继电器基本相同，电磁系统有所不同。铁心的极靴是方形的，在方极靴下方用两个螺钉固定一个L形的永久磁钢，使衔铁处于极靴和永久磁钢之间，受永久磁钢的作用力处于落下位置。由于永磁力的存在，衔铁只安装一块重锤片，后接点的压力由永磁力和重锤片共同作用产生。

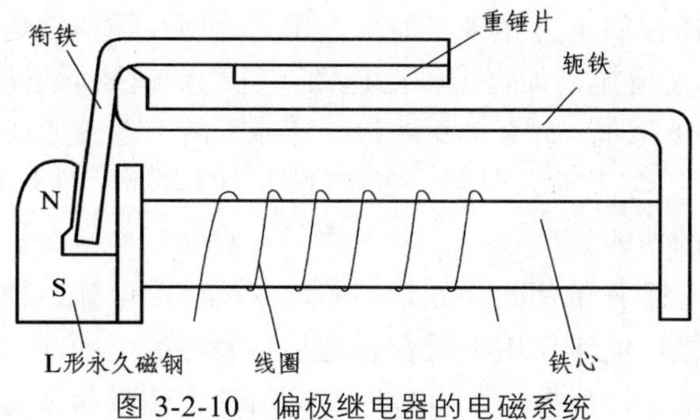

图 3-2-10　偏极继电器的电磁系统

铁心由电工纯铁制成，方形极靴是先冲压成型后再与铁心焊接成整体的。由于铁心端部为方形极靴，衔铁也由半圆形改为方形，以增加受磁面积，降低气隙磁阻。永久磁钢由铝镍钴合金材料制成，其上部为 N 极，下部为 S 极。

2. JPXC-1000 型偏极继电器的工作原理

如图 3-2-11 所示，永久磁铁产生的极化磁通有两条路径：一是 Φ_{T_1} 从 N 极出发经 δ_2、衔铁、δ_3、轭铁、铁心回到 S 极；二是 Φ_{T_2} 从 N 极出发经 δ_2、衔铁、δ_1、方形极靴回到 S 极。Φ_{T_1} 的大小随气隙 δ_2 和 δ_3 的大小变化而变化，由于 $\delta_2+\delta_1$ 不随衔铁位置的变化而变化，所以基本上 Φ_{T_2} 是一个常数。

气隙 δ_2 中的极化磁通为 $\Phi_{T_1}+\Phi_{T_2}$，而气隙 δ_1 中的极化磁通为 Φ_{T_2}，因此，衔铁左边永久磁铁 N 极对衔铁的吸力大于右边极靴对衔铁的吸力，气隙 δ_3 中的 Φ_{T_1} 对衔铁也有吸力，但由于力臂小，其力矩远小于衔铁下端的力矩。所以，线圈无电时衔铁无论在什么位置（装有止片的情况下），在极化磁通的作用下，总是使衔铁吸向左边，再加上衔铁上的机械力更确保了在断电时衔铁可靠落下和无电时保持在落下状态。

当线圈通以正方向电流（1 正，4 负）时，在铁心中产生如图 3-2-11（a）所示的 Φ_X 磁通，在 δ_1 处 Φ_X 和 Φ_{T_2} 方向相同，总磁通为两者之和，相应的总电磁吸引力增大，在 δ_3 处 Φ_X 和 Φ_{T_1} 方向相反，总磁通为两者之差，相应的总电磁吸引力减小。由于力臂相差较大，δ_1 增大较 δ_3 减小的作用要大得多，因此，对衔铁的总吸引力增大。当 δ_1 处 $\Phi_X+\Phi_{T_2}$ 产生的吸力大于 δ_2 处磁通产生的吸力和机械力的总和时，继电器的衔铁就被吸合。

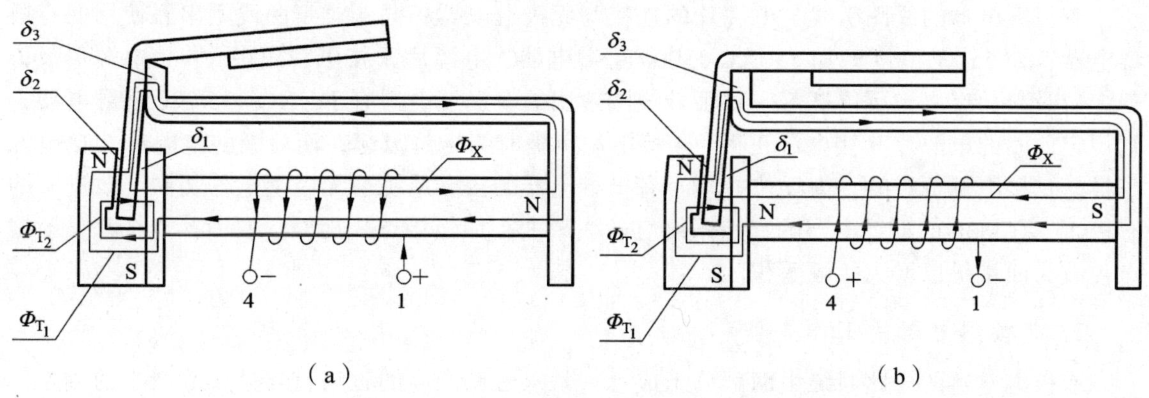

图 3-2-11　偏极继电器的磁路及工作原理图

断开线圈电源时，衔铁靠重力和接点的反作用力返回。在衔铁返回的过程中，δ_1 增大，δ_2 减小，永磁磁通 Φ_T 迅速增加，加速衔铁的返回，直到衔铁被下止片阻挡为止。

当线圈通以反极性电流时，如图 3-2-11（b）所示，由于电磁通 Φ_X 改变了方向，在 δ_1 处，与 Φ_{T_2} 相减，而在 δ_3 处，与 Φ_{T_1} 相加，但总的电磁吸引力的力矩反而下降，因此衔铁不会吸合，从而具有鉴别电流极性的功能。

但是，反极性不吸起是有条件的，如果不断增大反极性电流，使电磁磁通足以克服永磁的作用，则衔铁可在反极性电流作用下吸合，这是不允许的。因此，在偏极继电器的电气特性上加上一条特殊的标准，即反向加 200 V 电压，衔铁不能吸起，这个电压也就是反向不吸起值，以保证其工作的可靠性。

（三）有极继电器

有极继电器是一种能反映电流极性，并能保持其极性状态的继电器，故又称极性保持继电器。它的结构特点是磁系统中增加了永久磁钢。在线圈中通以规定极性的电流时，继电器吸起，断电后仍保持在吸起位置；通以反方向电流时，继电器打落，断电后保持在打落位置。它的结构除了磁路有特殊部分之外，其余部分都与无极继电器基本相同，常见的有极继电器有加强接点的 JYJXC-135/220 型继电器等。

1. 有极继电器的结构

有极继电器的磁路结构中用一块端部呈刃形的长条形永久磁钢代替无极继电器的部分轭铁。磁钢与轭铁间用螺钉连接。永久磁钢的外形如图 3-2-12 所示。在与轭铁相连的部位有两个大于螺钉的圆孔，便于与轭铁安装时适当地调节磁钢的前后位置。磁钢上部的中间位置有一台面，以形成均匀的第二工作气隙。台面的中间有一凹槽，使拉杆下部不致与磁钢抵触而影响第二工作气隙的调整。

有极继电器有保持原来状态的性质，因此，就不能再用吸起和落下来表示继电器的状态，常用定位和反位来表示继电器的状态。有极继电器衔铁位置的定位、反位规定为：衔铁与铁心极靴之间的间隙最小时（即吸起状态）的位置规定为定位，此时与动接点闭合的接点叫作定位接点（符号为 D，相当于前接点）；衔铁与铁心极靴之间的间隙最大时（即打落状态）的位置规定为反位，此时与动接点闭合的接点叫作反位接点（符号为 F，相当于后接点）。

有极继电器的线圈引线与电源片的连接与无极继电器相同，对于两线圈串联使用的有极继电器，如 JYXC-660 型和 JYJXC-J3000 型继电器，电源片 1 接电源正极，4 接电源负极，为定位吸起，反之为反位打落。对于分线圈使用的有极继电器有 JYJXC-135/220 型继电器，则规定前圈的电源片 3 接电源正极，4 接电源负极时为定位吸起；而后圈的电源片 2 接电源正极，1 接电源负极时，为反位打落。有极继电器的接点系统与无极继电器相同。改进型的有极 JYJXC-J3000 型继电器的接点系统有较大改变，加强接点片加厚，取消接点托片，动接点片改为面接触以增大接触面积。

2. 有极继电器的工作原理

有极继电器的磁路系统由两部分组成：一是永磁铁产生的磁路，二是线圈产生的磁路，其磁路系统如图 3-2-12 所示。

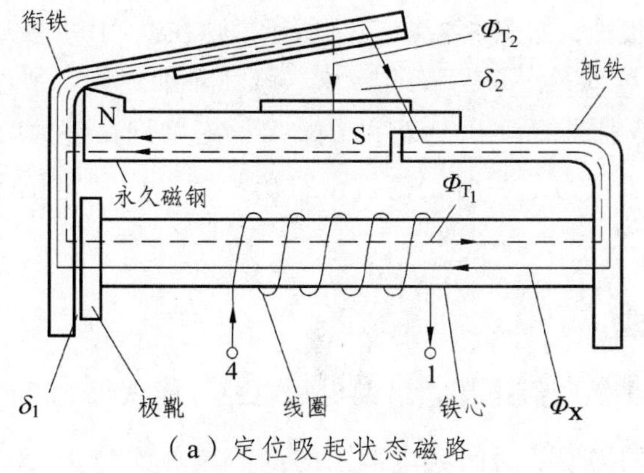

（a）定位吸起状态磁路

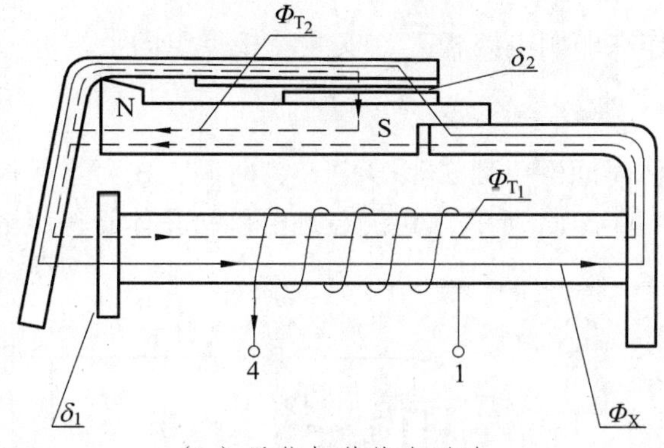

（b）反位打落状态磁路

图 3-2-12　有极继电器的磁路

永久磁钢的磁通分为 Φ_{T_1} 和 Φ_{T_2} 两条并联支路。Φ_{T_1} 从 N 极出发，经衔铁、第一工作气隙 δ_1、铁心、轭铁，到 S 极；Φ_{T_2} 从 N 极出发，经衔铁上部、重锤片、第二工作气隙 δ_2，到 S 极。这两条支路不对称，磁路的不平衡就形成有极继电器的正向转极值与反向转极值的较大差别。

当衔铁处于定位状态（吸合）时，由于 $\delta_1 \ll \delta_2$，因此，$\Phi_{T_2} \ll \Phi_{T_1}$，由 Φ_{T_1} 产生的吸引力将克服由 Φ_{T_2} 产生的吸引力、衔铁重力及接点的反作用力等力的合力，使衔铁处于稳定的吸合位置。反之，当衔铁处于反位状态时（打落），由于 $\delta_2 \ll \delta_1$，因此，$\Phi_{T_1} \ll \Phi_{T_2}$。由 Φ_{T_2} 产生的吸引力与衔铁重力、动接点预压力之和大于由 Φ_{T_1} 产生的吸引力与后接点压力之和，使衔铁保持在稳定的打落位置。

显然，有极继电器要改变其位置只有依靠线圈产生的电磁通的电磁力的作用。如图 3-2-12 所示，线圈产生的电磁通 Φ_X 是一个无分支的磁路，即铁心、极靴、δ_1、衔铁、重锤片、δ_2、轭铁。磁通的方向由线圈中的电流极性决定。对于线圈产生的电磁通来说，永久磁钢是一个很大的磁阻，如同气隙一般。

图 3-2-12（a）表示有极继电器由定位转换到反位的磁路。继电器原处于定位状态，现在线圈中通以正极性电流，产生 Φ_X 电磁通的方向是极靴处为 N 极。这时在 δ_1 处 Φ_X 与 Φ_{T_1} 方向相反，磁通是削弱的，等于 $\Phi_{T_1} - \Phi_X$。而在 δ_2 处 Φ_X 与 Φ_{T_2} 方向一致，磁通是加强的，等于 $\Phi_{T_2} + \Phi_X$，当 Φ_X 增到足够大时，在 δ_2 处产生的吸力和机械力之和大于在 δ_1 处产生的吸力时，衔铁返回到打落位置，变成图 3-2-12（b）所示的状态。

如果改变线圈电流极性，如图 3-2-12（b）所示，则在铁心中电磁通 Φ_X 的方向随之改变，极靴处为 S 极，这时在 δ_1 处 Φ_X 与 Φ_{T_1} 方向一致，磁通是加强的，等于 $\Phi_{T_1}+\Phi_X$。而在 δ_2 处 Φ_X 与 Φ_{T_2} 方向相反，磁通是削弱的，等于 $\Phi_{T_2}-\Phi_X$，当 Φ_X 增到足够大时，在 δ_1 处产生的吸力大于在 δ_2 处产生的吸力和机械力之和时，衔铁由打落位置返回到定位吸起位置，变成图 3-2-12（a）所示的状态。

（四）时间继电器

JSBXC-850 型是一种缓吸继电器，借助电子电路，能获得 180 s、30 s、13 s、3 s 等几种延时，以满足信号电路的需要。时间继电器由时间控制单元与 JWXC-$\frac{370}{480}$型无极继电器组合而成。时间控制单元制作在印刷电路板上，安装在接点组的上方。

1. 延时电路

JSBXC-850 型半导体时间继电器（型号中 S 为时间，B 为半导体，850 是 370 和 480 之和）的时间控制电路如图 3-2-13 所示，其核心是由单结晶体管等组成的脉冲延时电路。

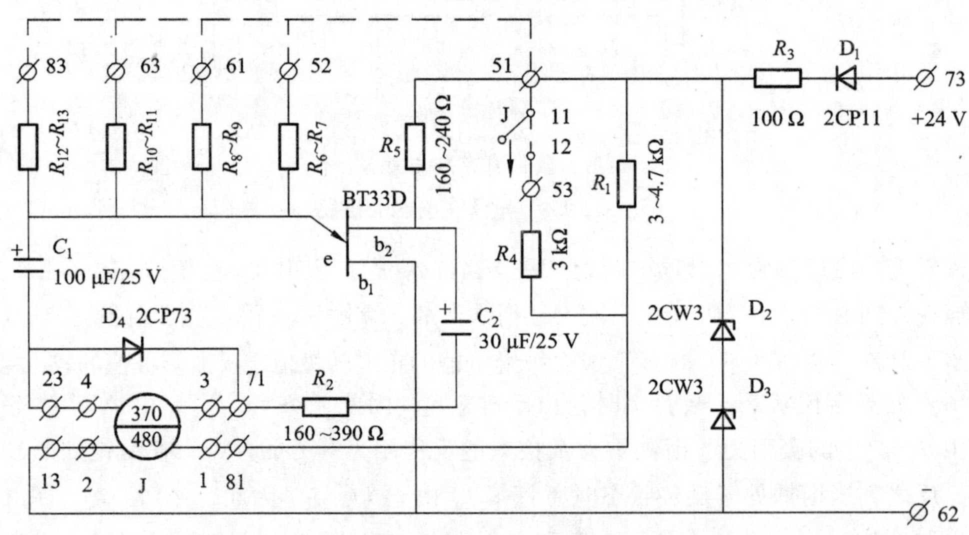

图 3-2-13　JSBXC-850 型时间继电器的延时电路

在单结晶体管 BT 的发射极 e 和第一基极 b_1 的放电回路中接入继电器 J 的前圈（3-4，370 Ω），它的后圈（1-2，480 Ω）通过电阻 R_1 直接与电源相连。接通电源时，后圈有电流通过，其电路为：+24 V 电源（73 端子）—二极管 D_1—R_3—R_1—J_{1-2}—负电源（62 端子）。

但是，R_1 的阻值很大，为 3 ~ 4.7 kΩ，因此流过后圈的电流很小，继电器 J 不会动作。与此同时，电容器 C_1 也开始充电，其电路为：+24 V 电源（73 端子）—D_1—R_3—R_6 ~ R_7（或 R_8 ~ R_9、R_{10} ~ R_{11}、R_{12} ~ R_{13}）—C_1—D_4（和 J_{4-3}）—R_2—电源（62 端子）。

此电流流过前圈的方向正好与后圈的相反，继电器更不会动作。

当电容器 C_1 充电电压上升至高于单结晶体管 BT 的击穿电压时，BT 的发射极 e 与第一基极 b_1 之间导通，C_1 放电，其电路为：C_1（+）—BTeb_1—R_2—J_{3-4}—C_1（−）。

此时电流流过前圈的方向与后圈的相同，当两者之和达到继电器的工作值时，继电器吸起，其前接点 11-12 构成了自闭电路，电路为：+ 24 V 电源（73 端子）—D_1—R_3—R_1（或 J_{11-12} – R_4）—J_{1-2}—负电源（62 端子）。

由于 R_4 的接入，电路的电阻值降低近一半，流过后圈的电流大于继电器的落下值，继电器可靠吸起。

2. JSBXC-850 型时间继电器的延时时间

由前面分析可知，由于 BT 和 C_1 组成的脉冲延时电路的存在，使继电器从接通电源到完全吸起经过了一段时间，这段时间就是继电器的缓吸时间。缓吸时间与充电电路的时间参数有关，C_1 的电容量越大，充电至单结晶体管 BT 击穿电压的时间越长，缓吸时间越长；充电电路的电阻值越大，电容器的充电电流越小，充电时间也必然延长，缓吸时间也越长。在端子 52、61、63、83 上分别接入不同阻值的电阻，即可获得 4 种不同的延时时间。

另外，缓吸时间还与单结晶体管的击穿电压有关，而击穿电压又取决于单结晶体管的分压比，分压比越大，击穿电压越高，缓吸时间越长。

在半导体时间继电器中，C_1 和单结晶体管选定后，要改变延时时间，就要靠接入不同阻值的电阻来完成。

一般情况下，连接端子 51-52 为 180 s，51-61 为 30 s，51-63 为 13 s，51-83 为 3 s。此外，通过连接不同的端子还可获得其他延时时间，例如，51 与 61、63 相连，为 9 s；51 与 61、63、83 相连，为 23 s，以满足电路的特殊需要。

3. 接点使用

JSBXC-850 型继电器的接点编号与无极继电器相同。在图 3-2-13 中，除 73、62 外，时间控制单元的端子号与继电器接点完全相同。除 73 接正电源，62 接负电源以及按所需时间连接对应接点外，继电器内部尚需连接 1-81、2-13、3-71、4-23、11-51、12-53。因此，可供使的接点只有第三、第四组两组接点组和第二组前接点。

（五）交流二元继电器

交流二元二位继电器认知

交流二元二位继电器中的二元是指有两个互相独立又互相作用的交变电磁系统，二位是指继电器有吸起和落下两种状态。根据频率不同，交流二元二位继电器分为 25 Hz 和 50 Hz 两种。

JRJC-40/265、JRJC-45/300 和 JRJC1-42/275 型 50 Hz 交流二元二位继电器主要用于城市轨道交通等直流牵引区段的轨道电路中，具有可靠的频率选择性和相位选择性，对于轨端绝缘破损和不平衡造成的干扰能可靠地防护，另外还有动作灵活的翼板转动系统、紧固的整体结构，不仅经久耐用，而且便于维修。

JRJC-66/345 型和 JRJC1-70/240 型二元二位继电器用于铁路交流电气化区段的 25 Hz 相敏轨道电路中作为轨道继电器，它们由专设的 25 Hz 铁磁分频器供电。其结构和动作原理与 50 Hz 交流二元二位继电器基本相同，只是线圈参数有所不同，接点组数不同。

1. 交流二元二位继电器的结构

交流二元二位继电器结构如图 3-2-14 所示，由电磁系统、翼板、接点等主要部件组成。JRJC-45/300 型继电器插座外形尺寸为 126 mm × 165 mm，要占两个安全型继电器的位置。

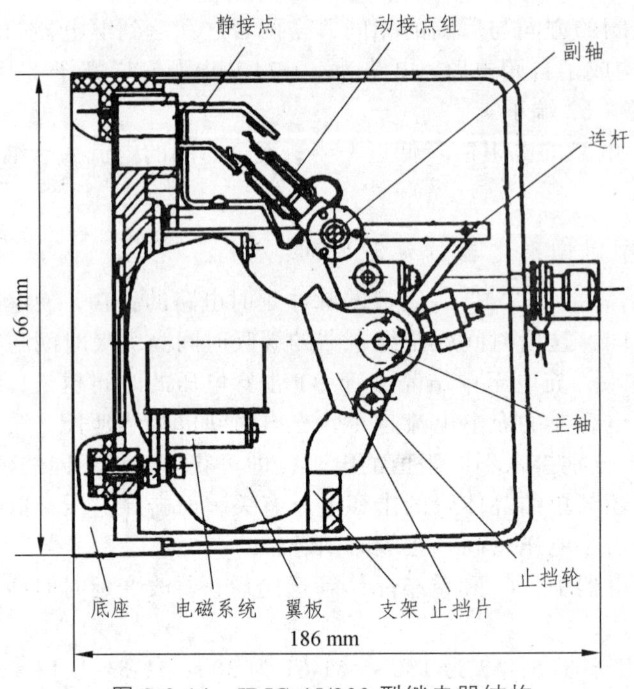

图 3-2-14　JRJC-45/300 型继电器结构

1）电磁系统

电磁系统包括轨道电磁系统和局部电磁系统。轨道电磁系统由轨道铁心和轨道线圈组成。局部电磁系统由局部铁心和局部线圈组成。铁心均由硅钢片叠成。线圈是用高强度漆包线绕在线圈骨架上而制成的。

2）翼　板

翼板是将电磁系统的能量转换为机械能的关键部件。翼板由 1.2 mm 厚的铝板裁制而成，安装在主轴上。翼片尾端安装有重锤螺母，对翼板起平衡作用，在翼板一侧的主轴上还安装一块 2.0 mm 厚由钢板制成的止挡片，与轴成一整体，使翼板转至上、下极端位置时受到限制，避免了卡阻现象。

3）接点组

动接点固定在副轴上，主轴通过连杆带动副轴上的动杆单元使动接点动作，接点组编号如图 3-2-15 所示。

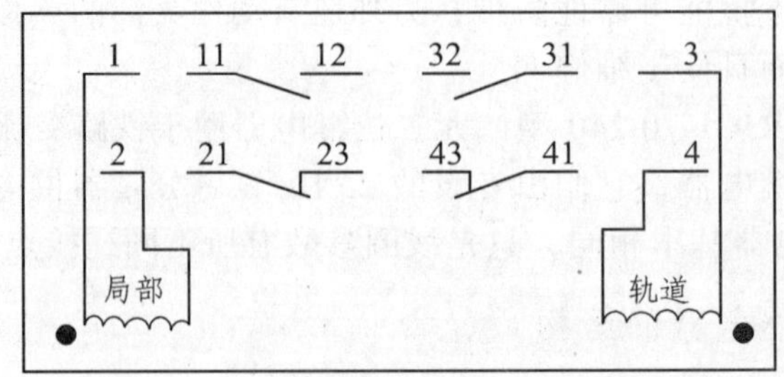

图 3-2-15　JRJC-45/300 型继电器接点组编号

2. 交流二元二位继电器的工作原理

1）交流二元继电器的相位选择性

交流二元二位继电器的磁系统如图 3-2-16 所示。当局部线圈和轨道线圈中分别通以一定相位差的交流电流 i_J 和 i_G 时，形成交变磁通 Φ_J 和 Φ_G，磁通穿过翼板时就形成了磁极 J 和 G，并在翼板中分别产生感应电流，这种电流可看作是由许多环绕磁通的电流环所组成，故称为涡流，以 i_{WJ} 和 i_{WG} 表示。涡流 i_{WJ} 和 i_{WG} 分别与磁通 Φ_G 和 Φ_J 相作用，产生电磁力 F_1 和 F_2，即轨道线圈的磁通 Φ_G 在翼板中感应的电流 i_{WG} 在局部线圈磁通 Φ_J 作用下产生力 F_1；局部线圈的磁通 Φ_J 在翼板中感应的电流 i_{WJ} 在轨道线圈磁通 Φ_G 作用下产生力 F_2。F_1 和 F_2 的方向可由左手法则确定，如图 3-2-17 所示。

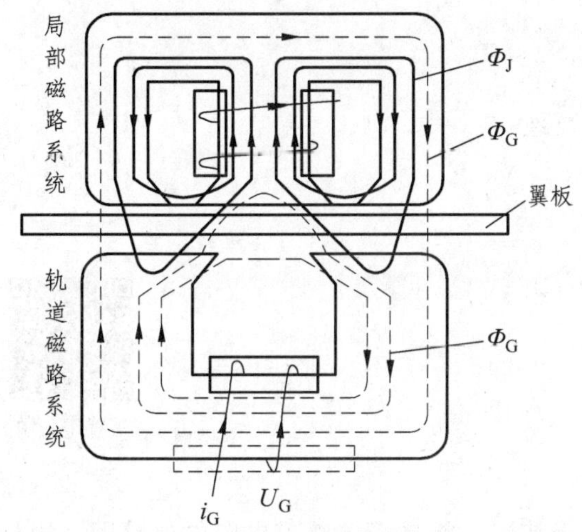

图 3-2-16　JRJC 型继电器的磁系统

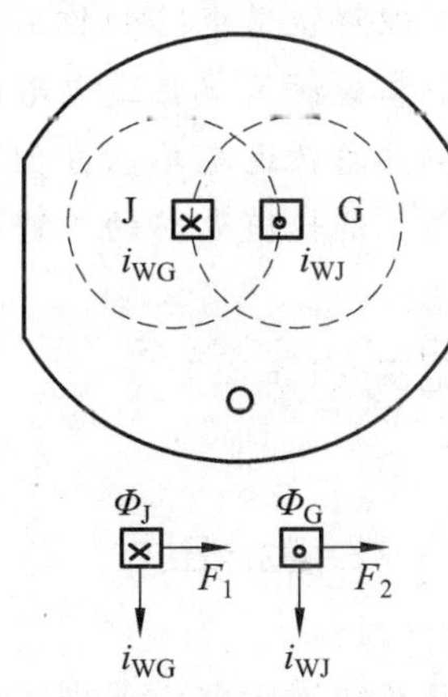

图 3-2-17　涡流在磁通中产生的作用力

若使 F_1 和 F_2 同方向，必须使 Φ_J 和 Φ_G 方向相反，i_{WJ} 和 i_{WG} 方向相同；或者使 i_{WJ} 和 i_{WG} 方向相反，而 Φ_J 和 Φ_G 方向相同。只要 Φ_J 和 Φ_G 在相差 90°的条件下，F_1 和 F_2 是同方向的，即任何瞬间翼板总是受一个方向的转动力的作用。当 Φ_J 超前 Φ_G 90°时，在翼板上得到正方向转矩，接通前接点；而当 Φ_J 滞后 Φ_G 90°时，则在翼板上得到反方向转矩，使后接点闭合。如果仅在任一线圈通电，或两线圈接入同一电源，翼板均不能产生转矩而动作，这就是交流二元继电器所具有的可靠的相位选择性，由此可解决轨端绝缘破损的防护问题。

2）交流二元二位继电器的频率选择性

如果牵引电流不平衡，有其他频率的电压加在轨道线圈上，这时所产生的转矩力在一个周期内平均值为零。即轨道线圈混入干扰电流与固定的 50 Hz 局部电流相作用，翼板不产生转矩，不能使继电器误动。同时，由于翼板的惯性较大，使继电器缓动，跟不上转矩力变化的速率，使继电器保持原来的位置而不致误动。

由于交流二元继电器具有频率选择性，不仅可以防止牵引电流的干扰，而且对其他频率的干扰信号也有同样的抗干扰作用。可以证明，当轨道线圈电流频率为局部电流频率的 n 倍时，不论电压有多高，翼板均不能产生转矩使继电器误动。

任务三　轨道电路

轨道电路是利用钢轨线路和钢轨绝缘构成的电路。它用来监督线路的占用情况，以及将列车运行与信号显示等联系起来，即通过轨道电路向列车传递行车信息。轨道电路是铁路信号的重要基础设备，它的性能直接影响行车安全和运输效率。

学习目标

（1）理解轨道电路的作用；

（2）掌握最简单轨道电路的结构和工作原理；

（3）熟悉轨道电路的分类；

（4）了解轨道电路的工作状态。

相关知识

轨道电路的认知

一、结构组成

为使对轨道电路设备理解简单明了，便于掌握，将最简单轨道电路的电路图加以标识。轨道电路由两根钢轨、机械绝缘（或电气绝缘）节、送电端和受电端构成，如图 3-3-1 所示。

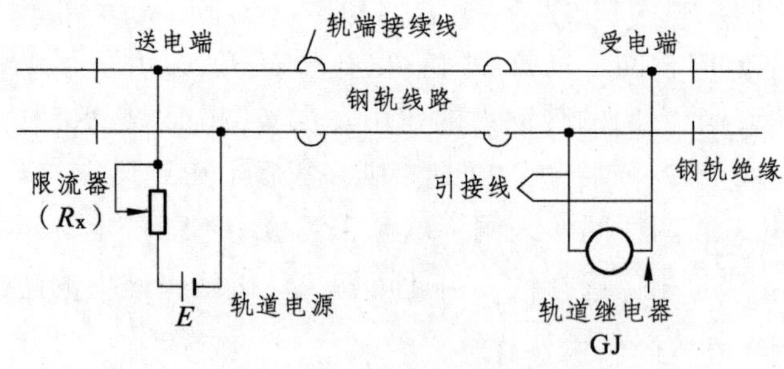

图 3-3-1　最简单的轨道电路

轨道电路的送电设备设在送电端，由轨道电源 E 和限流电阻 R_x 组成。限流电阻 R_x 的作用是保护电源不致因过载而损坏，使电压大部分降在 R_x 上，以保护轨道电源，同时保证列车占用轨道电路时，轨道继电器可靠落下。受电设备一般安装在接收端，一般采用继电器，称为轨道继电器 GJ，由它来接收轨道电路的信号电流，作为电路的负载部分。

送、受电设备一般放在轨道旁的变压器箱或电缆盒内，轨道继电器设在信号楼内。送、受电设备由引接线（钢丝绳）直接接向钢轨。

钢轨是轨道电路的导体，为减小钢轨接头的接触电阻，增设了轨端接续线，一般用镀锌铁线。钢轨绝缘是为分隔相邻轨道电路而装设的。两绝缘节之间的钢轨线路，称为轨道电路的长度。

二、工作原理

当列车或调车车列未占用轨道电路，即线路空闲时，送电端将电信号经由钢轨送至受电端，受电端接收到钢轨传来的电信号后使执行元件动作（轨道继电器吸取）。此时的状态称为轨道电路的调整状态。轨道电路在调整状态时，控制台上对应区段在未排列进路时光带表示灯不点亮，经该区段排列进路后点亮白光带。

当列车或调车车列进入轨道电路，即线路被占用时，车列的轮对对电流进行分流，使流过受电端轨道继电器的电流大大减小，从而使轨道继电器落下。此时的状态称为轨道电路的分路状态。轨道电路在分路状态时，控制台上的对应区段光带点亮红色光带。因此，通过轨道电路可以监督列车或车列的运行位置。

当列车或调车车列出清轨道电路时，轨道电路又恢复到调整状态，即轨道继电器吸起。

当轨道电路发生钢轨折断等故障时，受电端接收不到电信号，从而使轨道继电器落下。此时的状态称为轨道电路的断轨状态。这时，控制台上的对应区段光带点亮红色光带。

三、轨道电路的分类

1. 按所传送的电流特性分类

轨道电路可分为工频连续式轨道电路和音频轨道电路。

工频交流连续式轨道电路中传送的是工频 50 Hz 交流电流。这种轨道电路的功能单一，只有检测轨道区段有无列车占用的功能。

音频轨道电路主要是按频率范围来划分，将频段位于 20 Hz ~ 20 kHz 的交流轨道电路称为音频轨道电路。音频轨道电路可分为模拟式和数字编码式。模拟式音频轨道电路是用低频去调制载频，除具有检测轨道区段是否有车占用的功能外，也可以传输较多信息。

2. 按分割方式分类

轨道电路可分为有绝缘轨道电路和无绝缘轨道电路。

有绝缘轨道电路用钢轨绝缘将本轨道电路与相邻的轨道电路互相电气隔离。一般称轨道电路常指有绝缘轨道电路。

钢轨绝缘在车辆运行的冲击力、剪切力作用下很容易破损，使轨道电路的故障率较高。绝缘节的安装，给无缝线路带来一定的麻烦，有时需锯轨，因而降低了线路的轨道强度，增加了线路维护的复杂性。另外，为使钢轨中的牵引回流能绕过绝缘节，必须安装扼流变压器或回流线。因此，无缝线路和电气化线路希望采用无绝缘轨道电路。

3. 按轨道线路的类型数量分类

轨道电路分为单轨线路轨道电路和双轨线路轨道电路两种。一般的轨道电路均为双轨线路轨道电路。

单轨线路一般采用橡胶轮胎车辆，所以无法实现运行中的车辆轮对来短路轨道电路，单轨线路只能利用安装在轨道梁上的环线形成导电环路，构成可以工作的轨道电路。

4. 按轨道电路内有无道岔分类

轨道电路分为无岔区段轨道电路和道岔区段轨道电路。

无岔区段轨道电路构成较简单，区段内钢轨线路无分支，一般用于停车线、检车线以及两差置调车信号机之间、尽头调车信号机前方接近区段。

道岔区段的轨道电路内钢轨线路有分支，故此得名。在道岔区段，道岔处钢轨和杆件除需增设绝缘外，还要增加道岔连接线及跳线。

5. 按轨道电路工作方式分类

轨道电路可分为开路式轨道电路和闭路式轨道电路。

开路式轨道电路平时呈开路状态，如图 3-3-2 所示，它的发送设备和接收设备安装在轨道电路的同一端。轨道电路无车占用时，不构成回路，其轨道继电器落下。有车占用时，轨道电路通过车辆轮对构成回路，轨道继电器吸起。由于轨道继电器经常落下，不能监督轨道电路的完整性，遇有断轨或引接线、接续线折断等故障，不能立即发现。若此时有车占用，轨道继电器也不能吸起，很不安全，因此极少采用。

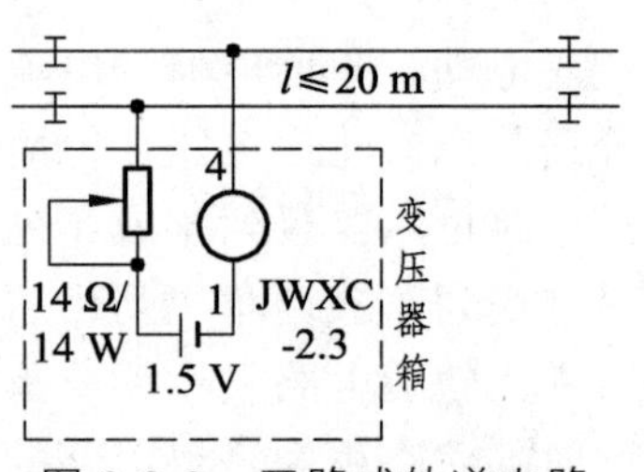

图 3-3-2　开路式轨道电路

闭路式轨道电路平时构成闭合回路，其发送设备（电源）和接收设备（轨道继电器）分别装设在轨道电路的两端。轨道电路上没有车占用时，轨道继电器吸起。有车占用时，因车轮分路，轨道继电器落下。当发生断轨、断线等故障时，轨道继电器落下，能保证安全。所以几乎所有轨道电路都采用闭路式。

四、轨道区段命名

1. 站内轨道电路的划分

轨道电路之间采用钢轨绝缘把两个轨道电路隔离成互不干扰的独立的电路单元。每个轨道电路单元称为轨道电路区段。轨道电路要划分为许多区段，以保证轨道电路可靠工作、排列平行进路的需要和便于车站作业。

轨道电路划分的原则：

（1）信号机的内、外方应划分为不同的区段。

（2）凡是能平行运行的进路，应用钢轨绝缘将它们隔开，形成不同的轨道电路区段。

（3）在一个轨道电路区段内，单动道岔最多不超过 3 组，复式交分道岔不得超过 2 组。否则，道岔组数过多，轨道电路难以调整。

（4）有时为了提高咽喉使用效率，把轨道电路区段适当划短，使道岔能及时解锁，立即排列别的进路。但列车提速以后，为了保证机车信号的连续显示，又不希望轨道电路区段过短。

2. 站内轨道电路区段的命名

道岔区段和无岔区段采用不同的命名方式。

道岔区段轨道电路是根据道岔编号来命名的。在图 3-3-3 所示的站场中，只包含一组道岔的，用其所包含的道岔编号来命名，如 1DG、3DG。包含两组道岔的，用两组道岔编号连缀来命名，如 7-9DG、17-19DG。若包含三组道岔，则以两端的道岔编号连缀来命名，如 11-27DG，包含了 11、23、27 号三组道岔。

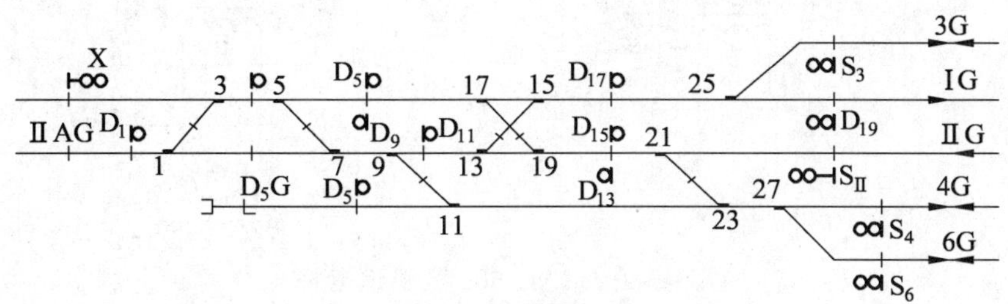

图 3-3-3　轨道电路命名

无岔区段命名有不同的情况。对于股道，以股道号命名，如ⅠG、ⅡG。进站信号机内方及双线单方向运行的发车口处的无岔区段，根据所衔接的股道编号加 A（下行咽喉）及 B（上行咽喉）来表示。在图 3-3-3 中，上行发车口处的无岔区段衔接股道为ⅡG，该无岔区段即称为ⅡAG。半自动闭塞区间进站信号机外方的接近区段，用进站信号机名称后加 JG 来表示，如附图 1 站场中的 X_DJG。差置调车信号机之间的无岔区段，以两端相邻的道岔编号写成分数形式来表示。如附图 1 中 D_5、D_{15} 间的 1/19WG，D_4、D_{14} 间的 2/20WG。牵出线、机待线、机车出/入库线、专用线等调车信号机外方的接近区段，用调车信号机编号后加 G 来表示，如图 3-3-3 中的 D_5G。

3. 区间轨道电路划分和命名

一般用防护该闭塞分区的通过信号机编号来命名。如 597 信号机防护的闭塞分区轨道电路命名为 597G。611 信号机防护的闭塞分区有分割点，两段轨道电路按运行方向顺序命名为 611BG 和 611AG。

也有另一种命名方法：对于闭塞分区按运行方向分为 A、B、C、D 四部分，闭塞分区轨道电路从站内向站外顺序命名，如 A1G、A2G……如有分割点，则命名为 A31G、A32G。

五、常用轨道电路类型

（一）工频轨道电路

工频交流连续式轨道电路采用 50 Hz 交流电源，以 JZXC-480 型继电器为轨道继电器，故又称 480 型交流轨道电路。这种轨道电路实质上是交直流轨道电路，电源是交流电，钢轨中传输的是交流电，而轨道继电器为整流式。

工频交流连续式轨道电路因结构简单，曾是我国铁路站内轨道电路运用最为广泛的制式。

1. JZXC-480 型轨道电路的组成

工频交流轨道电路的构成如图 3-3-4 所示。它由送电端、受电端、钢轨绝缘、钢轨引接线、钢轨接续线以及钢轨组成。

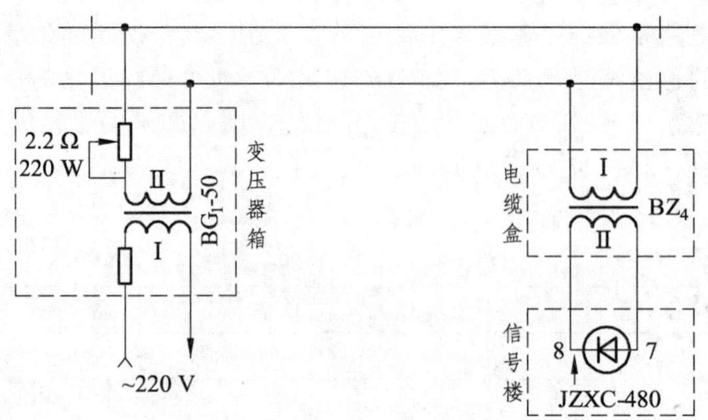

图 3-3-4　JZXC-480 型轨道电路

送电端包括 BG1-50 型轨道变压器、R-2.2/220 型变阻器，安装在变压器箱内，电源由室内用电缆送至送电端。

受电端包括 BZ_4 型（或 BZ_4-A 型）中继变压器及 JZXC-480 型轨道继电器。其中，中继变压器设在变压器箱或电缆盒中，轨道继电器设在室内组合架上。变压器箱或电缆盒用钢轨引接线接向钢轨。钢轨接续线用来连接相邻钢轨，以减小钢轨接头处的接触电阻。钢轨绝缘设于轨道电路分界处，用于隔离开相邻的轨道电路。

2. JZXC-480 型轨道电路的工作原理

当轨道电路完整，且无车占用时，交流电源由送电端经钢轨传输至受电端，轨道继电器吸起，表示本轨道电路空闲。此时轨道继电器的交流端电压应为 10.5 ~ 16 V，即高于轨道继电器工作值（9.2 V）15%，以保证轨道继电器可靠吸起。当车占用轨道电路时，轨道电路被车辆轮对分路，使轨道继电器端电压低于其释放值，轨道继电器落下，表示本轨道电路被占用。分路时，轨道继电器的交流残压值不得大于 2.7 V，即轨道继电器释放值（4.6 V）的 60%，以低于释放值 40%的安全系数保证轨道继电器可靠释放。

（二）25 Hz 相敏轨道电路

25 Hz 相敏轨道电路认知

1. 25 Hz 相敏轨道电路基础知识

电气化牵引区段要求轨道电路必须采用非工频制式的轨道电路，因为钢轨既是牵引电流的回流通道，又是轨道电路信号电流的传输通道。必须采用双轨条式轨道电路，用扼流变压器沟通牵引电流成双轨条回流，便于实现站内电码化。此外要求交叉渡线上两根直股都通过牵引电流时应增加绝缘节。钢轨接续线、道岔跳线和钢轨引接线的截面要加大。

1）特　点

25 Hz 相敏轨道电路将 50 Hz 交流电变频为 25 Hz 交流电，对轨道电路有良好的传输特性；其采用集中调相方式，供使用的局部电源电压恒超前于轨道电源电压 90°，不需对每段轨道电路进行个别调相；接收端采用二元二位轨道继电器，局部线圈和轨道线圈分别供电，具有可靠的频率选择性和相位选择性，因而抗干扰能力强，有可靠的绝缘破损防护。

2）组成部件

25 Hz 相敏轨道电路的组成部件有交流 25 Hz 轨道电源和局部电源，两路电源均由 25 Hz 电源屏供出，送电端包括限流电阻 R_x、25 Hz 轨道变压器（见图 3-3-5）、25 Hz 扼流变压器 BE25（见图 3-3-6）、钢轨线路。

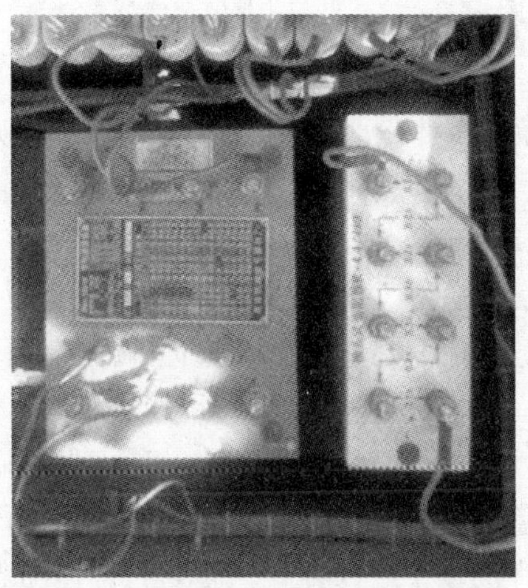

图 3-3-5　送电端轨道变压器箱的结构

图 3-3-6　扼流变压器的结构

受电端包括 25 Hz 扼流变压器（BE25）、受电端 25 Hz 轨道中继变压器 BG25（见图 3-3-7）。

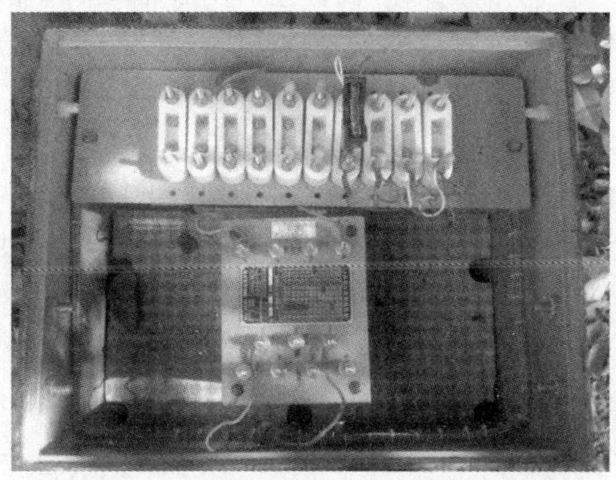

图 3-3-7　受电端轨道变压器箱的结构

室内的组成部件主要有防雷补偿器（Z）、25 Hz 防护盒（HF）、二元二位轨道继电器（GJ）。

3）工作原理

（1）当轨道电路内钢轨完整，且没有列车占用时。

轨道电源由室内供出，通过电缆供向室外，经送电端 BG25、限流电阻（R_x）、送电端 BE25、钢轨线路、受电端 BE25、受电端 BG25、电缆线路，送回室内，经过防雷补偿器、防护盒给二元二位轨道继电器的轨道线圈供电。局部线圈的 25 Hz 电流由室内供出。当轨道线圈和局部线圈电源满足规定的相位和频率要求时，GJ 吸起，轨道电路处于调整状态，表示轨道电路空闲。

（2）当轨道电路内有列车占用时。

有列车占用时，轨道电源被分路，GJ 落下。若频率、相位不符合要求时，GJ 也落下。这样，25 Hz 相敏轨道电路就具有相位鉴别能力，即相敏特性，抗干扰性能较高。

（三）ZPW-2000 移频轨道电路

上述几种轨道电路仅使用直流（即频率为零）、25 Hz 或 50 Hz 这些单一频率的电流来驱动轨道继电器，实现占用/出清检查，这种方式简单易行。但随着列车速度的提高，列车密度的增加，仅传递“占用/出清”两种信息的轨道电路已远远不能满足要求，还要求地面设备不仅能检出列车所在的位置，并且能够传送前方空闲轨道分区的数量等信息。这些是单频轨道电路力所不及的。

轨道电路除了可以用来检查线路空闲，还可以作为地-车信息的传输通道，用来向列车传输信息，成为机车信号和列控车载设备工作的基础。移频轨道电路就是用不同的低频信号调制的方式，把代表地面信息的低频调制信号搬移到较高频率上，形成移频信号发送到钢轨上，机车通过轨道电路接收线圈接收移频信号，并进行信号解调，提取相关地面信息，实现的机车信号显示和控制列车运行。随着低频信号的增加，可传递的信息量也可以逐步增加。

移频轨道电路根据可以发送信息的数量分为 4 信息、8 信息及 18 信息移频轨道电路，根据绝缘节的设置分为有绝缘或无绝缘移频轨道电路。目前，我国铁路广泛应用的 UM 系列和 ZPW-2000 系列都是可以发送 18 信息的无绝缘移频轨道电路。

ZPW-2000A 型无绝缘轨道电路的室内设备包括发送器、接收器和电缆模拟网络，室外设备包括调谐单元、空芯线圈、匹配变压器、补偿电容。

有电气-电气绝缘节结构和电气-机械绝缘节结构两种。两者电气性能相同。前者系统构成如图 3-3-8 所示。

ZPW-2000A 型无绝缘轨道电路将轨道电路分为主轨道电路和调谐区短小轨道电路两部分，并将短小轨道电路视为列车运行前方主轨道电路的所属“延续段”。

发送器用来产生高精度、高稳定性的移频信号，同时向线路两侧主轨道电路、小轨道电路发送信号。

接收器用来接收主轨道电路和相邻区段发送器在调谐区构成的信号。除接收本主轨道电路频率信号外，还同时接收相邻区段小轨道电路的频率信号。接收器采用数字信息处理技术，将接收到的两种频率信号进行快速傅氏变换，获得两种信号能量谱的分布。

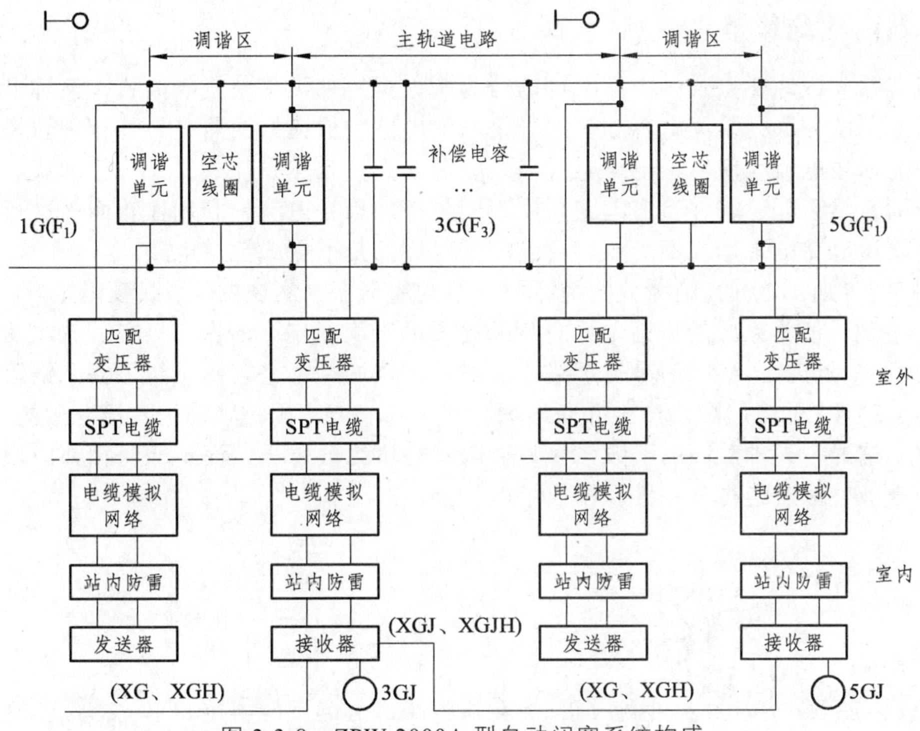

图 3-3-8　ZPW-2000A 型自动闭塞系统构成

上述“延续段”，信号由运行前方相邻轨道电路接收器处理，并将处理结果形成小轨道电路轨道继电器执行条件（XG、XGH）送本轨道电路接收器，作为轨道继电器（GJ）励磁的必要检查条件（XGJ、XGJH）之一。

这样，接收器用于接收主轨道电路信号，并在检查所属调谐区短小轨道电路状态（XGJ、XGJH）条件下，动作本轨道电路的轨道继电器（GJ）。另外，接收器还同时接收邻段所属调谐区小轨道电路信号，向相邻区段提供小轨道电路状态（XG、XGH）条件。

在普速铁路，发送器由反映运行前方运行条件的继电器编码。在高速铁路，站内采用与区间同样的轨道电路，由列控中心根据运行前方运行条件编码。

六、绝缘节

（一）机械绝缘节

机械绝缘安装在轨道电路分界处，以保证相邻轨道电路之间的可靠电气绝缘，使它们互不影响。钢轨绝缘受机车车辆的频繁冲压，又处于日晒雨淋、酷暑严冬的环境中，是轨道电路的薄弱环节，因此要求：

（1）钢轨绝缘的结构，应能保证在钢轨爬行的情况下，以及在列车运行中产生的压力、冲击力和气温变化时产生的膨胀力的作用下，不致被损坏。

（2）钢轨绝缘应采用机械强度高的、具有可靠电气绝缘性能的绝缘材料，以保证绝缘性能和使用寿命。

（3）制作钢轨绝缘的材料很多，主要有钢纸板、玻璃布板、尼龙塑料板等。

（二）电气绝缘节

轨道电路无绝缘化方式，大体上可以分为两大类：一类是电气隔离式，又称谐振式。它是在轨道电路的分界处采用电容和一部分钢轨的电感构成谐振回路，另外相邻轨道电路采用不同频率的信号电流，使轨道电路电气隔离。另一类是自然衰耗式，又称叠加式。它是利用轨道电路的自然衰耗，相邻轨道电路采用不同频率的信号电流，利用在轨面外进行滤波的原理使相邻轨道电路的工作互不影响。目前广泛应用的是谐振式轨道电路。

如图 3-3-9 所示，电气绝缘节的绝缘原理是利用谐振来实现的。当载频确定后，选择 BA_1 及 BA_2 的参数，使本区段的调谐单元对相邻区段的频率呈串联谐振，只有百分之几欧姆的阻抗（称为“0”阻抗），移频信号被短路；而对本区段的频率呈容抗，与 26 m 钢轨的电感和空芯线圈（SVA）的电感配合产生并联谐振，有 2 ~ 2.5 Ω的阻抗（称为“极”阻抗），移频信号被接收，这样，某种载频的移频信号只能限制在本区段传送，而不能向相邻区段传送，没有机械绝缘节就像有绝缘节一样，构成了电气隔离。

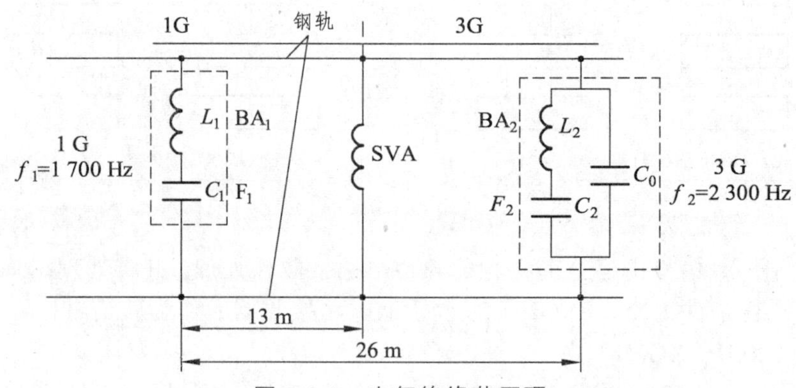

图 3-3-9　电气绝缘节原理

调谐单元 BA 是电气绝缘节的主要部件。相邻轨道电路的载频不同，BA 的型号也不同。BA1 型由 L_1、C_1 构成，BA2 型由 L_2、C_2、C_0 构成。图 3-3-9 中，BA_1 的本区段是 1G，相邻区段是 3G；而 BA_2 的本区段是 3G，相邻区段是 1G。

在图 3-3-9 中，3G 的移频信号在 BA_1 处被短路。对于 3G 的移频信号，BA_1 不能接收，而且阻止其向左传送。同时，1G 的移频信号能向左传送或被接收。同理，1G 的移频信号在 BA_2 处被短路，不能接收，也不能向右传送；3G 的移频信号，能向右传送，或被接收。

轨道电路采用的频率，在同一线路的相邻轨道电路区段必须是不同的，在两相邻线路上也不相同，以免互相干扰。

电气调谐区长 26 m，是轨道电路的“死区段”，在“死区段”内失去对车辆占用的检查。这个“死区段”对列车的正常运行没有妨碍，也不影响机车信号的连续显示。只是短于 26 m 的轨道车或最外轴距短于 26 m 的单机正好停在调谐区内才会造成失去检查的情况。因此，规定调谐区内禁止轻型车辆和小车停留。

（三）极性交叉

轨道电路的极性交叉

1. 极性交叉

有钢轨绝缘的轨道电路，为了实现对钢轨绝缘破损的防护，要使绝缘节两侧的轨面电压具有不同的极性或相反的相位，这就是轨道电路的极性交叉，如图 3-3-10 所示。

图中，粗线表示接电源正极，细线表示接电源负极。

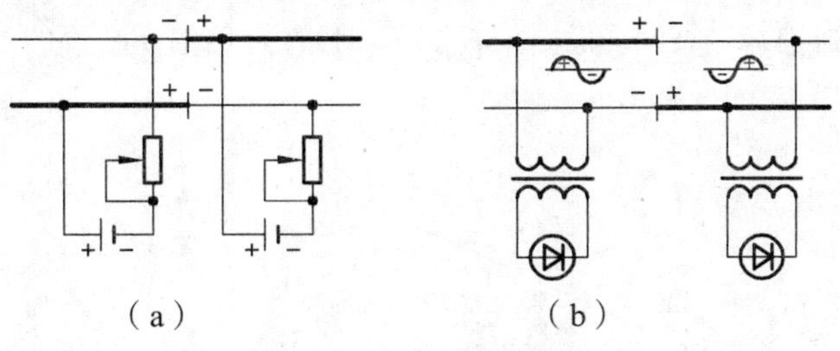

图 3-3-10　轨道电路的极性交叉

2. 极性交叉的作用

极性交叉可防止在相邻轨道电路间的绝缘节破损时引起轨道继电器的错误动作。极性交叉的作用分析如图 3-3-11 所示，1G 和 3G 是两个相邻的轨道电路，它们没有实现极性交叉。当 1G 有车占用而绝缘破损的情况下，流经轨道继电器 1GJ 的电流等于两个轨道电源所供的电流之和，1GJ 有可能保持吸起，这危及行车安全。若按极性交叉来配置，绝缘破损时，轨道继电器中的电流就是两者之差，只要调整得当，1GJ 和 3GJ 都会落下，从而实现了“故障-安全”的原则。

对于交流供电来说，只要两相邻轨道电路的电流相位相反，它们的瞬间极性也相反，就得到极性交叉的效果。

而对于频率电码轨道电路来说，因相邻区段的编码不同，无法实现极性交叉，必须采用频率防护的方法，即相邻区段采用不同的频率。

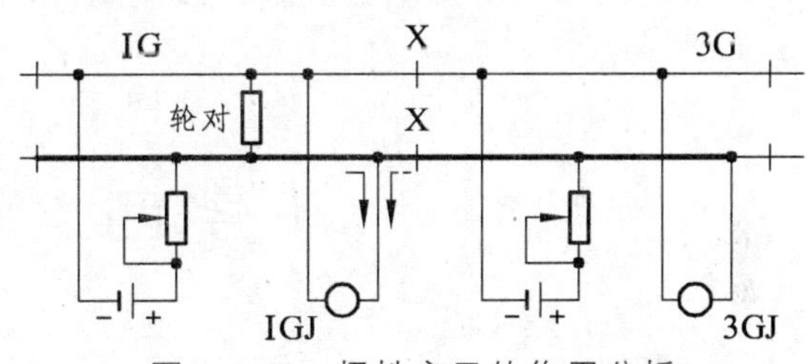

图 3-3-11　极性交叉的作用分析

3. 极性交叉的配置

在无分支线路上，极性交叉配置比较容易，只要依次变换轨道电路供电电源的极性。而在有分支线路上，即有道岔处，极性交叉的配置就要复杂一些。因为道岔绝缘节可以设在道岔直股，也可设在弯股，不同的设置，就将影响整个车站极性交叉的配置。

（四）超限绝缘节

在站内，相邻轨道电路间必须设置钢轨绝缘。钢轨绝缘的设置应满足既保证作业安全又提高作业效率的要求。

考虑到车辆的最外方轮对与车辆最突出的部位（车钩）之间还有很长的距离（不超过 3.5 m），为保证列车或车列的最后一个轮对出清道岔区段后，其车钩能进入警冲标内方，正常情况下除双动道岔渡线上的绝缘外，要求设于岔后警冲标内方的钢轨绝缘与警冲标的距离不得小于 3.5 m。若钢轨绝缘距警冲标不足 3.5 m，则有可能造成列车未全部进入警冲标内方，道岔区段提前解锁，这时排列邻线经道岔另一位置的进路，可能造成侧面冲突，危及行车安全。但钢轨绝缘距警冲标也不宜过远，否则将影响股道有效长度。一般要求绝缘节与警冲标的距离为 3.5 ~ 4 m。

测量岔后绝缘节是否侵限的方法如图 3-3-12 所示。先确认警冲标应该埋设的位置，然后测量出绝缘节距警冲标的垂直距离。绝缘节应在警冲标内方不小于 3.5 m 处，在小于 3.5 m 处或在警冲标外方（当绝缘节处于警冲标外方时，距离为负值）设置的绝缘节称为侵限绝缘，或称为“超限绝缘”。

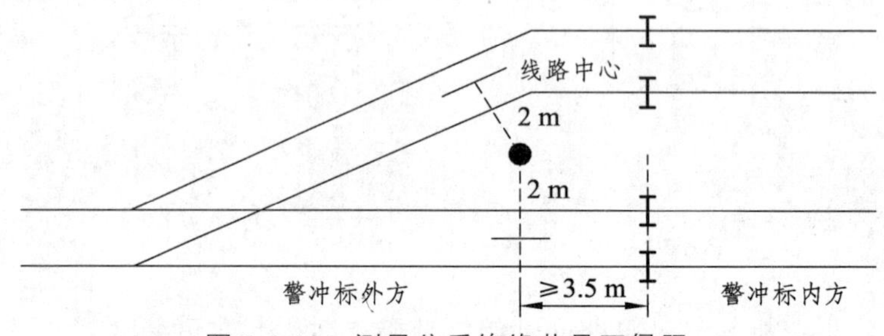

图 3-3-12　测量岔后绝缘节是否侵限

为了满足平行作业或轨道区段划分的要求，有时必须在岔后设置绝缘节，即使为“侵限绝缘”，也不能不设。如附图 1 所示的举例站场中，3 号道岔与 5 号道岔之间、21 号道岔与 25 号道岔之间的绝缘节都是侵限绝缘，但如果不设，将影响平行作业。在控制台或显示器上将侵限绝缘节符号外画上圆圈，以提醒行车人员注意。

任务四　道岔转辙设备

道岔是一种使机车车辆从一股道转入或越过另一股道的线路连接设备，大量铺设在车站内，以满足各种作业需要。道岔的转换和锁闭设备包括转辙机、外锁闭装置、密贴检查器等，是直接关系行车安全的关键设备。道岔的操纵分为手动、电动两种方式。手动是作业人员通过道岔握柄在现场直接操纵道岔的转换与锁闭，这种方式效率低，劳动强度大，不能适应铁路现代化的要求，已基本绝迹。电动方式，是由各类转辙机转换和锁闭道岔，易于集中操纵，实现自动化。转辙机是重要的信号基础设备，它对保证行车安全、提高运输效率、改善行车人员的劳动强度，起着非常重要的作用。

学习目标

（1）掌握道岔的分类；

（2）掌握道岔的编号、定位原则；

（3）掌握转辙机的作用；

（4）了解常见转辙机的结构。

相关知识

一、道岔认知

道岔的认知

（一）结构分类

1. 单开道岔

单开道岔是最常用、最简单的线路连接设备。道岔主要由转辙器、辙叉及护轨、连接部分组成（见图 3-4-1）。

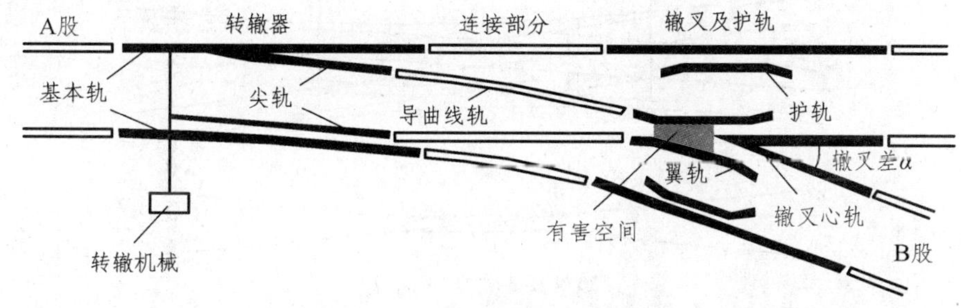

图 3-4-1　普通单开道岔示意图

2. 双开道岔

双开道岔也叫对称道岔，如图 3-4-2 所示，它由主线向两侧分为两条线路。在构造上，道岔对称于线路的中心线，道岔连接部分有 4 条导曲线轨，而无直轨，所以无直向及侧向之分。

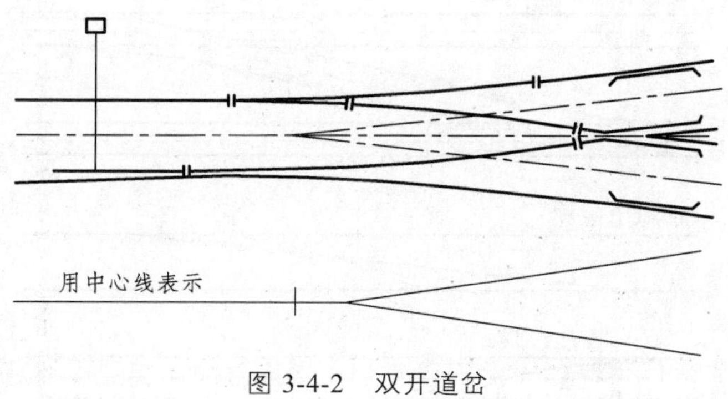

图 3-4-2　双开道岔

3. 三开道岔

三开道岔（见图 3-4-3）衔接 3 条线路，有两对尖轨，每对由一组转辙机控制，决定尖轨的位置。连接部分有两根直轨、两对导曲线轨，辙叉及护轨部分有 3 副辙叉、4 根护轨。

4. 交分道岔

交分道岔如图 3-4-4 所示，它有 4 个辙叉，其中两个锐角、两个钝角；有 4 条导曲线轨和 8 条尖轨；两根拉杆，每根带动 4 条尖轨同时动作。

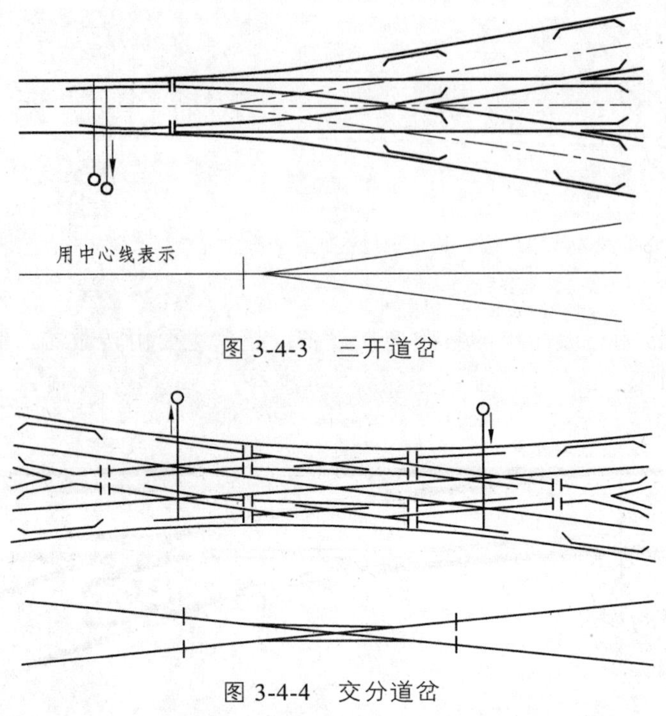

图 3-4-3　三开道岔

图 3-4-4　交分道岔

5. 渡　线

为了使机车车辆能从一条线路进入另一条线路，应设置渡线（见图 3-4-5）。渡线包括普通渡线和交叉渡线两种。其中，普通渡线设在两平行线路之间，有两副辙叉号数相同的单开道岔及两道岔间的直线段所组成，如图 3-4-5（a）所示；交叉渡线设在两平行线路之间，由 4 副普通单开道岔和 1 副菱形交叉组成，如图 3-4-5（b）所示。

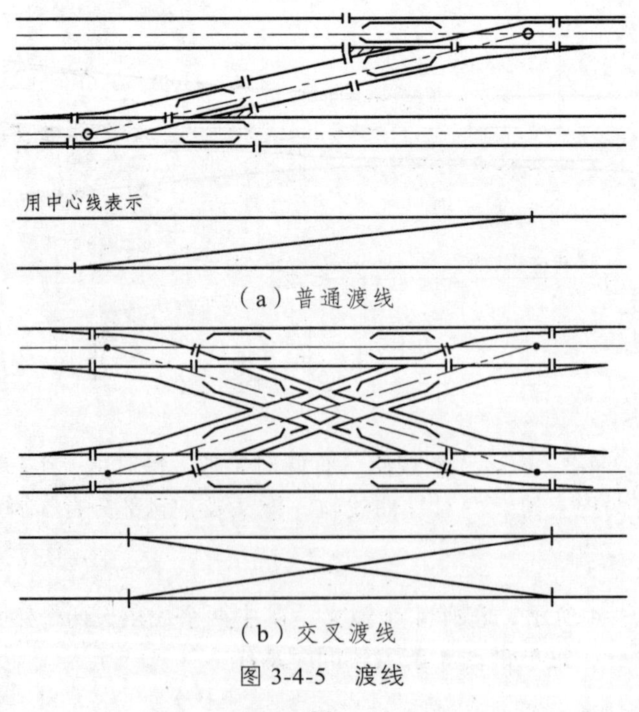

（a）普通渡线

（b）交叉渡线

图 3-4-5　渡线

（二）辙岔号数

辙叉号数也称道岔号数（N），以辙叉角（α）的余切值来表示，如图 3-4-6 所示，即

$$N=\cot\alpha=\frac{FE}{AE}$$

式中，N 为道岔号数；α为辙叉两工作边的夹角；FE 为辙叉心轨理论尖端沿工作边至垂足的距离；AE 为辙叉心轨一工作边任意一点至另一工作边的垂直距离。

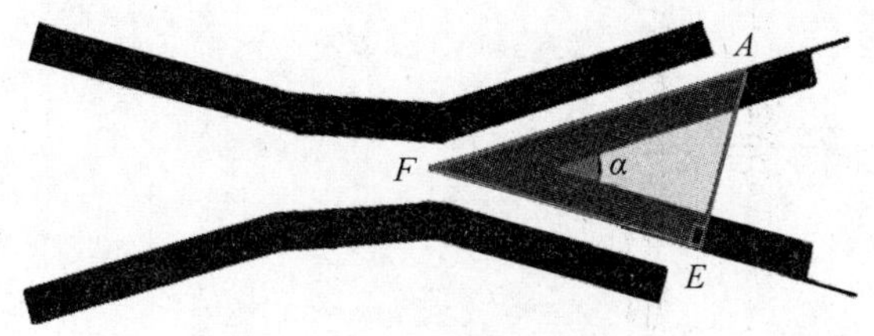

图 3-4-6　辙叉号数

辙叉角越大，辙叉号数越小，这时同辙叉部分连接的导曲线轨半径也就越小；辙叉角越小，辙叉号数越大，导曲线半径越大。我国常见道岔号数辙叉角及导曲线半径的对应关系如表 3-4-1 所示。

表 3-4-1　道岔号数与辙叉角及导曲线半径的对应关系

道岔号数 N	6（对称）	7（三开）	9	12	18
辙叉角 α	9°27′44″	8°07′48″	6°20′25″	4°45′49″	3°10′47″
导曲线半径/m	180	180	180	330	800

（三）普通、提速道岔分类

1997 年 4 月 1 日实行新运行图以前，我国铁路线路允许最高速度为 120 km/h，所以正线上的道岔直向过岔最高速度也是 120 km/h。为了满足提速的需要，研制并生产了直向过岔最高速度为 160 km/h 的提速道岔。

提速道岔与非提速道岔的主要区别在于锁闭方式和锁闭装置。非提速道岔采用的是内锁闭方式，也就是说，是在转辙机内部进行的锁闭。提速道岔：根据相关规定，在速度为 120 km/h 及其以上的区段要采用外锁闭方式的提速道岔。

（四）联动道岔分类及命名

在实际站场中，有些道岔的动作和位置与其他道岔不发生关联，即根据作业的需要可以单独开通定位或反位，这种道岔被称为单动道岔。如附图 1 所示的举例站场中的 14、21、22、27 号道岔均为单动道岔。

有许多道岔的动作和位置与其他道岔发生关联，如附图 1 所示的举例站场中的 1 号道岔和 3 号道岔就有关联：两组道岔中经过其中一组道岔反位走车时，必然也经过另一组道岔的

反位；经过其中一组道岔定位走车时，虽然不经过另一道岔的定位，但也无法经过另一组道岔反位走车，而另一组道岔如果在定位则可进行平行作业。所以，对两道岔的位置要求一致，称这种两组道岔为双动道岔。

需要指出的是，在非集中联锁时，一组双动道岔是靠同一道岔握柄扳动，使两道岔同时动作。在电气集中车站，由转辙机带动道岔转换，两道岔并不是同时动作，一般是靠近站内的（一动）先动，靠近站外的（末动）后动。因此，双动道岔只是要求两道岔位置一致。

对双动道岔实行联动控制，既能简化操作、节省设备，也有利于保证站内作业安全。

二、道岔图形符号

（一）编号名称

各车站的道岔按咽喉区分别编号，基本原则如下：

（1）下行咽喉区为单号，上行咽喉区为双号。

（2）每一咽喉区以信号楼为中心，从站外向站内由小到大顺序编号。

（3）横坐标相同的道岔，纵向距信号楼近的道岔优先编号。

（4）联动道岔包括双动道岔、三动道岔、四动道岔，按照联动关系连续编号。如附图 1 所示的举例站场 1/3，5/7 等。

（5）大型车站有多个车场时，各车场的道岔按咽喉区分别编号，道岔编号为三位数，第一位为车场顺序号，后面的两位为道岔编号，如单动道岔 101 号、双动道岔 202/204 号等。

（二）定位设置

道岔的位置是指道岔的尖轨与基本轨密贴后道岔所开通的线路状态。当道岔密贴后，岔前基本轨与直股线路开通，称道岔开通直向位置；当道岔密贴后，岔前基本轨与弯股线路开通，称道岔开通侧向位置。

为了便于完成与道岔有关的设计和检查，规定了道岔的定位和反位。

道岔定位是指根据车站线路的布置和作业安全的要求对道岔规定的参考位置。道岔反位是指与定位位置相反的另一密贴位置。如果道岔以直向开通为定位，则侧向开通即为反位。信号平面布置图中所表示的道岔位置均是定位位置，因此有时也称道岔的定位是道岔经常所处的位置，道岔反位是建立进路时临时改变的位置。这是因为在非集中联锁的车站，道岔由扳道员手工扳动，经过道岔反位的作业完成后，扳道员必须将道岔恢复定位。采用集中控制后，由转辙机带动道岔转换，经过道岔反位建立进路后，即使道岔解锁，也无须将道岔恢复定位。因此集中联锁的车站，道岔平时可能在定位，也可能在反位。无论道岔在定位还是在反位，尖轨和基本轨之间都必须满足道岔的密贴标准。

道岔定位也可能开通直向位置，也可能开通侧向位置。确定道岔的定位应按照左侧行车制，尽量考虑减少扳动次数，并以保证行车和调车作业安全为前提。其基本原则如下：

（1）单线区段车站正线道岔，以车站两端开通不同股道为定位。如图 3-4-7 所示，1 号道岔以开通 3 股道（侧向开通）为定位，2 号和 4 号道岔以开通Ⅱ股道（直向开通）为定位。

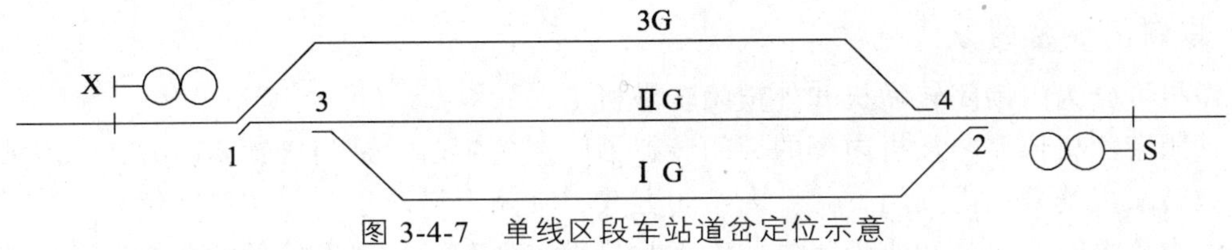

图 3-4-7　单线区段车站道岔定位示意

（2）复线区段车站正线道岔以开通正线为定位。如附图 1 所示的举例站场连接正线的道岔均以开通直股为定位。

（3）引向安全线、避难线的道岔，以开通安全线、避难线为定位。这是为了保证集中区的作业安全，防止车列错误进入集中区。

（4）侧线的道岔，除引向安全线、避难线的道岔外，一般以开通直股为定位。

三、转辙机

转辙机认知

（一）转辙机分类

1. 按动作能源和传动方式分类

转辙机可分为电动转辙机、电动液压转辙机和电空转辙机。

电动转辙机由电动机提供动力，采用机械传动的方式。多数转辙机都是电动转辙机，包括我国铁路大量使用的 ZD6 系列转辙机和 S700K 型电动转辙机。

电动液压转辙机简称电液转辙机，由电动机提供动力，采用液力传动的方式。ZY（J）系列转辙机即为电液转辙机。

电空转辙机用压缩空气作为动力源，由电磁换向阀控制。ZK 系列转辙机即为电空转辙机。

2. 按供电电源种类分类

转辙机可分为直流转辙机和交流转辙机。

直流转辙机采用直流电动机，工作电源是直流电源。ZD6 系列电动转辙机就是直流转辙机，采用直流 220 V 电源。电空转辙机则由直流 24 V 电源供电。直流电动机由于采用换向器和电刷，因此存在易损坏和电源利用率不高的缺点。为了克服上述缺点，目前正在试用无刷直流电机。

交流转辙机采用三相交流电源或单相交流电源，由三相异步电动机或单相异步电动机提供动力。由于牵引道岔需要较大的功率，目前大多采用三相异步电动机。在提速区段正线道岔采用的 S700K 型电动转辙机和 ZYJ7 型电液转辙机。交流转辙机采用交流电动机，没有换向器和电刷，因此故障率低，而且控制距离比较远。

3. 按动作速度分类

转辙机分为普通动作转辙机和快动转辙机。

绝大多数转辙机转换道岔时间都在 3 s 以上，属于普通动作转辙机。ZD7 型、S700 型电动转辙机和 ZK 系列电空转辙机转换道岔时间在 0.8 s 以下，属于快动转辙机。快动转辙机主要用于驼峰调车场，以满足分路道岔快速转换的要求。

4. 按锁闭道岔的方式分类

转辙机可分为内锁闭转辙机和外锁闭转辙机。

内锁闭转辙机依靠转辙机内部的锁闭装置锁闭道岔尖轨，是间接锁闭的方式。ZD6 系列等大多数转辙机均采用内锁闭方式。内锁闭方式，锁闭力量较小，锁闭可靠性差，列车对转辙机冲击力较大时，容易造成锁闭失效，因此只用在列车运行速度较低的非提速区段车站或非正线道岔。

外锁闭转辙机虽然内部也有锁闭装置，但主要依靠转辙机外的外锁闭装置锁闭道岔，将密贴尖轨直接锁于基本轨，将斥离尖轨锁于固定位置，是直接锁闭的方式。提速区段由 S700K 型电动转辙机和 ZYJ7 型电液转辙机（包括 SH6 型转换锁闭器）牵引的正线道岔均采用外锁闭方式。外锁闭方式锁闭可靠，列车对转辙机几乎无直接冲击。

5. 按是否可挤分类

转辙机分为可挤型转辙机和不可挤型转辙机。

电动转辙机和电液转辙机都有可挤型和不可挤型。可挤型转辙机内设有挤岔保护（挤切或挤脱）装置，道岔被挤时，动作杆解锁，保护了整机。不可挤型转辙机内不设挤岔保护装置，发生挤岔时，可能挤坏道岔尖轨，也可能挤坏道岔动作杆与整机连接结构；设备恢复时，要根据设备的损坏情况，更换道岔及转辙设备。

（二）转辙机的作用

（1）转换道岔的位置，即根据值班员的意图将道岔转换至定位或反位。

（2）道岔转换到规定位置且密贴后，对道岔实现机械锁闭（外锁闭道岔除外），防止外力转换道岔。

（3）正确地反映道岔的实际位置，即道岔的尖轨密贴于基本轨后（可动心轨道岔的心轨和翼轨密贴），给出相应的表示。

（4）道岔被挤或因故处于“四开”（两侧尖轨均不密贴）位置时，及时切断表示并给出报警提示。

四、ZD6 型转辙机

ZD6 系列电动转辙机用于非提速区段及提速区段的侧线上。它是在 ZD4 型、DFH 型等电动转辙机的基础上改进而成的系列，包括 A、B、C、D、E、F、G、H、J、K 等派生型号（B、C 型已不生产）。但 ZD6 型电动转辙机采用内锁闭方式，只适用于普通道岔和 AT 道岔，不适用于提速道岔。

ZD6-A 型是 ZD6 系列转辙机的基本型号，其他型号 ZD6 型转辙机都是以 ZD6-A 型为基础改进、完善而发展起来的。故下面以 ZD6-A 型电动转辙机为重点进行介绍。

（一）基本结构

ZD6-A 型电动转辙机主要由电动机、减速器、摩擦联结器、主轴、动作杆、表示杆、移位接触器、外壳等组成，如图 3-4-8 所示。

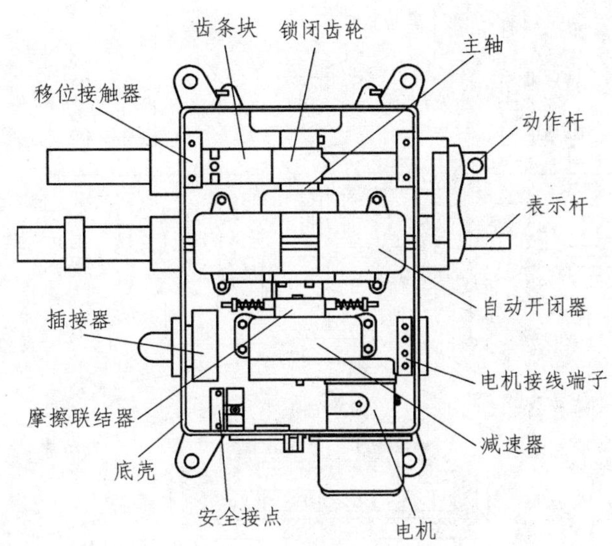

图 3-4-8　ZD6 型电动转辙机结构

电动机为电动转辙机提供动力，采用直流串激电动机。

减速器用来降低转速以获得足够的转矩，并完成传动，由第一级齿轮和第二级行星传动式减速器组成。两级间以输入轴联系，减速器由输出轴和主轴联系。

用弹簧和摩擦制动板，组成输出轴与主轴之间的摩擦连接，防止尖轨受阻时损坏机件。

主轴由输出轴通过启动片带动旋转，主轴上安装锁闭齿轮。

锁闭齿轮和齿条块相互动作，将转动变为平动，通过动作杆带动道岔尖轨运动，并完成锁闭作用。

动作杆和齿条块用挤切销相连，正常动作时，齿条块带动动作杆。挤岔时，挤切销折断，动作杆和齿条块分离，避免机件损坏。

表示杆由前、后表示杆及两个检查块组成。表示杆随尖轨移动，只有当尖轨密贴且锁闭后，自动开闭器的检查柱才能落入表示杆缺口，接通道岔表示电路。挤岔时，表示杆被推动，顶起检查柱，从而断开道岔表示电路。

自动开闭器由静接点、动接点、速动片、速动爪、检查柱组成，用来表示道岔尖轨所在的位置。

移位接触器用来监督挤切销的受损状态，道岔被挤或挤切销折断时，断开道岔表示电路。安全接点（遮断接点）用来保证维修安全。正常使用时，遮断接点接通，才能接通道岔动作电路。检修时，断开遮断接点，以防止检修过程中转辙机转动影响维修人员作业。

壳体用来固定转辙机各部件，防护内部机件免受机械损伤和雨水、尘土侵入，提供整机安装条件。壳体由底壳和机盖组成。底壳是壳体的基础，也是整机安装的基础。底壳上设有特定形状的窗孔，便于整机组装和分解。机盖内侧周边有盘根槽，内镶有密封用盘根（胶垫）。

（二）基本原理

转辙机的传动原理如图 3-4-9 所示。

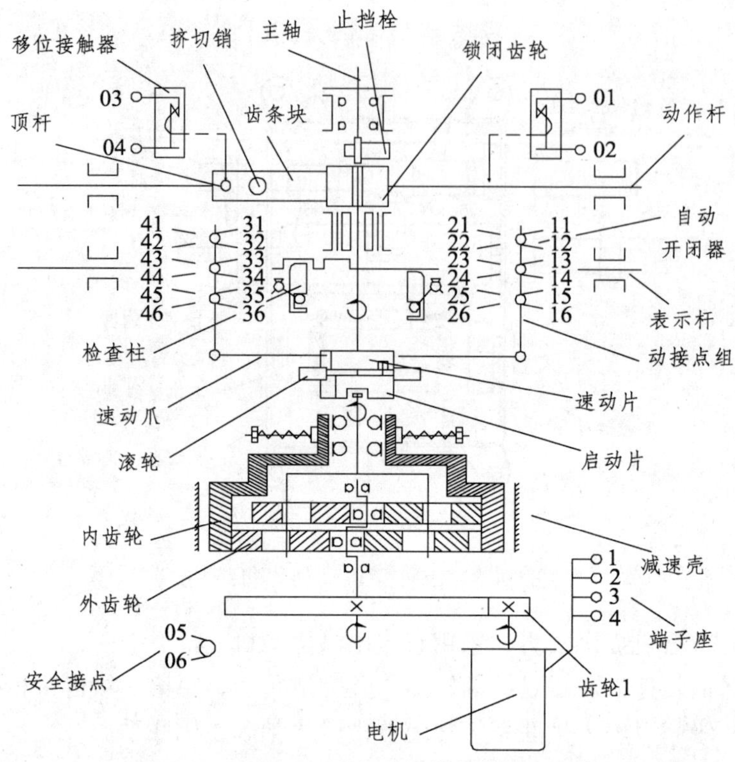

图 3-4-9　ZD6 型电动转辙机传动原理

假定此时自动开闭器第 1、3 排接点闭合。当电动机通以规定方向的电流，电动机轴按逆时针方向旋转。电动机通过齿轮带动减速器，这时输入轴按顺时针方向旋转，输出轴按逆时针方向旋转。输出轴通过启动片带动主轴，按逆时针方向旋转。锁闭齿轮随主轴逆时针方向旋转，锁闭齿轮在旋转中完成解锁、转换、锁闭三个过程，拨动齿条块，使动作杆带动道岔尖轨移动，完成转换锁闭。同时通过启动片、速动片、速动爪带动自动开闭器的动接点动作，与表示杆配合，断开第 1、3 排接点，接通第 2、4 排接点。完成转辙机转换、锁闭及给出道岔表示的任务。

手动摇动转辙机时，先用钥匙打开盖，露出摇把插孔。将摇把插入减速大齿轮轴。摇动转辙机至所需位置。此后虽抽出摇把，但安全接点断开，必须打开机盖，合上安全接点，转辙机才能复原。

五、S700K 型电动转辙机

（一）分　类

S700K 型电动转辙机规格齐全，不仅能满足道岔尖轨、可动心轨的单机牵引，而且也能满足双机、多机牵引的需要。根据安装方式不同，每一种类又分为左装、右装两种。左装（面对尖轨或心轨，转辙机安装在线路左侧）的转辙机型号用字母 A 加上奇数表示，如 A13、A15。右装（面对尖轨或心轨，转辙机安装在线路右侧）的转辙机型号用字母 A 加上偶数表示，如

A14、A16 等。不同种类的 S700K 型电动转辙机不能通用。

S700K 型电动转辙机概况如表 3-4-2 所示（详见《铁路信号维护规则》）。

表 3-4-2　S700K 型电动转辙机概况

代号 左/右装	型号	动作时间 /s	动程 /mm	检测行程 /mm	额定转换力 /N	适用的提速道岔
A13/A14	220/160	≤6.6	220	160	3 000	9 号尖轨第一牵引点 12 号尖轨第一牵引点 18 号尖轨第一牵引点
A15/A16	150/75	≤6.6	150	75	4 500	9 号尖轨第二牵引点 12 号尖轨第二牵引点
A17/A18	220/120	≤6.6	220	120	3 000	18 号尖轨第二牵引点 30 号尖轨第一牵引点 12 号心轨第一牵引点
A19/A20	220/110	≤6.6	220	110	3 000	30 号尖轨第二牵引点
A21/A22	220/100	≤6.6	220	100	2 500	30 号尖轨第三牵引点 30 号心轨第一牵引点
A23/A24	150/85	≤6.6	150	85	4 500	30 号尖轨第四牵引点
A27/A28	220/75	≤6.6	220	75	3 000	30 号心轨第二牵引点
A31/A32	220/100	≤6.6	220	100	3 000	18 号心轨第一牵引点
A33/A34	150/65	≤6.6	150	65	4 500	18 号尖轨第三牵引点 12 号心轨第二牵引点
A35/A36	150/	≤6.6	150	无检测杆	6 000	18 号心轨第二牵引点

（二）结　构

S700K 型电动转辙机主要由外壳、三相交流电动机、齿轮组、摩擦联结器、滚珠丝杠、保持联结器、动作杆、操纵板、锁舌、锁闭块、检测杆、指示标、速动开关组、安全接点座、开关锁等组成，其结构如图 3-4-10 所示。

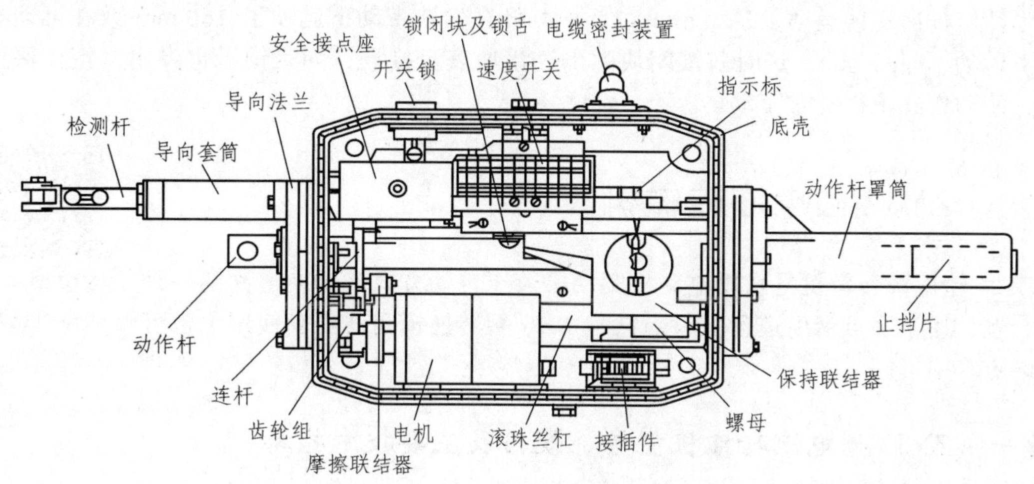

图 3-4-10　S700K 型电动转辙机结构

（三）S700K 型电动转辙机的传动原理

1. S700K 型电动转辙机的传动过程

S700K 型电动转辙机的机械传动机构按如下过程工作：

（1）电动机的转动通过减速齿轮组，传递给摩擦联结器齿轮，摩擦联结器转动。

（2）摩擦联结器带动滚珠丝杠转动。

（3）滚珠丝杠的转动带动丝杠上的螺母做水平移动。

（4）螺母推动保持联结器动作，经动作杆、外锁闭装置的锁闭杆带动道岔转换；同时螺母下面的操纵板动作使锁闭块缩入。

（5）道岔的尖轨或可动心轨经外表示杆带动检测杆移动。

2. S700K 型电动转辙机的动作过程

S700K 型电动转辙机的动作可分为三个过程：第一为解锁过程，也是断开表示接点的过程；第二为转换过程；第三为锁闭过程，也是接通表示接点的过程。现以 220 mm 动程转辙机定位拉入为例说明各过程的动作过程。

1）解锁及断开表示接点过程

当操纵道岔时，通过道岔控制电路将三相交流电加到电动机上，使电动机顺时针方向旋转，经齿轮组及摩擦联结器使滚珠丝杠向顺时针方向旋转，从而使丝杠上的螺母向左侧做水平运动。在运动过程中，由操纵板将锁闭块顶进，使表示接点断开，同时带动左锁舌向缩进方向运动，直至左锁闭块完全缩进，实现了机内机械解锁。

2）转换过程

在转辙机机内解锁后，由于三相电动机继续转动，故滚珠丝杠上的螺母继续向左运动，带动保持联结器向左运动。由于保持联结器与动作杆固定为一体，使动作杆向左侧（伸出方向）运动，带动道岔尖轨或可动心轨进行转换，当动作杆运动 220 mm 时，即完成了转换过程。

3）锁闭及接通表示接点过程

当动作杆向左侧运动了 220 mm 时，检测杆在尖轨带动下运动了 160 mm 或在可动心轨带动下运动了 117 mm，这时右锁闭块弹出，接通表示接点，同时锁舌也弹出，锁住保持联结器，使动作杆不得随意窜动。

六、ZYJ7 型电液转辙机

ZYJ7 型电液转辙机结构

ZYJ7 型电液转辙机是采用电动机驱动、液压传动方式来转换道岔的一种转辙装置，用于多点牵引道岔上时，它与 SH6 型转换锁闭器配套使用（也可多机多点牵引）。

（一）ZYJ7 型电液转辙机型号、规格及主要技术指标

ZYJ7 型电液转辙机型号、规格及主要技术指标如表 3-4-3 所示。

表 3-4-3　ZYJ7 型电液转辙机型号、规格及主要技术指标

型　号	电源电压/V	额定转换力/N	动程/mm	工作电流不大于/A	动作时间不大于/s	单线电阻不大于/Ω
ZYJ7-240/140/1810＋4070	380	1 810/4 070	240/120	1.8	8.5	54
ZYJ7-A220＋150/1810＋4070	380	1 810/4 070	220/150	1.8	8.5	54
ZYJ7-B220＋140/1810＋4070	380	1 810/4 070	220/140	1.8	7.5	54
ZYJ7-B1220＋120/2500＋4500	380	2 500/4 500	220/120	1.8	9	54
ZYJ7-C220＋125/1810＋4070	380	1 810/4 070	220/125	1.8	7.5	54
ZYJ7-D200＋100/1810＋4070	380	1 810/4 070	200/100	1.8	7	54
ZYJ7-E180＋120/1810＋4070	380	1 810/4 070	180/120	1.8	7	54
ZYJ7-F180/4000	380	4 000	180	1.8	5.8	54
ZYJ7-G220＋170＋100/1810＋1810＋4070	380	1 810/1 810/4 070	220/170/100	1.8	9.5	54
ZYJ7-H200＋120/1810＋4070	380	1 810/4 070	200/120	1.8	7.5	54
ZYJ7-J170/3920	380	3 920	170	1.8	5.5	54
ZYJ7-K130/3920	380	3 920	130	1.8	4.5	54
ZYJ7-L220/2940	380	2 940	220	1.8	7.5	54
ZYJ7-M150/4900	380	4 900	150	1.8	7.5	54

对于 9 号、12 号提速道岔的尖轨，以及 12 号、18 号可动心轨，无论采用何种外锁闭装置，均可用一台 ZYJ7-B 型电液转辙机配合一台 SH6 型转换锁闭器进行牵引。对于 18 号提速道岔的尖轨，则用一台 ZYJ7-G 型转辙机和 SH6 型转换锁闭器进行牵引。对于 30 号提速道岔，其尖轨用 3 台 ZYJ7-L 型（第 1 ~ 3 牵引点）和 3 台 ZYJ7-M 型（第 4 ~ 6 牵引点）进行牵引，其可动心轨用 2 台 ZYJ7-L 型（第 1、2 牵引点）和 1 台 ZYJ7-M 型电液转辙机进行牵引。ZYJ7 与 SH6 两者之间用胶管连接，传递动力。

（二）结　构

ZYJ7 型电液转辙机由主机和 SH6 型转换锁闭器两部分组成，分别用于第一牵引点和第二牵引点（30 号及以上道岔除外）。ZYJ7 型电液转辙机结构如图 3-4-11 所示，SH6 型转换锁闭器结构图如图 3-4-12 所示。

ZYJ7 型电液转辙机主机主要由动力机构、转换锁闭机构、表示锁闭机构和手动安全机构组成。动力机构主要由电动机、惰性轮、联轴器、油泵、溢流阀、单向阀、滤清器、油箱、油管等组成；转换锁闭机构主要由启动油缸、油缸、活塞及活塞杆、调节阀、推板、定位锁块、反位锁块、销轴、动作杆、锁闭铁等组成；表示锁闭机构主要由动作板、速动爪、速动爪滚轮、速动片、接点调整架、接点系统、表示锁闭杆、锁闭柱、拐肘、拉簧等组成；手动安全机构主要由安全接点（电门）构成。

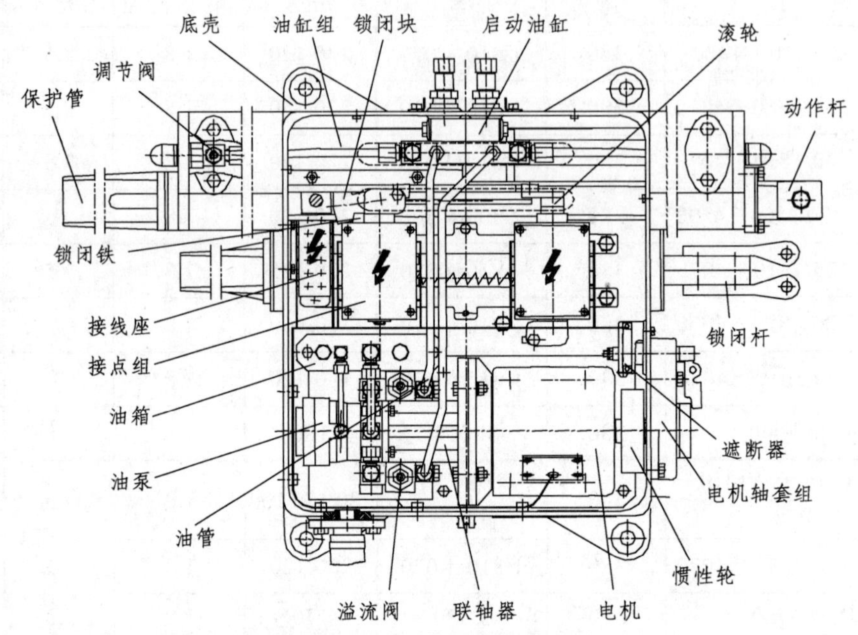

图 3-4-11　ZYJ7 型电液转辙机结构图

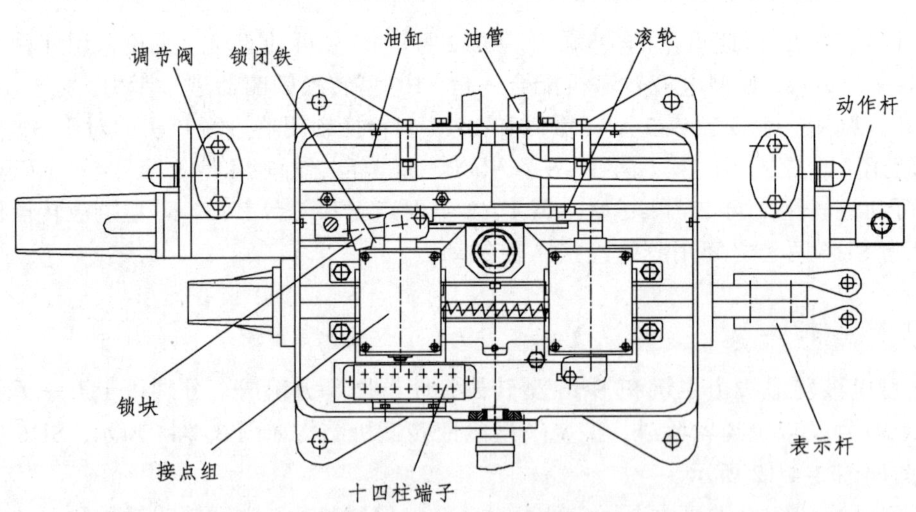

图 3-4-12　SH6 型转换锁闭器结构图

SH6 型转换锁闭器（也称为副机）没有动力机构，主机与副机间靠油管连接。它主要由转换锁闭机构、表示机构和挤脱机构组成。其中转换锁闭机构和主机基本相同，只是尺寸、转换力矩不一样；表示机构类似于 ZD6 型电动转辙机的自动开闭器部分，主要由动作板、速动片、速动爪、速动爪滚轮、接点系统、拐肘、检查柱、检查块、表示杆等组成。

七、ZD9 型电动转辙机

ZD（J）9 型转辙机的传动原理

ZD（J）9 型系列电动转辙机是一种能适应交、直流电源的新型转辙机。它有着安全可靠的机内锁闭功能，因此既可适用于联动内锁道岔，又可适用于分动外锁道岔，既适用于单点牵引，又适用于多点牵引，安装时，既能角钢安装，又能托板安装。

ZD（J）9 交流电动转辙机的主要技术特性如表 3-4-4 所示。

表 3-4-4　ZD（J）9 交流电动转辙机的主要技术特性

型　号	电源电压 DC/V	动程/mm	锁闭（表示）杆动程/mm	额定转换力/kN	工作电流/A	动作时间不大于/s	挤脱力/kN	适用道岔类型
ZDJ9-170/4k	380	170±2	152±4	4	2	5.8	28±2	尖轨动程在 152 mm 以下的道岔，双杆内锁，可挤
ZDJ9-A220/2.5k ZDJ9-C220/2.5k	380	220±2	160±4	2.5	2	5.8	–	分动外锁双机牵引第一牵引点，不可挤，双杆锁闭
ZDJ9-B150/4.5k ZDJ9-D150/4.5k	380	150±2	75±4	4.5	2	5.8	28±2	分动外锁双机牵引第二牵引点，可挤，单杆内锁
注：其中 A、B 用于分动道岔，C、D 用于联动道岔，170 型用于单机牵引道岔								

ZD（J）9 型转辙机结构如图 3-4-13 所示。它由底壳、盖、电动机、减速器、摩擦联结器、滚珠丝杠、推板套、动作板、锁块、锁闭铁、接点组、动作杆、锁闭（表示）杆、安全开关组、挤脱器（不可挤的不设）、接线端子等组成。结构采用模块化设计，便于维护和维修。

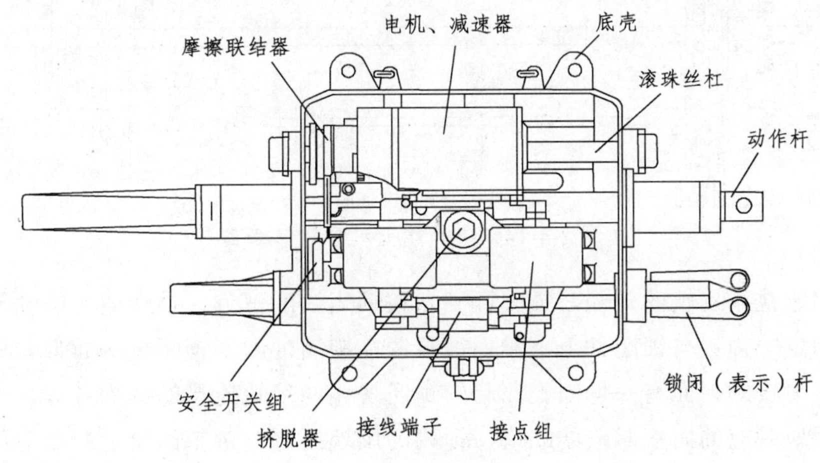

图 3-4-13　ZD（J）9 型电动转辙机结构图

八、分动外锁闭装置

道岔的锁闭是把尖轨或可动心轨等可动部分固定在某个开通位置，当列车通过时不受外力作用而改变。

道岔按其锁闭方式可分为内锁闭和外锁闭两种。

当道岔由转辙机带动转换至某个特定位置后，通过本身所依附的锁闭装置，直接把尖轨与基本轨或可动心轨与翼轨密贴夹紧并固定，称为道岔的外锁闭。即道岔的锁闭主要不是依靠转辙机内部的锁闭装置，而是依靠转辙机外部的锁闭装置实现的。

由于外锁闭道岔的两根尖轨之间没有连接杆，在道岔转换过程中，两根尖轨是分别动作的，所以又称分动外锁闭道岔。

（一）分动尖轨用钩式外锁闭装置的结构

分动尖轨用钩式外锁闭装置由锁钩、锁闭杆、锁闭框、锁闭铁、尖轨连接铁、销轴等组成，如图 3-4-14 所示。

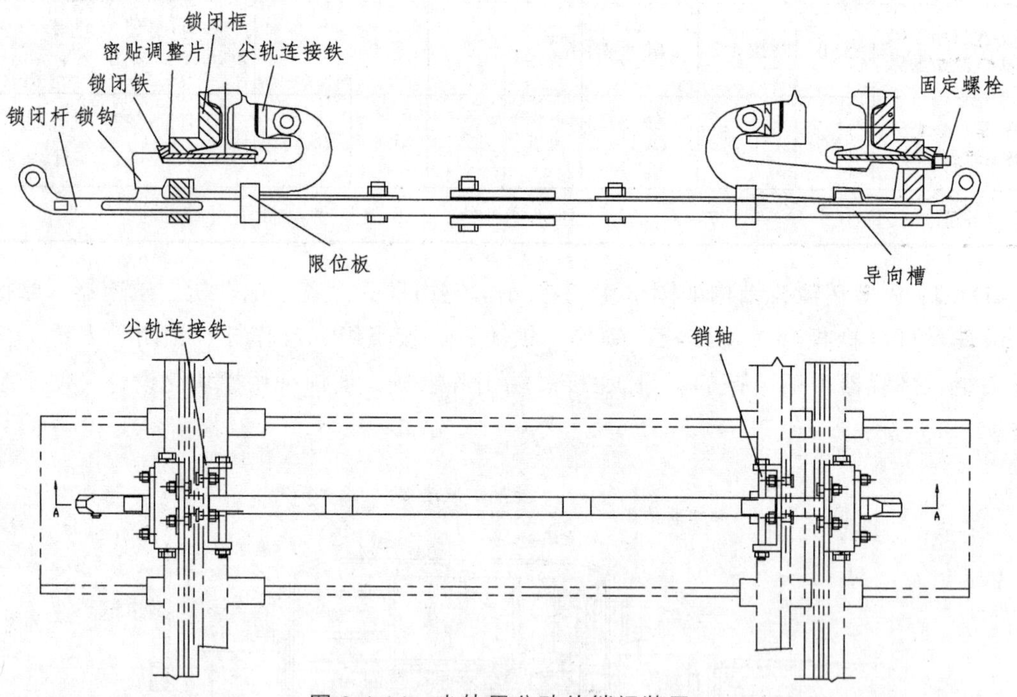

图 3-4-14　尖轨用分动外锁闭装置

锁闭铁固定在基本轨的外侧，锁闭框固定在锁闭铁的下方。锁钩通过销轴及尖轨连接铁与道岔尖轨固定，锁钩与锁闭杆上下排列被限制在锁闭框内，锁闭杆侧面带有导向槽，锁闭杆上对应每一尖轨的下面有一块向上凸起的锁闭块，两尖轨连接的锁钩各有一个与锁闭杆向上凸起的锁闭块对应的向上凹陷的缺口，锁钩的尾端还有一带斜面向上的凸起部分和向下带小斜面的凸起部分。

（二）分动尖轨钩式外锁闭装置的动作过程

当操纵道岔时，转辙机的动作杆动作，通过连接杆带动外锁闭装置的锁闭杆动作，实现道岔的解锁、转换和锁闭的过程，如图 3-4-15 所示。

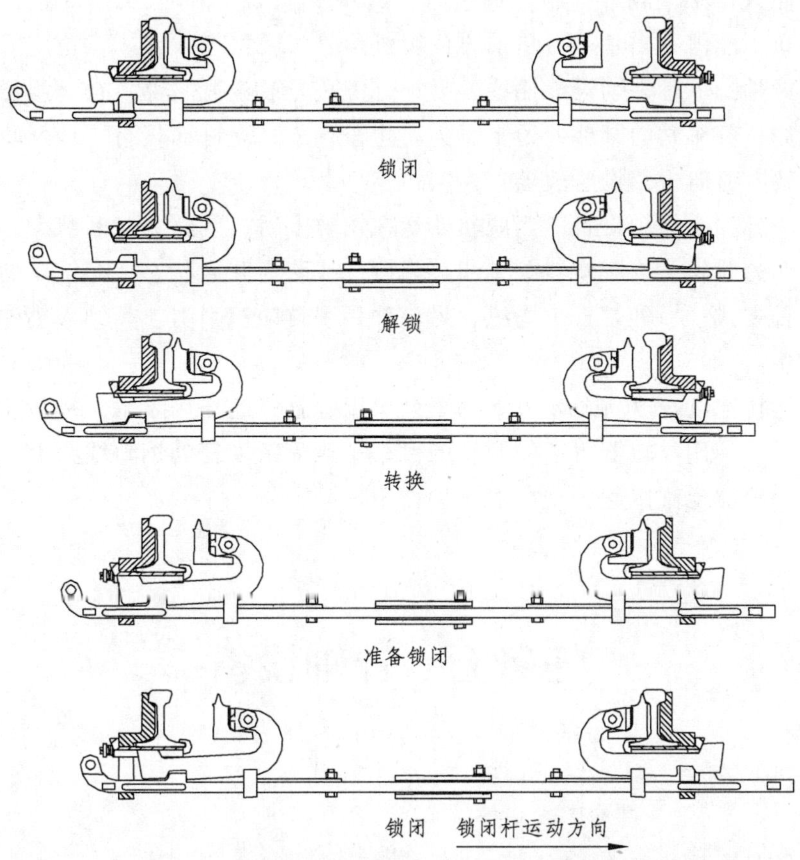

图 3-4-15　分动尖轨钩式外锁闭装置的动作过程

（1）锁闭：密贴侧的锁钩被锁闭杆凸起的锁闭块顶起，使锁钩尾端的斜面与锁闭铁的斜面贴紧，尖轨被牢牢地锁住。斥离侧，由于锁钩下落进入锁闭框内，使锁钩底侧的缺口与锁闭杆向上凸起的锁闭块交错重合，这样斥离侧的尖轨也不能移动，即锁闭了该尖轨。

（2）解锁：道岔转换时，电动转辙机转动，动作杆移动，使锁闭杆沿导槽移动，利用锁闭杆凸起的锁闭块推动斥离侧锁钩移动，使斥离侧的尖轨先开始动作。此时，密贴侧尖轨下面的锁闭杆先是空动，使锁闭杆上凸起的锁闭块向锁闭框内移动，而后锁钩尾端整体下落到钢轨下方，锁钩底侧的缺口与锁闭杆向上凸起的锁闭块交错重合，这时原来密贴的尖轨才真正解锁。

（3）转换：解锁后，锁闭杆的两个凸起的锁闭块都已落入对应的锁钩的凹槽当中，锁闭杆继续移动，带动两个锁钩同时移动，两个锁钩带动对应的尖轨同时转换。

（4）锁闭：原斥离的尖轨密贴以后，锁闭杆继续移动，其向上凸起的锁闭块推动锁钩的尾端上升，使锁钩尾端的斜面与锁闭铁的斜面贴紧，该尖轨锁闭。此时，原密贴尖轨继续移动，直至原斥离的尖轨锁闭后停止动作。

九、脱轨器简介

在铁路车站与厂矿企业的专用线接轨时，为防止专用线路的车列未经允许进入车站集中区，在专用线路入口采取隔开措施。进站信号机外方有大于 6‰长大下坡道，下坡方向接车时，为防止列车不能停在出站信号机前方而冒进信号，在接车线路末端也应采取隔开措施。隔开的方式有两种：一种是铺设专用线，另一种方式是装设脱轨器。在编组任务较大车站的到发场和有装卸任务车站的某些股道上，为防止车列未经允许而运行，危及轨道上的人员或重要的机车车辆，有时也装设脱轨器。

脱轨器是一种安全保护设备。当脱轨器伏在钢轨上时，线路为遮断状态，有机车或车辆经过时，将使车列脱轨；当脱轨器移到线路内侧，线路为开通状态，允许车列经过。对脱轨器的操纵有两种方式：一种是人工操纵，另一种是用转辙机牵引。凡纳入集中控制的脱轨器均由转辙机牵引。

脱轨器对运行速度在 30 km/h 以下的车列可以起到好的作用效果。一般脱轨器造成的脱轨后果都不严重，使用复轨器可以使脱轨的机车车辆重新恢复到钢轨线路上。如果车列的运行速度较快，脱轨器也难以起到很好的防护作用。

任务五　计轴设备

学习目标

（1）了解计轴系统的组成；
（2）了解计轴器的工作原理。

相关知识

铁路上的信号基础设备除了前面所述的信号机、继电器、轨道电路、转辙器之外，还包括计轴器等设备，它们的质量、安全性和可靠性直接影响信号系统效能的发挥，在铁路信号现代化的进程中，信号基础设备在不断更新和改造。

轨道电路设备虽具有检测列车是否进入轨道区段的功能，但其工作状态受道床状态影响，且日常养护工作量较大，而计轴器也可作为检测轨道区段占用的手段之一。该技术是以计算机为核心，利用计算车辆轴数来检测相应轨道区段占用或空闲状态。目前，计轴器的技术已经比较成熟，机械稳定性较高，维护保养工作量较小。目前应用较多的产品主要有阿尔卡特公司（现泰雷兹）的 AzLM 计轴系统、西门子公司的 AzSM 计轴系统，本任务介绍以 AzLM 计轴系统为例。

一、AzLM 计轴系统的主要特点

（1）主机采用 2 取 2 的冗余方式，硬件开发符合 TAS 平台标准。主机具有一个以太网接口和一个串行接口，用来进行 ACE 和所连接检测点的诊断。

（2）适应列车速度最高 440 km/h 的线路条件。可根据现场实际情况和需要灵活选择 3 种不同配置的设备，以降低造价。

（3）符合最新的欧洲安全标准和电磁兼容标准，达到 SIL4 级。

（4）简单的电缆连接（WAGO 端子）。

（5）主机与各接口板之间采用工业标准的 CAN 总线。室内主机与检测点设备之间采用容错的 ISDN 通信方式。

（6）使该系统既可以用于站内，也可用于站间。

（7）系统容量有了很大扩展（每台主机最多可以检测 32 个计轴点、监控 32 个区段）。

二、结构组成

AzLM 系统由室内信号处理及计数处理（ACE）主机和室外轨旁计轴点设备组成。室内部分如图 3-5-1 所示。轨旁计轴点设备包括 SK30H 轨道磁头传感器和 ZP30H 电子盒，如图 3-5-2 所示。

图 3-5-1　AzLM 系统室内设备

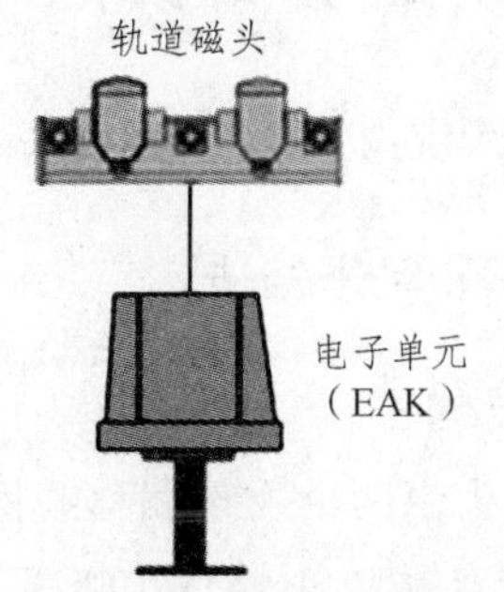

图 3-5-2　轨旁计轴点设备

室内主机与室外计轴点之间采用 ISDN 数据线进行通信，且电源与通信可以共线传输。每台主机最多可以检测 32 个计轴点、监控 32 个区段，适用于一般区段和复杂站场。AzLM 系统结构如图 3-5-3 所示。

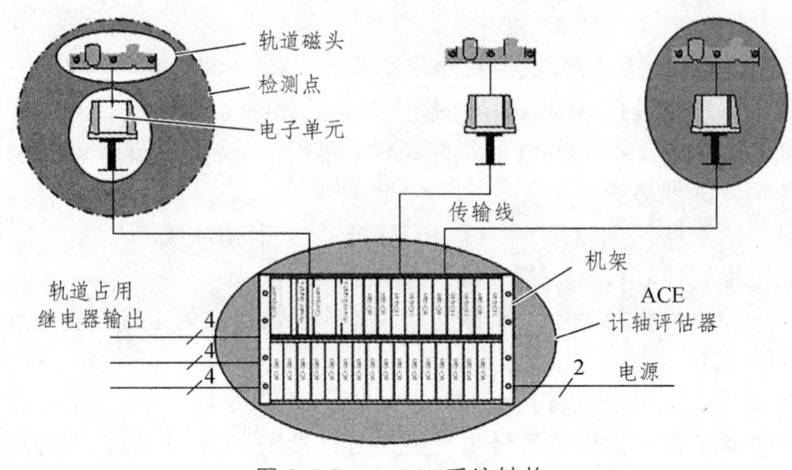

图 3-5-3　AzLM 系统结构

三、工作原理

计轴器是利用轨道传感器、计数器来记录和比较驶入和驶出轨道区段的车轴数，以此来判断轨道区段的状态情况。计轴器基本原理如下：

（1）当列车进入轨道区段时，轮对经过驶入端传感器磁头时，会产生计数脉冲，计数处理器先判定运行方向，之后对计数脉冲进行累加计数，并同时发出区段占用信息。

（2）当列车离开轨道区段，轮对经过驶出端传感器磁头时，其计数处理器进行减轴计算。最后对车轴数的计算结果比较判断，若进入轨道区段的车轴数等于离开的车轴数，就可以认为轨道区段空闲，发出空闲表示信息；否则，为轨道区段占用。

四、计轴设备认知

AzLM 系统由室外轨旁计轴点设备和室内主机组成。

（一）轨旁计轴点

1. 轨道磁头

轨道磁头由两个物理偏移线圈装置 SK1 和 SK2 组成，它们安装在同一根轨道上，如图 3-5-4 所示。轨道磁头安装在轨道上，轨道外侧圆柱形磁头能够发送电磁场，轨道内侧方形磁头负责接收该电磁场信号。当车轮经过磁头的时候，磁力线由于金属的介入而改变，接收端磁头接收到的磁场强度会发生变化。随着接收到的磁场强度变化，接收磁头发送回 EAK 箱的电压会跟着变化。每个计轴点有相邻的 2 对磁头，共 4 个。

图 3-5-4　轨道磁头

2. 车轮电子检测盒

箱内有接地板，接地板上有车轮电子检测盒，电子单元里有底板、模拟板以及评估板各一块。电子单元为磁头供电，检测并计算轮轴脉冲，监控磁头，进行自检并向 ACE 发送包含计数和监控信息的报文。计数、监控和报文生成功能由两个受计轴主机安全模块监控的独立微控制器执行。一般计轴点的车轮电子检测箱下共有 6 条电缆，其中 4 条电缆连接计轴磁头，1 条电缆连接室内 CTF 分线盘，还有一条地线电缆。车轮电子检测盒内部如图 3-5-5 所示，外观如图 3-5-6 所示。

图 3-5-5　车轮电子检测盒

图 3-5-6　车轮电子检测盒外观

整个车轮电子检测盒内部设备可以从中间分为基本对称的两半，每一半对应一对计轴磁头。两半的工作原理相同。

1）底　板

电子单元的底板类似于计算机的主板，整个电子单元的供电由此接入，评估板（核算器）和模拟板插在底板的插槽中。底板边缘还有一个测试插座，可以连接测试工具，用来查看电路板的工作电压以及磁头发送回来的电信号等，如图 3-5-7 所示。

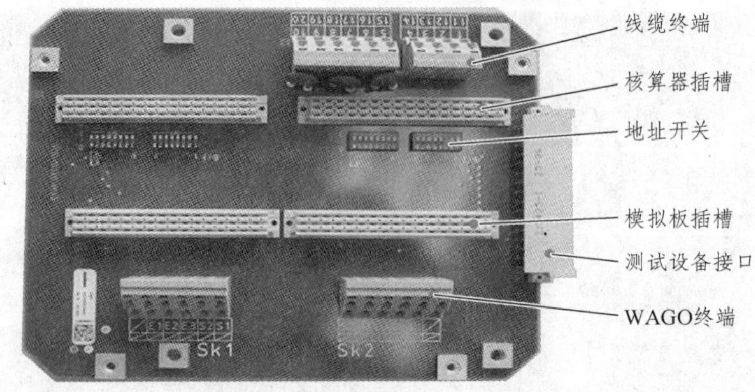

图 3-5-7　电子单元的底板

底板的线缆终端上连接的是沟通室内外的电缆，电缆另一头通过室内分线盘连接机架内对应的 PDCU，整个电子单元的 120 V 供电就是由 PDCU 提供的。计轴磁头所需要的 5 V 电源和板卡的 24 V 工作电源都由底板供电。

2）模拟板

在车轮靠近和远离的过程中，计轴磁头的磁场变化是一个渐进的过程，所导致的接收端电压变化自然也是渐变的。模拟板的功能就是把这种渐变的信号转变成评估板能读懂的电脉冲信号。

模拟板卡灯位和电位器功能如图 3-5-8 所示。

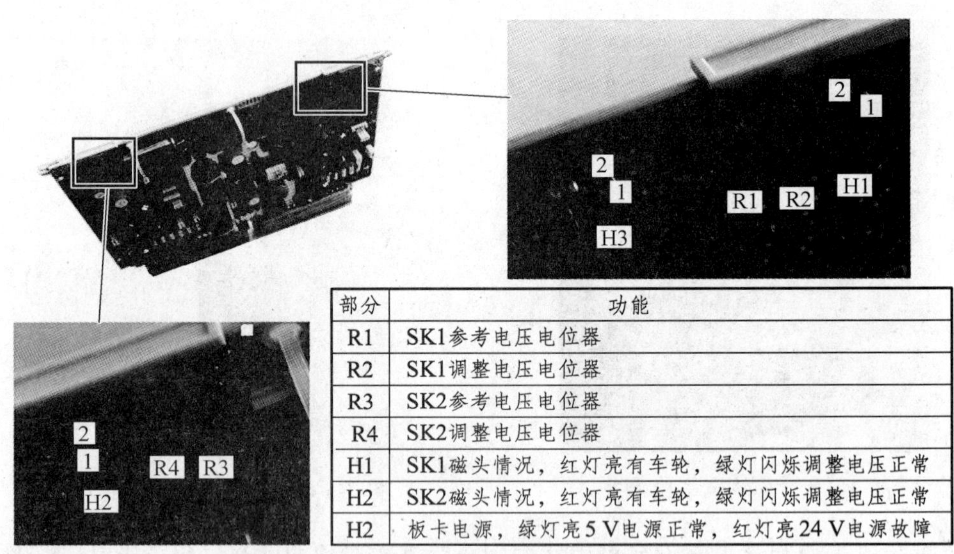

部分	功能
R1	SK1参考电压电位器
R2	SK1调整电压电位器
R3	SK2参考电压电位器
R4	SK2调整电压电位器
H1	SK1磁头情况，红灯亮有车轮，绿灯闪烁调整电压正常
H2	SK2磁头情况，红灯亮有车轮，绿灯闪烁调整电压正常
H2	板卡电源，绿灯亮5 V电源正常，红灯亮24 V电源故障

图 3-5-8　电子单元的模拟板

参考电压和调整电压是模拟板工作的两个重要数据，将测试工具箱连接到底板的测试工具插头上，通过相应的挡位就可以读出 SK1 和 SK2 的这两个数值。

调整电压（MESSAB）就是磁头发送回 EAK 的电压。当车轮靠近磁头上方，该电压会急剧变小，当车轮在磁头正上方时，电压值最小。

参考电压（PEGUE）是一个定值，其作用就是作为一个参考值。参考电压的调整一般在完成调整电压后。改变测试工具挡位测量参考电压，旋转电位器 R1/R3，使参考电压值等于没有车轮时的调整电压值。

3）评估板

评估板的功能就是计数和向室内发送数据。核算器板有自检功能，一旦发现本身 CPU 有故障，就会停止向室内发送错误数据。评估板如图 3-5-9 所示。

图 3-5-9　电子单元的评估板

（二）ACE 主机

ACE 主机是室内计轴设备的核心，一个 ACE 子架分为三层，每层有 16 个板卡位。第一层两块电源板和两块 CPU 板占据 6 个板卡位，其余板卡位则是并行和串行 I/O 板，没有板卡的位置用盖板盖住，如图 3-5-10 所示。

图 3-5-10　ACE 主机

ACE 子架的串行 I/O 接收到来自 PDCU 的计轴点数据输入，将数据送到 CPU 板，CPU 通过各个计轴点之间的逻辑关系，将来自计轴点的数据经过运算转化为各区段的状态信息后送到并口板，并口板将区段状态数据输出给联锁系统作为联锁条件。

计轴区段有 3 种状态：空闲、占用和受扰。空闲区段即区段内轮对数为零的区段。当该区段两头任何一个计轴磁头上有车轮滑向区段内，区段内轮对数变成正数就会成为占用状态。当该区段两头任何一个计轴磁头上有车轮滑出区段，区段内轮对数变成负数就成为受扰状态。

图 3-5-11　电源板

1. 电源板

电源板从电源屏获得 60 V 交流电输入，然后分配给串行和并行 I/O 板使用，如图 3-5-11 所示。

2. 串口板和并口板

一块串口板负责 2 个计轴点的输入，如图 3-5-12 所示。一块并口板负责 1 个区段状态的输出，如图 3-5-13 所示。并口板有许多 LED 灯位，可以通过这些 LED 看出计轴区段的一些简单情况。

3. CPU 板

CPU 板是整个计轴系统的神经中枢，它的程序里烧录着计轴点和计轴区段之间的关系，控制着系统并行 I/O 的输出，与联锁系统的安全密切相关，如图 3-5-14 所示。

4. PDCU 电源/数据调谐单元

PDCU 是电源/数据调谐单元的简称，安装在室内 ACE 机架背面，一头通过 CTF 分线盘连接轨旁设备，另一头连接着机架内的串口板。正如设备名所述，PDCU 就是起到一个将电源和数据的通道进行合理分配的作用，对室外的 120 V 供电和 EAK 发回的数据用的是同一对线。

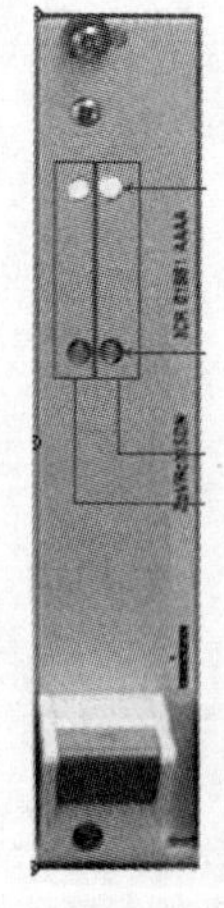

图 3-5-12　串口板

图 3-5-13　并口板

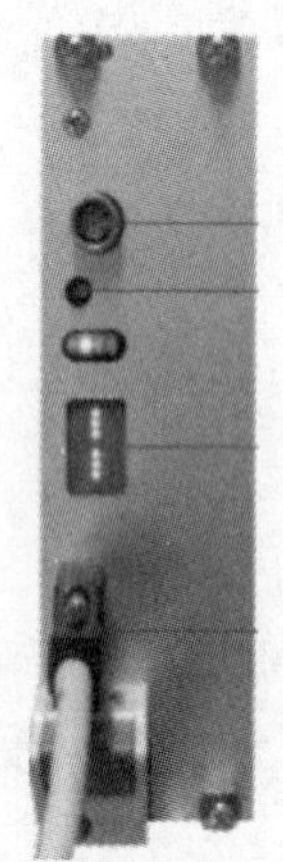

图 3-5-14　CPU 板

思考题

1. 我国铁路视觉信号的基本颜色是什么？每种颜色代表的含义是什么？
2. 简述透镜式色灯信号机的结构和各部分的作用。
3. 简述进站信号机的作用及设置方法。
4. 简述各种信号机的显示距离。
5. 举例说明通过信号机的命名方式。
6. 简述继电器的基本原理。何谓继电特性？继电器在城轨信号中有哪些作用？
7. 简述无极继电器的结构和工作原理。无极继电器由哪些主要部件组成？各起什么作用？
8. 整流式继电器结构上有哪些特点？其与无极继电器有何异同点？
9. 有极继电器的磁路结构有何特点？简述其工作原理。
10. 识读各种继电器的名称和图形符号。
11. 简述轨道电路的基本原理。它有哪两个作用？
12. 轨道电路如何分类？各种轨道电路在城轨信号中有哪些应用？
13. 何谓轨道电路的三种基本工作状态？各种最不利工作状态是什么？
14. 什么是轨道电路的极性交叉？有何作用？
15. 简述轨道绝缘的分类。说明何为超限绝缘？
16. 道岔是一种什么设备？其组成包括哪三大部分？
17. 对转辙机有何基本要求？其作用是什么？
18. ZD6 型电动转辙机的传动原理是什么？
19. S700K 型电动转辙机由哪些部件组成？其各部件的作用是什么？
20. 钩式外锁闭装置由哪些部件组成？
21. 简述 AzLM 计轴设备的组成。
22. 叙述计轴系统进行列车检测的原理。
23. 说明 ACE 各面板指示灯的含义。
24. 为什么一个计轴点要设置两套轨道磁头？
25. 试比较计轴设备与轨道电路的优缺点。

项目四　联锁设备与闭塞设备

项目导引

为了保证机车车辆和列车在进路上的安全，有效利用线路条件、高效率地指挥行车和调车、改善行车人员的劳动条件，利用电气自动控制和远程控制、计算机等技术和设备，使车站范围内的信号机、进路和道岔具有相互制约关系，这种关系称为联锁。为完成联锁关系而安装的技术设备称为联锁设备。

闭塞就是用信号或凭证，保证列车按照空间间隔制运行的技术方法。空间间隔制就是前行列车和追踪列车之间必须保持一定距离的行车方法。

任务一　联锁设备

学习目标

（1）理解联锁的概念；
（2）掌握联锁的基本内容及技术条件；
（3）掌握计算机联锁系统的主要功能。

相关知识

联锁设备是轨道交通的重要设备，主要应用于铁路车站、地铁的车辆段及正线车站。在车站和车辆段实现联锁关系，建立进路，控制道岔的转换和信号机的开放，以及进路解锁，可以保证行车安全，提高作业效率。联锁设备，早期采用继电集中联锁，现在多采用计算机联锁。

一、联锁概述

车站联锁设备保证站内运输作业安全、提高作业效率，它的控制对象是道岔、进路和信号机。将道岔、进路和信号机用继电电路的方式集中控制与监督，并实现之间联锁关系的技术方法和设备称为继电式电气集中联锁；用计算机技术、通信技术、可靠性与容错技术以及“故障-安全”技术实现联锁关系的技术方法和设备称为计算机联锁。

联锁是保证行车安全的重要技术措施，指的是信号设备与相关因素的制约关系。广义的联锁泛指各种信号设备所存在的互相制约关系。狭义的联锁，即一般所说的联锁，专指车站信号设备之间的制约关系。为保证行车安全，联锁关系必须十分严密。

（一）联锁的基本概念

联锁的基本概念

1. 道　岔

1）道岔位置

道岔是两条线路汇合处的转辙装置。道岔的位置是指道岔的尖轨和基本轨密贴后道岔所开通的状态。当道岔密贴后，岔前基本轨与直股线路开通，称道岔开通直向位置；当道岔密贴后，岔前基本轨与弯股线路开通，称道岔开通侧向位置。

为了便于完成与道岔有关的设计和检查，规定了道岔的定位和反位。道岔定位是指根据车站线路的布置和作业安全的要求对道岔规定的参考位置。道岔反位是指与定位位置相反的另一密贴位置。如果道岔以直向开通为定位，则侧向开通即为反位。信号平面布置图中所表示的道岔位置均是定位位置，因此有时也称道岔的定位是道岔经常所处的位置；道岔反位是建立进路时临时改变的位置。这是因为在非集中联锁的车站，道岔由扳道员手工扳动，经过道岔反位的作业完成后，扳道员必须将道岔恢复定位。采用集中控制后，由转辙机带动道岔转换，经过道岔反位建立进路后，即使道岔解锁，也无须将道岔恢复定位。因此集中联锁的车站，道岔平时可能在定位，也可能在反位。无论道岔在定位还是在反位，尖轨和基本轨之间都必须满足道岔的密贴标准。如果道岔既未开通直向线路，也未开通侧向线路，也就是既不在定位也不在反位，或者不满足密贴标准，则称道岔为四开状态。因此道岔不仅有定位和反位两个位置，还可能有一个非正常的、无表示的位置——“四开”。道岔定位可能开通直向位置，也可能开通侧向位置。

为了管理和使用的方便，规定在平面图中所画的道岔状态为定位状态，为了取得认识上的一致，必须按统一原则确定定位状态，这个原则就是安全与效率原则。

根据安全原则，凡是连接安全线和避难线的道岔，以开通安全线和避难线为定位。根据安全原则规定其定位的道岔，在没有经由这类道岔的反位排列进路期间，这类道岔就应处于定位。若不在定位，值班人员须及时将它操纵到定位。这样一来，当机车车辆因失控而停不住时，闯入安全线、避难线或进入异线的可能性较大，提高了车站的安全性。

根据效率原则，道岔开向线路使用率高的一侧为定位。例如正线上的道岔均以通正线的位置为定位，这样可以减少道岔操纵次数。

2）对向道岔与顺向道岔

道岔的尖轨尖端叫作岔尖。列车迎着岔尖运行时，这组道岔叫作对向道岔。对向道岔决定列车的去向，如果位置不对，将使列车进入异线，可能造成列车冲突，产生严重后果。列车顺着岔尖运行时，这组道岔叫作顺向道岔。顺向道岔虽然不决定列车的去向，但如果位置不对，也将造成道岔挤岔，甚至有列车颠覆的危险。

3）单动道岔与双动道岔

在实际的站场中，有些道岔的动作和位置与其他道岔不发生关联，即根据作业的需要可以单独开通定位或反位，这种道岔被称为单动道岔。有许多道岔的动作和位置与其他道岔发生关联，两组道岔中经过其中一组道岔反位走车时，必然也经过另一组道岔的反位；经过其中一组道岔定位走车时，虽然不经过另一道岔的定位，但也无法经过另一组道岔反位走车，而另一组道岔如果在定位则可进行平行作业。所以，对两道岔的位置要求一致，称这种两组道岔为双动道岔。

对双动道岔实行联动控制，既能简化操作、节省设备，也有利于保证站内作业安全。一般通过一组双动道岔能够将上下两条线路连接起来，道岔开通侧向时，车列可以从一条线路运行到另一条线路，因此双动道岔也称渡线道岔。一组渡线道岔称为单渡线，两组渡线道岔称为双渡线，而两组渡线道岔交叉铺设则称为交叉渡线。附图 1 所示的举例站场中，9/11 和 13/15、6/8 和 10/12 都是交叉渡线，交叉渡线可以减少车站咽喉区的占地面积。

4）防护道岔和带动道岔

防护道岔：为了防止侧面冲突，有时需要将不在所排进路上的道岔处于防护位置并予以锁闭。

如图 4-1-1 所示，排列 D_4 至 D_8 的进路，虽然 2 号道岔不在该进路上，仍要求 2 号道岔锁闭在反位。为的是防止 2 号道岔在定位时，一旦上行列车在长大下坡道运行失控冒进下行进站信号机，在 6 号道岔处造成侧面冲突。将 2 号道岔锁在反位，失控列车进入 2 号道岔侧向，不会造成侧面冲突。

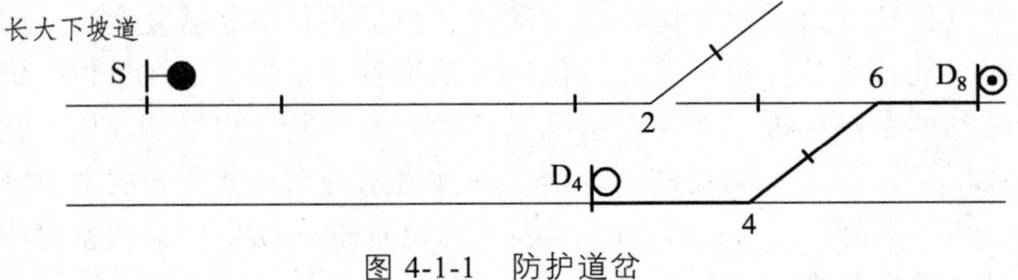

图 4-1-1　防护道岔

带动道岔：为了提高作业效率，排列进路时把某些不在进路上的道岔带动至规定位置，并对其锁闭。

如图 4-1-2 所示，排列 X 行至ⅡG 的接车进路，如果把 5/7 号道岔处于定位，X_D 至 3G 可以平行作业。所以，为了提高行车效率，排列经 1/3 号道岔反位进路时，要求 5/7 号道岔被带动到定位；如果 5/7 号道岔不能被带动到定位，即 5/7 号道岔反位锁闭，也不影响 X 行至ⅡG 的接车进路。

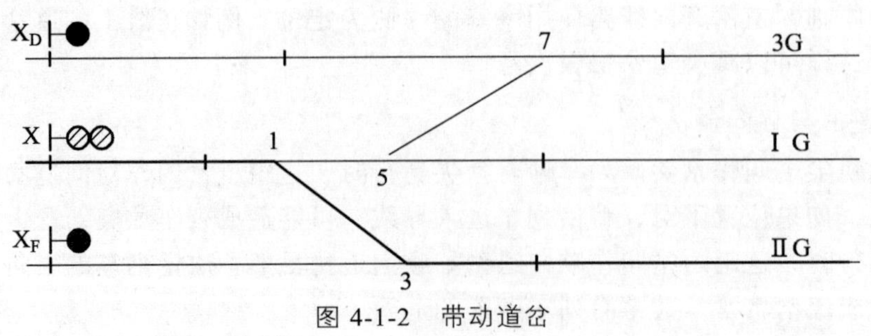

图 4-1-2　带动道岔

防护道岔和带动道岔两者的共同点：① 两种道岔都不在所选的进路上；② 选路时两种道岔都是被带动到规定的位置。两者的区别：防护道岔必须进行联锁条件的检查，如果不在防护位置，进路不能建立。带动道岔则无须进行联锁条件检查，能带动到规定位置就带动，带动不到也不影响进路的建立，不涉及行车安全，只是影响行车效率。

2. 进　路

进路：车站内列车或调车车列由一点运行至另一点的全部径路。其中列车用的称为列车进路，调车用的称为调车进路。

1）列车进路和调车进路

列车进路分为接车进路、发车进路和通过进路。

接车进路：列车进入车站所经过的进路，始于进站信号机，终于另一端咽喉的出站信号机。如附图 1 所示的举例站场的下行 I 道接车进路，由下行进站信号机 X 至下行 I 道出站信号机 X_I。

发车进路：列车由车站驶出所经过的径路，起于出站信号机，止于发车口。如附图 1 所示的举例站场的下行 I 道发车进路，由下行 I 道出站信号机 X_I 至下行发车口处。

通过进路：列车经正线不停车通过车站的进路。如下行通过进路，由下行进站信号机 X 至下行发车口，包括下行 I 道接车进路和下行 I 道发车进路。

调车进路包括短调车进路和长调车进路。

短调车进路：从起始调车信号机开始，到次架阻挡信号机为止的一个调车进路，进路中只有一架调车信号机开放信号。如附图 1 所示的举例站场中的 D_3 至 D_9。

长调车进路：由两个或两个以上的短调车进路组成的进路，进路中有两架或以上的调车信号机开放信号。如 D_3 至 IG 的调车进路，是由 D_{13} 至 IG、D_9 至 D_{13}、D_3 至 D_9 三个短调车进路构成的长调车进路。

2）基本进路和变通进路

基本进路：站内由一点向另一点运行有几条径路时，规定常用的一条径路。基本进路一般是两点间最近的、对其他进路作业影响最小的进路。

变通进路：又称迂回进路，基本进路以外的其余进路。例如附图 1 所示的举例站场下行Ⅲ道接车进路有三条。把 23/25 号道岔在反位，其他各道岔定位的进路定为基本进路，则其余两条进路（即 5/7 号道岔反位，其他定位；9/11 号道岔反位，其他定位）就是变通进路。

设计变通进路的目的是有效地利用车站线路，提高作业效率，增加列车或调车车列运行的灵活性。当正常行车线路上的道岔发生故障、轨道电路被占用或故障等原因不能开通基本进路时，可以开通变通进路，使列车或调车车列迂回前进而不致受阻。

3）敌对进路

敌对进路：同时行车会危及行车安全的任意两条进路。下列进路规定为敌对进路：

（1）同一到发线上对向的列车进路与列车进路。如附图 1 所示的举例站场下行 I 道接车进路和上行 I 道接车进路。

（2）同一到发线上对向的列车进路与调车进路。如上行Ⅱ道接车进路和 D_{15} 至ⅡG 的调车进路。

（3）同一咽喉区内对向重叠或顺向重叠的列车进路与调车进路。重叠进路指两条有部分或全部重合的进路。如下行Ⅰ道接车进路和 S_I 至 D_7 调车进路。

同一到发线上对向的调车进路允许同时建立，如附图1所示的举例站场 D_{13} 至 IG 调车进路与 D_{12} 至 IG 调车进路。这样对调车作业较多的车站可提高作业效率。但对于调车作业较少的中间站，当同一到发线上对向的调车进路无必要同时开通时，也可作为敌对进路。股道、无岔区段有车占用时允许向其排列调车进路，便于取车。但不允许两端同时向无岔区段办理调车进路。

敌对进路必须互相照查，不得同时建立。

（二）联锁的基本内容

防止建立会导致机车车辆相冲突的进路；必须使列车或调车车列经过的所有道岔均锁闭在与进路开通方向相符合的位置；必须使信号机的显示与所建立的进路相符。

1. 联锁的技术条件

（1）进路上各区段空闲时才能开放信号。如果进路上有车占用，却能开放信号，则会引起列车、调车车列与原停留车冲突。

（2）进路上有关道岔在规定位置且被锁闭才能开放信号。如果进路上有关道岔开通位置不对却能开放信号，则会引起列车、调车车列进入异线或挤坏道岔。信号开放后，其防护的进路上的有关道岔必须被锁闭在规定位置，而不能转换。

（3）敌对进路已建立时，防护该进路的信号机不能开放。否则列车或调车车列可能造成正面冲突。信号开放后，敌对进路必须被锁闭，防护敌对进路的信号不能开放。

2. 联锁关系的实现

进路的控制过程是确立信号机、道岔和进路三者之间联锁关系的基本方法。无论是列车进路还是调车进路，它们的控制过程基本相同，进路的控制过程可分成进路的建立和进路解除两个阶段。进路的建立阶段是指从运营操作人员开始办理进路，到该进路建立，防护该进路的信号机开放；进路解除阶段是指从列车或车列驶入进路，到出清进路中全部区段，为了提高车站作业效率，通常逐段解锁进路中的轨道区段。

1）建立进路阶段

建立进路阶段又可分解为若干小的阶段，这些进程不是唯一的，但它们的执行顺序是符合进路控制过程要求的。这里把进路的建立分解为进路选择、道岔控制、进路锁闭和信号控制四个进程。

（1）进路选择

进路选择的基本任务如下：

① 检查操作人员的操作手续是否符合操作规范。如果符合操作规范，联锁机构自动从进路表中选取一条符合操作意图的进路。

② 检查所选进路是否处于空闲状态，其敌对进路是否已事先建立。若进路空闲且敌对进路没有建立，则进路选出。

③ 对于选出的进路中涉及的信号、道岔和轨道电路等监控对象分别设置征用标志，以防其他进路使用（初步实现了进路联锁）。

④ 将选出进路中涉及的监控对象以及对监控对象的状态要求等记录下来，供以后联锁使用。

（2）道岔控制

检查进路中各个道岔的实际位置与进路所需的位置是否相符，如果不相符，而且道岔未处于锁闭状态，则生成道岔控制命令，使道岔转换到所需位置。

（3）进路锁闭

当与进路有关的道岔位置符合进路需求、进路在空闲状态（即与进路有关的轨道电路在空闲状态）以及没有建立敌对进路等条件满足时，实现进路锁闭，在这种情况下，进路中各个轨道电路区段就处于进路锁闭状态。同时对轨道区段内的道岔实行了锁闭，使其不能再被操纵：凡经由处于进路锁闭状态的区段的其他进路也不能建立，即实现了敌对进路的锁闭。

应当指出，设置进路锁闭这一进程的目的一方面是为下一步开放信号创造条件；另一方面是万一信号因某种原因而不能开放时，则可用其他方式指挥列车或车列沿进路运行，既保证了安全，又保证了运营效率。

（4）信号控制

在进路锁闭后可立即使防护进路的信号开放，以指示列车或车列驶入进路。但是考虑到在信号开放期间，可能有非法车辆撞入进路或因其他原因引起道岔位置变化，因此，在信号开放过程中，除了检查进路锁闭外，还需不间断地检查进路空闲和道岔位置正确，一旦发生异常现象，信号应立即关闭。当列车驶入进路后，一旦发生异常现象，信号应立即关闭；而对于调车信号机来说，考虑到调车机车推送车辆前进，所以规定车列整体进入信号机内方后，信号才应关闭。

2）解除进路阶段

进路解锁就是解除已建立的进路、道岔和敌对进路的进路锁闭。根据进路解锁的条件和时机的不同，有五种进路解锁方式，即取消进路、人工延时解锁、正常解锁、调车中途返回解锁以及故障解锁。

（1）取消进路

进路建立后，由于某种原因须解除时，进路处于预先锁闭状态（信号开放后，接近区段无车），并且进路空闲，则在操作人员的规范操作下可立即解锁。

（2）人工延时解锁

进路在接近锁闭的状态（信号开放后，接近区段有车），若由于某种原因而需要解锁时，在操作人员的人工解锁规范操作之后，首先使信号机关闭，在车列未冒进信号的情况下，列车进路延时 180 s 自动解锁，调车进路和侧线发车进路延时 30 s 后自动解锁。

（3）正常解锁

正常解锁是指信号开放后，随着车列驶入进路信号机自动关闭，在顺序占用和出清进路上的轨道电路区段后，各区段自动解锁。进路正常解锁分为一次解锁和分段解锁两种方式。一次解锁是指列车或车列越过了进路中的全部道岔区段后，各个区段同时一次解锁；分段解锁是按进路中的轨道电路区段逐段地解锁，即列车或车列每通过一段轨道电路区段，该区段就自动解锁。

（4）中途返回解锁

这是调车进路的一种解锁方式。在进行转线调车作业时，整个作业过程按运行方向可分为牵出和折返两个过程。为牵出作业而办理的进路称为牵出进路，为折返办理的进路称为折返进路。牵出进路可能是一条基本进路，也可能是一条复合进路。在转线作业过程中，车列总是在牵出的中途而折返的。因此，牵出进路中的一条或几条基本进路虽然被车辆占用过，但只要车列没有沿牵出方向通过该进路，那么就不能按正常解锁方式使牵出进路中所有区段解锁，而需要采取特殊的方式使牵出进路的各个未解锁的区段自动解锁。这种特殊的解锁方式称为调车中途返回解锁。中途返回解锁的关键在于提出充要条件以证明车列确实已经折返而离开了牵出进路中的待解锁区段。

（5）故障解锁

以上提出的4种进路解锁方式均需借助于轨道电路的预期有序的动作情况来判断列车或车列所处的位置，不致使区段错误解锁而危及行车安全。如果由于某种故障或其他原因而导致轨道电路出现了异常动作状态，那么就不能用上述解锁方式，在这种情况下，须采取特殊的故障解锁方式解锁。

（三）联锁表

联锁表的编制

联锁表是说明车站信号设备联锁关系的图表，表达整个车站内的进路、道岔、信号机之间的基本联锁内容，按规定的原则和格式编制。联锁表以进路为主体，逐条把排列进路需顺序按压的按钮、防护该进路的信号机名称和显示、进路要求检查并锁闭的道岔编号和位置、进路应检查的轨道电路区段名称，以及与所排进路敌对的信号填写清楚。联锁表是设计信号电路的依据，且在设备开通试验时，也应以联锁表作为检查车站联锁设备之间联锁关系的主要依据。

1. 联锁表的编制内容

联锁表有以下各栏：

（1）方向栏。填写进路性质（通过、接车、发车、转场、调车或延续进路）和运行方向。

（2）进路号码栏。按全站列车进路和调车进路顺序编号，也可按咽喉区、场分别编号。通过进路由正线接、发车进路组成，不另编号，仅按接发车进路号码以分数形式填写。例如，接车进路号码为2，发车进路号码为8，通过进路就写作“2/8”。

（3）进路栏。逐条列出列车及调车的基本进路。在较大车站，列车进路同时存在两种以上方式时，除列出基本进路外，还需推荐一条变通进路作为第二种进路方式。

列车进路：如将列车接至某股道时记作“至×股道”。列车由某股道发车时记作“由×股道”。由某信号机发车时记作“由×信号机”。通过进路应记作“经×股道向××方向通过。”

调车进路：如由$D_{××}$信号机调车时记作“由$D_{××}$”。调车至另一顺向调车信号机时记作“至$D_{××}$”。调车至股道记作“至×股道”。向尽头线、专用线、机务段、双线单方向运行区段出站口等处调车时，分别填记由各线向集中区调车的调车信号机名称，记作“向$D_{××}$”。当进站信号机内方仅能作调车终端时，应记作“至×进站信号机”。

延续进路：区间接近车站一端接车方向有超过6‰的下坡道而接车线末端又无隔开设备时，有下坡道的一端向某股道接车进路的延续进路应列出，并按接车进路方式检查延续进路上的全部道岔位置、轨道电路区段和敌对信号。

当向某股道接车进路末端有多条延续进路时，应列出其推荐的进路。

延续进路编号由接车进路号码和接车进路的第×条延续进路号码组成。

（4）排列进路按下按钮栏。填写排列该进路时需按下的按钮名称。

（5）确定运行方向道岔栏。当有两种以上方式运行时，为了区别开通的进路，填写关键对向道岔位置。

（6）信号机栏。填写排列该进路时开放的信号机名称及其显示。色灯信号机按显示颜色表示，进路表示器一般以左、中、右区分，如超过三个方向，以两组进路表示器组合后的灯位分别表示。

（7）道岔栏。顺序填写进路中所包括的全部道岔及防护、带动道岔的编号和位置。其填写方式如：1/3，表示将 1/3 号道岔锁在定位；（5/7），表示将 5/7 号道岔锁在反位；[9/11]，表示将 9/11 号道岔防护在定位；[（9/11）]，表示将 9/11 号道岔防护在反位；{23/25}，表示将 23/25 号道岔带动到定位；{（27）}，表示将 27 号道岔带动到反位。

（8）敌对信号栏。填写排列该进路的全部敌对信号。

其填写方式举例如下：

列车兼调车信号机的填写方式为：S_5，S_5 信号机的列车和调车信号均为所排进路的敌对信号；S_5L，S_5 信号机的列车信号为所排进路的敌对信号；S_5D，S_5 信号机的调车信号为所排进路的敌对信号。

调车信号机的填写方式为：D_1，D_1 信号机为所排进路的敌对信号。

有条件敌对时的填写方式为<1>D_1，经 1 号道岔定位的 D_1 信号机为所排进路的敌对信号；<（3）>S_5L，经 3 号道岔反位的 S_5 信号机的列车信号为所排进路的敌对信号。

（9）轨道电路区段栏。顺序填写排列进路时须检查空闲的轨道电路区段名称。

其填写方式举例如下：5DG，表示排列进路时须检查 5DG 区段的空闲，<21>21DG，表示当 21 号道岔在定位时排列进路须检查侵限绝缘区段 21DG 空闲；<（25）>25DG，表示当 25 号道岔在反位时排列进路须检查侵限绝缘区段 25DG 空闲。

（10）迎面进路栏。填写同一到发线（或场间联络线）上对向列车、调车进路的敌对关系，以线路区段名称表示。

（11）其他联锁栏。

非进路调车：F，表示所排进路与非进路调车为敌对。当有多处非进路调车时，以 F_1、F_2……表示。

得到同意：T，表示由本联锁区向其他区域排列进路需要取得对方同意。

延续进路：Y，表示所排接车进路延续至另一咽喉线路末端。

闭塞：BS，表示所排发车进路与邻站间的闭塞关系（含各种闭塞）。

（12）非进路联锁的联系关系应单独列表，包括非进路调车的线路、非进路调车按下的按钮、进路上应锁闭的道岔编号及位置、进路上应开放的信号机、检查侵限绝缘区段及照查关系（敌对信号）。

2. 车站联锁表

车站连锁表如表 4-1-1 所示。

表 4-1-1　车站联锁表

方向			进路	进路方式	排列进路按下按钮	确定运行为向道岔	信号机		表示器	道岔	敌对信号	轨道电路区段	迎面遗路		侵限检查及其他联锁	进路号码
							名称	显示					列车	调车		
列车进路	东郊方面	接车	至 5 股道		X_DLA、S_5LA		X_D	UU		5/7、9/11、13/15、(21)	D_{11}、S_5	7DG、11-13DG、21DG、〈23/25〉25DG、5G	5G	5G		1
			至Ⅲ股道	1	X_DLA、S_{III}LA	13	X_D	U		5/7、9/11、13/15、21、23/25	D_{11}、S_{III}	7DG、11-13DG、21DG、25DG、ⅢG	ⅢG	ⅢG		2
			至Ⅲ股道	2	X_DLA、D_{13}A、S_{III}LA	(13)	X_D	UU		5/7、(13/15)、[9/11]、17/19、(23/25)	D_{11}、D_{13}、S_{III}	7DG、11-13DG、9-15DG、17-23D、25D、〈21〉21DG、ⅢG	ⅢG	ⅢG		3
			至Ⅰ股道		X_DLA、S_{I}LA		X_D	UU		5/7、(13/15)、[9/11]、17/19、23/25	D_{11}、D_{13}、S_{I}	7DG、11-13DG、9-15DG、17-23DG、ⅠG	ⅠG	ⅠG		4
			至Ⅱ股道		X_DLA、S_{II}LA		X_D	UU		5/7、(13/15)、[9/11]、(17/19)、{23/25}、27	D_{11}、D_{13}、S_{II}	7DG、11-13DG、9-15DG、17-23DG、19-27DG、ⅡG	ⅡG	ⅡG		5
			至 4 股道		X_DLA、S_4LA		X_D	UU		5/7、(13/15)、[9/11]、(17/19)、{23/25}、(27)	D_{11}、D_{13}、S_4	7DG、11-13DG、9-15DG、17-23DG、19-27DG、4G	4G	4G		6
		发车	由 5 股道		S_5LA、X_DLA		S_5	L	B-C	(21)、13/15、9/11、5/7	D_{11}、X_D、S_4D	21DG、〈23/25〉25DG、11-13DG、7DG			BS	7
			由Ⅲ股道	1	S_{III}LA、X_DLA	25	S_{III}	L	B-C	23/25、21、13/15、9/11、5/7	D_{11}、X_D、S_{III}D	25DG、21DG、11-13DG、7DG			BS	8
			由Ⅲ股道	2	S_{III}LA、D_{13}A、X_DLA	(25)	S_{III}	L	B-C	(23/25)、17/19、(13/15)、[9/11]、5/7	D_{11}、D_{13}、X_D、S_{III}D	25DG、〈21〉21DG、17-23DG、9-15DC、11-13DG、7DG			BS	9
			由Ⅰ股道		S_{I}LA、X_DLA		S_{I}	L	B-C	23/25、17/19、(13/15)、[9/11]、5/7	D_{13}、D_{11}、X_D、S_{I}D	17-23DG、9-15DG、11-13DG、7DG			BS	10
			由Ⅱ股道		S_{II}LA、X_DLA		S_{II}	L	B-C	27、(17/19)、{23/25}、(13/15)、[9/11]、5/7	D_{13}、D_{11}、X_D、S_{II}D	19-27DG、17-23DG、9-15DG、11-13DG、7DG			BS	11
			由 4 股道		S_4LA、X_DLA		S_4	L	B-C	(27)、(17/19)、{23/25}、(13/15)、[9/11]、5/7	D_{13}、D_{11}、X_D、S_4D	19-27DG、17-23DG、9-15DC、11-13DG、7DG			BS	12
	北京方面	正方向发车	由 5 股道		S_5LA，X_FLA		S_5	L 或 LU 或 U	B-A	(21)、(9/11)、[13/15]、(1/3)	D_9、D_7、D_1、X_F、S_5D	21DG、(23/25) 25DG、11-13DG、9-15DG、3DG、〈5/7〉5DG、1DG、ⅡAG			BS	13
			由Ⅲ股道	1	S_{III}LA、X_FLA	(25)	S_{III}	L 或 LU 或 U	B-A	(23/25)、17/19、13/15、9/11、(1/3)	D_{13}、D_9、D_7、D_1、X_F、S_{III}D	25DG、〈21〉21DG、17-23DG、9-15DG、3DG、〈5/7〉5DG、1DG、ⅡAG			BS	14

二、联锁控制系统

要实现联锁关系的核对和检查，必须有一套安全可靠的自动控制系统，即车站联锁控制系统，也称车站联锁设备，简称联锁设备。联锁设备的任务就是安全可靠地控制车站联锁区域内的信号、道岔和进路，并实现它们之间的相互制约关系。

按照联锁控制的方式不同，联锁设备分为非集中联锁和集中联锁。所谓非集中联锁，就是在室内和室外对车站的信号机、道岔和进路进行分散控制。所谓集中联锁，就是对车站的信号机、道岔和进路（包括轨道电路）在室内进行集中控制和监督，而用电气方法实现集中控制和监督的设备则称为电气集中联锁设备。按照实现联锁控制的核心设备不同，联锁设备又分为机械联锁、电锁器联锁（臂板电锁器联锁和色灯电锁器联锁）、继电联锁和计算机联锁。机械联锁和电锁器联锁均属于非集中联锁设备。随着铁路信号技术设备的发展，非集中联锁设备已基本淘汰。集中联锁设备主要有两种：一是应用多年的以继电器为核心的继电集中联锁设备；二是以计算机为核心的计算机联锁设备。这两种设备实际上都属于电气集中联锁设备，但习惯上人们把继电集中联锁称为电气集中。我国铁路车站的继电集中联锁设备的电路型号大多为 6502，即 6502 电气集中联锁设备。6502 电气集中电路自从 1965 年完成定型设计以来，几经改进和完善，以操作简便、办理迅速、表示完善、控制可靠、性能安全等一系列优点得到广泛应用。在计算机联锁设备应用之前的几十年内，全国绝大多数车站都使用这种联锁设备。但继电集中联锁电路复杂、信息量少、智能化水平低，难以实现计算机网络控制，无法与列车运行控制、调度监督、调度集中等现代化的远程控制系统结合，已不适应高速铁路控制技术的要求。随着计算机联锁技术的发展，继电联锁设备将被计算机联锁设备逐步取代。

（一）联锁系统层次结构认知

1. 联锁系统功能

6502 电气集中联锁系统和计算机联锁系统根据车站行车安全的需要，在规定的联锁条件和规定的时序下对进路、信号和道岔实行控制，并显示现场信号设备状态。

1）联锁控制功能

6502 电气集中联锁采用继电电路实行联锁控制功能，而计算机联锁采用联锁软件实行联锁控制功能，具体包括：

（1）进路的控制，包括列车进路和调车进路的选排、锁闭和解锁；引导进路的控制等。进路的办理均采用按压双按钮才形成操作命令的规定，这样可避免因误动一个按钮而产生错误操作命令的可能。

（2）信号的正常开放、关闭、人工重复开放以及防止自动重复开放。

（3）道岔的单独操纵、锁闭和解锁。

2）显示功能

6502 电气集中联锁系统采用控制台，计算机联锁系统采用屏幕显示器向操作人员提供丰富、直观的显示信息。具体包括：

（1）站场基本图形显示。

（2）现场信号设备状态显示，主要有道岔的定、反位和四开状态，道岔单独锁闭和封闭状态；信号机开放和关闭状态，灯丝断丝；轨道区段的空闲、占用、锁闭状态，用不同颜色表示不同含义。

2. 联锁系统层次结构

6502 电气集中联锁系统和计算机联锁系统使用不同的技术方法实现联锁功能，硬件设备差异较大，但系统从操作到监控对象的进路控制大体上可分为人机对话层、联锁层、监控层，如图 4-1-3 所示。

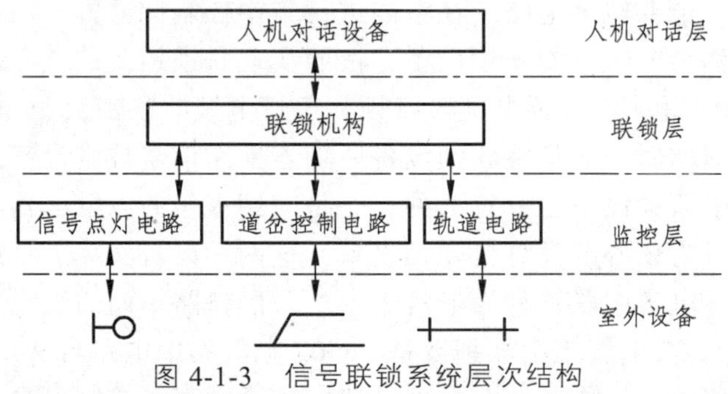

图 4-1-3 信号联锁系统层次结构

1）人机对话层

人机对话层的功能是操作人员通过操作向联锁机构输入操作信息和接收联锁机构输出的反映信号设备工作状态和行车作业情况的表示信息。人机对话层的设备设于车站值班室。

6502 电气集中联锁系统人机对话层设备主要是专用控制台，在控制台的盘面上标有站场布置图形。在图形的相应位置设有操作按钮和表示灯或光带，供车站值班人员操作和了解设备运用及现场行车情况，如图 4-1-4 所示。

计算机联锁系统的人机对话层设备采用通用的计算机人机接口设备，如鼠标、键盘和显示器等，而这类设备由于是通用产品，产量很大，价格便宜，便于与计算机结合，而且使用灵活，如图 4-1-5 所示。

图 4-1-4 6502 继电联锁控制台

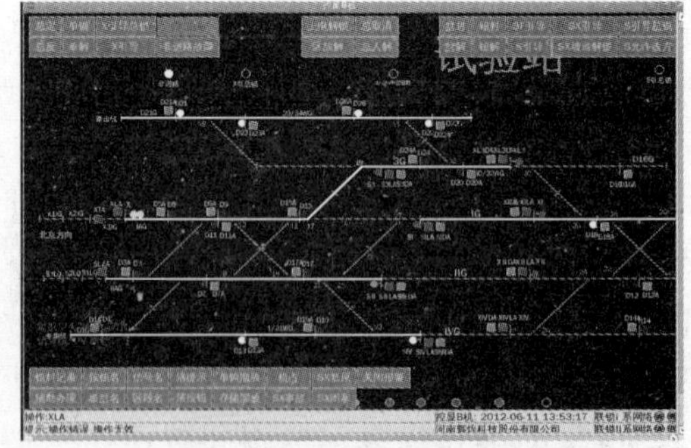

图 4-1-5 计算机联锁控显机界面

2）联锁层

联锁层是联锁系统的核心，联锁机构必须具有“故障-安全”性能。联锁机构除了接收人机对话层的操作信息外，还接收来自监控层的反映信号机、转辙机和轨道电路状态的信息。联锁机构的功能就是根据联锁条件，对输入的操作信息和状态信息，以及联锁机构当前内部信息进行处理，改变内部信息，产生相应的输出信息，即信号控制命令和道岔控制命令，并交付监控层的控制电路执行。联锁层设备一般设在车站信号楼机械室内。

6502 电气集中联锁系统的联锁机构由继电电路构成（见图 4-1-6）。继电电路能够很好地实现联锁逻辑运算，但联锁机构必须具有“故障-安全”性能，为此，应由具有故障不对称性的安全性继电器和其电路构成。由于混线故障情况非常复杂，利用继电电路进行防护也极其复杂，而且难以做到完善的防护，所以在采取一些非常必要的防护措施外，再采用工艺措施保证继电电路尽可能少发生混线故障的情况下，继电电路所考虑的主要故障是断线，这种故障导致继电器失磁，从而使继电器前接点断开和后接点闭合的概率极大。于是以继电器失磁或后接点闭合来表达安全侧信息，就容易使联锁机构，即联锁电路，具有“故障-安全”性能。

计算机联锁系统采用的工业控制计算机，如图 4-1-7 所示。其质量水平尚不能满足联锁系统的高可靠性要求，更不具备“故障-安全”性能。这需要从软、硬件两方面对联锁系统各层组成模块采取冗余技术，构成多重化的冗余结构来确保整个系统的高可靠性和高安全性。

图 4-1-6　继电器组合和组合架

图 4-1-7　计算机联锁机柜

3）监控层

监控层的主要功能是接收来自联锁层的控制命令，经过信号机控制电路，改变信号显示；接收来自联锁层的道岔控制命令，经过道岔控制电路，驱动道岔转换；向联锁机构传输信号状态信息、道岔状态信息和轨道电路状态信息。联锁层的信号控制电路和道岔控制电路必须是“故障-安全”的。

目前，就现场应用来看，6502 电气集中联锁系统和计算机联锁系统完成信号设备控制、采集信号设备状态信息，均采用继电电路的方式。

（二）继电集中联锁

联锁系统早期使用的是继电集中联锁，我国的 6502 电气集中就是其中性能优良的一种联锁系统，在计算机联锁设备应用之前的几十年内，它在我国铁路系统中得到广泛的应用。6502 电气集中联锁设备分为室内和室外两大部分，如图 4-1-8 所示。

室内有控制台、区段人工解锁按钮盘、继电器组合及组合架、电源屏、分线盘等设备。室外有色灯信号机、转辙机、轨道电路、电缆线路及电缆连接箱盒等设备。

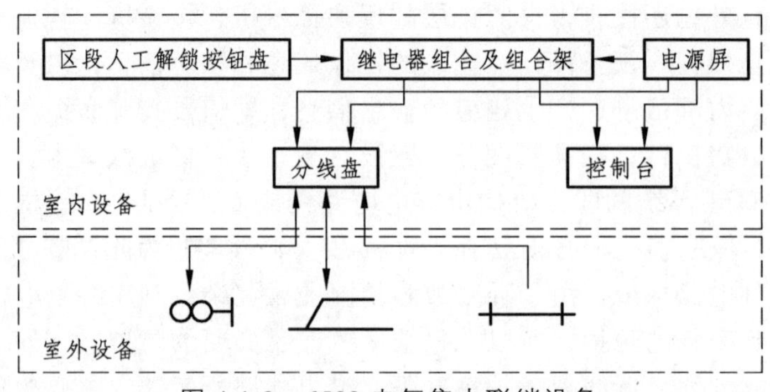

图 4-1-8　6502 电气集中联锁设备

（三）计算机联锁

1. 计算机联锁系统的发展

随着计算机技术的发展，计算机联锁正在凭借其更高速、更可靠的特点逐步取代继电联锁，世界公认的第一套计算机联锁系统是由瑞典 ABB 公司于 1978 年研制的，并在哥德堡站开通使用。

计算机联锁系统基于 6502 联锁逻辑，以计算机技术为核心，采用通信技术、可靠性与容错技术和“故障-安全”技术实现车站联锁要求的实时控制系统，目前主要应用于铁路干线、地铁车辆段及正线。

20 世纪 80 年代初，我国开展计算机联锁系统的研究，1984 年在南京梅山铁矿投入使用。

1989 年，驼峰编组场尾部计算机联锁通过鉴定并在郑州北编组站使用，首先应用于国家铁路。

1991 年，由上海卡斯柯从美国通用铁路信号公司引进并结合我国实际开发出了 VPI 安全型计算机联锁，第一套系统安装在广深线的红海站，开创了计算机联锁在干线上使用的先例。

国内的第一套联锁系统由铁科院研制，1993 年安装在哈尔滨的平房站。

但 1997 年以后，许多单位纷纷开发计算机联锁，在未进行任何技术审查和许可的情况下盲目上道，一度形成无序发展的局面。1998 年铁道部决定整顿，加强计算机联锁的上道管理，实现“三证”制（即制造特许证、制式检测合格证、产品合格证），确保计算机联锁积极、稳妥、健康地发展。

随着高速铁路、客运专线、大型客运站、重点车站、重载线的建设和改造，对计算机联锁系统的可靠性、安全性提出了更高的要求。二乘二取二计算机联锁系统因其高可靠性、高安全性和高稳定性已经成为轨道交通领域的主流设备。

2. 计算机联锁系统功能认知

计算机联锁系统不仅具备继电联锁设备的联锁控制功能，而且利用计算机的快速信息处理能、存储能力和联网能力，可实现继电联锁设备难以实现的一些功能。

1）联锁控制功能

计算机联锁系统的联锁功能与继电式电气集中相同，能根据车站行车安全的需要，在规定的联锁条件和规定的时序下自动对进路、信号和道岔实行控制。具体包括：

（1）进路的控制，包括列车进路和调车进路的选排、锁闭和解锁；引导进路的控制等。

列车进路的办理方法和继电联锁设备办理方法基本相同，仍沿用按压双按钮才形成操作命令的规定，这样可避免因误动一个按钮而产生错误操作命令的可能。

（2）信号的正常开放、关闭、人工重复开放以及防止自动重复开放。

（3）道岔的单独操纵、锁闭和解锁。

此外，通过在联锁软件中增加相应的功能模块，再加上少量的硬件电路，系统可进一步实现一些特殊电路的联锁功能，如非进路调车控制、平面调车溜放控制、到发线出岔进路控制、延续进路控制以及场间联系等。

2）显示功能

计算机联锁系统采用大屏幕显示器取代表示盘，可以向操作人员提供更加丰富、直观的显示信息。具体包括：

（1）站场基本图形显示。

（2）现场信号设备状态显示。主要有道岔的定、反位和四开状态，道岔单独锁闭和封闭状态；信号机开放和关闭状态，灯丝断丝；轨道区段的空闲、占用、锁闭状态。用不同颜色表示不同含义。

（3）车站值班员按压按钮动作的确认显示。

（4）联锁系统的工作状态、故障报警显示。

（5）时钟显示，必要的汉字提示，如操作错误提示、联锁状况提示等。

3）记录存储和故障检测、诊断功能

利用计算机的信息处理能力和存储容量大的优点，计算机联锁系统为实现系统维护、行车管理自动化奠定了基础，主要体现在：

（1）系统可按时间顺序自动记录和存储车站值班员按钮操作情况、现场设备动作情况和行车作业情况。电务维修人员可根据功能菜单提示，按压相应按钮，将前一段时间内的列车运行情况或作业情况按规定格式显示出来，作为查找故障、分析故障的参考。

（2）提供图像再现功能，即系统可将前一阶段存储的数据以站场图形方式显示在屏幕上，按照实际操作和车列运行情况再现出来，以便更直观地查找故障原因。

（3）实现进路存储和自动办理，可进一步提高车站行车作业效率。

（4）具有集中监测和报警功能。体现在两方面：一是联锁系统的自检测功能，当系统自身出现故障时，维护人员可通过屏幕提示的错误判断、查找故障；二是对信号机、转辙机、轨道电路等现场设备的工作状态集中监测，一旦发现故障，及时记录并报警。监测和报警的具体内容，可根据维修需要，全天候或定时对主体信号设备的参数进行测试、分析、判断，超限时及时报警。

4）语音提示功能

系统具有通过语音或音响在控制台上播放提示信息的能力。当有多条信息需要同时播放时，这些信息轮流播放。

5）结合功能

计算机联锁系统利用标准化的通信接口板、网络接口板和通信规程，可直接与现代化信息处理系统（CTC、微机监测系统、TDCS、列车自动控制系统等）相连接进行数据交换。

3. 计算机联锁系统冗余结构

计算机联锁系统需采用多重化的冗余结构来保证整个系统的可靠性和安全性。冗余结构的实质在于增加相同性能的模块来换取系统的可靠性和安全性，增加的模块，从完成系统的功能角度是多余的，但从提高系统的可靠性和安全性角度来看，却是必要的。

1）系统的可靠性冗余结构

计算机联锁系统的可靠性定义为：该系统在规定的时间内、在规定的条件下完成规定功能的能力。度量可靠性的定量标准是可靠度，计算机联锁系统的可靠度往往用其自身的平均故障间隔时间（MTBF）来表征。对于一般的电子产品，其 OEM 板级产品的 MTBF 约为 10^5 h，而计算机联锁系统由若干块的 OME 板级产品组成，其 MTBF 约为 10^4 h。根据铁道技术标准，要求计算机联锁系统的 MTBF 达到 10^6 h，亦即要求至少在系统进行技术改造前（一般可以按 15 年计算）不出现故障。显然，只依靠单个计算机构成的单机系统是不能达到该目标值的，必须采用冗余结构使系统的可靠性达到或超过该目标值。

计算机联锁系统的可靠性冗余结构，就是指为了使系统的可靠性指标达到或超过目标值而采取的冗余结构。系统的可靠性冗余结构，往往采用双机热备二重系统，如图 4-1-9 所示。

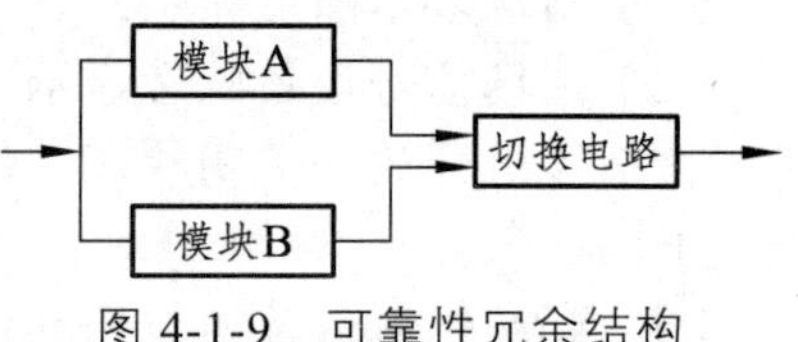

图 4-1-9 可靠性冗余结构

2）系统的安全性冗余结构

计算机联锁系统的安全性定义为：当系统的任何部分发生故障时，其后果不会导致人身伤亡或者财产的重大损失的性能。度量系统安全性的技术指标是系统产生不安全性输出的平均间隔时间。根据交通运输部的技术标准，要求产生不安全性输出的平均间隔时间为 10^{11} h 以上，显然，对于平均间隔时间为 10^6 h 的可靠性冗余系统而言，如果不采用必要的安全性技术措施，是不能达到安全性要求的。

计算机联锁系统的安全性冗余结构，就是指为了使系统的安全性指标达到或超过目标值而采取的冗余结构。系统的安全性冗余结构，往往采用双机同时工作并彼此间频繁比较的冗余结构，如图 4-1-10 所示。

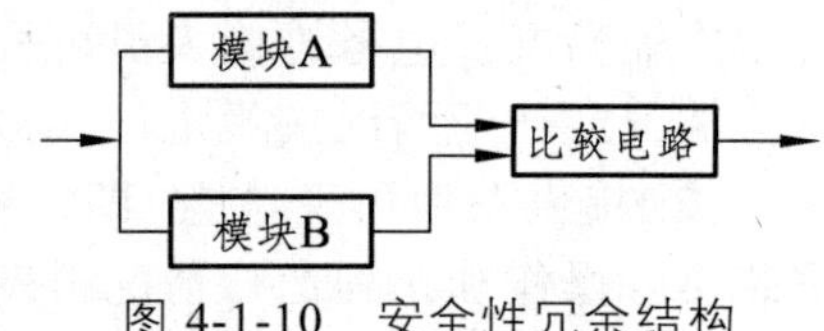

图 4-1-10 安全性冗余结构

3）系统冗余结构的应用

计算机联锁系统既要求较高的可靠性指标，又要求比较高的安全性指标，因此，计算机联锁系统的可靠性和安全性的系统结构就是将图 4-1-9 和图 4-1-10 结合在一起，就形成图 4-1-11 所示的冗余结构，即二乘二取二结构。

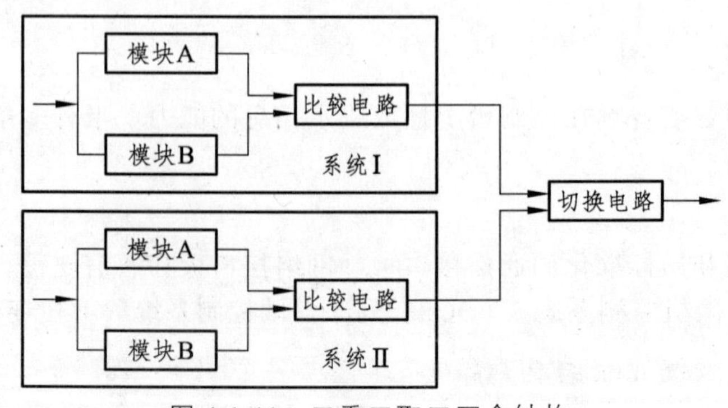

图 4-1-11 二乘二取二冗余结构

“二取二”指一套系统上有两套 CPU，两套 CPU 严格同步，实时比较，只有双机运行结果一致，才对外输出运算结果。

“二乘二”指用两套完全相同的二取二子系统构成双机热备系统。

每一子系统内部为安全性冗余结构，两套子系统形成可靠性冗余结构，这样，既提高了系统的可靠性，又提高了系统的安全性。

还有一种三取二结构，由图 4-1-9 和图 4-1-10 变化而来，如图 4-1-12 所示。

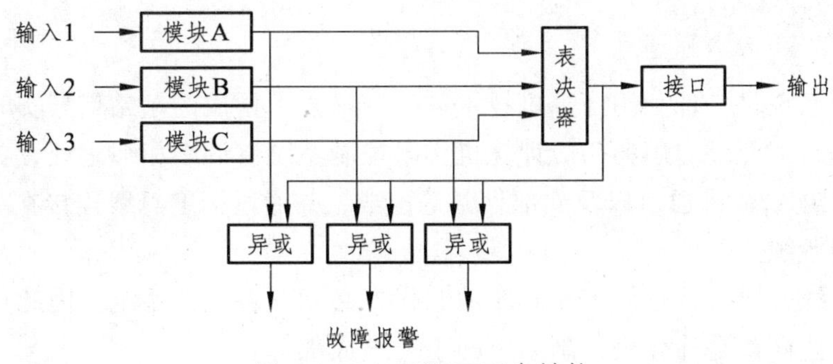

图 4-1-12　三取二冗余结构

三套系统完全相同，输出经表决器表决，只要三套系统中的任何两套的输出是相同的，则表决器就有正确的输出。这种结构提高可靠性的基本思想是把一个已发生故障的系统屏蔽起来，使其不影响整个系统的正常工作。即当三套系统中的任意一套系统发生故障时，对整个系统来说，仍能正常工作。从“故障-安全”的角度来看，这种结构的表决器具有对三套系统两两比较的功能，只有当两套系统同时发生相同的故障，并产生同样的输出信息时，表决器就无法检出这种错误信息，如果这种错误信息又恰巧是危险侧信息，则整个系统的输出也就是危险的。然而，出现这种情况的概率是极其微小的，所以这种结构是安全的。

4. 系统的优越性

计算机联锁系统具有技术上与经济上的优越性。

（1）计算机联锁系统完全摆脱了继电联锁系统的网络结构，在技术上能够用较少的硬件投资发挥软件的作用，较容易克服继电电路难以解决的问题。对于接近区段小车的跳动，能够防止错误取消进路；对于信号继电器、锁闭继电器前接点的粘连，能够及时检出并报警等。另外，在进路控制上，计算机联锁系统为实现进路存储和自动办理创造了条件。

（2）计算机联锁系统可以最大限度地利用软、硬件资源，对直接危及行车安全的联锁逻辑处理和执行表示环节采用冗余与其他容错技术，因此可靠性、安全性更高。

（3）计算机联锁系统硬件和软件均采用模块化、标准化结构，不同规模和作业性质的车站或站场，只需编制一些站场数据，选用功能不同和数量不等的模块组装即可。因此系统设计、施工工作量也大大减少。

（4）在维护方面，计算机联锁系统的维修工作量小，同时具有自诊断、故障定位功能，降低了维护难度，并可通过远距离联网，实现远程故障诊断。另外，系统的继电部分结构简单，便于维护，而且继电器用量少，使得继电器检修工作量少。

（5）计算机联锁系统能提供现代化的声、像、图文显示，人机交互功能更加完善，内容更丰富，信息量更大，工作效率更高。

（6）计算机联锁系统便于联网，为铁路信号系统向智能化和网络化方向发展创造了条件。通过与 CTC 联网，可根据调度计划实现进路程序控制。通过与旅客向导服务系统、车次号跟踪系统联网，可构成全方位的计算机综合控制、管理系统，增强了运输调度指挥自动化、智能化水平。

（7）采用分布式系统结构时，计算机联锁系统可以省去干线电缆，大幅度降低工程造价。

（8）体积小，占地面积小，且随着车站规模的增大，节省更加显著。

5. 计算机联锁基本原理

计算机联锁系统是一种利用计算机技术取代继电技术构成的车站信号实时控制系统。它的基本硬件结构与工业上应用的一般计算机实时控制系统有许多相似之处，主要是由工业控制计算机、过程输入/输出通道以及外部设备等组成，并通过标准总线连接在一起，构成一个基本的联锁控制系统。

有了硬件系统，要保证它们可靠有序地工作，必须配备软件系统，因此计算机联锁系统中的软件和硬件同样都是计算机控制系统的重要组成部分。

由硬件系统和软件系统构成的基本计算机联锁系统，其可靠性尚不能满足人们对联锁装置的高可靠性要求，且本身不具备“故障-安全”性能。必须利用计算机的可靠性和安全性技术，用最简单、最经济的手段构成一个高可靠的“故障-安全”计算机系统。

1）计算机联锁系统硬件

典型的计算机联锁系统硬件组成如图 4-1-13 所示

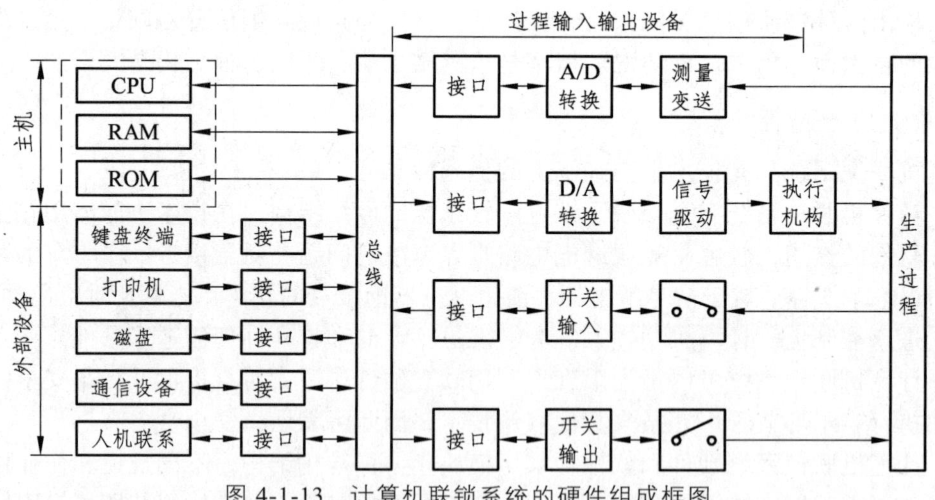

图 4-1-13　计算机联锁系统的硬件组成框图

计算机联锁系统采用的是工业控制计算机系统，用以实现对铁路车站运输生产过程的监测与控制。它由工业控制计算机和生产过程两大部分组成。工业控制计算机是指按生产过程控制的特点和要求而设计的计算机，包括硬件和软件两部分。对于铁路信号领域来说，生产过程是指工业控制计算机通过过程输入/输出通道和继电结合电路对现场控制对象如道岔和信号机等进行实时控制。

2）计算机联锁系统软件

计算机联锁系统软件的基本结构应设计成实时操作系统或实时调度程序支持下的多任务的实时系统，按照软件的层析结构，可分为三个层次，即人机对话层、联锁运算层和执行层，其结构如图 4-1-14 所示。

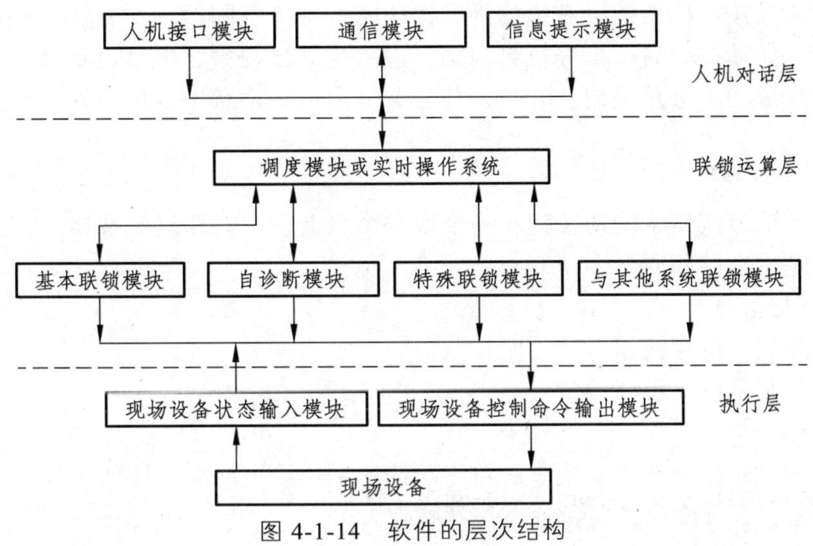

图 4-1-14　软件的层次结构

人机对话层完成人机界面处理；联锁运算层完成联锁运算；执行层完成控制命令的输出和表示信息的输入。

6. 计算机联锁系统

地铁在联锁站设有正线联锁设备和车辆段联锁设备，车辆段因为联锁设备集中设有独立的联锁设备，原理与传统铁路计算机联锁系统大致相同，但是地铁正线计算机联锁系统与传统铁路计算机联锁系统差异较大，不同厂家的正线计算机联锁设备采用的硬件、软件也不尽相同，传统铁路的计算机联锁系统按照国铁集团统一的技术标准研制，不同厂家的计算机联锁设备大同小异。目前，计算机联锁控制系统主要采用工业控制计算机组成二乘二取二的计算机联锁控制系统。该系统由两个 CPU 构成一个子系统执行联锁任务（主机），另外两个 CPU 处于热备状态（备机），这大大提高了计算机联锁控制系统的可靠性和安全性，而且方便维修。铁路现场常用的二乘二取二计算机联锁系统有铁科院研发的 TYJL-Ⅲ型联锁系统、北京交大微联科技有限公司研制 EI32-JD 型联锁系统、卡斯柯信号有限公司研制的 iLOCK 型联锁系统、北京全路通信信号研究设计院研制的 DS6-K5B 型联锁系统等。不同厂家的二乘二取二计算机联锁系统大同小异，本书选取 DS6-K5B 型计算机联锁系统为例进行讲解。

1）计算机联锁系统常用操作

（1）系统上电解锁

当系统停电恢复，联锁机、控显机重新供电或进行人工切换时，全站处在锁闭状态，在确认所有机车已停止运行时，可按压“上电解锁”按钮和输入正确的口令，系统自动解锁所有道岔区段后，才能进行正常办理。平时有信号开放或有完整进路时不允许用上电解锁功能。

计算机联锁操作

（2）办理列车进路和重复开放信号

① 基本进路

操作：进路始端信号按钮＋进路终端信号按钮（对于接车进路来说，进路终端信号按钮实际上是接车股道反向出站信号复示器处的信号按钮）或专设的进路终端按钮。这里“＋”号左边的按钮为先按压的按钮，右边的为后按压的按钮（下同）。

显示：按压始端按钮后，信号机名闪烁，进路建立过程中，屏幕显示出有关道岔的动作情况。进路建立成功，进路呈白色光带，信号名呈白色稳定状态。信号开放后，复示器给出相应显示。

② 变通进路

操作：始端信号按钮＋变通按钮（一个或一个以上）＋进路终端按钮。

显示：与基本进路相同。

③ 重复开放信号

操作：进路始端信号按钮。

显示：信号复示器显示开放信号。

④ 延续进路

操作：接车进路始端按钮＋接车进路终端按钮＋延续进路终端按钮（延续进路终端的列车、调车信号按钮，或专设的延续进路终端按钮）。

显示：接车进路、进站信号机开放信号，延续进路的出站信号机开放信号。

⑤ 通过进路

操作：通过进路按钮（在通过进路始端）＋正线发车进路终端信号按钮或专设的进路终端按钮。

显示：接车进路、进站信号机开放信号，延续进路的出站信号机开放信号。

（3）办理调车进路和重复开放信号

① 基本进路

操作：调车进路始端信号按钮＋调车进路终端信号按钮（顺向单置信号机的信号按钮、并置或差置反向信号机的信号按钮、尽头线反向信号机按钮或专设的调车进路终端按钮）。

显示：类似于列车基本进路。

② 变通进路

操作：进路始端按钮＋变通按钮（变通进路中反向单置调车信号机的信号按钮或专设的变通按钮）＋进路终端按钮。

显示：类似于基本进路。

③ 组合调车进路（长调车进路）

操作：组合进路始端按钮＋组合进路的终端按钮（当组合进路包括变通进路时，在按压始端按钮之后，需按压变通进路的变通按钮）。

显示：组合进路的调车信号由远及近地开放。

（4）进路或轨道区段的解锁

① 取消进路

操作：总取消按钮＋进路始端信号按钮。

主要条件：进路处于预先锁闭状态，进路空闲，轨道电路无故障，道岔位置正确。

显示：信号关闭，进路白光带消失。

② 人工解锁

操作：总人解 + 输入口令 + 进路始端按钮。

条件：进路处于接近锁闭状态，进路空闲，道岔表示正确。

显示：自信号关闭后，延迟到规定的时间（屏幕上有延时提示，正线进出站列车信号需延时 3 min，侧线出站或调车信号需延时 30 s 才能解锁），进路白光带消失。

③ 轨道区段故障解锁

操作：区故解按钮 + 输入口令 + 待解锁的区段按钮。

条件：被解锁的区段不在列车或车列运行的前方且该区段轨道电路无故障。

显示：在按压“区故解”按钮并输入口令后，该按钮呈红色，同时所有需要解锁的区段处呈红色区段名，该区段名就是区段按钮。点击区段按钮，相应区段的白光带消失。

④ 调车组合进路解锁

调车组合进路是由若干条单元进路（基本进路或变通进路）组合而成。组合进路的解锁需按单元进路分别办埋。

⑤ 延续进路解锁

操作：总取消 + 延续进路始端按钮。

（5）引导进路的办理与解锁

办理操作：引导按钮 + 输入口令 + 列车终端按钮。

信号机内方第一轨道电路区段故障时的操作：引导按钮 + 输入口令。此后必须断续地点击引导信号按钮。重复点击的间隔时间不应超过 15 s，否则引导信号自动关闭。

解锁操作：总人解 + 输入口令 + 列车信号按钮。

（6）道岔的单操和单封、单锁与其解锁

① 道岔单操

操作：总定位（总反位）按钮 + 道岔按钮。

显示：按压总定（反）位按钮后，该按钮闪绿（黄）色。道岔转换到指定位置后，总定（反）位按钮恢复暗灰色，道岔按钮呈绿（黄）色。

② 道岔单封

操作：单封按钮 + 道岔按钮。

显示：按压单封按钮后，该按钮闪蓝色。按压道岔按钮及线路中相应道岔处出现蓝色圆点后，道岔名称呈蓝色，单封按钮恢复原色。

③ 道岔解除封锁

操作：解封按钮 + 道岔按钮。

显示：按压解封按钮后，该按钮呈绿闪；按压道岔按钮后，线路中相应道岔处的蓝圆点消失，道岔按钮名及解封按钮恢复原色。

④ 道岔单锁

操作：单锁按钮 + 道岔按钮。

显示：按压单锁按钮后该按钮呈绿闪，线路上相应道岔处出现红圆点，道岔名称呈红色，单锁按钮恢复原色。

⑤ 道岔单解

操作：单解按钮＋道岔按钮。

显示：按压单解按钮后，该按钮呈绿闪；按压道岔按钮后，道岔处的红圆点消失，道岔按钮名和单解按钮恢复原色。

2）DS6−K5B 计算机联锁系统硬件

DS6-K5B 计算机联锁系统由控制台、电务维护台、联锁机、输入/输出接口（在 K5B 系统中，输入/输出电路称作“电子终端”，用字符“ET”表示）和电源五部分组成，如图 4-1-15 所示。

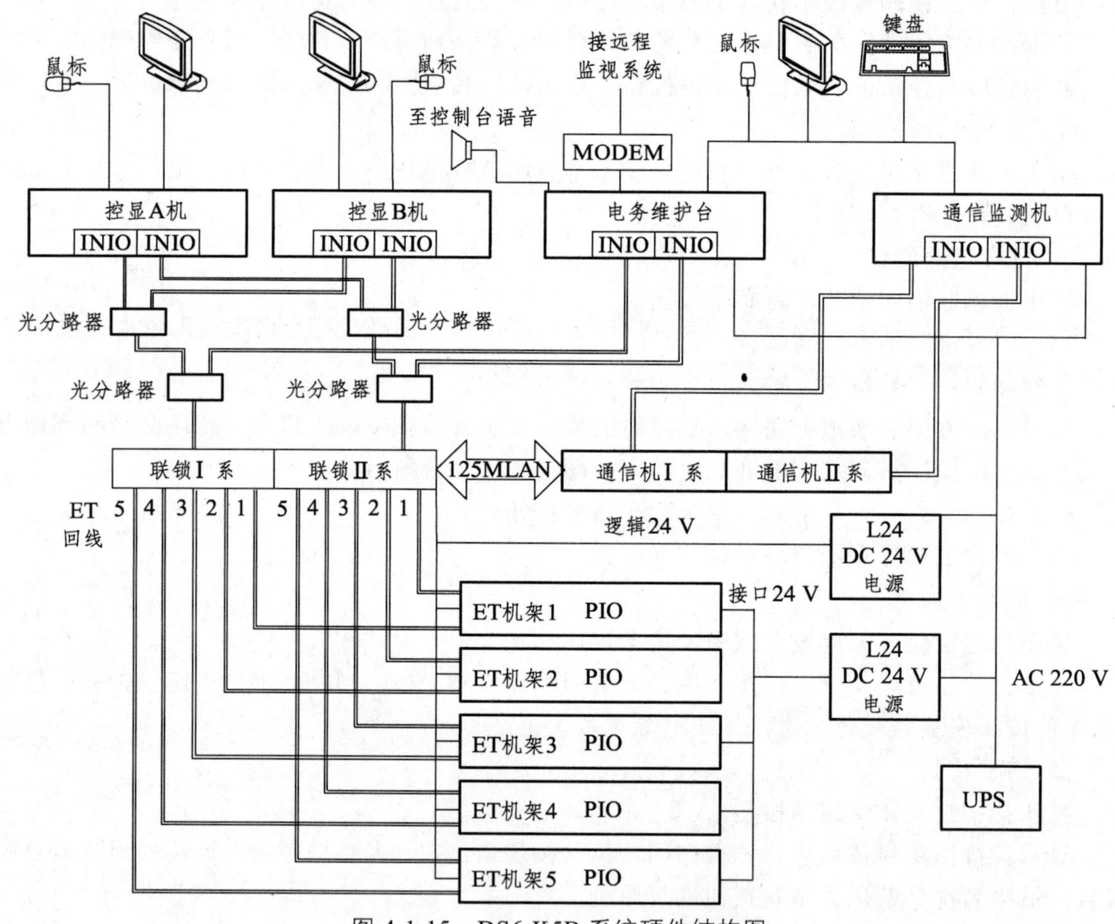

图 4-1-15　DS6-K5B 系统硬件结构图

控制台由控显双机和车站值班员办理行车作业的操作、表示设备组成。每一台控显机内安装了两个采用光缆连接的串行通信接口板 INIO 卡，用于同联锁机的 2 重系通信。控显双机互为备用。通过控显机软件控制功能实现控显双机之间的转换。

电务维护台设备包括监测机、键盘、显示器、打印机。监测机内安装两个采用光缆连接串行通信接口板 INIO 卡，用于与联锁机 2 重系通信，从联锁双机取得联锁系统维护信息。监测机通过串行通信接口从微机检测前置机取得模拟量检测信息。电务维护人员可以通过键盘、显示器、打印机查询或打印输出各类监测信息。

联锁机由 2 重系组成，以主从方式并行运行。两系之间通过并行接口建立的高速通道交换信息，实现 2 重系的同步和切换。联锁机每一系各用一对光缆经过光分路器与控显双机相连，使联锁的每一系都能够分别与两台控显机通信。联锁机每一系用一对光缆分别与监测机的两个光通信接口相连，联锁机每一系的维护信息分别送到监测机。联锁机每一系有 5 个连接电子终端的通信接口，称 ET 回线 1～5。每个通信接口可连接一个电子终端机架。

任务二　闭塞设备

学习目标

（1）掌握闭塞概念；
（2）了解闭塞分类及闭塞设备。

相关知识

闭塞从不同角度有各种分类，随着列车运行速度越来越高、行车密度越来越大，轨道交通对区间闭塞技术的要求越来越高。

一、闭塞基本概念

“闭塞”一词，指的是与外界隔绝，把某个地方“封锁”起来的意思。在铁路上，特指把有列车运行的线路区段封闭起来：在单向运行区段，不准许后续列车再驶入同一区间；在双向运行区段，必须防止两个车站向同一个区间发车。这样，才可以防止列车追尾或相撞。与闭塞相反的状态是开通，解除闭塞后，线路或区间即开通。用信号或凭证，保证列车按照空间间隔制运行的技术方法称为闭塞。

最早的闭塞是站间闭塞。两个车站/线路所之间的铁路线路叫区间。相邻两个车站之间的区间称为站间区间，车站与线路所之间的区间称为所间区间，自动闭塞区段两个通过信号机之间的区间称为闭塞分区。实行区间闭塞，要求每一趟列车在由车站驶向区间运行时，必须满足 3 个条件：

（1）区间线路空闲；
（2）要有进入区间的凭证；
（3）列车一旦占用区间，即实行闭塞。

二、闭塞的控制技术及发展

（一）闭塞方式

19 世纪 40 年代以前，列车运行采用时间间隔法，即两列列车按照规定的时间间隔向区间发车，这种方法的主要缺点是不能在同一时间同一区段只有一列列车占用，无法保证列车运行安全。当先行列车由于特殊情况运行不正常时（晚点或中途停车等），有可能发生追尾事故。该方法适用于道路汽车交通的运行组织形式。1842 年，英国人库克提出了空间间隔法，即前行列车与后续列车始终保持一定的空间间隔。该方法可以保证同一时间、同一区间只有一列列车占用，它能较好地保证列车的行车安全而被广泛采用，逐步形成现行的铁路区间闭塞制度。该方法适用于轨道交通。

（二）闭塞发展

我国铁路行车闭塞方式大致经历了从电报或电话闭塞、路签或路牌闭塞、半自动闭塞到自动闭塞、移动闭塞的发展过程。1841 年，英国人库克提出了电报闭塞，使用电报机表示线路占用情况。这种电报闭塞方式于 1851 年前后在英国得到普及。1876 年，我国的吴淞铁路也曾采用了指针电报机作为闭塞。1876 年，美国人贝尔发明了电话，应用到铁路行车系统中就有了电话闭塞。使用电话闭塞时列车占用区间的凭证为路票。区间空闲时，欲发车的甲站值班员用电话或电报办理行车联络手续，乙站/接车站接到电话做好接车准备后，由甲站填写路票交给司机作为区间行车凭证，同时甲站做相应的区间行车登记。列车到达乙站后，将路票交给乙站值班员，乙站值班员进行登记，如图 4-2-1 所示。电话闭塞方法，列车凭路票行车，简单易行。目前，中国铁路只在基本闭塞设备停用或发生故障时，将电话闭塞作为备用闭塞法使用。

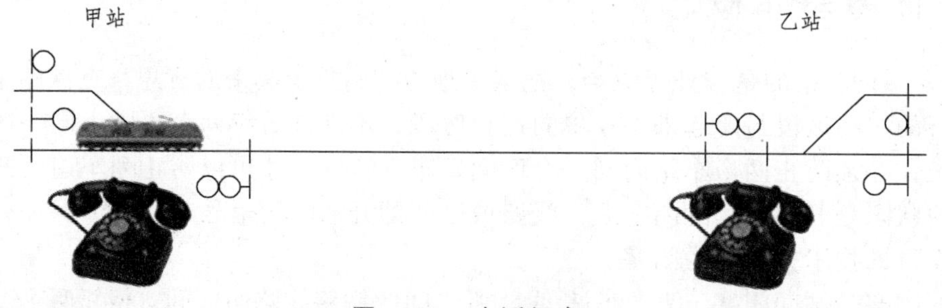

图 4-2-1　电话闭塞

1878 年，英国人泰尔研制成功了电气路牌机，1889 年发明了电气路签机。电气路签、牌闭塞原理相似，以路签或路牌作为列车占用区间的凭证，同一区间两端车站各装设一台同类型的闭塞机，使用导线连接，相互间有电气锁闭关系，如图 4-2-2 所示。列车进入区间之前，经车站双方共同操作，发车站值班员可取出一枚路签（牌）递交司机作为列车占用区间的凭证。列车在区间运行的过程中（即路签、路牌未放入闭塞机以前），两站闭塞机中不能再取出第二枚路签（牌）。该方法保证了两个车站之间的区间，同时只能运行一列列车。1958 年，路签和路牌闭塞在我国使用达到了最高峰，这两种闭塞线路达到 2 万多千米，占当时正式营业里程的 71%。电气路签（牌）闭塞的缺点：办理手续烦琐，路签（牌）还有可能丢失和损坏，因此区间通过能力低。中国铁路上电气路签（牌）闭塞已经淘汰，这个发展阶段称为人工闭塞阶段。路签机、路签套如图 4-2-3 所示。

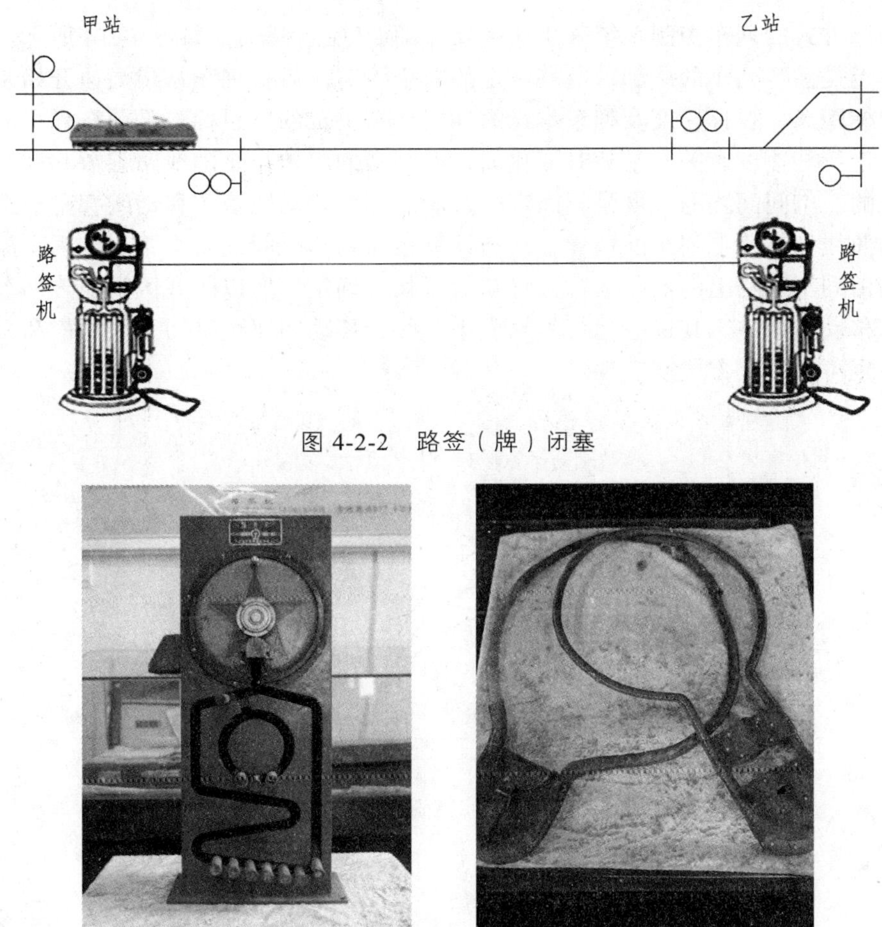

图 4-2-2　路签（牌）闭塞

图 4-2-3　路签机、路签套

在列车速度不断提高、列车密度不断加大的情况下，电气闭塞方式已经不能满足需求，半自动闭塞应运而生。半自动闭塞是以出站信号机的允许信号显示（绿灯）作为列车占用区间的凭证。发车站的出站信号机必须经过两站同意并办理闭塞手续后才能开放。列车进入区间的凭证为出站信号机的显示。列车出发进入区间后，出站信号机自动关闭，区间处于“闭塞状态”，这样就保证了两个车站的区间内同时只能有一趟列车在运行。列车到达接车站后，必须由接车站值班员来办理复原手续后，区间才能解除闭塞状态，还原到开通状态。这种闭塞方式，因为区间由开通转为闭塞，是由出发列车自动完成的；而区间由闭塞还原为开通，要靠值班员操作，所以是半自动闭塞。半自动闭塞办理手续简便，效率高，在我国的单线铁路区段广泛应用，但是由于区间不设置轨道电路，当列车到达接车站后需要人工确认列车完整到达。

自动闭塞是将站间区间划分为若干个闭塞分区，每个闭塞分区都设有轨道电路，并在其入口处设防护该闭塞分区的通过信号机。根据列车运行情况及有关闭塞分区的状态，当列车压上轨道电路时，自动变换通过信号机的显示，而司机只凭通过信号机的显示来行车。由于区间被划分为若干个闭塞分区，可用最小运行间隔进行列车追踪，大大提高了区间的通过能力。整个区间装设了连续的轨道电路，可以自动检查线路的完整性，提高了铁路行车的安全性。

移动闭塞方式的列车控制系统采用速度-目标距离控制模式，如图 4-2-4 所示。移动闭塞的追踪目标点是前行列车的尾部，留有一定的安全距离。后行列车从最高速开始制动的计算点是根据目标距离、目标速度及列车本身的性能计算决定的。目标点是前行列车的尾部，与前行列车的走行和速度有关，是随时变化的，而制动的起始点是随线路参数和列车本身性能不同而变化的。空间间隔的长度是不固定的，所以称为移动闭塞。移动闭塞是根据实际运行速度、制动曲线和进路上列车的位置，动态计算相邻列车之间的安全距离。列车间的最小运行间隔距离由列车线路上的实际运行位置和运行状态确定，所以闭塞区间随着列车的行驶，不断地向前移动和调整。其追踪运行间隔要小一些，移动闭塞可采用无线通信和无线定位技术来实现，也可用有线方式来实现。

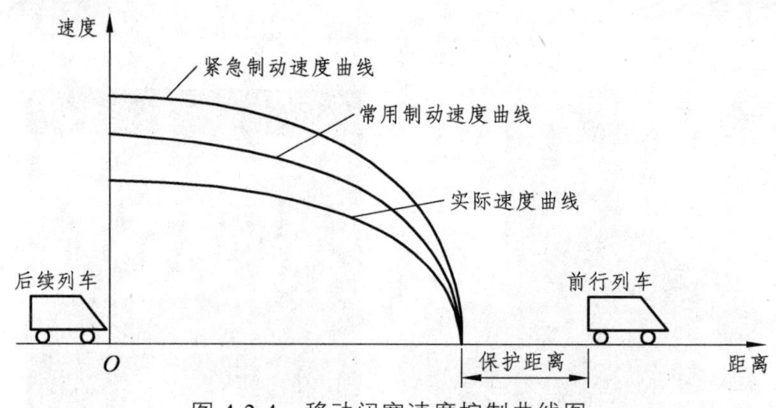

图 4-2-4 移动闭塞速度控制曲线图

三、半自动闭塞

半自动闭塞
基本概念及
设备

半自动闭塞是用人工来办理闭塞及开放出站信号机，而由出发列车自动关闭出站信号机并实现区间闭塞的一种闭塞方式。半自动设备主要有 64D、64F、64Y 三种类型，由于我国的单线铁路线路区段大部分采用 64D 型继电半自动设备，目前主要用于铁路支线、地方铁路及专用线等。

64D 型半自动设备如图 4-2-5 所示，在一个区间的相邻两站设一对半自动闭塞机（BB），并经两站间的闭塞电话线连接起来，通过两站半自动闭塞机的相互控制，保证一个区间同时只有一列列车运行。

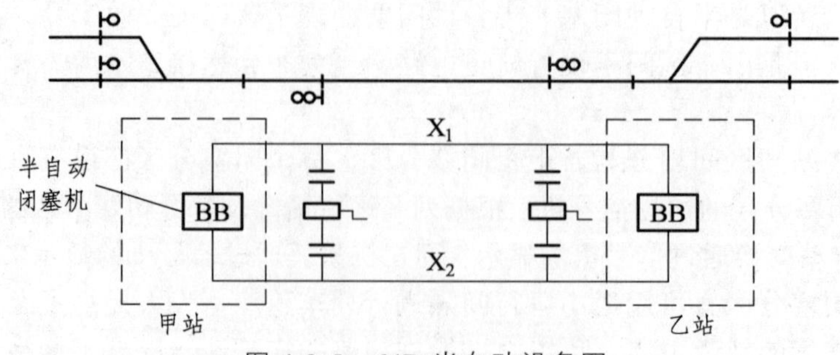

图 4-2-5 64D 半自动设备图

（一）半自动闭塞机的作用

（1）甲站要向乙站发车，必须区间空闲并得到乙站同意后，才能开放出站信号机。

（2）列车从甲站出发后，区间闭塞，两站都不能向该区间发车。

（3）列车到达乙站，车站值班员确认列车整列到达，办理到达复原后，区间才能解除闭塞。

（二）64D 型继电半自动闭塞的特点

（1）发车站和接车站值班员按照“请求-同意”方式共同办理闭塞，大大提高了设备的可靠性。

（2）采用三个不同极性的脉冲构成允许发车信号，而且请求发车信号检查了接车站闭塞机和外线的良好状态，从而提高了闭塞设备的安全性。

（3）在办理闭塞后、开放进站或出站信号机前，允许进行站内调车、变更进路和取消闭塞，因而提高了车站作业效率，适应我国铁路运输的需要。

（4）闭塞电路设计严密，办理手续简便，表示方式清楚。闭塞外线可与既有的闭塞电话线共用；使用的继电器和元件类型少；功率低，可以用于无交流电源区段；能与各种车站信号设备相结合。

64D 型继电半自动闭塞适应我国单线铁路站间距离短、列车成对运行的特点，因此得到了迅速发展，在保证行车安全、提高运输效率、改善劳动条件等方面发挥了显著的作用，取得了突出的技术经济效果。

（三）闭塞设备

64D 型继电半自动闭塞设备由半自动闭塞机、半自动闭塞轨道电路、操纵和表示设备以及闭塞电源、闭塞外线等部分组成。半自动闭塞区段车站控制台面板如图 4-2-6 所示。

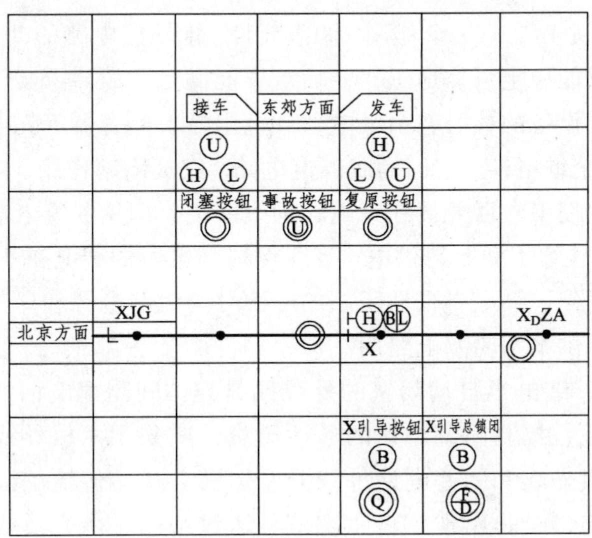

图 4-2-6　半自动闭塞区段车站控制台面板

（1）闭塞按钮 BSA：二位自复式按钮，办理请求发车或同意接车时按下。

（2）复原按钮 FUA：二位自复式按钮，办理到达复原或取消复原时按下。

（3）事故按钮 SGA：二位自复式按钮，平时加铅封。当闭塞机因故不能正常复原时，破封按下，使闭塞机复原。

（4）表示灯：车站的每一个接发车方向各设表示灯两组。

发车表示灯 FBD：由黄、绿、红三个光点式表示灯组成。表示灯经常熄灭，黄灯点亮表示本站请求发车，绿灯点亮表示对方站同意发车，红灯点亮表示发车闭塞。

接车表示灯 JBD：由黄、绿、红三个光点式表示灯组成。表示灯经常熄灭，黄灯点亮表示对方站请求接车，绿灯点亮表示本站同意接车，红灯点亮表示接车闭塞。当接、发车表示灯同时点亮红灯时，表示列车到达。

（5）电铃 DL：闭塞机的音响信号，它装在控制台里。当收到相邻车站通过闭塞外线传来的脉冲信息时，电铃鸣响，提醒值班人员。

（6）计数器：用来记录车站值班员办理事故复原的次数。每按下一次 SGA，JSQ 自动转换一个数字。因为事故复原是在闭塞设备发生故障时的一种特殊复原方法，当使用事故按钮使闭塞机复原时，行车安全完全由车站值班员人为保证，因此必须严加控制。使用时要登记，用后要及时加封，而且计数器自动记录使用的次数。

（7）轨道电路：在每个车站两端进站信号机的内方需装设一段不小于 25 m 的轨道电路。如图 4-2-7 所示，1DG 即为半自动闭塞用轨道电路。其作用：一是监督列车的出发，使发车站闭塞机闭塞；二是监督列车的到达，然后由接车站值班员办理到达复原。

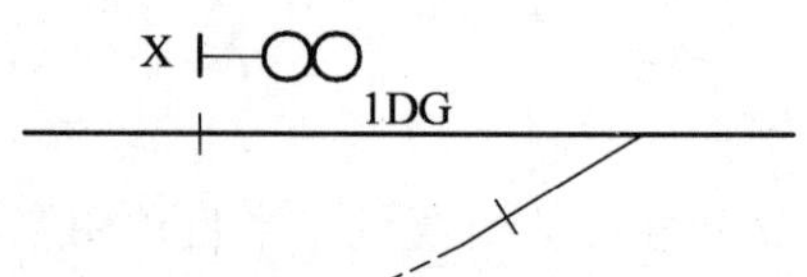

图 4-2-7　半自动闭塞用轨道电路

由于这两个作用（尤其是第一个作用）的重要性，即轨道电路的动作直接影响行车安全，所以要求轨道电路不仅能稳定可靠地工作，而且要能满足“故障-安全”的要求。

（8）闭塞机：闭塞设备的核心，由继电器和电阻器、电容器等元器件组成。64D 型继电半自动闭塞机每台 13 个继电器，它们构成继电电路，完成闭塞作用。电阻器和电容器的作用是使继电器缓放，将它们串联后并接在继电器的线圈上，即构成继电器的缓放电路。

（9）闭塞电源：应连续不间断地供电，且应保证继电器的端电压不低于工作值的 120%，以保证闭塞机的可靠动作。继电半自动闭塞的电源分为线路电源和局部电源，前者用于向邻站发送闭塞信号，后者供本站闭塞电路用。

（10）闭塞机外线：继电半自动闭塞的外线原是与站间闭塞电话线共用的。为了防护外界电源对闭塞机的干扰，提高闭塞电话的通话质量，应采用两根外线。当采用电缆作为闭塞外线时，应将闭塞机外线和闭塞电话外线分开。随着通信传输手段的现代化，光纤传输和无线传输越来越普遍，于是出现了将闭塞信号通过编码，由光缆或无线进行传输，以代替电缆传输。

（四）64D型继电半自动闭塞正常办理步骤

64D半自动闭塞设备操作使用

正常办理是指两站间列车的正常运行及闭塞机处于正常状态时的办理方法，共有五个步骤。设甲站为发车站，乙站为接车站，办理步骤如下：

1. 甲站请求发车

甲站要向乙站发车，甲站值班员应先检查控制台上的接、发车表示灯处于灭灯状态，并确认区间空闲后，通过闭塞电话与乙站联系，然后按下闭塞按钮，向乙站发送请求发车信号。此时，乙站电铃鸣响。当甲站值班员松开闭塞按钮后，乙站自动向甲站发送自动回执信号，使甲站发车表示灯亮黄灯，同时电铃鸣响。当发完自动回执信号后，乙站接车表示灯也亮黄灯。这说明甲站办理请求发车的手续已完成。

2. 乙站同意甲站发车

乙站如果同意甲站发车，乙站值班员在确认接车表示灯后，按下闭塞按钮，甲站发送同意接车信号。此时，乙站接车表示灯黄灯熄灭，绿灯点亮，甲站发车表示灯黄灯也熄灭，改亮绿灯，同时电铃鸣响。

至此，两站间完成了一次列车占用区间的办理闭塞手续。闭塞机处于“区间开通”状态，表示乙站同意甲站发车，甲站至乙站方向区间开通，甲站出站信号机可以开放。

3. 列车从甲站出发

甲站值班员看到发车表示灯点绿灯，即可办理发车进路，开放出站信号机。当出发列车驶入出站信号机内方，出站信号机自动关闭。当列车驶入进站信号机内方第一个轨道区段时，甲站发车表示灯变为点红灯，并自动向乙站发送出发通知信号，使乙站接车表示灯也变为点红灯，同时电铃鸣响。

至此，双方站的闭塞机均处于“区间闭塞”状态，表明该区间内有一列列车在运行，此时双方站的出站信号机均不能再次开放。

4. 列车到达乙站

乙站值班员在同意接车后，应准备好列车进路。当接车表示灯由绿变红及电铃鸣响后（说明列车已从邻站开出），应根据列车在区间运行时分的长短，及时建立接车进路，开放进站信号机，准备接车。当列车到达乙站，进入乙站进站信号机内方第一个轨道区段时，乙站的发车表示灯和接车表示灯都亮红灯，表示列车到达。此时，乙站进站信号机自动关闭。

5. 到达复原

列车全部进入乙站股道后，接车进路解锁。乙站值班员在确认列车完整到达后，按下复原按钮，办理到达复原。此时乙站接、发车表示灯的红灯均熄灭，同时向甲站发送到达复原信号，使甲站的发车表示灯红灯熄灭，电铃鸣响。

至此，两站闭塞机均恢复定位状态。两站间正常办理闭塞步骤、闭塞机状态示意图如图4-2-8所示。

办理闭塞步骤	甲站（发车站）				线路脉冲	乙站（接车站）					
	GD	BSA	DL	FBD		JBD	FBD	DL	FUA	BSA	GD
1. 甲站请求发车			=	U	+ → ← -	U		=			
2.乙站同意接车			=	L	← +	L					
3.列车出发				H	+ →	H		=			
4.列车到达				H		H	H				
5.到达复原			=		← -						

图 4-2-8　正常办理步骤与闭塞机状态示意图

自动闭塞概念

四、自动闭塞

自动闭塞是根据列车运行及有关闭塞分区状态，自动变换通过信号机显示而司机凭信号行车的一种先进的行车闭塞方法。自动闭塞是在列车运行过程中自动完成闭塞作用的，不需要人工操纵，故称为自动闭塞。

双线单方向自动闭塞如图 4-2-9 所示，它将一个区间划分为若干小段，即闭塞分区。在每个闭塞分区的起点装设通过信号机，图中的 1、3、5、7 和 2、4、6、8 信号机均为通过信号机，用以防护该闭塞分区。每个闭塞分区内都装设轨道电路，通过轨道电路将列车和通过信号机的显示联系起来，根据列车运行及有关闭塞分区的状态使通过信号机的显示自动变换。

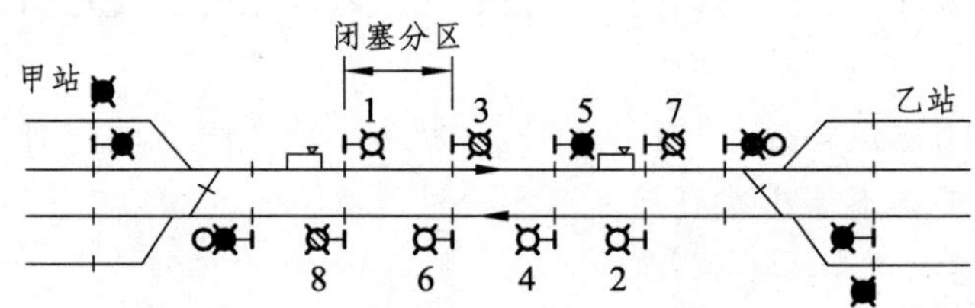

图 4-2-9　双线单方向自动闭塞示意图

（一）自动闭塞的优点

（1）两站间的区间允许续行列车追踪运行，大幅度提高了行车密度，显著地提高了区间通过能力。

（2）由于不需要办理闭塞手续，简化了办理接发列车的程序，因此既提高了通过能力，又大大减轻了车站值班人员的劳动强度。

（3）通过信号机的显示能直接反映运行前方列车所在位置以及线路状态，确保列车在区间运行的安全。

（4）自动闭塞还能为列车运行超速防护提供连续的速度信息，构成更高层次的列车运行控制系统，保证列车高速运行的安全。

（二）自动闭塞的基本原理

自动闭塞通过轨道电路自动检查闭塞分区的占用情况，根据轨道电路的占用和空闲状态，通过信号机自动地变换其显示，以指示列车运行。

图 4-2-10 所示为三显示自动闭塞原理图，根据通过信号机的不同显示控制列车运行。三显示自动闭塞通过信号机的显示意义如下：

一个绿色灯光——准许列车按规定速度运行，表示运行前方至少有两个闭塞分区空闲。

一个黄色灯光——要求列车注意运行，表示运行前方只有一个闭塞分区空闲。

一个红色灯光——列车应在该信号机前停车。

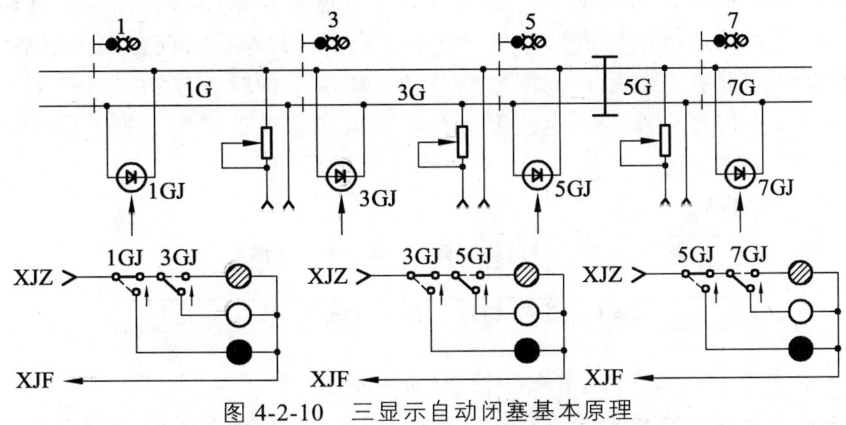

图 4-2-10　三显示自动闭塞基本原理

通过信号机平时显示绿灯，当列车占用闭塞分区或轨道电路设备故障时，防护该闭塞分区的通过信号机显示红灯——停车信号。

每架通过信号机处为一个信号点信号，点的名称以通过信号机命名。例如，通过信号机“1”处就称为“1”信号点。轨道电路以信号机名称后加“G”命名，如通过信号机“1”防护的轨道电路称为“1G”。

现以图 4-2-10 为例说明自动闭塞的工作原理。

当列车进入 3G 闭塞分区时，3G 的轨道电路被列车轮对分路，轨道继电器 3GJ 落下，通过信号机 3 显示红灯，则通过信号机 1 显示黄灯。当列车驶入 5G 并出清 3G 时，轨道继电器 3GJ 吸起，5GJ 落下，通过信号机 5 显示红灯，通过信号机 3 显示黄灯，通过信号机 1 显示绿灯。

（三）自动闭塞分类

（1）自动闭塞按行车组织方法可分为单线双向自动闭塞和双线双向自动闭塞。

在单线区段，只有一条线路，既要运行上行列车，又要运行下行列车。为了调整双方向列车的运行，在线路的两侧都要装置通过信号机，这种自动闭塞称为单线双向自动闭塞，如图 4-2-11 所示。

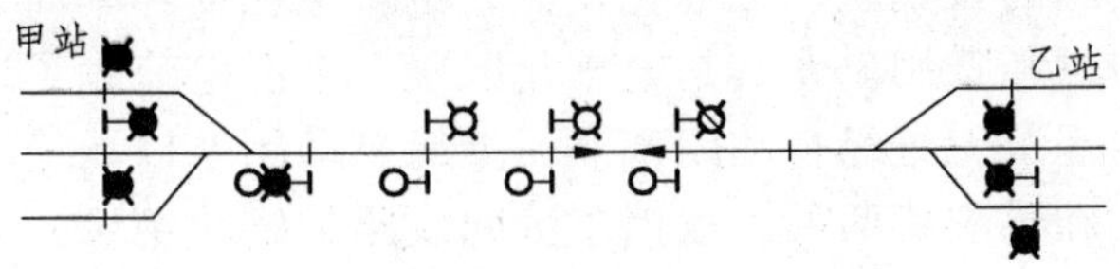

图 4-2-11　单线双向自动闭塞

为了充分发挥铁路线路的运输能力，让双线区段的每一条线路上都能双方向运行列车，这种自动闭塞称为双线双向自动闭塞，如图 4-2-12 所示。正方向设置通过信号机，反方向运行的列车是按机车信号的显示作为行车命令的，即此时以机车信号作为主体信号。

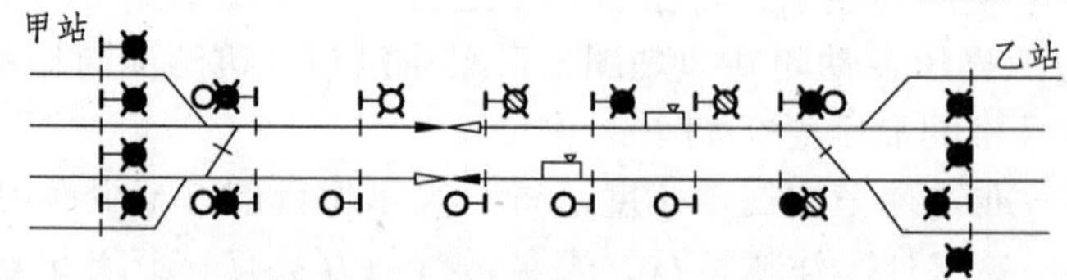

图 4-2-12　双线双向自动闭塞

（2）自动闭塞按通过信号机的显示制式可分为三显示自动闭塞和四显示自动闭塞。

三显示自动闭塞的通过信号机具有三种显示，能预告列车运行前方两个闭塞分区的状态。

四显示自动闭塞是在三显示自动闭塞的基础上增加一种绿黄显示，如图 4-2-13 所示。绿黄色灯光显示意义：准许列车按规定速度运行，要求注意准备减速，表示运行前方有两个闭塞分区空闲。

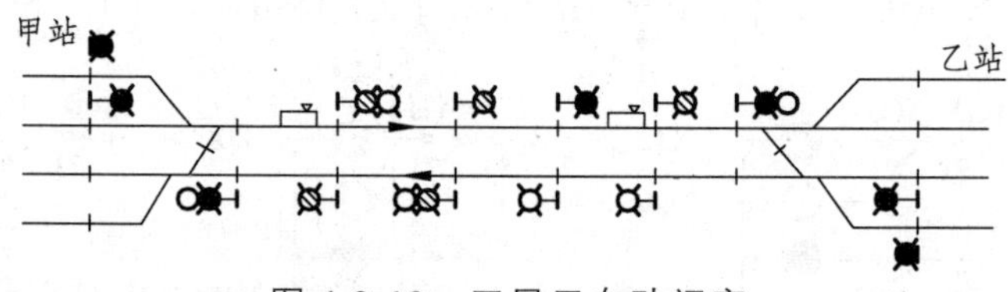

图 4-2-13　四显示自动闭塞

（3）自动闭塞按设备放置方式可分为分散安装式自动闭塞和集中安装式自动闭塞。

分散安装式自动闭塞的设备都放置在每个信号点处。

集中安装式自动闭塞的设备集中放置在相近的继电器室内，用电缆与通过信号机相联系。

（4）自动闭塞按传递信息的特征可分为交流计数电码自动闭塞、极频自动闭塞和移频自动闭塞等。

交流计数电码自动闭塞以交流计数电码轨道电路为基础，以钢轨作为传输信道传递信息，不同信息的特征靠电码脉冲和间隔构成不同的电码组合来区分。

极性频率脉冲自动闭塞（简称极频自动闭塞）以极性频率脉冲轨道电路为基础，以钢轨作为信道传递信息，不同信息的特征是靠两种不同极性和每个周期内不同数目的脉冲来区分的。

移频自动闭塞以移频轨道电路为基础，用钢轨传递移频信息。它是一种选用频率参数作为信息的制式，利用调制方法把规定的调制信号（低频信息）搬移到载频段并形成振荡，由上下边频构成交替变化的移频波形，其交替变化的速率就是调制信号频率。其信息特征就是不同的调制信号频率。采用不同载频交叉来防护相邻轨道电路绝缘节的破损、上下行邻线的串漏、站内相邻区段的干扰。

（5）自动闭塞按是否设置轨道绝缘分为有绝缘自动闭塞和无绝缘自动闭塞。

传统的自动闭塞在闭塞分区分界处均设有钢轨绝缘，以分割各闭塞分区。它的缺点是钢轨绝缘的设置不利于线路的长钢轨、无缝化发展，钢轨绝缘损坏率高，影响了设备的稳定工作，且增加了维修工作量和费用。尤其是电气化区段，牵引电流为了通过钢轨绝缘，必须安装扼流变压器。于是出现了无绝缘自动闭塞。无绝缘自动闭塞以无绝缘轨道电路为基础。无绝缘轨道电路分谐振式和感应式两种，取消了区间线路的钢轨绝缘，满足了铁路无缝化、电气化发展的需要。

五、移频自动闭塞

20 世纪 50 年代初期，我国开始研制自动闭塞，1954 年进行了天津张贵庄到新河（今塘沽）28 km 的自动闭塞试点工程。1956 年，铁道部成立了自动闭塞小组，指挥京沈线自动闭塞建设。但由于种种原因，自动闭塞在我国发展不是很快，而且形成的制式也复杂多样，推广应用较多的主要有交流计数电码、极频、4 信息移频自动闭塞 3 种。交流计数电码自动闭塞是 20 世纪 50 年代后期从苏联引进的，后经微电子化改造；极频、4 信息移频自动闭塞是我国在 20 世纪 60 年代自行研制的。它们共同的缺点是可靠性不高、信息量很少、抗干扰能力不强，不能满足列车提速、增加行车密度、增大载重量和电气化的需要。在 1987 年开工、1992 年竣工的京广线郑州至武昌段电气化工程中引进了当时比较先进的法国 UM71 自动闭塞，引进后进行了二次开发，以适应我国铁路客货混跑、区间不设保护区段的特点，并通过消化吸收实现了国产化。经过多年研究，最终形成了我国具有自主知识产权的无绝缘移频自动闭塞制式，其中，包括 ZPW-2000A、ZPW-2000R 等型号。

（一）移频自动闭塞基本概念

移频自动闭塞基本概念及频率选择

移频自动闭塞是以移频轨道电路为基础的自动闭塞。它选用频率参数作为控制信息，采用频率调制的方法，把低频信号（f_c）搬移到较高频率（载频 f_0）上，以形成振幅不变、频率随低频信号的幅度做周期性变化的调频信号。将此信号用钢轨作为传输信道来控制通过信号机的显示，达到自动指挥列车运行的目的。其移频信号波形如图 4-2-14 所示。

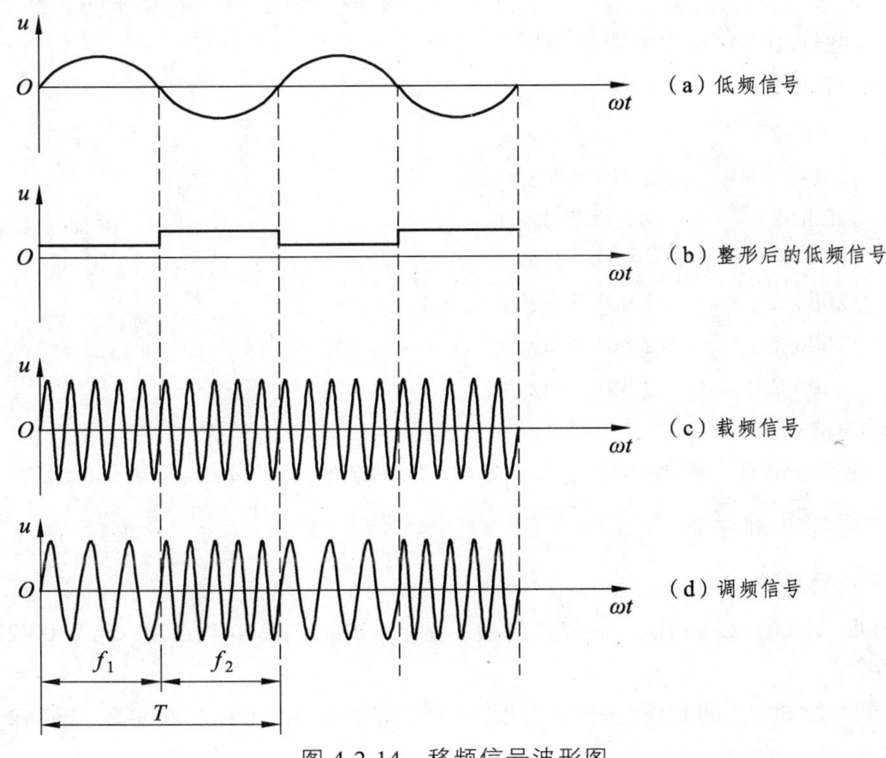

图 4-2-14　移频信号波形图

1. 上边频和下边频

从图 4-2-14 中可以看出，调频信号的变化规律，是以载频信号 f_0 为中心，做上、下边频偏移。当低频调制信号输出低电位时，载频 f_0 向下偏移 Δf（称为频偏），为 $f_0-\Delta f$，叫作低端载频（或称下边频）；当低频调制信号输出高电位时，载频 f_0 向上偏移 Δf，为 $f_0+\Delta f$，叫作高端载频（或称上边频）。可见，调频信号是受低频信号的调制而做低端载频 $f_0-\Delta f$ 和高端载频 $f_0+\Delta f$ 的交替变化，两者在单位时间内变化的次数与低频调制信号的频率相同。

2. 移频信号

在轨道电路中传输的信息是低端载频 $f_0-\Delta f$ 和高端载频 $f_0+\Delta f$，载频 f_0 实际上是不存在的。由于低端载频和高端载频的交替变换接近于突变性的，好似频率的移动，因此称为移频信号。应用这种移频轨道电路的自动闭塞称为移频自动闭塞。

在移频自动闭塞中，低频信号用于控制通过信号机的显示，而载频 f_0（又称中心载频）则为运载低频信号之用，其目的是提高抗干扰能力。

3. 频率参数的选择

1）载频和频偏的选择

国产 8 信息、18 信息移频选择的载频为 550、650、750、850 Hz，法国 UM71 轨道电路的载频为 1 700、2 000、2 300、2 600 Hz。在 1 700 ~ 2 600 Hz 这些频段上，牵引电流谐波的强度已经很弱。因此，UM71 轨道电路在电气化区段的抗干扰能力要强于国产移频。UM71 轨道电路的频偏 Δf 选为 11 Hz，由于频偏较小，信号能量集中在中心频率附近，远离邻线和邻区段的干扰，同时又便于利用一个谐振槽路进行解调。

ZPW-2000 型无绝缘轨道电路在 UM71 的基础上增加为 8 种，有利于防止载频的越区传输和电缆芯线的运用。8 种载频频率如下：

下行	1700-1	1 701.4 Hz
	1700-2	1 698.7 Hz
	2300-1	2 301.4 Hz
	2300-2	2 298.7 Hz
上行	2000-1	2 001.4 Hz
	2000-2	1 998.7 Hz
	2600-1	2 601.4 Hz
	2600-2	2 598.7 Hz

2）低频的选择

低频从 10.3 ~ 29 Hz，每隔 1.1 Hz 一个，呈等差数列，共 18 个。

4. 闭塞分区载频配置

1）区间载频配置

下行区间：1 700、2 300 Hz（分 1、2 两型），按…1700-1、2300-1、1700-2、2300-2、1700-1…顺序设置方式。

上行区间：2 000、2 600 Hz（分 1、2 两型），按…2000-1、2600-1、2000-2、2600-2、2000-1…顺序设置方式。

区间载频配置如图 4-2-15 所示。

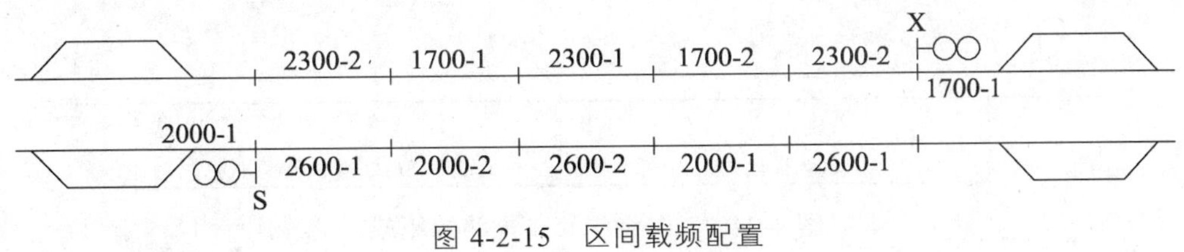

图 4-2-15　区间载频配置

2）区间与站内载频配置

区间起始和终止频率应与站内车站正线电码化频率设置统一考虑，三接近区段应与接车进路不同，发车进路应与一离去区段不同，如三接近区段载频为 1700-1，接车进路可选 2300-1 或 2300-2，发车进路选 1700-1 或 1700-2，如图 4-2-16 所示。

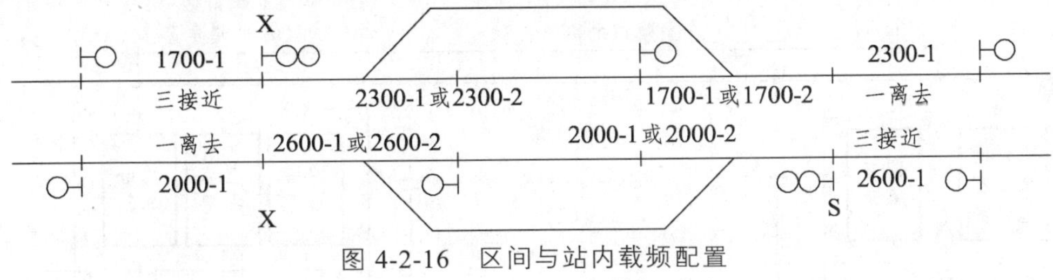

图 4-2-16　区间与站内载频配置

（二）移频自动闭塞的特点

（1）抗干扰能力较强，既适用于非电力牵引区段，又适用于干扰较大的电力牵引区段。

（2）信息量多，除能满足三显示自动闭塞和六显示机车信号外，多信息移频自动闭塞还可满足四显示自动闭塞和列车速度控制系统信息量的需要。

（3）应变时间短，信号显示的应变时间不大于 2 s，能满足我国未来高速行车的要求。

（4）安装方式灵活，可分散安装在铁路沿线，也可集中安装在邻近车站继电器室内。

（5）当闭塞分区的长度超过移频轨道电路的极限长度时，可采用分割方式延长移频轨道电路的作用距离。移频轨道电路只作一次调整，便于维修。

（6）以采用电子组件为主，耗电省、体积小、质量轻。在电子组件发生故障的情况下，能满足“故障-安全”的要求。

（7）有较完善的过压防护措施，在雷电冲击下，能起到保护作用，保证设备不间断使用。

（8）移频自动闭塞信息能直接用于机车信号，因此在装设机车信号时，区间无须增加地面设备。

六、ZPW-2000A 型移频自动闭塞

ZPW-2000A 型移频自动闭塞包括室内与室外设备两部分。ZPW-2000A 型移频自动闭塞室外轨道电路在钢轨上没有进行机械切割，而是设置了 29 m 长的调谐区作为电气绝缘节来进行隔离，因此其轨道电路的范围包括两部分，即电气绝缘区段（小轨）与主轨两部分，如图 4-2-17 所示。

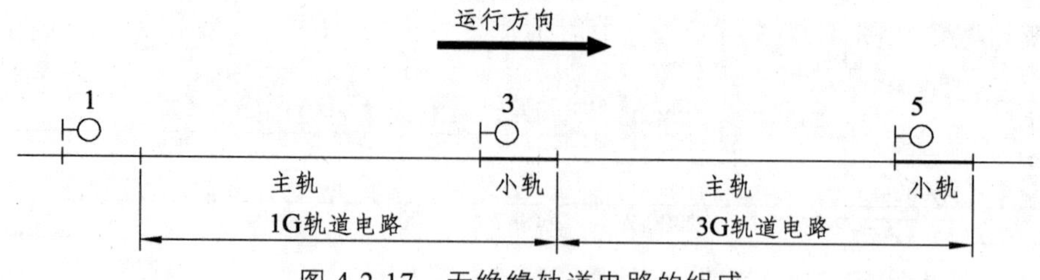

图 4-2-17　无绝缘轨道电路的组成

（一）工作原理

ZPW-2000A 无绝缘轨道电路包括发送器、接收器、衰耗器、电缆模拟网络、调谐单元、空芯线圈、匹配变压器、补偿电容，如图 4-2-18 所示。

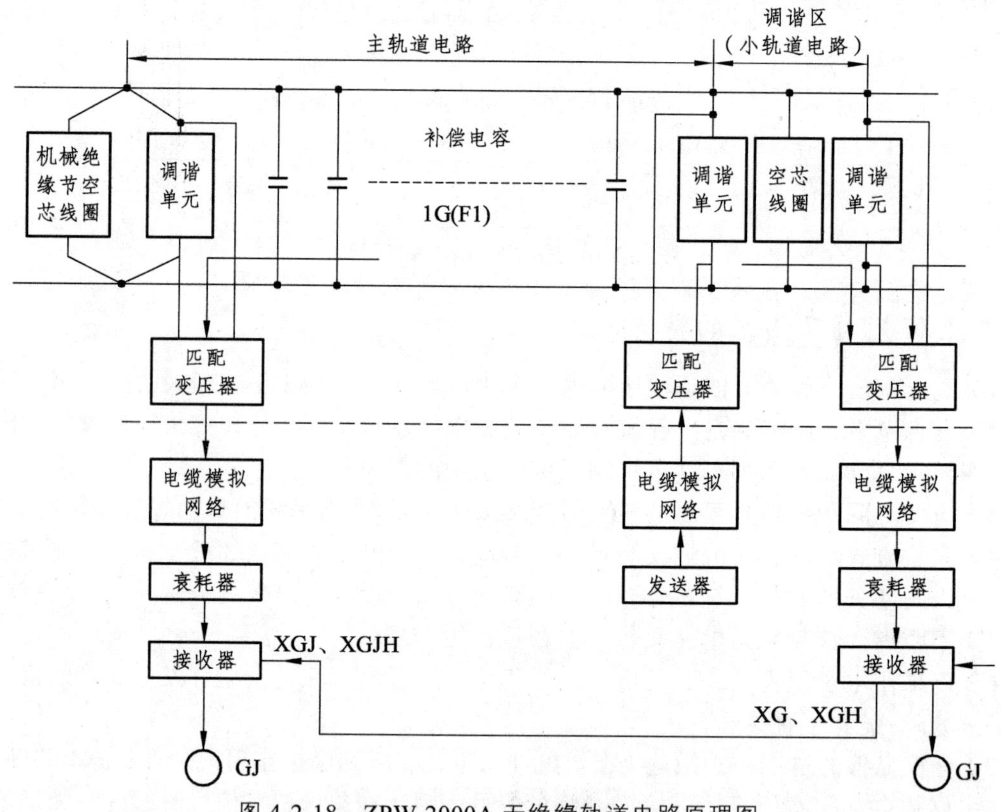

图 4-2-18　ZPW-2000A 无绝缘轨道电路原理图

发送器由编码条件控制产生表示不同含义的低频信息，经调制后送出移频信号，该信号经电缆通道（实际电缆和模拟电缆）传给匹配变压器及调谐单元，因为钢轨是无绝缘的，该信号既向主轨道传送，也向调谐区小轨道传送。主轨道信号经钢轨送到轨道电路受电端，然后经调谐单元、匹配变压器、电缆通道，将信号传至本区段接收器。

调谐区小轨道信号由运行前方相邻轨道电路接收器处理，并将处理结果形成小轨道电路轨道继电器执行条件（XG、XGH），送至本区段接收器，作为轨道继电器（GJ）励磁的必要检查条件（XGJ、XGJH）之一，如图 4-2-19 所示。

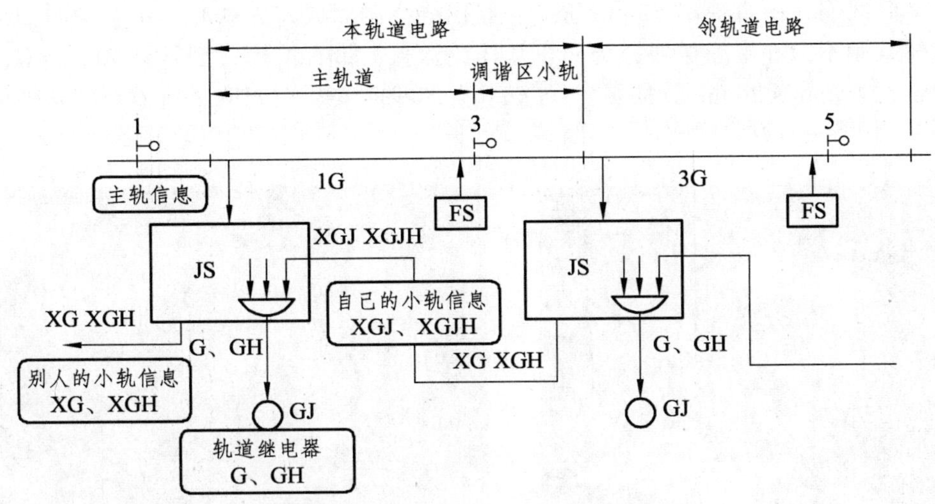

图 4-2-19　主轨道和调谐区小轨道检查原理图

本区段接收器同时接收主轨道移频信号及小轨道电路继电器执行条件，判决无误后，输出 G、GH，驱动轨道电路继电器吸起，并由此来判断区段的空闲与占用情况。另外，接收器还同时接收邻段所属调谐区小轨道电路信号，向相邻区段提供小轨道电路状态（XG、XGH）条件。

（二）室外设备

1. 电气绝缘节

电气绝缘节由 BA1、BA2、SVA 及 29 m 长的钢轨构成电气调谐区，如图 4-2-20 所示。电气调谐区又称电气绝缘节，代替了机械绝缘节，实现了相邻轨道电路的隔离。

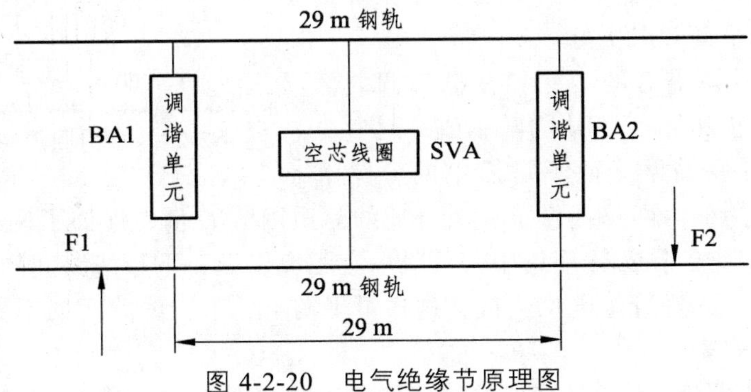

图 4-2-20　电气绝缘节原理图

（1）调谐单元 BA 是由电感线圈和电容器组成的二端网络。它有 F1 型和 F2 型。F1 型，又称 BA1 型，由 L_1、C_1 两个元件构成，分别用于上、下行频率较低的载频（1 700 Hz 和 2 000 Hz）。F2 型，又称 BA2 型，由 L_2、C_2、C_3 三个元件构成，分别用于上、下行频率较高的载频（2 300 Hz 和 2 600 Hz）。调谐单元 BA 设于一个白色聚酯盒内，盒的尺寸为 355 mm × 270 mm × 88 mm，安装在轨道旁的基础上。为防止热胀冷缩造成元件参数漂移及外力损伤，BA 内部器件被塑胶密封，如图 4-2-21 所示。

（2）空芯线圈：由直径ϕ1.53 mm 的 19 股铜线绕制而成，无铁心，带有中间抽头。空芯线圈的盒体采用不饱和聚酯材料，为白色盒体，盒盖上带有滑槽，型号为 ZK、XK，外形尺寸 355 mm × 270 mm × 86 mm，质量 7.05 kg。空芯线圈安装在调谐区轨道旁的基础桩上，两端采用钢包铜引接与钢轨连接线，如图 4-2-22 所示。

图 4-2-21　调谐单元

图 4-2-22　空芯线圈

空芯线圈的作用如下：

① 空芯线圈（SVA）主要用来平衡两根钢轨间的不平衡牵引回流。SVA 对钢轨中的 50 Hz 牵引回流呈 10.5 mΩ的电抗，可视为一条短路线，两根钢轨间存在的不平衡回流经 SVA 短路后，将不复存在。如图 4-2-23 所示，设 I_1、I_2 有 100 A 不平衡电流，由于空芯线圈的短路作用，则 $I_3 = I_4 = (I_1 + I_2)/2 = 450$ A。这就对牵引回流起到平衡作用，减小了工频及其谐波对轨道电路的干扰。

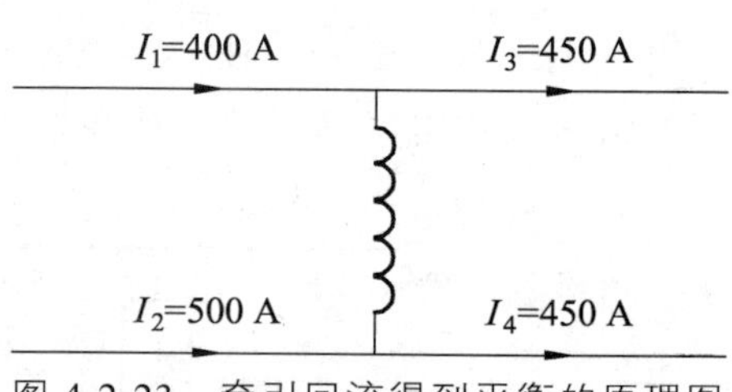

图 4-2-23　牵引回流得到平衡的原理图

由于空芯线圈没有铁心，不存在较大电流下磁路饱和的问题，使平衡效果更好。

② 参与和改善调谐区的工作。在电气调谐区内，SVA 的感抗值与 29 m 长钢轨的电感值一起参与对本区段频率呈并联谐振，而不是简单的分路电抗。SVA 的存在，为谐振回路提供了一个合适的品质因数 Q 值，保证了调谐区的稳定工作。

③ 保证维修安全。在实际使用中，每隔一定距离，上、下行线路间的两个 SVA 中间抽头连在一起并接地，即进行等电位连接，这样可平衡上、下行线路间的不平衡牵引回流，还可保证维修人员的安全。

④ 作扼流变压器用。在道岔弯股绝缘两侧各安装一个空芯线圈，将两线圈的中间抽头连接可作为扼流变压器使用。

2. 匹配变压器

匹配变压器的盒体采用不饱和聚酯材料，盒盖上带有滑槽。匹配变压器型号 ZPW.BP1，外形尺寸 355 mm × 270 mm × 86 mm，与调谐单元背靠背安装在轨道边的基础桩上。匹配变压器的外形如图 4-2-24 所示。匹配变压器按传输通道参数和载频频率进行设计，以实现轨道与 SPT 铁路数字信号电缆的匹配连接，获得最佳的传输效果。

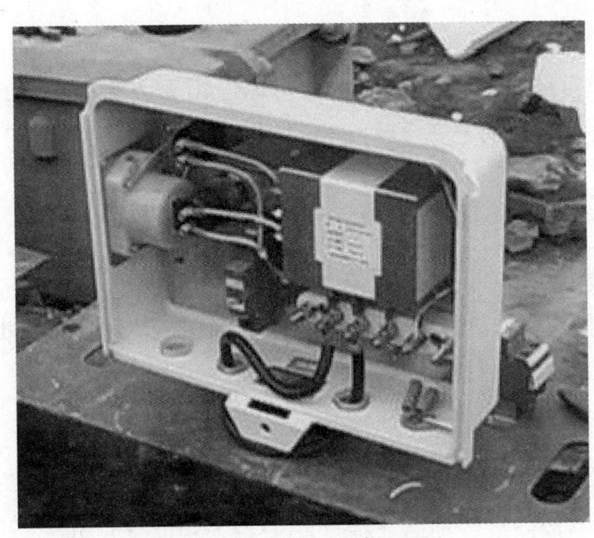

图 4-2-24　匹配变压器

3. 补偿电容

补偿电容采用电缆线焊接在电容器内部，轴向分两头引出，将电缆用环氧树脂灌封。电缆引线的连接方式有两种：一种是两端用焊锡接塞钉，塞钉镀锡；另一种是压接线鼻子，然后用专用销钉与钢轨连接。电容器的外壳材料为黑色 ABS 塑料。电容型号 CBG1，补偿电容容量、数量均按通道具体参数及轨道电路传输要求确定。

补偿电容的作用如下：

（1）保证轨道电路传输距离。钢轨呈感性，在 1 700 ~ 2 600 Hz 有着甚高的感抗值，阻碍了信息的传输。为此，在钢轨上一段距离内加装补偿电容，由于 L 与 C 的补偿，抵消了钢轨电感，减少了信号衰减，保证了轨道电路的传输距离。

（2）保证接收端信号有效信干比。由于轨道电路加补偿电容后趋于阻性，改善了轨道电路信号的传输性能，加大了轨道入口端短路电流，减小了送受电端钢轨电流比，从而保证了轨道电路入口端信干比，改善了接收器和机车信号的工作条件。

（3）实现了对断轨状态的检查。

（4）保证了钢轨同侧两端接地条件下，轨道电路分路及断轨检查性能。

当电容断线故障时，由于补偿作用的消失，钢轨感性的作用，使信号在钢轨上产生较大的衰减，从而降低了接收端电压，使系统导向安全。

（三）室内设备

室内设备包括发送器、接收器、衰耗器和电缆模拟网络等。发送器、接收器、衰耗器安装在移频柜上，电缆模拟网络安装在综合柜上。

1. 移频柜

区间移频柜安装在机械室内，用来安装发送器、接收器和衰耗器。发送器、接收器挂在 U 形槽上，用钥匙锁紧，衰耗盘插入对应的框架内。移频柜型号为 ZPW · G-2000A，外形尺寸 900 mm × 400 mm × 2 350 mm。

2. 区间综合柜

区间综合柜放置在机械室内，也叫网络接口柜，用来安装防雷电缆模拟网络和点灯隔离变压器，并实现室内外设备的连接。综合柜型号为 ZPW・GL-2000A，外形尺寸 2 350 mm × 900 mm × 500 mm。

3. 区间组合架

每个闭塞分区使用 1 个组合，每个组合占用两层继电器组合的位置，最多安放 22 台继电器。区间组合有 L 型组合、LU 型组合、U 型组合和 1LQ 型组合 4 种类型，分别用于 L 信号点（LL 信号点）、LU 信号点、U 信号点和 1LQ 区段。

4. 发送器

发送器为带 NS1 底座的 6 M 插座型盒体（见图 4-2-25），内部由数字板、功放板两块电路板构成，外部装有黑色网罩及锁闭杆。发送器型号为 ZPW・F，外形尺寸 220 mm × 100 mm × 383 mm。

图 4-2-25　ZPW・F 型发送器及底座外形

1）发送器的作用

（1）用来产生高精度、高稳定性的移频信号。有 18 种低频和 8 种载频频率。

（2）产生足够功率的输出信号，额定输出功率 70 W（400 Ω负载），最大输出功率 105 W。

（3）调整轨道电路，可根据轨道电路的具体情况，通过输出端子的不同连接，获得 10 种不同的发送电平。

（4）对移频信号进行自检测，故障时给出报警及 N+1 冗余运用的转换条件。发送器采用“N + 1”冗余方式，“ + 1”发送器为热机备用发送器。当任意一台主用发送器故障时，发送报警继电器（FBJ）落下，由 FBJ 接点转换至 + 1FS，实现系统冗余。

2）基本工作原理

同一载频编码条件、低频编码条件源，以反码形式分别送入两套微处理器 CPU1、CPU2 中，其中 CPU1 控制“移频发生器”产生低频控制信号为 f_c 的移频键控信号 FSK。移频信号分别送至 CPU1、CPU2 进行频率检测。检测结果符合规定后，即产生控制输出信号，经“控制与门”使移频信号送至滤波环节，实现方波-正弦波变换。功放输出的移频信号，送至两

CPU 进行功出电压检测。两 CPU 对 FSK 信号的低频、载频和幅度特征检测符合要求后，打开安全与门，使发送报警继电器 FBJ 励磁，并使经过功放的移频信号输出至轨道。当发送输出端短路时，经检测使“控制与门”有 10 s 的关闭（休眠保护）。发送器的原理框图如图 4-2-26 所示。

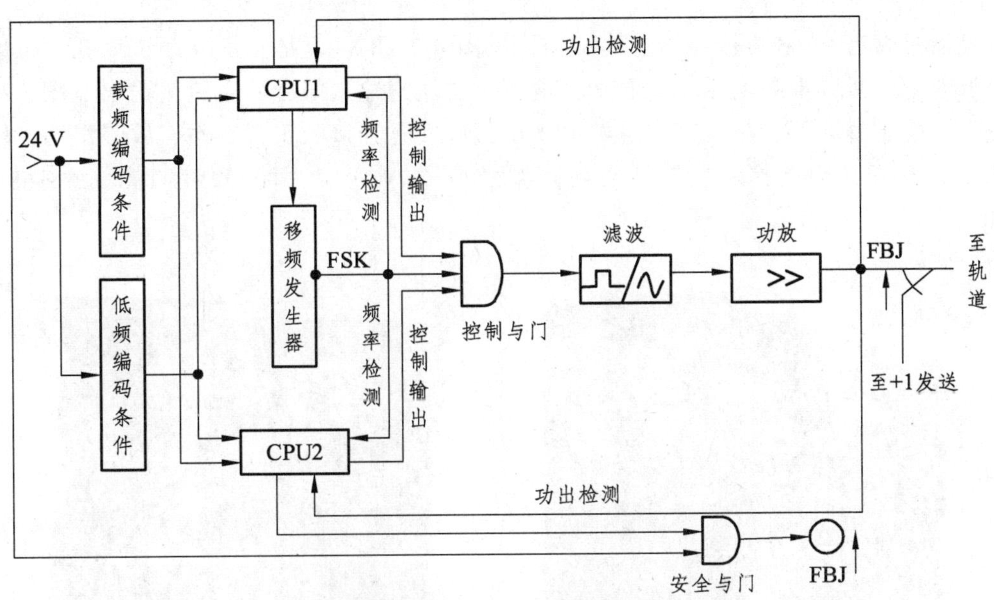

图 4-2-26　发送器的原理框图

5. 接收器

接收器为带 NS1 底座的 2 M 插座型盒体（见图 4-2-27），内部由数字板、I/O 板、CPU 板三块电路板构成，外部装有黑色网罩及锁闭杆。接收器型号为 ZPW · J，外形尺寸 220 mm × 100 mm × 123 mm。

图 4-2-27　ZPW · J 型接收器及底座外形

接收器用来接收主轨道电路和相邻区段发送器在调谐区构成的信号。

接收器的作用如下：

（1）用于对主轨道电路移频信号的解调，并配合与送电端相连接调谐区短小轨道电路的检查条件，动作轨道继电器。

（2）实现对与受电端相连接小轨道电路移频信号的解调，给出小轨道电路执行条件，送至相邻轨道电路接收器。

（3）检查轨道电路完好，减少分路死区长度，还用接收门限控制实现对 BA 断线的检查。

6. 衰耗器

衰耗器是带有 96 芯连接器的盒体结构（见图 4-2-28）。盒体正面有测试塞孔，可以测量发送电源电压、接收电源电压、发送功出电压、主轨道输入电压、主轨道输出电压、小轨道输出电压、轨道继电器和小轨道继电器电压。具有发送和接收正常工作、故障指示、轨道空闲和占用以及正反方向指示功能。衰耗器型号为 ZPW · S，外形尺寸 188 mm × 68 mm × 178 mm。

图 4-2-28　ZPW · S 型接收器及底座外形

衰耗器的作用如下：

（1）用作对主轨道电路的接收端输入电平调整。

（2）对小轨道电路的调整（含正、反方向）。

（3）给出有关发送、接收用电源电压、发送功出电压以及轨道输入输出 GJ、XGJ 测试条件。

（4）给出发送、接收故障报警，轨道空闲和占用以及正反方向指示功能。

（5）提供监测条件。

7. 防雷模拟网络盘

防雷模拟网络盘是盒体结构，盒体正面安装有测试塞孔，可以测量电缆侧的电压，也可以测量设备侧的电压。盒体通过 35 线插头与组匣相连接，通过调整 35 线插座的端子进行电缆长度的调整。规格型号为 ZPW · PML1，外形尺寸 408 mm × 76 mm × 178 mm。网络盘外形示意图如图 4-2-29 所示。

图 4-2-29　网络盘外形示意图

防雷模拟网络盘的作用如下：

防雷模拟网络盘用于模拟电缆参数，实现对 SPT 数字信号电缆的补偿，可视为室外电缆的一个延续，使补偿电缆和实际电缆总距离为 10 km，以便于轨道电路在不同列车运行方向电路时，做到一次调整，保证传输电路工作的稳定性。防雷模拟网络盘直接接在室外电缆的入口处，送受电端成对使用，设有横、纵向防雷组合，防止电缆上感应的强电损坏室内设备。

思考题

1. 简述联锁的概念。
2. 计算机联锁系统有哪些冗余结构？
3. 联锁的基本技术条件有哪些？
4. DS6-K5B 型计算机联锁系统由哪几部分组成？
5. 简述自动闭塞的优点。
6. 实行区间闭塞时，列车进入区间时需要检查什么条件？

项目五 信号控制系统

项目导引

轨道交通具有高速度、高密度、不间断运营的特点。信号系统作为行车指挥和列车运行的控制设备，尽管其投资额在轨道交通的整个工程中所占比甚小，但在保证行车安全、提高通过能力、节能及改善运输人员劳动条件等方面却起着至关重要的作用。在轨道交通中采用先进信号设备是一项事半功倍的措施。

20 世纪 60 年代以来，计算机和微电子技术突飞猛进，使信号技术经历了一场革命。以往要靠司机来执行的一些任务，如瞭望信号、使列车加减速等，现在完全可以在计算机的监控下自动进行，在确保安全的前提下实现最小列车间隔。由于在列车运行调度中心的计算机和列车车载计算机之间建立起了可靠、有效的信息、数据交换的通道，调度中心与列车车载计算机之间可以协调工作，使运输效率得以充分发挥，司机的任务仅限于监督设备的状态。

任务一 调度集中控制系统

学习目标

（1）了解铁路运输调度组织机构；
（2）了解行车调度控制系统的发展；
（3）熟悉 CTC 系统结构。

相关知识

铁路运输具有高度集中、各个工作环节紧密联系的特点。铁路运输调度是铁路运输组织的指挥中枢，分别代表各级领导指挥组织日常运输工作，担负着组织客货运输、确保运输安全、提高客货运输服务质量、保证国家重点建设的重要任务，对完成铁路运输生产经营任务，提高铁路运输企业效益起着重要作用。与铁路运输有关的各部门、各工种在运输调度的统一组织指挥下，进行日常生产活动。

一、铁路运输调度组织机构和职责范围

国铁集团设调度处，铁路局设调度所（下设技术教育室、调度分析室、统计室、综合室），技术站设调度室。国铁集团、铁路局、技术站调度根据分级管理、统一指挥的原则，分别掌管全国铁路、铁路局和车站的日常运输组织指挥工作。

国铁集团设值班处长、调度员；铁路局设值班主任、主任调度员、调度员；技术站设值班站长、车站调度员（设调度室的编组站应设室主任、副主任）。国铁集团值班处长、铁路局值班主任、车站值班站长分别领导一班工作。在组织日常运输工作中，下级调度必须服从上级调度的指挥。调度组织结构图如图 5-1-1 所示。

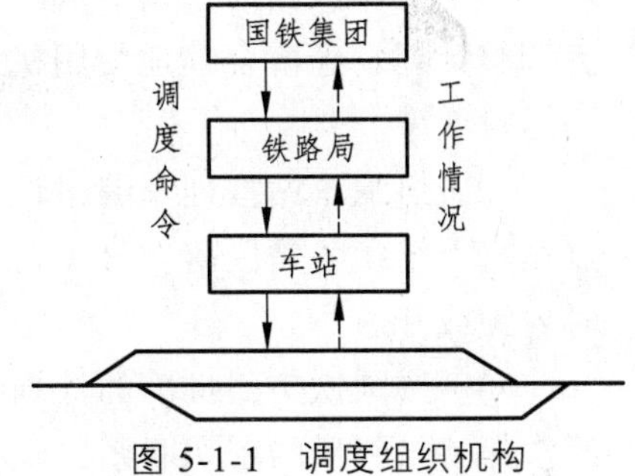

图 5-1-1　调度组织机构

（一）国铁集团调度主要职责范围

（1）负责全路日常客运、货运和车流组织工作。组织各铁路局有计划、及时地输送旅客，平衡各铁路局货车保有量，经济合理地使用机车车辆，充分利用通过能力及运输设备，挖掘运输潜力，提高运输效率。

（2）编制全路调度日（班）计划，并组织各铁路局完成。制订、下达各铁路局货运、列车工作轮廓计划和日（班）计划，督促、检查各铁路局按日（班）计划均衡地完成装卸车任务。

（3）监督检查各铁路局按列车编组计划编车，按列车运行图行车，按运输方案组织运输，督促、组织各铁路局按国铁集团批准的计划均衡地完成局间分界站列车、车辆交接任务，及时处理铁路局间分界站出现的问题，实现全路局间分界口的畅通。

（4）掌握全国重点用户、港口和车站的装卸车，并与路外单位进行协作。

（5）掌握旅客、军运及重点列车的始发运行情况；处理影响铁路局间分界口列车运行的施工封锁；处理跨铁路局旅客列车的加开、停运、变更径路、客车甩挂，根据任务需要临时调拨客车。

（6）按阶段收取各铁路局调度工作报告，检查日常运输工作完成情况。

（7）掌握国铁集团备用货车，批准备用货车的备用、解除，检查各铁路局对备用货车的管理情况。

（8）负责全路专用货车的统一调整，军运备品和集装箱的回送，篷布的运用和备用、解除。

（9）检查、通报安全正点情况，及时收取铁路行车、交通肇事、自然灾害等突发事故、事件情况，当发生事故、灾害中断行车时，应按《铁路行车事故处理规则》规定，向上级领导及有关部门报告，及时变更有关列车的运行径路和机车运用办法，根据铁路局的请求，调动跨局的救援列车，组织救援复旧。

（10）维护调度纪律，检查各铁路局调度执行国铁集团调度命令和规章制度的情况，对违令、违章造成不良后果的单位和人员进行通报批评并提出处理意见。

（11）负责全路日常运输工作完成情况和全路调度安全情况的分析工作，抓好典型，及时总结、推广调度工作先进经验。

（12）负责指导全路调度技术教育、培训和技术基础工作，积极采用、推广先进设备和技术，促进调度指挥工作现代化，不断提高调度人员的运输组织指挥水平。

（二）铁路局调度主要职责范围

（1）负责铁路局管内货流、车流组织和车流调整，按阶段均衡地完成国铁集团下达的车流调整计划，经济合理地使用机车车辆，充分利用通过能力和运输设备，挖掘运输潜力，提高运输效率。

（2）组织车站按列车编组计划、列车运行图和运输方案编发列车，保证列车按运行图正点运行，组织各站段落实日（班）计划和施工方案，处理区间内装卸车，办理区间和线路临时封锁或开通。

（3）按国铁集团批准的计划组织列车在分界站均衡交接，保证机车与列车的紧密衔接，经常保持与邻局的密切联系，及时协商、解决发生的问题，保证分界站畅通。

（4）及时、准确地掌握现在车数及其分布情况，编制铁路局调度日（班）计划，并组织站段完成。按国铁集团批准的日计划装车去向别和限制口的装车要求，审批各站段日装卸车计划，组织各站段按日计划完成装卸车任务。

（5）掌握铁路局管内各站和主要用户、港口装卸车，并与路外单位进行协作。

（6）负责组织管内旅客、军运、行邮、行包、“五定”班列、重载、挂有装载危险货物、超限超重货物列车和其他重点列车运行，掌握直达列车、成组装车和排空列车的开行及管内重点货物、集装箱、自备车运输情况。

（7）及时收取、上报调度工作报告，并向邻局做出正确的列车预报。

（8）认真执行国铁集团备用货车的管理制度，严格掌握铁路局管内国铁集团备用货车及港口、国境站备用货车的备用、解除。

（9）掌握铁路局管内客车配属、客流变化、旅客列车开行情况，重点掌握特快旅客列车、国际旅客列车及跨铁路局重点旅客列车的运行情况；组织站段按计划、及时地输送旅客，负责组织铁路局管内旅客列车的临时加开、停运、迂回运输、编组和实施票额调整及客车甩挂。

（10）负责铁路局管内专用货车的调整，军运备品和集装箱的回送，篷布的运用和备用、解除。

（11）检查、通报各站段安全正点情况，及时收取、上报铁路行车、交通肇事、自然灾害等突发事故、事件情况，对中断行车事故，应按《铁路行车事故处理规则》规定，向国铁集团调度、上级领导及各有关部门报告，并采取积极措施迅速恢复行车，必要时，调动救援列车或向国铁集团调度请求调动跨铁路局的救援列车，组织救援复旧。

（12）维护调度纪律，严格执行上级调度命令。检查各站段执行调度命令和规章制度的情况；对违令、违章造成不良后果的单位和人员进行通报批评并提出处理意见。

（13）负责铁路局日常运输工作完成情况及调度安全工作情况分析，抓好典型，及时总结、推广运输生产先进经验。

（14）负责铁路局调度技术教育、培训和安全基础管理工作，积极采用和推广先进设备和技术，促进调度指挥工作现代化，不断提高调度人员的运输组织指挥水平。

（三）车站调度主要职责范围

（1）掌握货源、货流、车流，根据铁路局下达的日（班）计划，正确编制和组织实现车站的班计划和阶段计划，保证按列车编组计划和列车运行图编发列车，不间断地接发列车，按计划完成班计划和阶段计划规定的任务。

（2）经济合理地运用车站技术设备和能力，掌握调车机运用，组织有关部门、单位密切配合，协同动作，按作业计划、技术作业过程和时间标准，完成编组和解体列车的任务，提高调车作业效率，加速机车车辆周转。

（3）及时收集到达列车预、确报，掌握车流变化，正确推算现车和指标，按阶段向铁路局调度汇报车流和车站作业情况。

（4）组织旅客、军运、行邮列车、行包列车、“五定”班列、重载和重点货物列车的开行。

（5）主动与厂矿企业联系，及时预报重车到达情况和取送车作业计划，掌握货位、装卸劳力情况，按计划均衡地完成装车和卸车任务。组织新送（厂修）客车、货物作业车、检修车（修竣车）和专用车的及时取送，缩短待取、待送时间。

（6）保证安全生产，当车站发生影响行车的事故时，应及时报告铁路局列车调度员和车站站长，并积极组织救援，减小事故对行车的影响。

（7）维护调度纪律，认真执行调度命令、上级指示和规章制度，努力提高运输效率。

（8）正确、及时填画技术作业图表，并运用计算机等先进设备组织指挥运输生产。

（9）认真分析考核车站日常作业计划的兑现情况和日常运输生产完成情况，及时向分局和车站领导报告。

（四）行车调度指挥

由于铁路运输系统是一个多专业协作运转的大型联动系统，因此行车工作必须严格执行单一指挥的原则，而行车调度就是整个系统的指挥中枢。列车调度员是一个调度区段行车的统一指挥者，他们必须熟悉行车人员和机车、车辆、线路、通信信号、桥隧等设备情况，掌握天气变化对行车的影响，最终目的是保证列车按列车运行图正点运行。

我国铁路行车调度组织的依据是列车运行图。

国铁集团组织编制运输计划，形成运行图以及编制全路调度日（班）计划；各铁路局按图指挥行车，编制局调度日（班）计划并组织站段完成；车站值班员按调度命令排列进路、开放信号、进行有关调车作业。

调度日（班）计划，包括货运工作计划、列车工作计划和机务工作计划，三者紧密衔接，共同保证均衡地完成月度运输生产经营计划，实现列车编组计划、列车运行图及运输方案。

日计划是由当日 18:00 至次日 18:00 一日内的日间运输工作计划。日计划分为两个班计划：当日 18:00 至次日 6:00 为第一班计划，次日 6:00 至 18:00 为第二班计划。铁路局可根据第一班计划的执行情况和日计划任务，对第二班计划内容进行部分调整。

日计划中的列车工作计划，包括以下内容：

（1）列车到、发及运行计划，包括列车车次、发站、到站、发到时分、编组内容、始发列车车辆来源、小运转列车运行计划，机车交路及机车型号。

（2）分界站列车交接计划，包括列车车次、到开时分、各列车中去向别重车数（到邻局的重车分到站）和车种别空车数。

（3）管内工作车输送计划、各站配空挂运计划和摘挂列车的装卸、甩挂作业计划。

班计划是车站完成一个班运输生产任务的作业组织计划。内容主要包括：

（1）列车到达计划；

（2）列车出发计划；

（3）卸车计划；

（4）装车计划等。

为保证班计划的实现，需要编制阶段计划。内容主要包括各方向到、发列车车次、时分、机车型号、进入场别、占用线别、编组内容、解体顺序和起止时分。

阶段计划由车站调度员根据班计划和《铁路运输调度规则》有关规定，按列车编组计划、机车牵引定数、列车计长以及《铁路技术管理规程》《行车组织规则》规定的编挂限制，《车站行车工作细则》规定的列车占线程序，各项技术作业的时间标准和调车区的划分，调车机的作业分工，利用车站技术作业图表进行编制。

二、铁路行车调度控制系统发展

铁路行车调度控制系统是行车调度人员完成其工作职能使用的行车设备的统称，从形式上主要有调度监督、调度集中、调度信息管理系统、行车调度自动化等。不论以什么形式存在，总的来说不外乎完成以下几项功能：远程监督、远程控制、信息共享、计算机辅助调度等。

（一）早期的铁路行车调度控制系统

1959 年，我国第一次在北京—天津段安装运用了从苏联引进的调度监督设备，系统采用继电器逻辑电路。1962 年，在宝成线宝鸡—凤城段首次安装了调度集中设备，采用的是继电式极性频率制。从目前来看，当时的这两个系统都存在容量小、速度慢的缺点。

20 世纪 70 年代，我国自行研制了由晶体管分立元件或集成电路组成的调度监督设备，分别为 DJ1 型和 DJ2 型。这一阶段的调度控制系统特点是采用了较机械电子部件更为先进的电子元器件，但是由于设备尚不完善，也未能大面积推广。这一阶段的调度控制系统在某些调度区段，如陇海线郑州—商丘段，曾发挥过应有的效能，对提高运输效率和推迟复线改造起到过重要作用。但终因复线改造、区间无空闲检查设备、相关设备不配套、系统本身不够稳定等原因，这些设备相继于 20 世纪 70 年代末停止使用。

在这一期间，我国铁路调度集中系统发展缓慢，原因是多方面的，主要是由于我国铁路小站摘挂、列车作业较多，致使调度控制权经常下放；其次是单线区段列车成对运行，难以收到理想的效果；另外还有设备所用器件可靠性不高、调度人员素质有待提高且未进行系统培训等，使得设备效能不能充分发挥。

（二）第二次发展

20 世纪 80 年代后，微型计算机和单片机、单板机技术在工业控制领域取得越来越广泛的应用，我国铁路科技工作者在调度集中、调度监督的微机化及相关性能的研究上也取得了突破性进展，并在应用上取得一定成果。微机化调度集中和调度监督的特点：设备由分立元件向大规模集成电路转化，由布线逻辑向计算机系统转化；由零散设计向标准化、模块化、积木式、高可靠及无维修化转化；由单一功能向多功能扩展；表示设备由盘面式向屏幕式发展；调度集中由单线向双线扩展，调度监督由区段向枢纽、分界口等多方面发展。这一阶段的调度控制系统比早期的继电逻辑系统性能更加稳定，维修更加方便，控制容量大大提高。

宝成线（宝鸡—凤州段）于 1991 年开通使用了 D4 型单线调度集中系统，是我国第一段正式开通的微机化调度集中系统。大秦线安装了 D5 型双线调度集中系统，兰新线哈密—柳园段安装的是引进的 CTC4000 型调度集中系统，广深准高速铁路中运用了全微机的调度集中系统，京广线郑州—武昌段安装了具有计算机辅助调度功能的 4000 型全微机调度集中系统。

1994 年 10 月建成的我国第一条准高速铁路——广深线，采用了全微机调度集中系统。系统分为计算机辅助调度和调度集中基本级两大部分。车站接发车可由控制中心计算机自动控制、程序控制、调度集中控制、调度员存储控制和车站控制等多种方式实施；实现了列车运行图的管理，包括基本运行图的存储、显示和更新，班计划运行图的编制、修改和显示，三小时计划运行图的编制、变更和显示，实际运行图的描绘及数据统计；实现了对列车运行的调整，对在线列车运行进行监视，不断与三小时计划运行图比较，实时地提出运行调整方案。

京广线郑州—武昌段的 4000 型全微机调度集中系统具有计算机辅助调度功能。京广线保定—石家庄段的调度监督系统，进行了三小时计划运行图自动生成试验。

这一阶段我国铁路自行研制的调度监督设备有 DJ4 型和 TY-DJ 型，引进的有 DSS3000 型。

在这个阶段，调度部门逐渐装备了配套的运行图自动扫描、自动报点和车次号自动传递等设备，我国调度集中，尤其是调度监督有了较快的发展。到 1998 年年底，我国铁路有调度集中 1 200 多千米，区段调度监督 9 100 多千米，枢纽和分界口调度监督 55 处，已占营业里程的 16%以上。但是与国外铁路相比仍有巨大差距。

（三）当前铁路调度控制系统状况

我国于 1996 年开始实施 DMIS（调度指挥管理信息系统）工程。DMIS 工程是铁路现代化的重要标志工程，是增强各级运输调度指挥手段、提高运输效率和效益的重要技术改造项目，也是提高铁路信号整体水平，向网络信号发展的龙头工程。

DMIS 工程入网的调度监督均预留调度集中的条件，待时机成熟和运输需要时，即可改为调度集中控制。以后的调度集中也不再是传统意义的调度集中，仅仅为人工集中控制，而要引入更多的功能，如自动选路、计算机辅助调度、列车运行自动调整，即逐步实现行车调度自动化。随着 DMIS 工程的实施，四大干线原有调度集中进行了改造，并新建了相当数量的调度监督。

2000 年，在沪宁线确立了 DMIS 建设模式。DMIS 建设进入快速发展期，至 2004 年，DMIS 一期工程全面开通。

2005 年，DMIS 改名为 TDCS（调度指挥管理系统），系统从侧重点从管理信息系统转变为调度指挥系统。

调度集中系统也引入了先进的分散自律控制理念，实现了调车进路远程控制，增加了列车进路智能控制，完善了车次号传输、生成、无线传输，以及运行图自动生成、调整等功能。

三、铁路行车调度控制系统概述

传统的运输调度指挥方式是比较落后的“老四样”：一部电话、一支笔、一把尺、一张图。形象地描述出了调度人员的工作环境。在这种指挥方式下，各级调度人员所获得的信息量少，信息实时性、可靠性差，而且调度人员处于繁忙、紧张、疲劳情况下被动指挥，对非常事件的处理、应变能力不足，其后果必然是影响铁路运输能力的正常发挥。这不但与铁路运输的发展极其不相适应，同时，落后于国民经济的飞速发展。

随着科技水平的发展和社会的进步，铁路运输运能、运量、营业里程不断提高，行车密度也在提高。不断发展的新形式对各级行车调度人员的工作效率提出了更大的要求，仅仅依靠“老四样”和人工控制远远满足不了要求，只有在新的技术平台上开发有效的运输调度行车指挥设备，用设备产生更大的生产力，才能科学合理地进行运输组织和列车运行调度，提高管理水平和调度指挥能力，最大限度地发挥现有路网的运输能力，提高运输效率，改善服务质量。

行车调度控制系统大致经历了继电逻辑、电子逻辑、计算机逻辑三个阶段，如图 5-1-2 所示。其中计算机逻辑阶段又可以分为探索阶段和成熟阶段，我国现阶段比较成熟的行车调度控制系统有 TDCS、分散自律型 CTC，行车调度自动化设备也取得了较大发展。

图 5-1-2　调度系统的发展过程

（一）TDCS 系统

TDCS 是英文 Train operation Dispatching Command System 的缩写，即列车调度指挥系统，它是覆盖全路的现代化的铁路调度行车指挥管理和控制网络系统。TDCS 系统覆盖全国铁路调度信息点，为二级三层体系结构。它以行车调度指挥为核心，服务于铁路运输生产各部门，是铁路运输指挥信息化、自动化的基础。

TDCS 系统是以行调为核心的现代化铁路运输调度指挥管理信息系统，实现全路运输调度的集中管理、透明指挥、实时监视、自动调整。可以说，TDCS 系统是铁路跨越式发展的必然需要。

以路局为中心的 TDCS 系统通过广域网实现对各车站的行车信息监测、行车计划和调度命令下达，其结构组成如图 5-1-3 所示。在路局调度所进行信息的综合处理，提供现场的作业状态、列车信息，并实现与 TMIS 交换信息及 TDCS 联网，将有关信息送往国铁集团，从而彻底减轻行调人员的劳动强度，实现行车调度决策的科学化、现代化。系统由调度所子系统及车站子系统两大部分组成。调度所子系统设备主要由行调员台、计划员台、调度长台组成的计算机辅助行车调度系统设备及 TDCS 主机房的通信服务器、网络系统维护台、系统维护/培训台、网络柜各设备（路由器、交换机）、前置机柜各设备（远程通信）、电源柜各设备（UPS、配电盘）等组成的信息处理及通信网络设备构成。车站子系统设备主要由信号机械室的 TDCS 主机柜等设备组成的通信和数据采集系统，及运转室的站机组成的调度管理和行车信息显示系统构成。

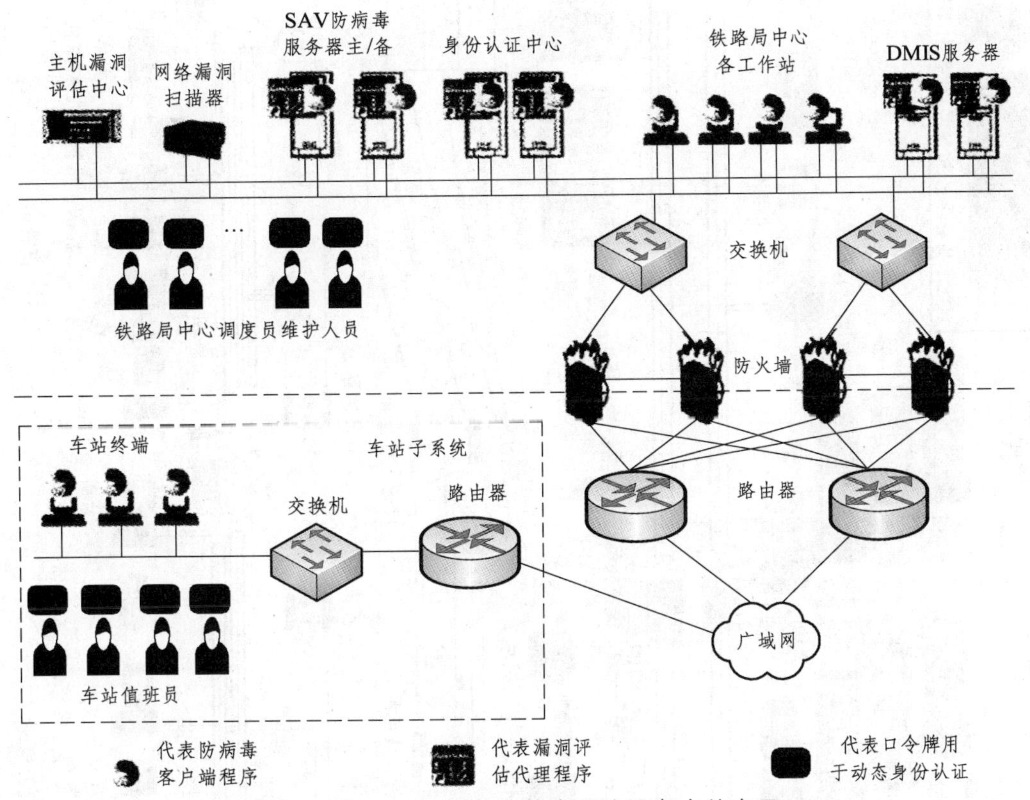

图 5-1-3　TDCS 网络防护在系统设备中的布置

（二）分散自律调度集中

分散自律调度集中是以计算机技术、网络技术、通信技术和自动控制技术为基础，采用智能化分散自律原则设计，以列车运行调整计划为中心，兼顾列车和调车的自动化调度指挥系统。分散自律调度集中系统采用计算机分布式网络控制技术、信息采集与处理技术，将列车运行调整计划下传到各个车站自律机中自主自动执行；在列车运行调整计划基础上，解决列车作业与调车作业在时间上与空间上的冲突，实现列车和调车作业的统一控制。

分散自律调度集中在传统调度集中的基础上，结合我国的实际情况，对系统的工作方式、硬件配置水平、系统开发的标准化规范化程度等方面进行了全面提高。分散自律调度集中主要解决了原有调度集中系统的以下问题：

（1）解决了智能化程度不高的问题。

（2）解决了交放权过于频繁的问题。

（3）提高了车次号跟踪子系统的可用性。

（4）提高了整个系统的可靠性。

（5）提高了无线通信能力。

CTC 分散自律调度集中设备结构及功能

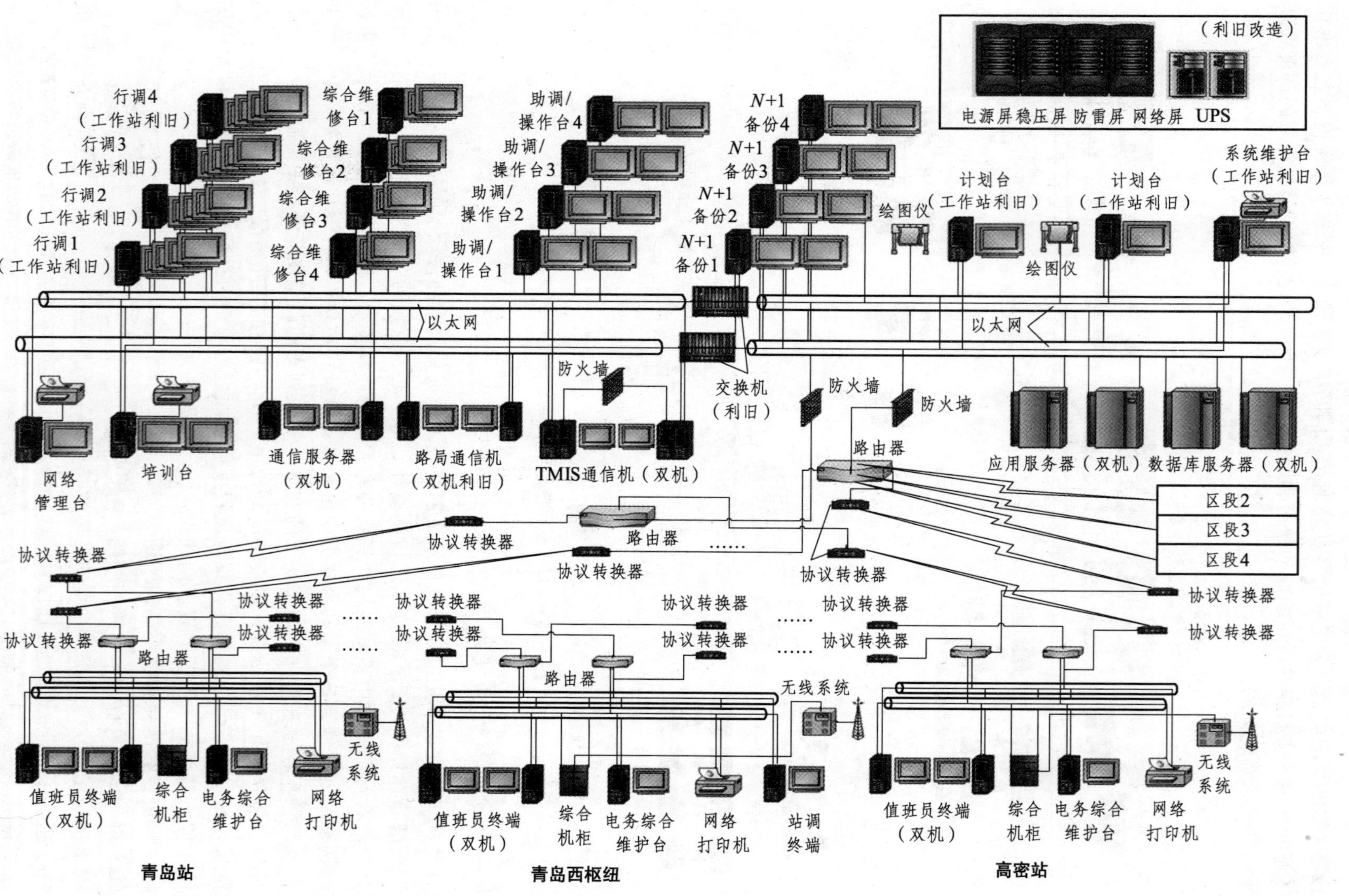

图 5-1-6 CTC 系统结构图

分散自律调度集中系统采用了分布式计算机控制技术，它最突出的特点是整个系统的目标和任务事先按一定的方式分配给子系统，然后由子系统间通过数据通信进行信息交换和相互协调，独立完成目标或任务，如图 5-1-6 所示。这样做有以下优点：

（1）分布式系统可以有效降低整个系统的风险，在对子系统设备要求不高时，可以降低整个系统的造价。

（2）分布式系统的子系统比较容易实现通用化与系列化，系统的扩充也很方便，同时还可以对系统进行重构，实时地动态分配与管理系统，以适应不同的环境和用户的要求。

（3）分布式系统的实时性能很好，响应速度快，这主要得益于子系统只处理本系统的信息，通常不受传输延迟的影响。

采用分散控制策略带来的负面影响是系统总体的调度、协调和优化极为复杂，增加了整个系统的复杂程度，处理不好有可能降低整个系统的可靠性；其次，分布式系统数据通信量非常大，对通信设备的可靠性和安全性有很高要求，子系统间通道或子系统本身的故障会严重影响其他子系统的工作。

分散自律调度集中系统的控制中心一般设在铁路局调度所，如图 5-1-7 所示。

图 5-1-7　调度指挥系统

（三）行车指挥自动化

行车调度自动化系统，是在调度监督和调度集中技术的基础上，增加或增强了编制运输计划、自动排列进路、自动调整运输计划、编制车辆运用计划、传递列车晚点信息及各种统计工作等功能，整个系统的智能化程度显著提高。

行车调度自动化系统的基本任务归纳起来有以下几项：

（1）自动进行列车运行调整。

（2）自动控制列车进路。

（3）自动显示区段内列车位置、车次、车站股道情况和信号设备情况。

（4）自动监督列车运行情况，不正常时自动报警。

（5）自动记录实际运行图。

（6）自动进行与列车有关的统计。

（7）自动预告和显示接近列车车次及正、晚点情况。

行车调度自动化是铁路信号技术发展的关键技术，随着微电子技术、现代通信技术、计算机技术的发展，无论在信息交换、实时控制及调度决策，还是在控制范围方面，越来越显示其优越性。它代表了铁路行车信息与控制技术的发展趋势。随着现代科学技术的不断发展，调度集中、调度监督技术已趋成熟，达到了实用化程度。

行车调度自动化系统是在 CTC（调度集中）的基础上，实现行车指挥自动化的控制系统。在繁忙区段安装调度集中设备，虽然实现了一定范围的集中控制，但调度员的业务量仍很大，一切操作、判断、统计都要有人参与才能完成，特别是运行图被打乱时，调度员既要办理调度业务，又要整理行车秩序，设法恢复正点运行或将准紊乱的情况控制在最小范围内，因此调度员劳动强度很大。

在调度集中的基础上引入实时管理计算机，用它来承担调度人员的一部分或大部分工作。利用计算机编制列车运行图，并在显示器上用图形和文字表示出来，调度员可随时了解整个区段或指定区域的列车运行情况；利用计算机完成调整打乱了的运行图。有了这些手段，则可使调度员从繁忙的事务性工作中解放出来，从而把精力主要放在判断和调整运行计划上。

实现行车调度自动化是铁路现代化的重要内容之一。它虽然不是解决运能和运量矛盾的主要手段，但能为铁路运输提供安全和效率的保证，既提高了劳动生产率，又改善了劳动条件。

上面介绍的三大类铁路调度远程控制系统，都是为了提高行车调度人员工作效率、准确地完成行车调度工作，保证铁路运输安全生产，同时减轻他们的劳动强度、改善工作环境。

任务二　列车运行自动控制系统

学习目标

（1）了解列控系统的功能；

（2）熟悉列控系统的发展；

（3）了解 CTCS2 列控设备组成。

相关知识

列车运行自动控制系统（简称列控系统）是对列车运行全过程或部分作业实现自动控制的系统。其特征为列车通过获取的地面信息和命令，控制列车运行，并调整与前行列车必须保持的距离。列控系统用速度信号取代了存在模糊含义的色灯信号（例如要求减速的黄灯信号到底减多少并不明确），显示了列车应有的安全速度值，它以车载信号作为行车凭证，并以车载信号设备直接控制列车。列控系统的出现，使铁路信号出现了一个重大转折，即由对地面设备的控制转向对移动列车的直接控制，并具备了智能化的特点。

20 世纪 80 年代末，我国相继在京广线郑武段、京哈线京秦段引进了法国的 UM71 轨道电路和 TVM300 列控系统，在京哈线秦沈段引进了法国的 UM2000 轨道电路和 TVM430 列控系统。“机车信号 + 列车运行监控记录装置”的结合使用，在我国运行速度 160 km/h 以下客货列车上得到了推广和普及，在指导司机驾驶、列车运行基本安全防护等方面发挥了重要作用。

欧盟的 GSM-R/ETCS 已进入实际运作阶段，给我们提供了良好的技术借鉴。2004 年初，铁道部组织国内外专家，通过对 ETCS 技术规范、世界各国列控标准及实际运营情况的分析，结合我国铁路实际运行需求、设备状况和技术政策，经过长时间的论证和研究，提出了《CTCS 技术规范准则》，确定 CTCS 五个等级的总体技术框架；并制定了《CTCS-2 级列控系统暂行技术条件》，确定采用由点式应答器 + 连续式轨道电路向列车传输运行许可信息，采用目标距离模式曲线监控列车安全运行的方式。2004 年年底，铁道部组织研究并决策，在我国铁路既有线第六次提速 200 ~ 250 km/h 时采用 CTCS-2 级列控系统，在动车组列车上装备 CTCS-2 级列控车载设备，在提速至 200 ~ 250 km/h 线路区段上进行 CTCS-2 级列控地面设备改造。2005 年年底及 2006 年年初，在环形道上利用 SS_9 型机车，进行了 CTCS-2 型列控系统第一次全面试验。2006 年 5 月，在环形道上完成了 CTCS-2 型列控系统基本列控功能试验。2006 年 9 月 18 日完成胶济全线列控设备安装任务，9 月 20 日进行胶济全线动车组列控拉通试验。2007 年 3 月，铁道部在北京铁路局管内组织实施了动车组 5 min 追踪运行试验。

2007 年 4 月初在胶济线蔡家庄至娄山五站四区间 76 km 区段进行了 CTCS-2 补充试验。至此，CTCS-2 型列控系统的基本功能全部得到验证。借鉴欧洲列控系统（ETCS）建设经验，结合我国铁路运输特点和既有信号设备制式，考虑未来发展，遵循全路统一规划的原则，制定了我国列控系统 CTCS 技术标准，分为 CTCS-0、1、2、3、4 级。

一、CTCS-0 级

CTCS-0 级列车运行控制系统由机车信号和列车运行监控记录装置组成，适用于 120 km/h 以下的既有线路。CTCS-0 级为既有线的现状，由通用机车信号和列车运行监控记录装置构成。为了规范的一致性，将目前干线铁路应用的地面信号设备和车载设备定义为 0 级，在既有地面信号设备的基础上，采取大存储的方式把线路数据全部存储在车载设备中，靠逻辑推断地址调取所需的线路数据，结合列车性能计算给出目标距离式制动曲线。日本的数字列车运行控制系统 D-ATC 就是采取车载信号设备存储电子地图，通过每一轨道区段的地址编码来调取所需的线路数据，这种方式可以使地-车信息传输的信息的需求量减少。在欧洲列车控制系统 ETCS 规范中也不排斥车载信号设备存储线路数据的方式。一般自动闭塞设计仍按固定闭塞方式进行，采用四显示自动闭塞和分级速度控制，其目标距离式制动曲线可作为参考。CTCS-0 级的控制模式也是目标距离模式，它在既有地面信号设备的基础上，采取大存储的方式，把线路数据全部存储在车载设备中，靠逻辑推断地址调取所需的线路数据，结合列车性能计算给出目标距离式制动曲线。这种方式可以使地-车信息传输的信息需求量减少。

二、CTCS-1 级

CTCS-1 级由主体化机车信号 + 安全型列车运行监控记录装置组成。面向 160 km/h 以下的区段，在既有设备基础上强化改造，达到机车信号主体化要求，并增加点式设备，实现列车运行安全监控功能。

1. 地面子系统组成

轨道电路：完成列车占用检测及列车完整性检查，连续向列车传送控制信息。

点式信息设备：宜设置在车站附近，主要用于向车载设备传输定位信息。

2. 车载子系统组成

主体机车信号：完成轨道电路信息的接收与处理。

点式信息接收模块：完成点式信息的接收与处理。

安全型运行监控记录装置：实时检测列车运行速度，对列车运行控制信息进行综合处理，控制列车按命令运行。

CTCS-1 级的控制模式为目标距离式，采用大存储的方式把线路数据全部存储在车载设备中，靠逻辑推断地址调取所需的线路数据，结合列车性能计算给出目标距离式制动曲线。在车站附近增加点式信息设备，传输定位信息，以减少逻辑推断地址产生错误的可能性。可将其称为线路数据全部存储在车载设备上的列车运行控制系统。

（一）机车信号

信号机由于装在地面上，受曲线、隧道等地形限制，给司机瞭望带来一定的困难。特别是在雨雪、风沙、大雾迷茫等恶劣气候条件下，地面信号更是看不清。另外，随着列车速度的不断提高，特别是高速列车的出现，显示距离约 1 km 的信号机已很难使司机从容采取措施。比如司机发现红色停车信号时以 200 km/h 的速度行驶，即使立即使用紧急制动，列车在巨大惯性的推动下，也要越过信号机 1 km。因此，高速列车依赖地面信号机显然是极其危险的。为了解决这个问题，人们研制出了机车信号机。

机车信号是指在司机室内指示列车前方运行条件的信号。它能自动地反映列车运行前方地面信号机的显示状态和运行条件，指示列车运行，并与列车自动停车装置结合，确保列车的安全运行。在列车自动控制系统中，机车信号演变为主体信号，其信号的含义也发生根本变化，根据与先行列车的间隔距离和进路条件，不断地从地面接收以“目标速度”或“目标距离”数据为主的机车信号信息，列车自动控制系统的车载设备根据接收的机车信号信息，自动完成速度控制、超速防护和在车站的程序定位停车。

JT1-CZ2000 型机车信号系统由地面设备和车载设备两部分组成。地面设备主要包括区间轨道电路和站内轨道电路电码化。JT1-CZ2000 型机车信号系统地面设备应采用 ZPW-2000 轨道电路。当地面设备能保证连续可靠地向列车提供机车信号信息时，JT1-CZ2000 型机车信号可作为行车凭证，即实现机车信号的主体化功能。

JT1-CZ2000 型主体化机车信号车载系统（一体化）由主体化机车信号主机（含机车信号记录器）、机车信号双路接收线圈、机车信号显示器构成，机车信号显示器可选用 LED 机车信号显示器或点阵式机车信号显示器。其设备构成如图 5-2-1 所示。

JT1-CZ2000 型机车信号显示器如图 5-2-2 所示，选用了专为机车信号显示设计的 LED 信号灯，其光谱纯，发光柔和，抗振性强，耗电量小，使用寿命长，可靠性高。

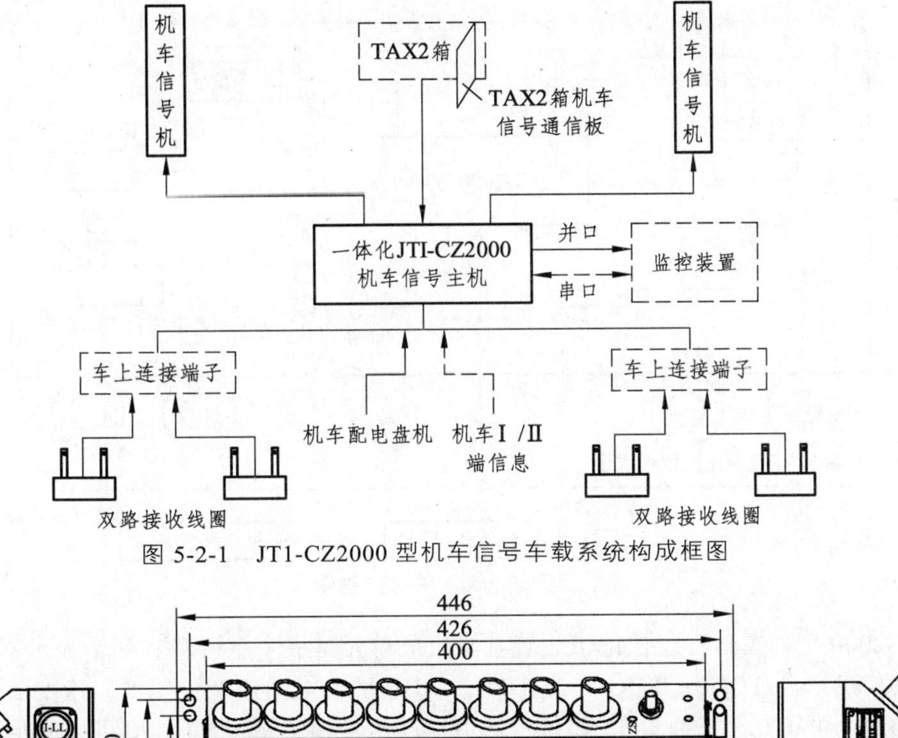

图 5-2-1　JT1-CZ2000 型机车信号车载系统构成框图

图 5-2-2　JT1-CZ2000 型机车信号显示器外形图

（二）LKJ-2000 型列车运行监控记录装置

列车运行监控记录装置（LKJ）是中国技术人员自主研发的以保障列车运行安全为主要目的的列车速度控制装置。该装置在实现安全速度控制的同时，采集记录与列车安全运行有关的各种机车运行状态信息，促进了机车运行管理的自动化。LKJ-2000 型列车运行监控记录装置是国内新一代列车超速防护设备，能准确地记录列车运行状况、信号设备状况及乘务员操纵状况，并采用双机热备冗余工作方式，工作性能更加可靠。装置的屏幕显示器以图形、曲线、文字等方式来显示前方线路状况、运行情况等信息，并在列车超速、冒进红灯等危险情况时自动采取紧急制动，保障铁路运输安全。该装置采用的是车载控制模式，在列车运行时根据列车所处位置按顺序调用车载的线路数据，并按前方信号机的显示、距离、列车速度实时计算和显示模式控制曲线。当列车速度超过模式控制曲线时，将对列车采取措施，如将机车动力卸载；实施常用制动、紧急制动等，使列车减速或停车，防止越过前方关闭的信号机。

LKJ-2000 型列车运行监控记录装置由车载设备、数据转储器（或大容量 IC 卡）、CJK2000 综合诊断仪和地面微机系统组成，车载设备包括一个主机箱（双机冗余）、两个屏幕显示器、事故状态记录器（可选）、数据转储器、双针速度表、速度传感器、压力传感器等。系统结构框图如图 5-2-3 所示。

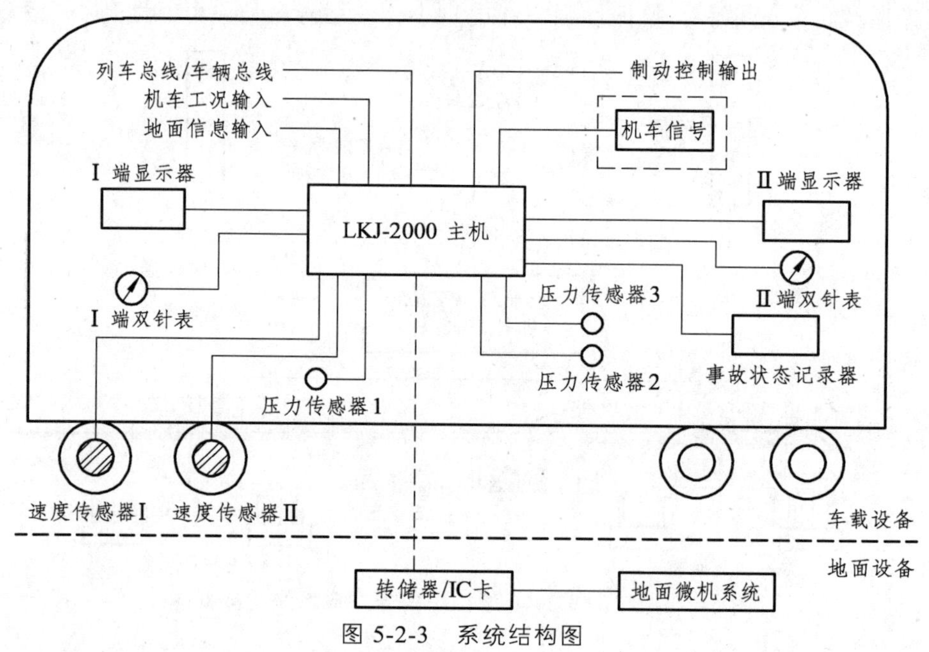

图 5-2-3　系统结构图

LKJ-2000 型列车运行监控记录装置基本组成单元是一个主机箱和两个显示器。

速度信息来自 TQG9、TQG15 或 DF8、DF16 的光电式速度传感器，速度信号的基本配置为二通道（可扩充至三通道），如果二通道速度信号相位相差 90°，则可以满足装置相位防溜功能的需要。在无相位防溜功能的情况下，二通道速度信号可分别取自两个速度传感器。

机车信号信息可来自 SJ93、SJ94 通用式机车信号装置，也可通过 RS485/RS422 串行通信方式获取。

压力检测除了检测列车管压力外，还检测机车制动缸的压力及均衡风缸压力，压力传感器可采用 TQG14 型机车压力变送器。

指针式速度指示可采用 ZL 型或 EGZ3/8 型双针速度表。双针速度表的里程计指示可由监控装置驱动，也可由数模转换盒驱动。双针速度表照明电源可取自机车照明电源。

三、CTCS-2 级

CTCS-2 级列车运行控制系统是中国列车运行控制系统中的一个重要应用级别，主要应用于既有线提速区段和部分客运专线，其运行速度为 200 ~ 250 km/h。

CTCS-2 级列控系统是基于轨道电路和点式应答器传输列车运行许可信息，并采用目标-距离模式监控列车安全运行的列车运行控制系统。

CTCS-2 级列控系统由地面和车载设备构成。列控地面设备由临时限速服务器（TSRS）、列控中心（TCC）、ZPW-2000（UM）系列轨道电路、应答器设备等组成。车载设备由车载安全计算机（VC）、轨道电路信息接收单元（TCR）、应答器信息接收模块（BTM）、记录单元（DRU）、人机界面（DMI）等组成。

轨道电路实现列车占用检查，并连续向列车传送空闲闭塞分区数量等信息；应答器向车载设备传输定位信息、线路参数、临时限速等信息；列控中心具有轨道电路编码、应答器报文存储和调用、区间信号机点灯控制、站间安全信息（区间轨道电路状态、中继站临时限速信息、区间闭塞和方向条件等信息）传输等功能，根据轨道电路状态、进路状态及临时限速等信息产生行车许可，通过轨道电路及有源应答器将行车许可传送给列车；临时限速服务器完成临时限速命令的存储、校验、撤销、拆分、设置和取消及临时限速设置时机的辅助提示。

车载安全计算机采用高可靠的安全计算机平台，根据地面设备提供的信号动态信息、线路参数、临时限速等信息和动车组参数，生成目标-距离模式生成控制速度曲线，监控列车安全运行。轨道电路信息接收模块（STM）用于接收轨道电路信息，并将信息同时提供给车载安全计算机和列车运行监控装置（LKJ）。应答器信息接收模块（BTM）用于接收处理应答器信息，并将解码得到的应答器报文提供给车载安全计算机。人机界面（DMI）显示列车运行速度、允许速度、目标速度和目标距离，并可接收司机输入。

测速和测距是通过速度传感器来实现的。速度传感器安装在动车组两端车头的第二轴和第三轴上，将各轴的转速转换成电信号后输出给车载安全计算机。由于该信号的频率与列车的速度相关，车载安全计算机通过对该频率的计数来实现测速和测距。

目标距离-速度控制模式根据目标距离、目标速度及列车本身的性能，确定列车制动曲线，采取连续式一次制动模式控制列车运行。CTCS-2 级总体结构如图 5-2-4 所示。

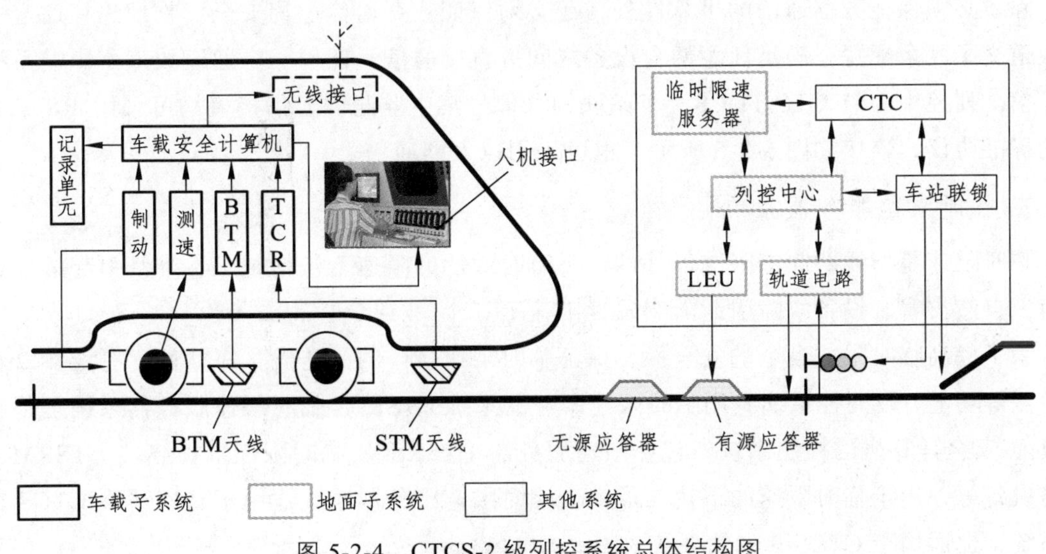

图 5-2-4　CTCS-2 级列控系统总体结构图

（一）地面设备

1. 列控中心

列控中心（Train Control Center，TCC）是列控核心安全设备，设于各个车站，采用冗余的硬件结构。列控中心的主要作用是向车载设备提供控车有关的信息。它与车站联锁、CTC/TDCS设备接口，根据调度命令、轨道区段占用信息、进路状态、线路参数等产生进路及临时限速等相关控车信息，通过设置在车站进、出站处的有源应答器向列车发送可变信息报文，具有发送接车进路信息、临时限速信息及进站信号机降级显示等主要功能，保证其管辖内的所有列车的运行安全。列车进路信息和临时限速信息需要根据列车运营情况确定，处于实时变化之中，必须采用可变信息的有源应答器传送。有源应答器已经在欧洲铁路得到广泛运用，但是其可变信息量少，并且地面电子单元（LEU）安设在线路旁，与信号点灯电路连接，根据信号显示选择相应报文，所需报文数量很小。LEU能存储500多条报文，而应用中最多只用到几十条。

在CTCS-2条件下，列控中心是实现应答器报文选择和发送的重要设备，应答器报文信息根据不同的临时限速和进路条件预先编码生成并存储于列控中心中，它依据调度指挥系统实时下达的临时限速命令和联锁系统当前的进路状态实时计算，选择相应的应答器报文数据，通过LEU、有源应答器向列车动态传送，从而实现对列车运行的动态控制。

列控中心与CTC/TDCS站机、计算机联锁、微机监测、临时限速服务器、相邻列控中心、ZPW-2000系列轨道电路、地面电子单元（LEU）配置通信接口。

列控中心机柜内部采用接口板或接口模块将这些通信接口集中配置，以便于施工和维护。所有通道均采用点对点连接方式，通信电缆采用屏蔽双绞线电缆，全双工通信模式，不共享通信总线。

为保证通信的可靠性，列控中心与计算机联锁系统、CTC/TDCS的通信通道属于安全通道，除了必须保证数据通信的可靠性外，还必须保证数据通信过程安全。物理连接通道采用双通道交叉冗余配置，满足任意两台设备之间的直接通信，任何一个通道故障不影响系统间的通信。列控中心与CTC/TDCS、车站联锁、信号集中监测的通信接口均可采用RS-422统一的标准协议，连接如图5-2-5所示，也可采用以太网通信。

2. 临时限速服务器系统

临时限速是指线路固定限速以外的、具有时效性的限速，包括施工、维修引起的计划性限速，自然灾害、设备故障引起的突发性限速等。

为了提高临时限速命令的安全性，保证临时限速命令的一致性、完整性、有效性以及冲突检测等功能，设列控系统专用临时限速服务器系统（TSR）。临时限速服务器系统是基于信号故障-安全计算机的控制系统，包括限速服务器（TSRS）、临时限速维护终端（TSRM）及网络设备等，用于临时限速的下达与取消。临时限速服务器系统适用于高速铁路CTCS-2列控系统，也适用于CTCS-3列控系统。

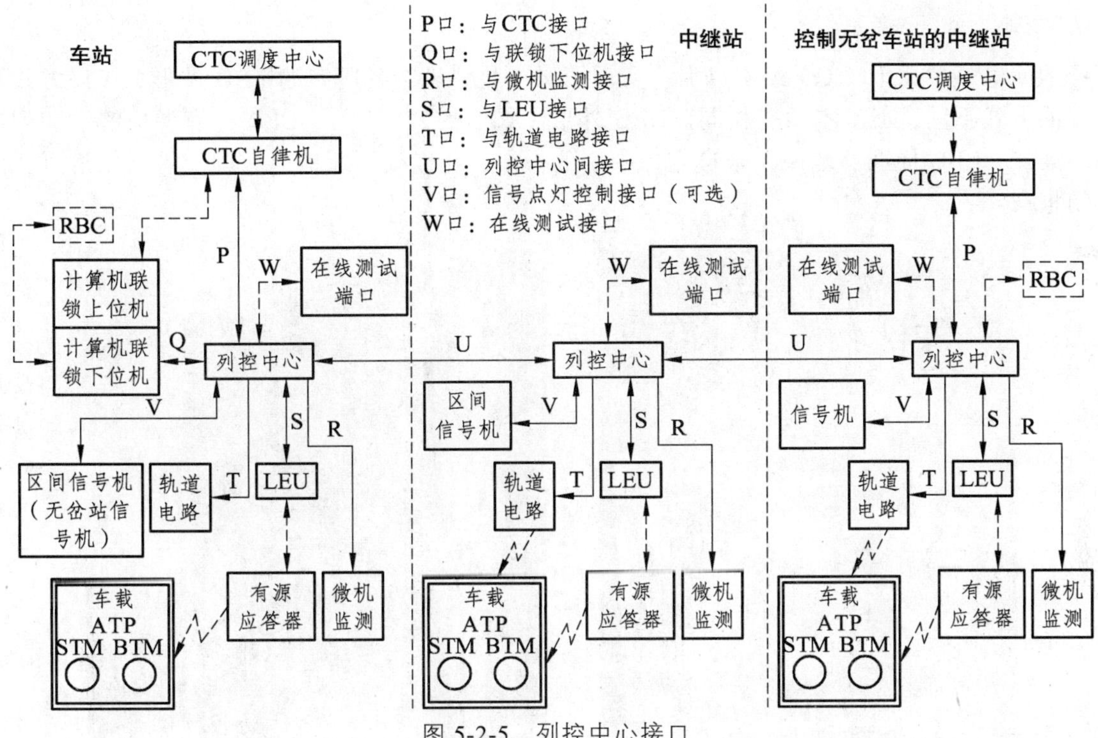

图 5-2-5　列控中心接口

临时限速由调度所集中管理，通过CTC/TDCS系统向临时限速服务器下达临时限速命令。临时限速服务器根据调度员的临时限速操作命令，在校验、拆分后向各车站列控中心（TCC）或相应无限闭塞中心（RBC）传递临时限速信息，分配和集中管理临时限速指令，保证施工限速计划的顺利实施。车站列控中心（TCC）负责将命令传输给 C2 车载设备，无限闭塞中心（RBC）负责将命令传输给 C3 车载设备。临时限速调度命令在调度所、车站以统一的“窗口方式”模板输入、显示、签收（确认）及回执。在 CTC 或 TDCS 的相应终端上增加列控中心设备的人机界面，用于发送列控指令、显示列控中心相关设备的工作状态。

主机实现临时限速服务器的核心逻辑功能；维护终端（TSRM）实现 TSRS 的维护与记录功能；接口单元实现 TSRS 和外部设备的信息交互功能；若没有多个 TSRS 时，还需增设 TSR-CTC 接口服务器，由 TSR-CTC 接口服务器负责与 CTC 接口服务器接口。TSR 系统设备由主机、维护终端、接口单元组成，如图 5-2-6 所示。

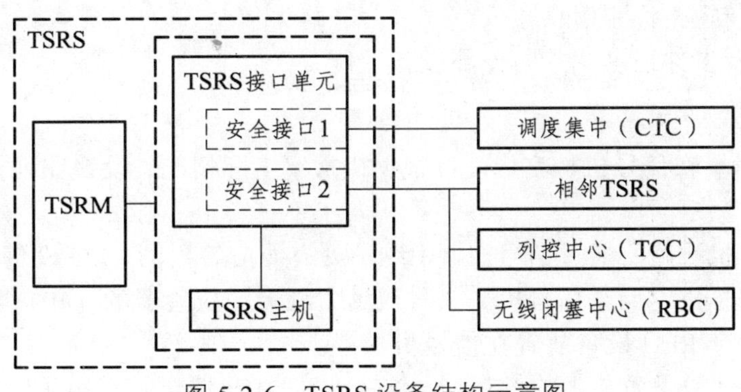

图 5-2-6　TSRS 设备结构示意图

3. 地面电子单元

地面电子单元（LEU）经引进后，实现了国产化，虽然各厂家的LEU外形、接口方式及实现的方式不同，但基本功能相同。LEU外形图如图5-2-7所示。LEU与有源应答器和列控中心连接，LEU周期性地接收来自列控中心的报文，并连续不断地向有源应答器发送可变信息的报文。

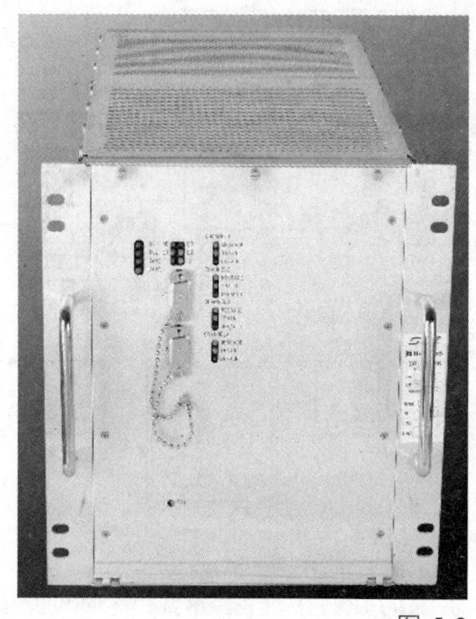
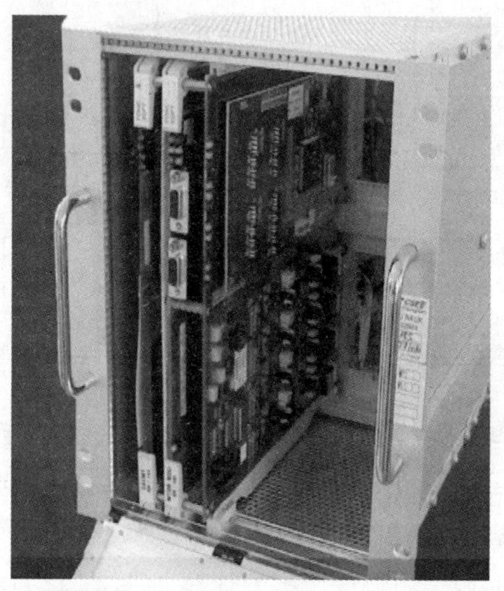

图 5-2-7 LEU外形

1）LEU的功能

LEU是故障安全设备，主要有以下功能：

① 存储几百条至上千条报文。

② 接收列控中心发送的应答器报文并连续向有源应答器转发。一台LEU可以同时向4台有源应答器发送不同信息内容的报文。

③ 接收外部发送的控制命令，根据控制命令选择一条预先存储的报文并连续向应答器发送。

④ 当输入通道故障或LEU内部有故障时，向应答器发送预先存储的默认报文。

⑤ 当有车载天线经过有源应答器上方时，LEU不转换新的报文。

⑥ 输出开路与短路检测信息。

⑦ 设备自检及事件记录，并向外部设备上传。

2）LEU的设置

LEU宜集中设置在信号机械室内。可根据机械室实际情况，设置在列控中心柜中或单独的LEU设备柜中。

控制进站信号机线路所通过信号机、中继站处有源应答器的LEU设备采取“1+1”冗余配置，控制出站信号机、调车信号机、大号码道岔处有源应答器的LEU采取“$N+1$”备用方式。各站备用1个LEU设备放置在信号机械室。

需在调车信号机处设置有源应答器时，LEU设置在现场，并直接从信号灯取控制条件。

4. 应答器

应答器是 CTCS-2 级列控系统中车-地信息传输的主要设备之一。随着列车运行速度不断提高，仅依靠轨道电路发送闭塞信息，在信息量方面已经不能满足列车安全高速行驶的要求，需增加应答器向列控车载设备提供大量固定信息和可变信息。

地面应答器设备包括无源应答器、有源应答器及应答器读写工具等。

有源应答器外形如图 5-2-8 所示。无源应答器外形如图 5-2-9 所示。应答器安装位置如图 5-2-10 所示。应答器读写工具如图 5-2-11 所示。

图 5-2-8　有源应答器外形

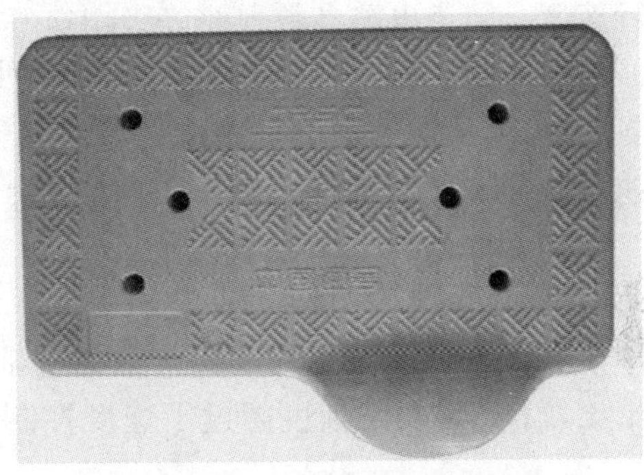

图 5-2-9　无源应答器外形

图 5-2-10　应答器安装位置

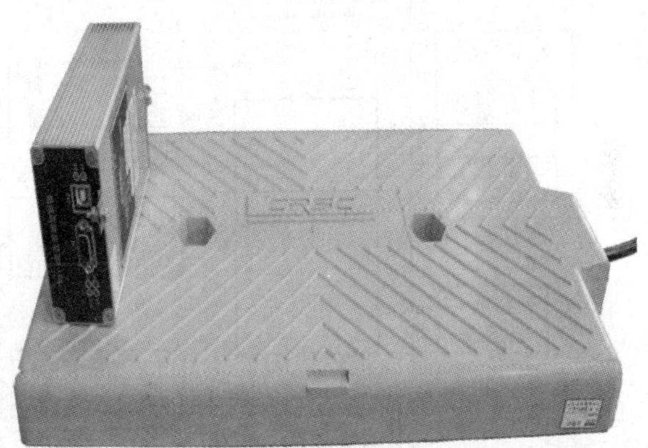

图 5-2-11　应答器读写工具

1）应答器的功能

应答器有以下功能：接收电能信号，探测解调远程能量信号；产生上行链路信号，通过接口 A1 向列控车载设备传送报文；选择启动方式，确定是发送自身存储的报文还是发送接口 C 来的报文；串音防护；管理操作/编程模式；接收来自接口 C 的数据；控制 I/O 接口特性；产生“列车通过”信号。

应答器用于向 CTCS-2 级列控系统车载设备提供线路速度线路坡度、轨道电路临时限速等线路参数信息；向 CTCS-3 级列控系统车载设备提供位置、级间转换、建立无线通信等信息。

应答器以报文的形式发送信息，因此需要定义报文的格式和所代表的含义。我国列控系统中，应答器报文采用欧洲标准。每条应答器报文都是由一个 50 位的报文帧头、若干信息包以及一个 8 位的结束包构成，共计 830 位，每个信息包都具有各自的格式和定义。为了保证传输的安全性和可靠性，要按照欧洲标准对其进行加扰编码，形成 1 023 位的传输报文，应答器、LEU、列控中心中存储、传输的都是 1 023 位的传输报文。

2）应答器的分类

根据应答器所传输报文是否可变，应答器分为固定信息应答器（无源应答器）和可变信息应答器（有源应答器）。

每个无源应答器预先固定写入一条应答器报文，列车经过该应答器时，固定发送预先写入的报文。无源应答器用于发送固定不变的数据，如设置在区间，发送线路坡度、最大允许运行速度、轨道电路参数列控等级切换等信息。有源应答器通过专用的应答器电缆与 LEU 连接，根据 LEU 设备所发送的报文，变化地向列车传送应答器报文信息，主要是进路信息和临时限速信息。有源应答器的报文按应答器编码规则编制，内容包括编号、链接关系临时限速（至限速始点距离、限速区长度、限速速度）、进路长度、电码化及线路载频、线路固定信息等。

（二）车载设备

车载设备以接收到的地面信息为基础，由车载设备生成速度控制曲线，并实时与实际速度相比较，如果实际速度超过了速度控制曲线，车载设备就自动实施制动，如图 5-2-12 所示。

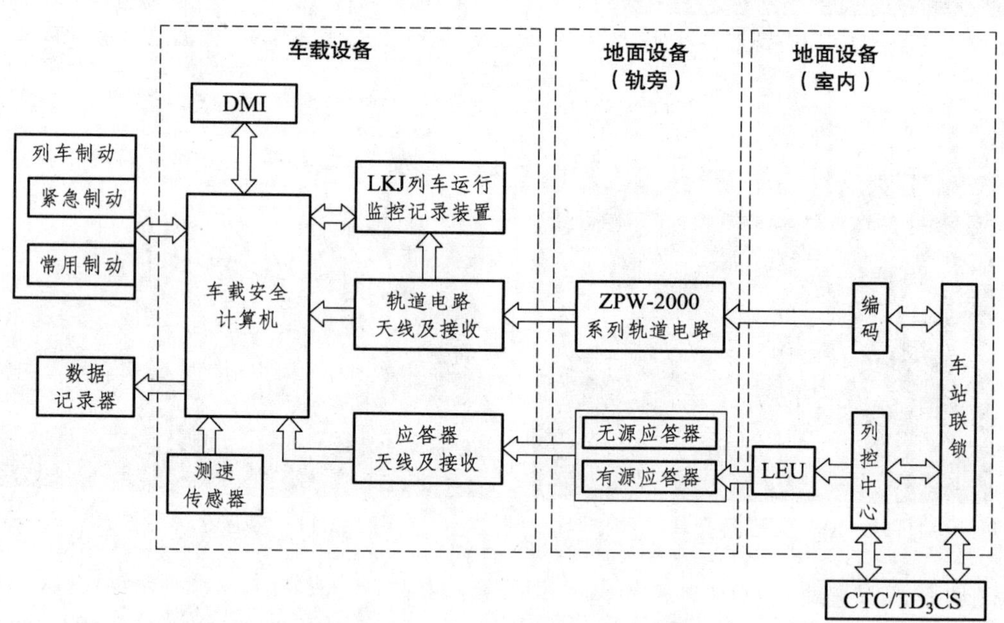

图 5-2-12　CTCS2 列控设备组成

1. CTCS-2 列控车载设备的功能

（1）超速防护：监控列车速度。

① 在列车速度与允许速度之间的差距超过报警门限时，列控车载设备提供相应报警信息；

CTCS-2 列控车载设备

② 在列车速度与允许速度之间的差距超过常用制动门限时，列控车载设备产生常用制动；

③ 在列车速度与允许速度之间的差距超过紧急制动门限时，列控车载设备产生紧急制动，直至列车停车。

（2）生成目标距离控制模式曲线。

根据来自轨道电路信息接收模块的轨道电路信息，来自应答器信息接收模块的线路描述数据以及列车的特性，列控车载设备生成一次制动的连续控制模式曲线。

（3）机车信号功能。

列控车载设备具备机车信号功能，并向列车运行监控记录装置输出机车信号信息。

（4）数据记录。

（5）应答器信息接收与处理。

列控车载设备通过应答器信息接收天线和应答器信息接收模块从地面应答器获取地面信息，包括前方线路信息、列车位置、列车的运行方向、进路信息、临时限速信息等。

（6）速度距离计算及防滑防空转。

列控车载设备实时监测列车运行速度并计算列车走行距离，校正空转和滑行对测速测距的影响，并根据应答器信息进行位置校正。

（7）与乘务员进行信息交互。

通过人机界面设备，可以接收机车乘务员的信息输入，部分非安全信息也可通过运行监控记录装置提供。向乘务员提供的信息如下：列车实际速度、目标速度、限制速度、目标距离、机车信号等。

（8）防溜逸。

（9）CTCS 级间切换：CTCS 与 LKJ 之间的切换。

列控车载设备在地面应答器的配合下完成，也可通过人机界面进行人工切换。控车权的交接以列控车载设备为主。

（10）驾驶模式：司机制动优先和设备制动优先两种模式。

当列控系统车载设备采用司机制动优先工作模式时，设备应在不干扰司机正常驾驶的前提下，实时监控列车安全运行。

当列控系统车载设备采用设备制动优先工作模式时，在确保列车运行安全、满足旅客舒适度的前提下，对列车制动与缓解的控制均由设备自动完成。根据需要司机可追加或实施更加强烈的制动控制。

2. 车载设备结构

动车组的两端各安装一套独立的 ATP 车载设备。总体结构采用硬件冗余结构，关键设备均采用双套，核心设备采用 3 取 2 或者 2×2 取 2 结构，具有高安全性和可用性，安全等级达到 SIL4 级。两种车载工作方式可选择，即设备制动优先和司机制动优先，根据设计要求，允许通过列控车载设备内部设置（机柜内跳线）选择其中一种模式。机控优先的系统：当要求列车减速时，根据实际情况，输出不同级别的制动，低于允许速度后自动缓解。当列车速度超过紧急制动曲线时，则实施紧急制动，使列车停车。制动完全由列车运行控制系统自动完成，不必司机人工介入，其最大优点是能够减少司机的劳动强度，提高列车运行服务质量，同时也可适当缩短列车运行间隔时间。但为满足旅客乘坐舒适性，制动系统的自动化程度及制动性能要求非常高。人控优先的系统：列车运行速度一般由司机控制，只有列车超过允许速度，设备才自动介入实施制动。司机制动优先系统的优点是便于发挥司机的责任感，充分发挥人的技术能力，减少设备对司机操纵的干扰。

CTCS-2 级列车运行控制系统是基于点式应答器和连续式轨道电路的点连式列车超速防护系统，已经在我国提速干线和部分客运专线取得成功应用经验，适用于 200 ~ 250 km/h 线路。

CTCS-2 级列控系统通过轨道电路和应答器传输列控信息，其中轨道电路传输列车运行前方空闲闭塞分区个数或者进路信息，应答器传输轨道区段长度、静态速度、坡度和临时限速等信息，车载设备需要综合轨道电路信息和应答器信息才能得到列车的行车许可。但是 CTCS-2 级列控系统利用点式和应答器轨道电路将地面信息单向传送给列车，很难实现列车与地面控制中心之间的双向通信，并且轨道电路传输的信息量较少，很难满足大容量信息传输要求。随着列车速度的进一步提高需求，就需要对列车实施更精确控制，这就要求车-地之间能够连续、实时、双向、大容量通信。一方面，轨道电路无法满足这一需求；另一方面，轨道电路构成的自动闭塞系统，只能判断闭塞分区是否被占用而无法实现列车精确定位；同时，闭塞分区长度固定而对不同类型列车适应性差。这些都影响铁路运输效率，制约列车运行速度的提高。

另外，CTCS-2 级列控系统中临时限速信息只能通过点式设备传送给列车，影响临时限速命令的及时下达或者取消；有些情况下紧急信息也难以实时传递给列车，这些也都影响行车安全和运行效率。

因此，我国参照欧洲列车运行控制系统 ETCS-2 级技术规范，于 2008 年制定出《CTCS-3 级列控系统总体技术方案（V1.0）》《CTCS-3 级列控系统功能需求规范（FRS）（V1.0）》《CTCS-3 级列控系统需求规范（SRS）（V1.0）》等一系列技术规范。

四、CTCS-3 级

CTCS-3 系统工作原理

CTCS-3 级列车运行控制系统是中国列车控制系统（CTCS）的重要组成部分，应用于我国 300 ~ 350 km/h 高速铁路客运专线，是我国在掌握了 CTCS-2 级列车运行控制系统的建设和运用经验基础上，通过进一步技术提升构建的标准技术体系。它采用 GSM-R 无线通信系统，实现地面与列车控制信息双向实时传输，满足我国高速铁路高速度、高密度及不同速度等级动车组跨线运行的要求。CTCS-3 级列控系统包括地面设备和车载设备。地面设备由 RBC、TCC、ZPW-2000（UM）系列轨道电路、应答器（含 LEU）、GSM-R 通信接口设备等组成；车载设备由车载安全计算机（VC）、GSM-R 无线通信单元（RTU）、轨道电路信息接收单元（TCR）、应答器信息接收模块（BTM）、记录单元（JRU/DRU）、人机界面（DMI）、列车接口单元（TIU）等组成。

RBC 根据轨道电路、联锁进路等信息生成行车许可，并通过 GSM-R 无线通信系统将行车许可、线路参数、临时限速传输给 CTCS-3 级车载设备；同时通过 GSM-R 无线通信系统接收车载设备发送的位置和列车数据等信息。

TCC 接收轨道电路的信息，并通过联锁系统传送给 RBC；同时，TCC 具有轨道电路编码、应答器报文存储和调用、站间安全信息传输、临时限速功能，满足后备系统需要。

应答器向车载设备传输定位和等级转换等信息；同时，向车载设备传送线路参数和临时限速等信息，满足后备系统需要。应答器传输的信息与无线传输的信息的相关内容含义保持一致。

车载安全计算机根据地面设备提供的行车许可、线路参数、临时限速等信息和动车组参数，按照目标距离连续速度控制模式生成动态速度曲线，监控列车安全运行。

其中，为了解决车地之间双向、大容量、实时的信息传递，在 CTCS-2 级列控系统基础上，CTCS-3 级列控系统采用了 GSM-R 无线通信系统，支持列车高速运行需求，运行时速可以达到 350 km/h。同时，取消了地面信号机，轨道电路仅仅用于列车占用检查以及用于后备 CTCS-2 级列控系统地面信息传递。地面增设无线闭塞中心（RBC），根据轨道电路和联锁进路等信息生成行车许可，并通过 GSM-R 系统传输给列车；同时通过 GSM-R 接收列车发送的位置和列车数据等信息。另外，CTCS-3 级列控系统在保留闭塞分区的基础上采用准移动闭塞方式实现列车追踪控制，提高了列车运行效率。

因此，CTCS-3 级列控系统与 CTCS-2 级列控系统的最本质的区别是地面设备和车载设备之间信息传输方式不同。CTCS-3 级列控系统通过 GSM-R 无线通信系统传输列控信息，当 RBC 与车载设备建立通信会话，并满足发送行车许可的条件后，RBC 通过 GSM-R 无线通信系统向车载设备同时发送行车许可和线路信息。CTCS-3 级列控系统总体结构如图 5-2-13 所示。

（一）地面设备

无线闭塞中心和 GSM-R 无线通信设备

CTCS-3 级列控系统地面设备由无线闭塞中心（RBC）、临时限速服务器（TSRS）、列控中心（TCC）、ZPW-2000K 轨道电路、应答器（含 LEU）、GSM-R 通信接口设备等组成。无线闭塞中心（Radio Block Center，RBC）是 CTCS-3 级列控系统的地面核心设备，根据联锁、相邻 RBC、临时限速服务器、CTC 等地面设备和车载设备提供的信息，生成行车许可等控制信息，并通过 GSM-R 无线通信方式发送给车载设备，以控制列车安全追踪，保障其管辖范围内的列车安全运行。RBC 硬件采用冗余安全结构，设备包括无线闭塞单元（RBU）、协议适配器（VIA）、RBC 维护终端、司法记录器（WJRU）、ISDN 服务器、操作控制终端和交换机等设备组成，如图 5-2-14 所示。

（二）车载设备

车载设备层是对列车进行操纵和控制的主体，具有多种控制模式，并能够适应轨道电路、点式传输和无线传输方式，主要包括车载安全计算机、连续信息接收模块、点式信息接收模块、无线通信模块、测速模块、人机界面和记录单元（JRU、DRU）等。

CTCS-3 系统结构

1. 列控车载设备的基本功能要求

1）超速防护

列控车载设备的超速防护功能监控列车允许的速度，具体包括动车组构造速度、线路允许速度、进路允许速度、临时限速和紧急限速。动车组的构造速度通过车载设备的配置文件获得；线路允许速度、临时限速和紧急限速通过无线电台从 RBC 获得。车载设备根据这些限速信息，生成相应的速度限制曲线。

2）无线通信管理

列控车载设备通过无线电台与 RBC 进行信息交互，报告列车数据、列车位置、各种请求和确认信息；获得来自 RBC 的移动授权、模式信息、紧急信息、各种确认和请求信息。

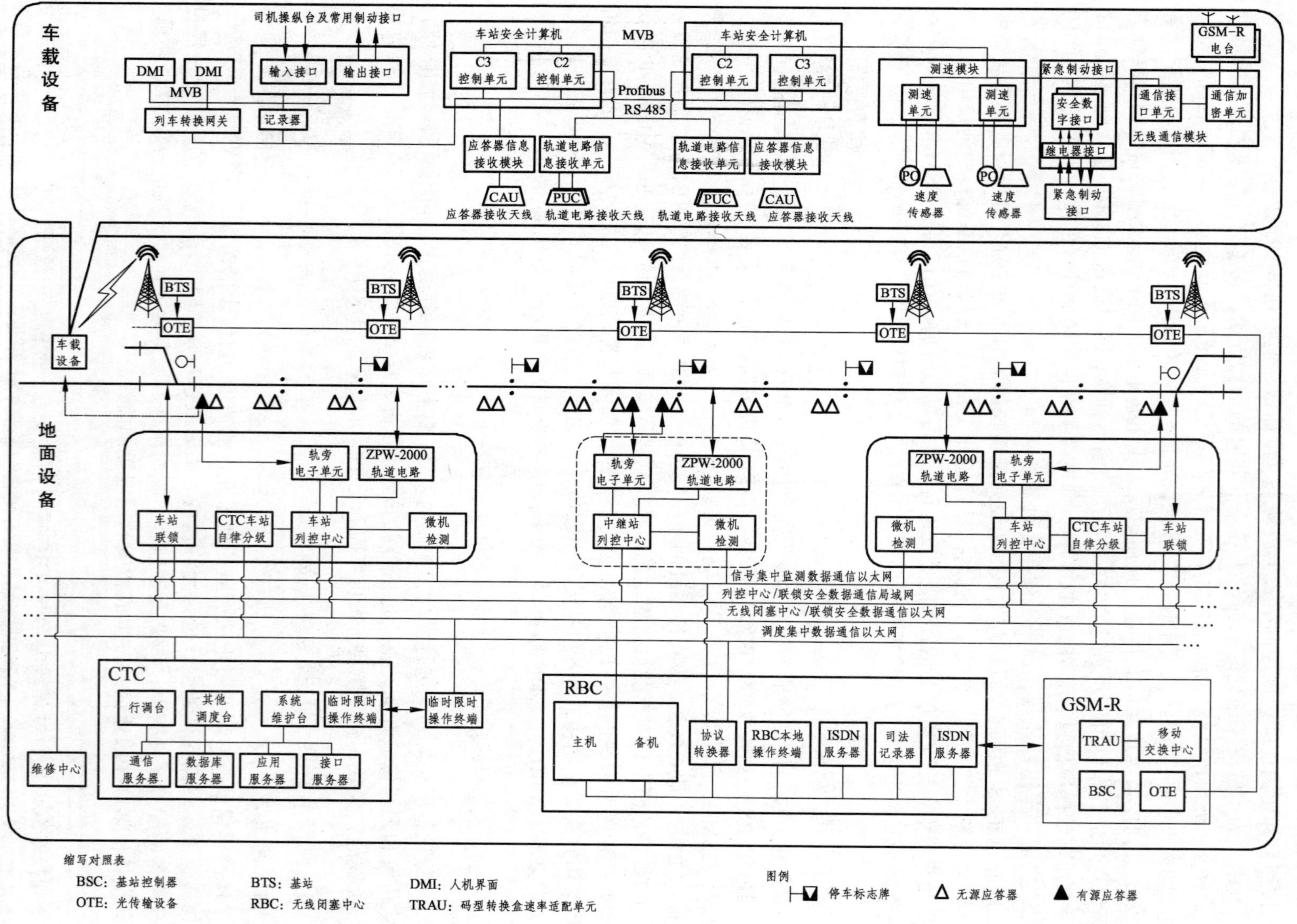

图 5-2-13　CTCS-3 级列控系统总体结

3）应答器信息接收与处理

列控车载设备通过应答器信息接收天线和应答器信息接收单元（BTM），从地面应答器获取应答器编号和存储在里面的报文信息。

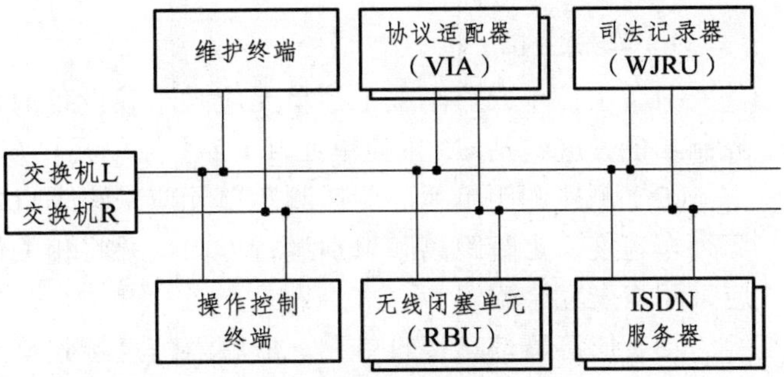

图 5-2-14　RBC 硬件结构图

4）防溜功能

列控车载设备在列车停车的状态下，会对列车进行溜逸防护。如果列车在停车状态下发生了非预期的前后移动，车载设备将会输出制动。

5）速度距离计算及防滑防空转

列控车载设备的列车接口模块将实时计算列车的运行速度和行走距离，并将此速度距离信息发送至各个子模块，并进行空转或滑行的校正，以减小对测速测距的影响。

6）级间切换

列控车载设备将根据地面应答器的信息包和来自 RBC 的无线消息进行 CTCS-3 级和 CTCS-2 级之间的等级切换管理。需要进行级间切换的可能有：

① 从 CTCS-3 级区域进入 CTCS-2 级区域；

② 从 CTCS-2 级区域进入 CTCS-3 级区域；

③ 在 CTCS-3 等级下发生无线或 RBC 故障；车载设备可以 CTCS-2 级运行。

7）紧急消息功能

列控车载设备将处理来自 RBC 的紧急消息，当收到无条件紧急消息时，列控车载设备将输出紧急制动，并进入冒进防护模式；当收到有条件紧急停车消息时，列控车载设备将根据实际情况选择接收或拒绝此紧急停车消息，并输出相应的控制命令。

图 5-2-15 所示为 CTCS-3 车载设备层结构组成。

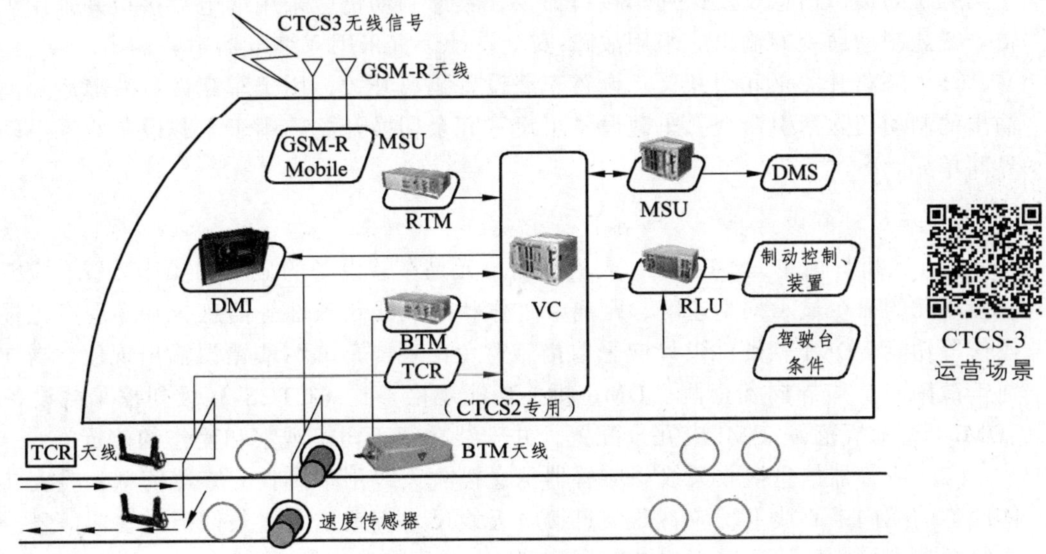

图 5-2-15　CTCS-3 车载设备层结构组成

CTCS-3
运营场景

2. 列控车载设备构成

1）车载主机

（1）主控单元。车载主控单元应是车载设备的核心处理单元，实现车载设备的核心安全控制功能，应包括 C3 主控单元和 C2 主控单元。车载主控单元应采用冗余配置。

（2）测速测距单元。测速测距单元应采集来自各速度传感器的信号并进行安全处理，计算列车速度、走行距离和识别运行方向，并将相关信息传送给车载主控单元。测速测距单元应采用双套冗余配置。

（3）应答器信息接收单元。应答器信息接收单元应接收、解调地面应答器信号，并将调节后的信息传送给车载主控单元。应答器信息接收单元应能对应答器信息接收天线的连接及功能进行实时检测。应答器信息接收单元应采用双套冗余配置。

（4）无线传输单元。无线传输单元是车载设备通过 GSM-R 网络与地面 RBC 进行信息双向传输的接口与通信控制单元，应具有信息加密-解密功能。应通过专用模块控制移动终端 MT，车载设备应具有两个移动终端。

（5）轨道电路信息读取器。轨道电路信息读取器（TCR）应通过 TCR 天线接收轨道电路信息，并将解调出的轨道电路载频、低频及绝缘节信息（可选）传送给车载主控单元。轨道电路信息读取器应具备多载频接收功能，应能根据应答器信息、司机上下行载频选择确定上下行载频。轨道电路信息读取器应能对 TCR 天线进行断线检查。轨道电路信息读取器及天线安装规格和技术指标应符合相关标准。轨道电路信息读取器应采用双套冗余配置。

（6）司法/数据记录单元。司法/数据记录单元（JRU/DRU）应记录车载设备工作状态、相关控制信息及各种输入输出信息。司法/数据记录单元记录内容、格式及存储要求应满足运用维护、故障分析要求并符合相关标准。

（7）列车接口单元。与动车组采用继电器接口时，车载设备应通过数字输入/输出单元采集从列车输入的开关量信息，并通过控制继电器的输出实现与列车之间接口，紧急制动与最大常用制动均应采用失电制动逻辑。与动车组采用 MVB 接口时，车载设备应通过 MVB 总线采集列车的接口信息及发送列车接口命令，紧急制动仍应采用继电器接口并采用失电制动逻辑。紧急制动命令的输出应采用故障-安全设计，宜采用双继电器串联输出。

（8）隔离开关 1 冗余开关。设置车载设备隔离开关，用于车载设备故障后隔离车载设备输出的制动切除牵引命令。车载设备可设置冗余切换开关，用于车载设备双系手动切换人机界面单元。

2）车载外围设备

（1）人机界面单元（DMI）。人机界面单元是车载设备的显示和操作装置，应能根据车载主控单元的命令显示列车速度、距离、工作状态及线路条件等信息，并实现声光报警、司机操作等功能。DMI 软硬件设计应采取措施避免出现屏幕冻结或错误输出现象，当与车载主机通信故障时，应导向安全侧。DMI 相关功能规格参见《CTCS-3 级列控车载设备人机界面（DMI）显示规范》。DMI 应冗余配置，并安装在便于司机观察和操作的位置。

（2）应答器信息接收天线。应答器信息接收天线用于接收应答器信息，应安装在头车车体底部的横向中心线上。应答器信息接收天线尺寸应满足高速条件下应答器信息接收要求。应答器信息接收天线应采用双套冗余配置。

任务三　城轨列车运行控制系统

学习目标

（1）了解城轨列车自动控制系统的发展；
（2）熟悉城轨列车自动控制系统的关键技术；
（3）掌握 ATC 系统的组成。

城轨列车运行
控制系统

相关知识

城市轨道交通（包括地铁和轻轨铁路）是现代化都市的重要基础设施，它安全、迅速、舒适、便利地在城市范围内运送乘客，最大限度地满足市民出行的需要。在城市各种公共交通工具中，城市轨道交通具有运量大、速度快、安全可靠、污染低、受其他交通方式干扰小等特点，对改变城市交通拥挤、乘车困难、行车速度下降行之有效。

城市轨道交通系统的安全、速度、输送能力和效率与信号系统密切相关，以速度控制为基础的列车自动控制系统已成为城市轨道交通信号系统的共同选择。信号系统实际上已成为城市轨道交通调度指挥和运营管理的中枢神经，选择合适的信号系统，可以带来较好的经济效益和社会效益。

一、城市轨道交通系统的特点

城市轨道交通系统是一个庞大而复杂的系统，将土木工程、建筑、机械、电机电器、自动控制、计算机、通信、信号等领域协调有序地联结在一起，与其他城市公共交通相比，具有明显的优势。主要特点如下：

1. 运量大

地铁和轻轨交通每小时运送能力都在几万人次，而公共汽车等公路交通仅为 8 000 人次。

2. 速度快

城市轨道交通采用专用线路，不受其他交通工具的干扰，最高速度可达 80 km/h，平均速度也在 30 ~ 40 km/h，能够保证乘客准时、迅速到达目的地。

3. 污染少

城市轨道交通相对公路交通，噪声小、污染轻，对城市环境不构成威胁。

4. 能耗低

采用大运量集团化客运系统和多项高新技术，按每运送一位乘客的能源消耗评价，是其他任何一种城市交通运输方式无法比拟的，并且对能源的适应性也相当强。

5. 可靠性强

由于采用先进的列车控制系统，可靠性理念植根于城市轨道交通系统的设计、施工、运营、维护等阶段，这是其他交通运输方式无法达到的。

6. 舒适性佳

与常规公共交通相比，目前城市轨道交通多采用自动运行一次性曲线控制，平稳减速和加速，具有良好的运行特性。同时车辆、车站采用空调、电梯、引导装置、自动售票等直接为乘客服务，形成良好的乘车条件。

7. 占地面积小

城市轨道交通主要采用地下隧道或高架桥，有效利用地下和地上空间，特别有利于缓解大城市中心区过于拥挤情况，从而提高了土地利用价值，并能改善了城市景观。

以上优势，使城市轨道交通系统成为公共交通重要的优先发展方式，支撑我国城市又好又快发展。

二、城市轨道交通与铁路运输系统的区别

城市轨道交通系统和铁路运输密不可分，它们同为轨道交通，通信信号系统及设备组成了列车控制系统，指挥列车安全运营，提高线路利用率。但是和铁路运输系统相比，存在许多不同之处。

1. 运营范围不同

城市轨道交通运行范围是城市和市郊，往往几十千米；铁路运输线路纵横数千米，形成主要干线及支线，连接城乡。

2. 运行速度不同

城市轨道交通最高速度不超过 80 km/h；铁路运输一般都在 120 km/h 以上，高速铁路达到 350 km/h。

3. 服务对象不同

城市轨道交通对象单一，只有市内客运服务；铁路运输提供客、货混运服务。

4. 路网布局结构差异

城市轨道交通大部分线路在地下和高架，均为双线，各线之间一般不过线运营。正线一般采用 9 号道岔，车辆段采用 7 号道岔；铁路系统没有跨座式和悬挂式结构。

5. 站段构成及功能差异

城市轨道交通一般车站多为正线，多数非集中站也没有道岔，没有复杂的咽喉区，换乘站多为立体方式，车辆段只有相当于城际铁路区段站一样车辆检修功能，停放和进行大量列车编解、接发车和调车作业。

6. 车辆差异

城市轨道交通采用电动车组，没有铁路系统涉及的机车和车辆的概念。

7. 供电设施差异

城市轨道交通供电包括直流牵引电力和动力照明供电，没有电气化铁路的说法。

8. 通信信号要求

城市轨道交通列车密度高、行车间隔短、普遍采用列车自动监控和列车自动运行的信号控制方式，建立自成体系的独立完整的内部通信网，还包括广播和闭路电视。

9. 运输组织管理差异

城市轨道交通运营组织简单，进、出段作业，折返作业没有越行、交会，正线上一般没有调车作业，易于实现自动监控。

三、我国城轨列车运行控制系统发展历程

我国轨道交通列车控制系统发展相对较晚，自 1965 年第一条地铁北京 1 号线工程动工修建以来，信号系统经历了自动闭塞、调度集中、列车自动驾驶和继电联锁等初始阶段。

1971 年，北京地铁 2 号线开工建设，采用国产信号系统，随后北京地铁八通线和上海地铁 1 号线分别引进西屋和阿尔斯通公司的 ATC 系统，信号系统逐步向无绝缘轨道电路、微机联锁、列车超速防护、列车自动监控等现代信号系统发展。

2010 年 12 月 30 日，国内首条具有完全自主知识产权 CBTC 列车控制系统示范工程——北京亦庄线正式开通试运营，如图 5-3-1 所示。北京交通大学研发的具备完全自主知识产权的 CBTC 核心技术和系统装备，经历了实验室研制、试车线试验、运营线中试验和正式工程应用，实现了自动驾驶、无人折返、安全运营三项目标，使中国成为继德国（西门子）、法国（阿尔斯通）、加拿大（阿尔卡特）后第四个成功掌握该项核心技术并成功应用于实际运营线路的国家，对推动我国城市轨道交通运行控制系统国产化和产业化具有重要意义。

图 5-3-1　北京地铁亦庄线

当代城市轨道交通列车控制系统，应该是车站、区间、车辆控制及行车调度指挥自动化及通信系统的相互融合，冲破功能单一、控制分散、通信信号相对独立的传统技术理念，推动列车运行控制系统向数字化、智能化、网络化和一体化方向发展。

四、城轨列车自动控制系统关键技术

在大运量高速度的需求下，城市轨道交通系统必须保证安全的前提下逐渐缩短列车的行车间隔，提高列车运行的速度和运行效率。

列车运行控制系统用于控制、监督、执行、保障城市轨道交通列车的运行安全，它以轨道交通信号控制技术、通信技术和计算机技术为基础，是集成列车运行控制、行车指挥、设备检测和信息管理的综合控制系统。

列车运行控制系统最基本的作用主要有以下两个方面：

（1）确保在途列车安全运行。

安全是行车的基本要求，也是最终目标。高速运行的列车既要与前行列车保持足够的安全距离，同时也要防护本次列车，使后续列车与之保持安全距离。

（2）追求更高的运营效率。

运营效率是表征一个国家经济是否发达的标志之一。以最短时间，扩大线路通过能力，获得最大运能，是运营效率的主要内容。

作为轨道交通列车运行控制系统，安全和高效是其追求的两大目标。能否安全高效运行，首先取决于列车运行控制系统的性能。随着科学技术的发展，城市轨道交通列车运行控制系统自动化水平不断提高，大大提高了列车运行的安全性能和运营效率。

城市轨道交通能够大容量、快速、安全地完成运输任务，需要不断根据列车在线路上运行的客观条件和实际情况，对列车运行速度和控制方式等状态进行监督、控制和调整，而这一过程需要依靠大量设备和技术来完成。

（一）应答器

应答器是一种基于电磁耦合原理而构成的高速点式数据传输设备，是 ATP 系统的关键部件，实现车地间数据交换，为列车提供 ATP 所需的各种点式信息，包括进路长度、岔区长度、闭塞分区长度、坡度、限速信息等，确保列车在高速运行状态下的安全。

1. 应答器的工作原理

查询应答器是利用无线感应原理在特定地点实现列车与地面间相互通信的一种数据传输装置，如图 5-3-2 所示。当列车上的查询器通过设置于地面的应答器时，应答器被发自车上的查询器瞬态功率激活并进入工作状态，它将存于其中的可供列车自动控制或地面指挥用的各种数据向运行中的列车连续发送，但此数据传输只在查询器与应答器的有效作用范围之内进行；当查询器随列车运行到有效作用范围之外时，应答器将不再工作，直至被下次列车上的车载查询器功率再次激活。

图 5-3-2　查询应答器

1）无源应答器

应答器本身不具备电源，只有当查询器位于其耦合谐振位置时，从车载查询器送出的高频信号作为电源给应答器，使应答器中事先已存储的报文发送给车载查询器。存储的信息一旦固定在应答器后，只能原封不动地读出，不可改变。

2）有源应答器

应答器由控制模块和接口部分组成，接口部分与 LEU 连接，可实时改变传送的数据报文，又称可变信息应答器。控制模块是整个电路的控制核心，用于判断数据来源并发送该数据。当接口工作电源通路后，它首先判断出接口来的数据是否有效。若有效，则控制模块将接口传来的数据进行 FSK 调制后，输出到数据收发模块，经功率放大后，由耦合线圈发送。若该数据无效或无数据，则使用存储在报文存储器中的数据。接口工作电源仅用于与 LEU 交互的接口电路，不给控制模块和数据收发供电，因此，有源应答器只有在车载查询器出现时，控制模块不间断发送数据。

3）轨旁电子单元

轨旁电子单元（LEU）是地面有源应答器与联锁系统的信号机之间的电子接口设备，是一块电子印制板，其任务是将信号机不同的信号显示转换成约定的数码形式，通过地面有源应答器发送到车载查询器，为列车提供实时的信息，如图 5-3-3 所示。

图 5-3-3　轨旁电子单元

有源应答器与 LEU 通信故障时，有源应答器可以自动切换到无源应答器工作模式，发送预先存储在应答器中的默认报文。LEU 与应答器通信中断时，有源应答器有保证行车安全的缺省报文。

4）车载查询器

车载查询器包括车载查询器主机和天线组成。天线如图 5-3-4 所示。查询器主机检查、校验、解码盒传送接收到的报文，选择激活位于机车两端的任一天线，与列车运行控制系统进行单向或双向传输，并具备自检和诊断功能。车载查询器天线置于列车两端底部。当天线的导体通过高频电流时，在其周围空间会产生电场与磁场，电磁场能离开导体向空间传播，形成辐射场。发射天线就是利用辐射场这种性质，使车载主机传送的高频信号经过发射天线后能够充分向空间辐射。地面应答器被激活后，应答器在其电磁波传播的方向发射另一个高频信号，天线会产生感应电动势，此时与天线相连的接收设备的输入端就会产生高频电流，完成信息传输。

图 5-3-4　车载查询器天线

2. 查询应答器的功能

1）列车定位

列车定位设备存在测量误差，特别是长距离行驶后，这个误差会不断积累，直接影响列车定位的精度，沿线路上每隔一段固定距离安装一个地面应答器设备，当列车经过时，通过检测该定位点，获知列车的确切位置，从而消除定位设备所产生的累积定位误差，辅助列车定位。

2）车地通信

地面应答器可以把一些固定的地理信息，如轨道的弯道曲率及长度、坡道坡度及长度、限速区段长度及限速值等固定信息和位置信息一起存储在应答器中，并传输到列车上。

3）临时限速信息的传输通道

由于施工作业或出现其他紧急情况时，会临时限制列车的运行速度，由控制中心通过轨旁电子单元 LEU 将临时限速信息传送给地面有源应答器，当列车经过时传递给车载设备，从而完成对列车速度的控制，保证列车安全。

（二）测速技术

城市轨道交通中，保证列车运行安全和高效运营，测速定位系统必须能够为列车运行控制系统实时、准确地提供列车的运行速度和位置，要求测速的方法有较高的实时性和精确度。根据速度信息的来源可将测速技术分为利用轮轴旋转方式和利用无线方式直接检测列车速度的测速方式。

1. 测速发电机

测速发电机通常会安装在列车两端车轮外侧，包括一个齿轮和两组带有永久磁铁的线圈，齿轮固定在机车轮轴上，随车轮转动，线圈固定在轴箱上，如图 5-3-5 所示。轮轴转动，带动齿轮切割磁力线，在线圈上产生感应电动势，其频率和列车速度成正比，这样列车速度信息就包含在感应电动势的频率特征里，经过频率到电压换算后，把列车实际运行的速度变换为电压值，通过测量电压的幅度得到速度值。

图 5-3-5　测速发电机

频率与轮径值有关，列车轮对可能由于磨损、空转、滑行等原因，导致速度值误差变大，影响列车安全运行，需要配置一个轮径补偿电路，以消除不同直径的车轮所产生的差异。

发电机线圈故障或列车运行速度为零时，发电机的电压频率均为零，这样可能出于零速原因不明，而导致安全事故。为了确保发电机线圈故障遵守故障-安全原则，规定频率变换电路中，车速为零时也产生一定的频率值；当频率值为零时，就可以排除线圈故障，准确判断车速为零，设备就可以报警或自动停车。

2. 轮轴脉冲速度传感器

轮轴脉冲速度传感器安装在列车两端的车轮外侧，如图 5-3-6 所示。通过在轴承上安装传感器装置，车轮每旋转一周，传感器装置输出一定数量的脉冲信号，对脉冲信号进行计数，测出脉冲信号的频率即可得出列车的运行速度。传感器装置通常采用基于霍尔效应的脉冲速度传感器或基于旋转式光栅的光电传感器。

图 5-3-6　速度传感器

脉冲信号的频率与轮径值有关，列车轮对可能由于磨损、空转、滑行等原因，导致速度值误差变大，需要配置一个轮径补偿电路，以消除不同直径的车轮所产生的差异，而且无法判断列车运行方向，同时对光测量设备的抗冲击性要求也比较高。但是这种方法非常简易，易于实现，目前在城市轨道交通中，这种方法是一种较为常用的测速定位方法。

3. 多普勒雷达

多普勒雷达如图 5-3-7 所示，安装在列车两端的底部，始终向轨面发射电磁波。由于列车和轨面之间有相对运行，该波到达地面后又反射回来，来回两次都产生频率变化，根据多普勒频移效应原理，如果列车在前进状态，反射的信号频率高于发射的信号频率；反之，则低于发射的信号频率；运行速度越快，频移越大。通过测量频移就可以获得列车运行方向和运行即时速度。

图 5-3-7　雷达

多普勒雷达测速法的设备比较复杂，易受地面条件制约，如地面不够光滑会导致电波散射现象较严重，加大测量难度，同时影响测量准确性。但是此种方法能够克服脉冲速度传感器轮对磨损、空转、打滑等造成的误差，而且可以判断列车运行方向并持续测速，可作为脉冲速度传感器测速的辅助方法。

（三）列车定位技术

城市轨道交通列车运行密度高、站间距离短、安全性要求高，分布于轨旁和列车上的列车自动控制系统及列车本身需要实时了解列车在线路中的精确位置；需要根据线路中列车的相对位置实时地对每一列车进行监督、控制、调度及安全防护，在保证列车运行安全的前提下，最大限度地提高系统的效率，为乘客提供最佳的服务。

列车定位技术在列车运行控制系统中占有非常重要的地位，其精度和可靠性是影响列车安全防护距离的重要因素之一，关系到列车的运行间隔，影响到轨道交通系统的效率；其定位原理和采用的传感器是影响列车运行控制系统制式的重要因素之一，会关系到可采用的闭塞制式，影响到列车运行控制系统的兼容性和生命周期费用。目前，在世界各国轨道交通列车自动控制系统中使用的列车定位方式主要有如下方式。

1. 轨道电路定位

轨道电路定位实际上是固定闭塞分区占用检测的结果。如图 5-3-8 所示，轨道电路将钢轨分成不同区段，在每个区段的始端和终端加上发送、接收设备，构成一个闭合电流/信息传输回路。当列车进入区段时，列车轮对将两根钢轨短路，电流/信息不能到达接收端，接收端继电器失磁落下，对应点亮红色信号灯，表示区段占用，实现列车定位的目的。

图 5-3-8　轨道电路

轨道电路定位的优点是经济方便、可靠性高，可以检测断轨情况和轨道占用，并实现列车定位。缺点是定位精度取决于轨道电路或闭塞分区的长度，不精确，无法实现移动闭塞。

2. 计轴器定位

计轴器定位同轨道电路一样，是固定闭塞分区占用检测的结果。利用轮轴传感器、计数器来记录和比较驶入、驶出轨道区段的轴数，以此确定轨道区段的占用或空闲。

每个计轴点都有两组轮轴传感器，当车轮经过时，两组轮轴传感器Ⅰ和Ⅱ各产生脉冲。若正方向驶过，传感器Ⅰ先与传感器Ⅱ产生脉冲信号；反之，则可确定反方向驶过。这样通过传感器产生的轴脉冲在时间顺序上不同，根据两组脉冲的时序可判定列车的运行方向。

当列车出发，车轮进入轮轴传感器作用区时，微机开始计轴，轮对经过传感器磁头时，向微机发送轴脉冲，微机开始计数，判定运行方向。确定对轴数是累加计数还是递减计数，系统规定：凡进入区段的轮轴数进行加轴运算，凡离开区段的轮轴数进行减轴运算。计轴器磁头如图 5-3-9 所示。

图 5-3-9　计轴器磁头示意图

该定位的优点是它具有检查区段占用与空闲的功能，可判断运行方向，而且不依赖轨道线路的道床情况和轨道电路，对环境的适应性更强，定位安全性较高，维护量相对较小。缺点是定位精度较差，不能作为车地信息传输的通道，也无法检测断轨情况。

3. 应答器定位

应答器定位作为一种辅助定位方式，可以设置在应答器相应的位置点，给出列车定位信息，如图 5-3-10 所示。列车从车辆段出库进入正线运营时，转换轨区域设置一定间隔距离的应答器，列车经过第一个地面应答器时，车载查询器就会读取存储的数据信息，实现列车点式定位，经过第二个地面应答器时，就可以判定列车运行方向，用于辅助测速定位方法中初始位置和运行方向的确定；在站台区域轨道设置一定间隔距离的应答器，用于精确定位，确保安全准确停车；在站间正线设置一定间隔距离的应答器，用于消除测速定位方法中由于轮对磨损、空转、打滑等原因产生的累积误差，辅助列车精确定位。

图 5-3-10　应答器

应答器定位的优点是定位精度和可靠性较高，恶劣条件影响较小，使用寿命较长，易于维护。缺点是自身只能给出点式定位信息，无法实现连续实时定位。

4. 测速定位

测速定位是通过不断测量列车的即时运行速度，对列车的技术速度进行时域上的积分（求和），从而得到列车的运行距离。由于测速定位获取列车位置的方法是对列车运行速度进行积分（求和），故其误差是累积的，而且测速定位属于相对定位，它无法获取列车的初始位置及绝对位置。通常采用脉冲速度传感器、多普勒雷达速度传感器、加速计与查询应答器组合使用，进行多传感器信息融合列车测速定位，以提高测度定位的精度和系统稳定性及可靠性。

5. 交叉感应回线定位

交叉感应回线是在两根钢轨之间敷设等距交叉感应回线，一条线固定在轨道中央的道床上，另一条线固定在钢轨的颈部下方，它们每隔一定距离（25 m 或 50 m）做交叉，如图 5-3-11 所示。当列车经过每个电缆交叉点时，车载设备检测到回线内信号的极性变化，并对极性变化的次数进行计数，从而确定列车行驶过的距离，达到列车定位的目的。

图 5-3-11　交叉感应回线

交叉感应回线定位的优点是避免轨道电路受钢轨、道床条件的限制，成本较低，实现简单。缺点是定位精度较差，受交叉区长度的限制，如果交叉区比较窄，位置脉冲可能漏计。

6. 无线扩频定位

无线扩频定位是在地面沿线设置无线基站，无线基站不断发射带有其位置信息的扩频信号。列车接收到由无线基站发送的扩频信息后，求解列车与信息之间的时钟差，并根据该时钟差求出与无线基站之间的距离，同时接收 3 个以上无线基站的信息就可以求出列车的即时位置。

无线扩频定位的优点是抗干扰性强、隐蔽性强，易于实现码分多址和抗多径干扰。

7. 惯性定位

惯性定位系统（Inertial Positioning System，IPS）根据牛顿力学定律，通过测量列车的加速度，将加速度进行一次积分后得到列车的运行速度，再进行一次积分即可得到列车的位置（包括经度、纬度、高度），从而实现了对列车的定位。

惯性定位的优点是环境适应性强，不受天气、电磁场影响，定位精度高，能够获得的信息种类较多，如列车的方向、位置、速度等。缺点是无法获得初始位置和存在累积误差。

8. 航位推算系统定位

航位推算系统（Dead Reckoning，DR）由测量航向角的航向传感器和测量距离的位移传感器组成，常用的是惯性传感器。惯性传感器包括陀螺仪和加速度计。陀螺的输出信号是沿输入轴方向与角速度成正比的电压信号。加速度计的输出信号是沿输入轴方向与惯性加速度和重力加速度分量成正比的合成信号。

航位推算系统定位的优点是不受外界环境影响，精度比较高。缺点是存在累积误差。

（四）车地无线通信技术

车地通信是在ATC信号系统中，实现车载设备与轨旁设备之间数据信息传输的非安全通信子系统。前面介绍的轨道电路、应答器可以作为车地信息传输的通道，但是轨道电路、应答器由于传输信息量小，无法实现精确实时定位，不能实现移动闭塞。随着无线局域网（Wireless Local Area Network，WLAN）技术的不断发展，无线通信的可靠性、安全性取得了飞速发展，各种无线通信技术在城市轨道交通系统中得到广泛应用，形成了基于通信的列车运行控制系统（简称CBTC），如图5-3-12所示。

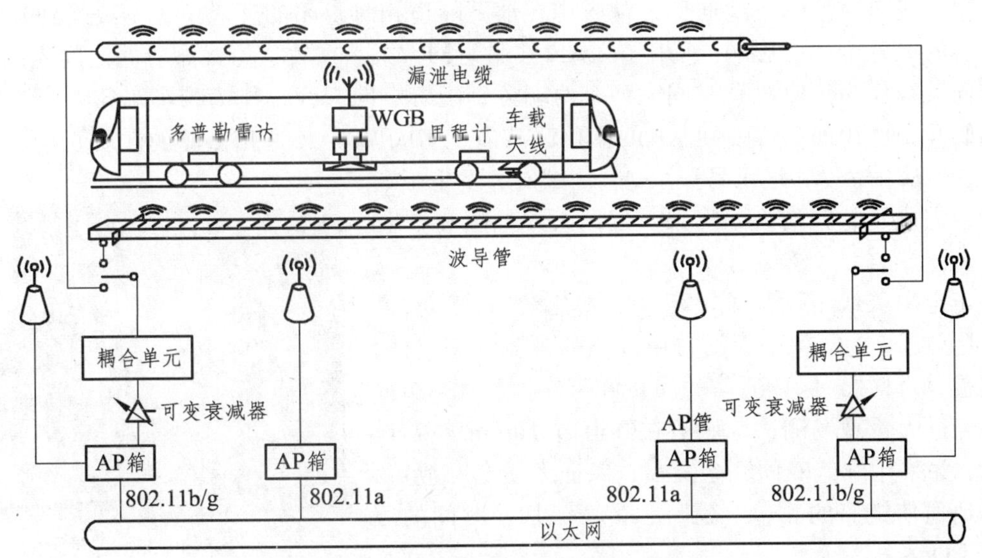

图5-3-12　CBTC系统车地无线通信示意图

WLAN是便捷的无线数据传输系统，利用射频（Radio Frequency，RF）技术，取代双绞铜线所构成的局域网络。WLAN网络结构有两种：一种是无中心网络，也称对等网络，覆盖的服务区称为自助基本业务集（IBSS），网络中各个移送终端之间相互通信，结构简单、组网灵活，但是不能与有线网络互联互通。另一种是有中心网络，也称结构化网络，覆盖的服务区域称为基础结构的基本业务集（BSS），网络中各个移动终端都与接入点（Access Point，AP）通信，通过AP可以与其他终端通信，也可以通过AP同其他网络通信。AP在网络中起着中心协调实体的关键作用，提供移动终端在BSS内的注册、认证和管理等功能。另外，根据组网要求，AP还可以包括很多附加特性，如防火墙、网络地址翻译、动态主机配置协议（DHCP）服务器等。

典型的 WLAN 组网是由 1 个 AP 和多个移动终端构成的覆盖网络（BSS），允许移动终端在 BSS 内移动。随着 WLAN 业务扩大，也可以配置多个 BSS 来提供由骨干网连接的扩展覆盖，由称为分布式系统（DS）骨干网连接多个 BSS 集合构成的覆盖网络称为扩展的业务集（ESS）。DS 可以是任何类型的网络（有线、无线），一般采用 IEEE802.3 标准的以太网络。移动终端可以在 ESS 覆盖范围内的各个 BSS 之间移动，并且能够接收和发送分组数据，称为漫游或越区切换。

依据 IEEE802.11g 标准，WLAN 的传输速率可达 54 Mb/s，工作在 2.4 G Hz 免费 ISM 频段上可以采用多种与频率相匹配的传输天线，目前在世界城市轨道交通系统中，根据传输媒介不同，可分为三类：无线自由波、漏泄波导、漏泄同轴电缆。

1. 基于无线自由波的车地通信方式

无线自由波是由天线把传输线上传播的导行波，变换成在自由空间中传播的电磁波。城市轨道交通中，常采用定向天线，能够在一个方向或几个特定方向上发射及接收的电磁波特别强，而在其他方向上发射及接收的电磁波则为零或极小，具有较大的前向增益，能够有效抑制后向信号，适合应用在城市轨道交通的隧道场景中。

基于无线自由波的车地通信，常应用在地下隧道相对封闭的环境里，不致受到开阔空间其他类型的电磁干扰的影响。采用 WLAN 技术组网方式，在轨道沿线布置一定间隔的 AP 并带有定向天线作为传输媒介，同时列车两端分别配置定向天线，作为列车车载无线终端设备的传输媒介，这样列车行驶到 AP 的覆盖区域内，完成 WLAN 通信链路的注册、登录、通信等过程，当从一个 AP 进入另一个 AP 区域时，发生了通信漫游，完成了越区切换的场景。定向天线如图 5-3-13 所示。

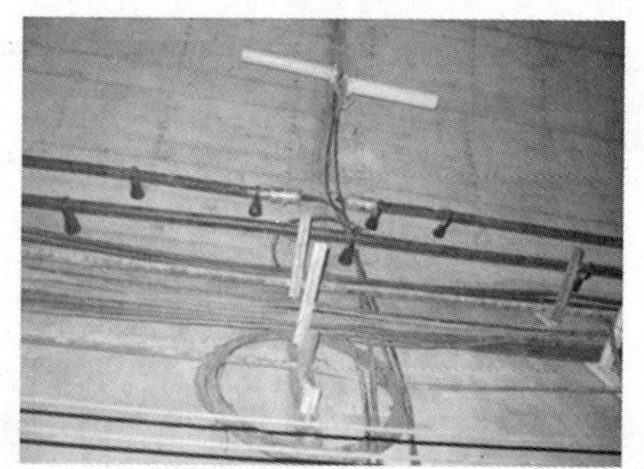

图 5-3-13　定向天线

由于定向天线组网简单灵活、成本比较低，具有广泛的应用前景。为了保证无线自由波场强覆盖的完整性，避免覆盖“盲区”，保证通信的质量和可靠性，AP 布局配置要经过大量现场测试，一般在隧道内 200 m 左右设置一套，并采用红蓝双网冗余覆盖，保证无线全网覆盖，保证车地通信链路的丢包、延时、带宽、切换时间的服务质量（QoS）达标。

2. 基于漏泄波导的车地通信方式

漏泄波导管是一种中空铝制矩形管，顶部等间隔开有窄缝，以使无线载频信息沿波导裂缝向外均匀辐射；在波导附近适当位置的无线接收单元，可以接收和发送信号，并通过处理得到有用的数据，如图 5-3-14 所示。相较于定向天线，漏泄波导传输性能平稳和抗干扰能力强，在城市轨道交通系统的车地通信方向的发展前景广阔，常应用于城市轨道交通中地上开阔区段或高架运营场景中。

图 5-3-14　漏泄波导管

基于漏泄波导的车地通信是以漏泄波导为 WLAN 的通信媒介，实现轨旁无线设备和车载无线设备之间的列车状态和控制等信息交换。轨道沿线敷设漏泄波导管，当地面控制中心发射出电磁波沿波导管传输时，在波导管内传输的电磁波从波导管缝隙槽孔辐射到周围空间，在其外部产生漏泄电场，列车从中获取信息能量，从而实现车地通信。同样，列车车载无线单元发出电磁波，在波导管外部产生漏泄电场，也会耦合到波导管中，实现与控制中心通信。

3. 基于漏泄同轴电缆的车地通信方式

漏泄同轴电缆是指在同轴电缆的外导体上开有均匀的缝隙或槽孔，具有信号传输的作用，又具有天线的作用，通过对外导体的缝隙开口的形状和角度等结构的设计，均匀发送和接收电磁波能量，实现对电磁场盲区的覆盖，常应用于城市轨道交通中隧道弯道处等易形成覆盖盲区的区段，如图 5-3-15 所示。

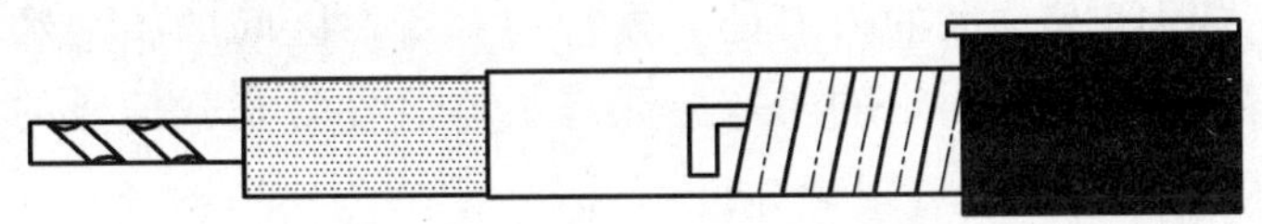

图 5-3-15 漏泄同轴电缆示意图

基于漏泄同轴电缆的车地通信是以漏泄同轴电缆为 WLAN 的通信媒介，实现轨旁无线设备和车载无线设备之间的列车状态和控制等信息交换，实现车地间双向大容量即时通信，从而实现移动闭塞，缩短列车运行间隔，提高运营效率。

从场强分布来看，通过漏泄同轴电缆辐射的信号场强在隧道区间内分布较均匀，并且受环境影响较小，但是由于漏泄同轴电缆在高频段 2.4 GHz 带宽生产工艺要求比较高，并且价格昂贵，成本较高，因此，漏泄同轴电缆作为 WLAN 传输媒介并未大范围应用到城市轨道交通系统中。

（五）闭塞方式

ATC 系统是根据列车在线路上运行的客观条件和实际情况，对列车运行的速度和控制方式等状态进行监督、控制和调整的技术装备。在车站区间内，使连续发出的列车保持一定的间隔，避免造成列车正面冲突或追尾事故，高效组织列车安全运行的方法叫作行车闭塞法，也称闭塞。

我国轨道交通线路以车站为分界点，划分为若干区间，采用区间作为列车运行空间间隔。这种方法能严格把列车分隔在两个空间，可以有效地防止列车追尾和正面冲突事故发生，确保列车运行安全。目前常说闭塞可以默认为空间间隔闭塞法，定义为用信号或凭证，保证列车按照空间间隔法运行的技术方法。

ATC 系统按照闭塞制式有三种：固定闭塞式、准移动闭塞式、移动闭塞式。

1. 固定闭塞式

固定闭塞将线路划分为固定的闭塞分区，前后车的位置都是用固定的地面设备来检测；闭塞分区用轨道电路或计轴装置来划分，如图 5-3-16 所示。由于列车定位是以固定区段为单位的（系统只知道列车在哪一个区段中，而不知道在区段中的具体位置），所以固定闭塞的速度控制模式是分级的，需要向被控列车传送的信息只有速度码。

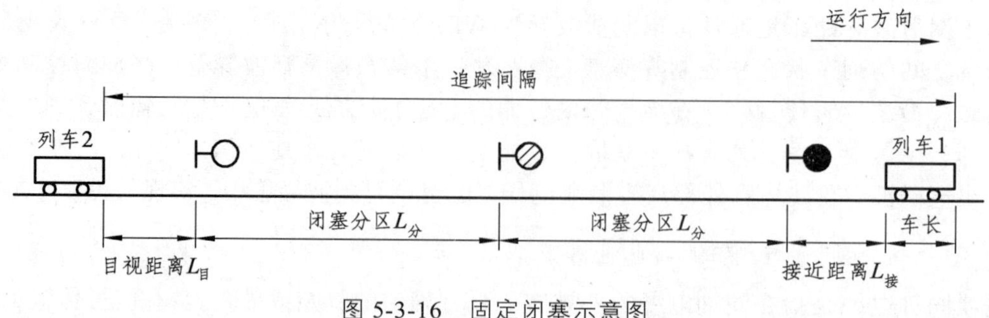

图 5-3-16　固定闭塞示意图

固定闭塞式 ATC 系统的分界线是进站信号机、出站信号机、防护信号机、分界点信号机或分界标。行车凭证是车载信号绿色灯相对应的速度值和出站信号机稳定绿色灯光。追踪目标点是前方列车所占用闭塞分区的入口处。先行列车所在区间的始端和本次列车所在分区的终端之间空间间隔是若干个固定的闭塞分区。主体信号为车载信号的绿色灯光相对应的速度值。

固定闭塞的闭塞长度较大，并且一个分区只能被一列列车占用，所以不利于缩短列车运行间隔。因为无法知道列车的具体位置，需要在两辆列车之间增加一个防护距离，这使得列车间的安全间隔较大，影响了线路的使用效率。

2. 准移动闭塞式

准移动闭塞对前后列车定位是不同的，前行列车的定位依然沿用固定闭塞方式，而后续列车的定位则采用移动的或称为连续的方式，即后续列车可以定位更加精确，如图 5-3-17 所示。为了提高后续列车的定位精度，目前各系统均在地面间隔一段距离设置 1 个定位标志（轨道电路的分界点、信标和计轴器等），列车通过时提供绝对位置信息。在相邻定位标志之间，列车的相对位置由安装在列车上的轮轴测速装置连续测得。

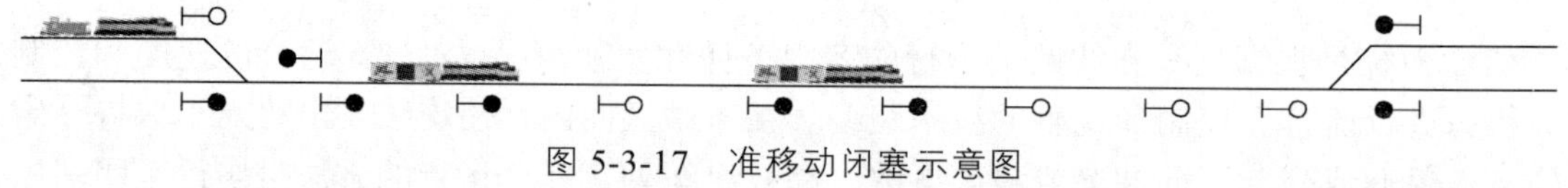

图 5-3-17　准移动闭塞示意图

准移动闭塞 ATC 系统分界线是出站信号机、防护信号机、分界点信号机或分界标。行车凭证是车载信号相对应的目标速度曲线值。追踪目标点是先行列车所在闭塞分区的始端。主体信号是车载信号的绿色灯光相对应的速度值，地面信号机不点灯。

由于准移动闭塞采用了固定和移动两种方式，所以其速度控制模式既有连续的特点，又有阶梯的性质。由于被控列车的位置是由列车自行实时（移动）测得的，所以其最大允许速度的计算最终是在车载设备上实现的。

准移动闭塞在控制列车安全间隔方面比固定闭塞更进一步，可以预告追踪列车的目标距离，追踪列车也可以通过这一距离合理地采取减速或制动，从而可以改善列车控制，缩短时间间隔，提高线路使用效率。

但是准移动闭塞中后续列车的最大目标制动点仍然是前行列车占用闭塞分区入口处加上一段防护距离，因此没有完全突破固定闭塞的限制。

3. 移动闭塞式

移动闭塞是基于车地无线通信系统，将地面控制中心计算的移动授权信息发送给车载设备，由车载计算机实时计算出列车最大允许速度曲线，并按此曲线对列车实际速度进行监控，达到超速自动防护，确保列车安全运行，如图 5-3-18 所示。

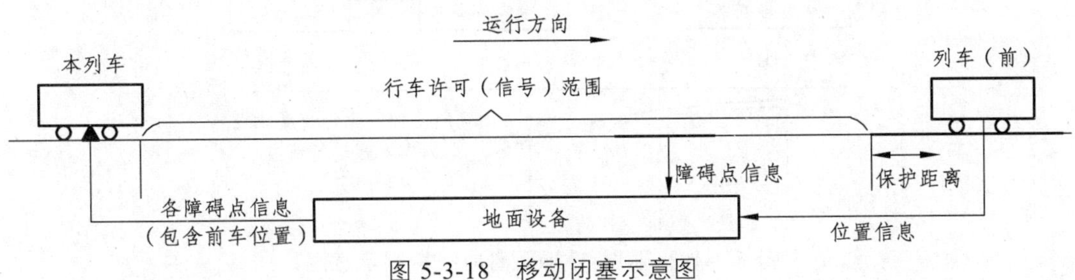

图 5-3-18　移动闭塞示意图

移动闭塞分界线是由无线系统传输的列车移动授权终点划分的。行车凭证是车载信号相对应的目标速度值。追踪目标点是先行列车的尾部，加上一定的安全距离。主体信号是车载信号的绿色灯光相对应的速度值，地面信号机不点灯。

移动闭塞没有将线路分成若干个闭塞分区的概念，列车监督运行间隔是动态的，并随先行列车的移动而移动，该间隔是按后续列车在当前速度的所需制动距离加上安全余量实时计算和控制的，确保追踪运行不能追尾，列车制动时机、制动起始点和终点均是动态的，其目的是最大限度利用机车车辆特性全速运行，尽可能缩短列车运行间隔，最有效、最合理利用区间有限空间，提高区间通行能力。

（六）速度控制模式

ATC 系统中，对列车控制不仅仅需要行车闭塞法从空间上根本将列车运行的线路间隔开来，还在不同闭塞制式条件下采用不同的速度控制模式，科学合理地控制列车速度，确保在安全的前提下实现最小列车运行间隔。

1. 分级速度控制

分级速度控制是以一个闭塞分区为单位，每个闭塞分区设计一个目标速度，无论列车在该闭塞分区中什么位置都需要根据限定的速度判定列车是否超速。分级速度控制系统的列车追踪间隔主要与闭塞分区的划分、列车的性能和速度有关，包括阶梯式和曲线式。

2. 速度-目标距离模式控制

速度-目标距离模式曲线控制采取的制动模式为连续式一次制动速度控制方式，根据目标距离、目标速度及列车本身的性能确定列车的制动曲线，不设置每个闭塞分区的速度等级。若先行列车占用的闭塞分区入口为追踪目标点，则为准移动闭塞；若以先行列车的尾部为追踪目标点，则为移动闭塞。

速度-目标距离模式曲线的列车制动的起始点是随线路参数和列车本身性能不同而变化的，空间间隔的长度是不固定的，比较适用于不同性能和速度的列车混合运行，其追踪间隔要比分级速度控制小，提高了区间通过能力，减速比较平稳，旅客舒适度有所提高，如图 5-3-19 所示。

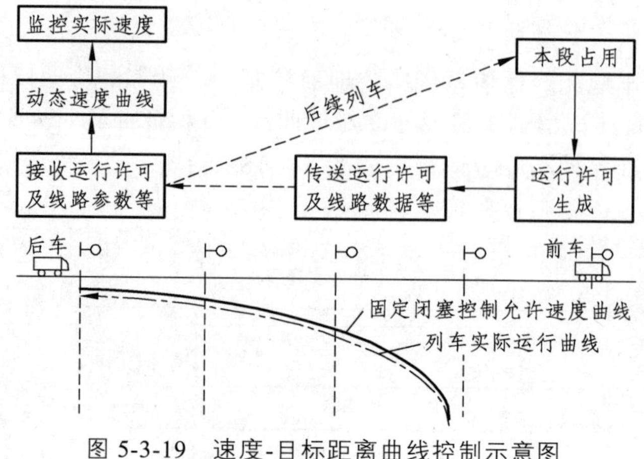

图 5-3-19　速度-目标距离曲线控制示意图

五、ATC 系统的组成及特点

ATC 系统是城市轨道交通列车运行控制系统最重要的组成部分，按系统功能划分，通常包括列车自动监控系统（Automatic Train Supervision，ATS）、列车自动防护系统（Automatic Train Protection，ATP）和列车自动运行系统（Automatic Train Operation，ATO）三个子系统，如图 5-3-20 所示。

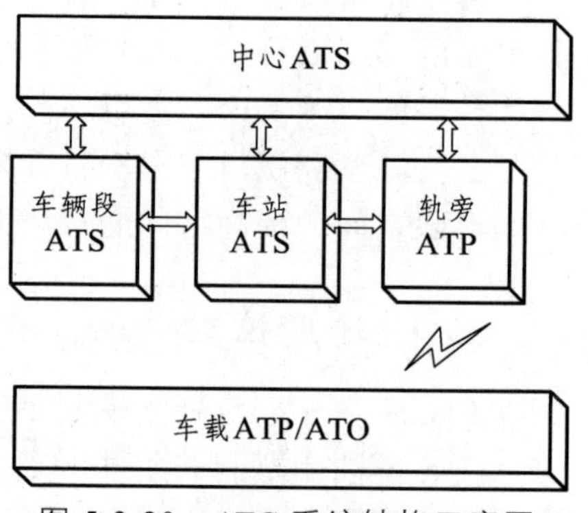

图 5-3-20　ATC 系统结构示意图

按设备布置地域划分，包括控制中心设备、车站及轨旁设备、车辆段设备、试车线设备、车载 ATC 设备。

ATC 系统需设置行车指挥中央控制中心，沿线各车站设计为区域性联锁，其联锁设备放在控制站（一般为有岔站，也称集中站）。列车配置车载控制设备。中央控制中心与控制站通过有线数据网连接，地面控制信号设备与列车采用无线通信进行信息交互。ATC 系统传输的信息直接与列车运行安全有关，因此，数据传输要求比一般通信系统安全性、可靠性、实时性更高。

ATC 系统改变了传统的信号控制方式，可以连续、实时地监督列车的运行速度，自动控制列车的制动系统，实现列车的超速防护。列车控制方式可以有人工驾驶，也可以有设备实时自动控制，使列车根据其自身条件自动调整追踪间隔，提高线路的通过能力，其特点如下：

（1）将先进的控制技术、通信计算、计算机技术与轨道交通信号技术融为一体的安全控制系统。

（2）能够对线路空闲/占用进行检测。

（3）车载信号属于主体信号，可以直接给司机指示列车应遵循的安全运行速度。

（4）具有对运行中的列车测速、定位功能。

（5）自动监控列车运行速度，有效地防止由于司机失去警惕或错误操作可能酿成超速运行、列车脱轨、冒进信号或列车追尾事故，它是一种行车安全控制设备。

（6）为满足行车安全控制需要，给司机指示安全可靠的速度指令，它通过安全可靠的大容量的车地之间信息传输系统传输安全控制信息。

（一）ATS 系统认知

城市轨道交通列车运行自动监控系统（ATS）是监督和控制列车按运行图运行，使列车运行最佳化和稳定化的控制系统。当出现非正常情况或设备故障时，通过该系统可使之对运行图所带的不利影响最小。

ATS 系统主要是实现对列车运行及所控制的道岔、信号等设备运行状态的监督和控制，为行车调度人员显示出全线列车的运行状态，监督和记录运行图的执行情况，在列车因故偏离运行图时及时做出调整，辅助行车调度人员完成对全线列车运行的管理。

ATS 在 ATP 和 ATO 系统支持下，根据运行时刻表完成对全线列车运行的自动监控，可自动监控和控制正线列车进路，并向行车调度员和外部系统提供信息。ATS 系统为非安全系统，它的全部或任何一部分故障或不正确操作，不会影响列车运行安全。ATS 系统通过 ATP 系统有效防止了由于 ATS 系统故障或不正确操作可能导致的对列车运行的危害。

ATS 系统主要功能如下：

1. 管理信号设备

ATS 可以接收联锁系统的远程监控信息，比如道岔位置、信号机状态、进路、车次号等，并在调度员工作站和综合显示屏上显示。

2. 列车描述

ATS 系统为每辆列车提供唯一识别号，识别号一般由 3 位车次号和 2 位目的地号共 5 位数字组成。在列车每次到达折返站后，ATS 系统根据运行图自动在控制中心更改该列车的识别号，并显示于司机驾驶时的显示器上。

ATS 系统自动追踪列车时使用索引标识号，该号码显示在 ATS 图形化人机界面的站场图上，标识相关联列车当前所处的位置。根据调度指挥的需要，该列车识别号对应于计划表号、车次号等运行计划标识。

3. 自动进路设置

自动进路只适用于列车正向的运行，主要包含以下几种自动进路：

（1）通过进路控制中心或车站 ATS 调度员须先开放进路，再将该进路的入口信号机设置成通过信号模式。在列车通过后，不需要 ATS 系统干预，而由联锁系统自动再次建立进路。

（2）目的地触发进路以列车识别号中的目的地为基础，由车站 ATS 自动设置进路。

（3）接近触发进路当特定的触发轨被占用后由车站 ATS 自动建立自动进路，用于从入口信号机只有一条进路可办理的进路。

4. 运行图调整

ATS 系统主要通过停站时间和站间运行时间等方式对特定列车，按照列车的运行图进行调整，和其他列车可能的延迟无关。

5. 运行图管理

运行图管理主要包括离线运行图管理和在线运行图管理。

离线运行图管理运行图确定了运行日内正常的列车运行计划，这里的运行日是指一年中任何工作日、双休日或假日。离线运行图管理功能通过图形用户界面供计划员建立和修改运行图。

在线运行图管理每天在正线运营前，调度员在已创建的运行图内选定一个并创建为当天运行计划，ATS 按照当天运行计划进行列车自动调整。在运行过程中，调度员使用运行图菜单可对运行图进行某些调整，比如调度员可在运行图上添加一列列车计划、删除一列列车计划或更改一列列车计划，ATS 系统将按照调度员修改后的计划自动调整线路上运行的列车。

（二）ATP 系统认知

列车自动防护系统（Automatic Train Protection，ATP）是列车运行超速防护核心安全系统，负责列车的安全运行，完成保证安全的各种任务，必须符合故障-安全原则。

ATP 连续检测列车的位置和速度，监督列车必须遵循速度限制、车门控制，追踪所有装备信号设备的列车，考虑联锁条件，并为列车提供移动授权，实现与 ATS、ATO 和车辆系统接口及进行信息交换。ATP 可分为车载 ATP 和地面 ATP 两部分。

轨旁设备主要包括区域控制器（ZC）、数据存储单元、信标和轨旁通信设备。

通过为每列车提供一个移动授权（MA），当列车在受控线路区域内按照正常时刻表运行时，车辆控制器（CC）将列车的位置与运行方向发送给 ZC，而 ZC 使用列车当前位置、行驶方向、进路以及周围线路的当前状态来决定每列车的 MA。ZC 通过 DCS 通信子系统向 CC 传达列车的 MA。CC 负责列车在自己的 MA 范围内运行，原理如图 5-3-21 所示。

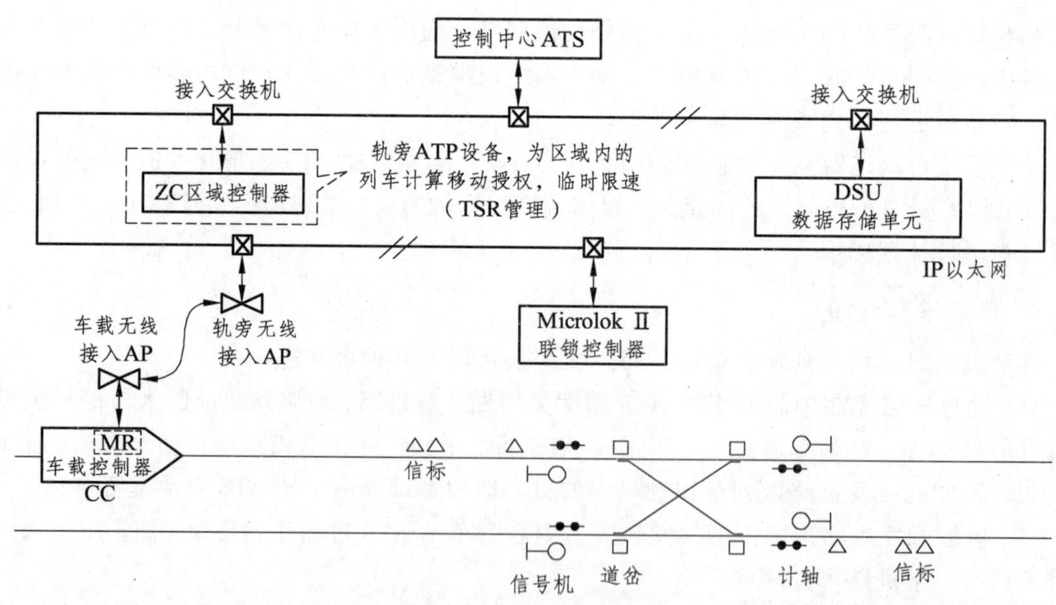

图 5-3-21　ATP 轨旁设备组成

车载 CBTC 系统由车载控制器（CC），移动通信系统（MR）、MR 天线、轴装光电速度传感器（EOSS）、查询器（TI）、查询器天线（TIA）以及列车司机显示器（TOD）组成。

ATP 系统的主要功能如下：

1. 列车定位

定位任务及时确定列车在路网中的地理位置。通常，ATP 系统利用查询应答器及速度传感器和雷达完成列车定位。安装在线路上某些位置的应答器用于列车物理位置的检测，每个应答器发送一个包括识别编号（ID）的应答器报文，由应答器天线接收，在车载 ATP 单元的线路数据库里存有应答器位置，这样即可确定列车在线路上的确切基准位置，由速度传感器和雷达执行列车位移测量。

2. 测速与测距

通常采用速度传感器和雷达用于列车速度和距离的精确检测。列车实际速度是施行速度控制的依据，速度测量的准确性直接影响到速度控制效果。列车的位置直接关系到列车运行的安全，通过确定列车实际位置，才能保证列车之间的运行间隔，并在接近障碍物或限制区之前停下或减速。

为补偿轮径磨损和由于轮径磨损而造成的维护服务间隔期内轮径的改变，使用雷达和查询应答器重新同步的方法，当列车经过应答器时，正确的位置被识别。在这些应答器之间，雷达和测速传感器一起确定准确的列车速度和距离。

为了避免空转和打滑带来的不利影响，雷达可以有效补偿这种误差，保证 ATP 系统得到准确的列车位置。

3. 速度监督与超速防护

城市轨道交通中速度限制分为两种：固定速度限制和临时性速度限制。

固定速度限制是在设计阶段设置的，ATP 车载设备中都存储着整条线路上的固定限速区信息，包括列车最大允许运行速度、列车最大允许速度和区间最大允许速度。

临时限速用于在一些特殊区段来降低允许速度，该功能满足在特殊地段要求较低速度的运行要求，例如正在进行的一些轨道作业。控制中心 ATS 操作员按照安全程序人工设置，设定的数据会从 ATS 系统传送给 ATP 轨旁单元，ATP 轨旁单元通过通信通道把所有的临时限速发送到车上，车载 ATP 接收来自轨旁 ATP 的移动授权和联试限速信息。

4. 停车点防护

通常停车点就是危险点，危险点在任何情况下都不能越过，否则会导致危险情况。例如站内有车时，车站的起点即是必须停车点，在停车点的前方通常还设置一段防护段，ATP 系统通过计算得出的紧急制动曲线即以该防护区段入口点为基础，保证列车不超越入口点。此外也可以在入口点设置一个列车滑行速度值（如 5 km/h），一旦需要，列车可在基础上加速或停在危险点前方。

5. 列车间隔控制

列车间隔控制是一种既能保证行车安全，防止两列车发生追尾事故，又能提高运行效率，使两列车的间隔最短的信号概念。固定闭塞下，列车的间隔是靠自动闭塞系统来保证的，列车间隔以闭塞分区为单位，当采用准移动闭塞和移动闭塞时，闭塞分区长度与位置是不固定的，是随着前方目标点的位置和后续列车的实际速度及线路参数而不断改变的。

6. 车门控制

车门自动开闭是否由司机手动操纵，关键是要对安全条件进行严格监督，防止列车在站外打开车门、在站内时打开非站台侧的车门、在车门打开时列车起动等情况发生。只有 ATP 系统检查所有安全条件均已满足时，给出一个控制命令，才能打开车门。

列车停站时间结束时，轨旁 ATP 设备停发开门信息，关闭车门。轨旁 ATP 确定车门关闭并锁闭后，向车载 ATP 发送移动授权信息，车载 ATP 收到后，再次确定车门关闭且锁闭后，允许列车发车。

7. 站台屏蔽门控制

当列车进站且停在允许误差范围内时，司机操作或 ATO 发送开门指令，经过 DCS 系统至 CI，PSD 系统接收 CI 的开门指令，执行相应的自动解锁、开门等操作，同时 PSD 状态指示装置做出相应的响应动作。

当列车离站时，司机操作或 ATO 发送关门指令，经过 DCS 系统至 CI，PSD 系统接收 CI 的关门指令，执行相应的关门、锁闭等操作，当所有屏蔽门关闭并锁闭后，PSD 系统向 CI 发送“屏蔽门关闭且锁闭”信息，并通过 DCS 系统发送至车载 ATP，列车被允许离站，同时 PSD 状态指示装置做出响应动作。

8. 紧急停车功能

特殊情况下，按压设在车站上的紧急停车按钮，就可以通过信号系统车载 ATP，启动紧急制动，使列车停止运行。

9. 给出发车命令

车载 ATP 检查有关安全启动条件（如车门是否关闭且锁闭、司机操作手柄是都置于零位、ATP 系统是否处于正常工作状态）并确认符合安全后，才允许列车发车。

10. 列车倒退控制

为了防止列车倒退或溜逸，当后退距离超过一定距离时，立即启动紧急制动。

11. 停稳监督

监控列车停稳是在站内打开车门和站台屏蔽门的安全前提，为了确定列车停稳，车载 ATP 实时监督雷达和测速传感器的信息。

（三）ATO 系统认知

列车自动运行系统（ATO）主要用于实现“地对车控制”，根据地面控制中心的指令自动完成对列车的起动、牵引、惰性、制动，送出车门和站台安全门的开关信号，使列车以最佳工况安全、正点、平稳运行。ATO 为非故障-安全系统，其控制列车自动运行，主要目的是模拟最佳司机驾驶，实现正常情况下高质量的自动驾驶。

ATO 系统必须受 ATP 系统监督，执行超速防护功能，否则实时制动，如常用制动和紧急制动，如图 5-3-22 所示。

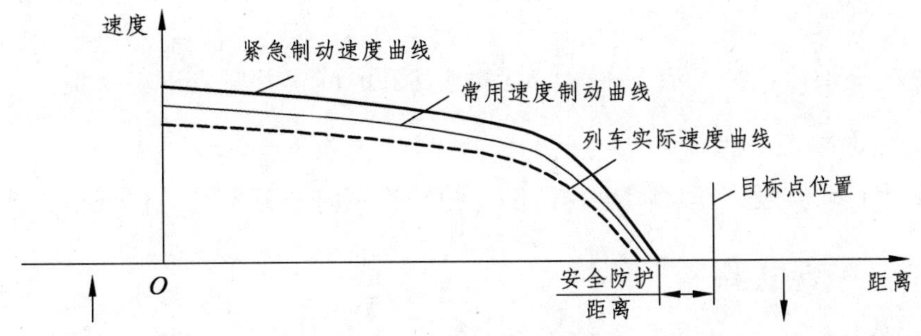

图 5-3-22　制动曲线示意图

常用制动的特点是作用比较缓和，制动过程比较长，只使用全制动能力的 20%～80%。

紧急制动的特点是实施全制动能力，制动比较迅猛，乘客可能因惯性摔伤。

因此，一般情况下首先使用常用制动，只在紧急情况或突发事件下使用紧急制动。

如图 5-3-22 所示，紧急制动曲线由车载 ATP 计算和监督，列车速度一旦触发该曲线，列车获得最大减速度，立即启动紧急制动，以保证列车停在停车点，这是一种非正常的运行状态，应尽量避免发生，必须经过一段时间制动缓解后并得到确认后才能重新启动。

常用制动曲线也由车载 ATP 计算，当列车速度达到该曲线值时，应给出告警，但不启动紧急制动，提示司机常用制动减速。

列车实际速度曲线由车载 ATO 系统计算，正常运行情况下，ATO 自动执行停车制动曲线，通常制动减速度设置为 0.75 m/s^2 左右，已达到平稳减速和停车的目的。

ATO 系统的主要功能：

1. 自动调整列车运行速度

列车起动、停止和速度调节必须按司机指令或 ATS 的输入，通过 ATO 系统控制执行，使列车巡航速度、加速、减速、惰行和冲击率控制在规定的乘客舒适度范围内，同时列车速度必须保持在 ATP 防护速度曲线下。

2. 车站精确停车

采用查询应答器、无线通信、测速传感器和雷达等定位及测速方法实现列车车站定点精确停车。

3. 列车区间运行时分的控制

ATO 自动驾驶模式下，可根据 ATS 的调整指令改变列车在区间的走行时间。

4. 车门和屏蔽门控制

ATP 监督下对车门和屏蔽门进行控制，可人工或自动开启关闭车门和屏蔽门。列车停在站台维持开门时间由 ATS 建立，并受 ATO 自动控制。

5. 交换信息

与 ATS、ATP 子系统交换信息，共同实现列车无人自动折返及驾驶室自动换向。

6. 允许速度

ATO 速度控制器提供列车在轨迹任意点的对应速度值。

7. 提供信息

向车载 PIS 提供信息，显示下一站、目的地站和时间，并触发语音播报。

8. 巡航/惰行

按照时刻表自动实现列车区间运行的惰行控制，同时节省资源，保证最大能量效率。

（四）ATC 系统认知

按照车地通信方式可以将 ATC 系统分为点式和连续式 ATC 系统。

1. 点式 ATC 系统

点式 ATC 系统因其主要功能是防护列车速度，所以又称点式 ATP 系统。它采用点式设备传递信息，用车载计算机进行信息处理。

1）点式 ATC 系统的基本结构

点式 ATC 系统由车载设备和地面设备组成，主要是地面应答器、轨旁电子单元（Line-side Electronic Unit）及车载设备。

地面应答器通常设置在信号机旁或者设置在一段需要降速的缓行区间的始、终端。它接收车载设备发射的能量，内部寄存器按协议以数码形式存放实现列车速度监控及其他行车功能所必需的数据。置于信号机旁的地面应答器，用以向列车传递信号显示信息，因此需要接口电路与信号机相连。地面应答器内所存储的部分数据受信号显示的控制。此接口电路即轨旁电子单元。置于线路上的地面应答器有时不需与任何设备相连，所存放的数据往往是固定的。

轨旁电子单元是地面应答器和信号机之间的电子接口设备，其任务是将不同的信号显示转换为约定的数码形式。LEU 是一块电子印刷板，可根据不同类型的输入电流输出不同的数码。

车载设备由车载应答器、测速传感器、中央处理单元、驾驶台上的显示、操作和记录装置等部分组成。

车载应答器：完成车地耦合电磁联系，将能量送至地面应答器，接收地面应答器所存储的数据并传送到中央处理单元。

测速传感器：通常安装在轮轴上，根据每分钟车轮上转数与车轮直径在中央处理单元内换算成列车的速度。

中央处理单元：核心是安全型计算机，负责对所接收的数据进行加工处理，形成列车当前允许的最大速度，将此最大允许速度值与列车现有的速度值进行比较，以决定是否给出启动常用制动或紧急制动的命令。从车载应答器传向地面应答器的高频能量也是由它产生的。

驾驶台上的显示、操作和记录装置：经过一个接口，即可将中央处理单元内的列车现有速度及列车最大允许速度显示出来，这种显示可以是指针式或液晶显示屏方式，按照需要，还可以显示出其他有助于司机驾驶的信息，如距目标点的距离、目标点的允许速度。对于出现非正常的情况，如出现超速报警、启动常用或紧急制动，都可以由记录仪进行记录。

2）点式 ATC 系统的基本原理

点式 ATC 系统的车载设备接收信号点或标志点的应答器信息，还接收列车速度和制动信息，输出控制命令并向司机显示。地面应答器向列车传送每一信号点的允许速度、目标速度、目标距离、线路坡度、信号机号码等信息，如图 5-3-23 所示。

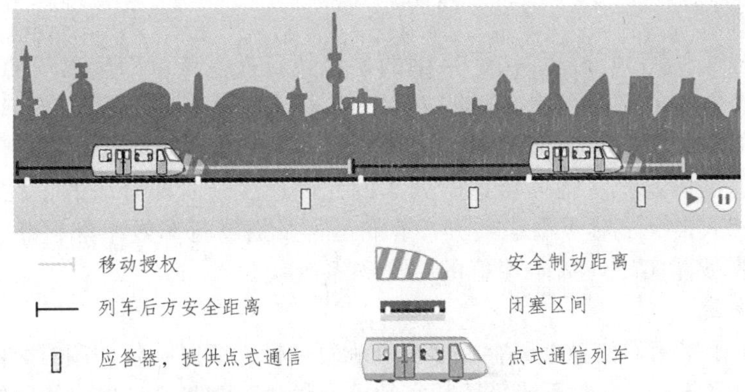

图 5-3-23　点式 ATC 原理示意图

车载中央控制单元根据地面应答器传至车上的信息以及列车自身的制动率（负加速度），计算得出两个信号机之间的速度监控曲线。

最大运行速度：所允许的最高列车速度。

间隔音响警告曲线：当列车车速达到此值时，车载中央处理单元给出音响报警，如果此时司机警惕降速，使车速低于最大运行速度，则一切趋于正常。

常用制动曲线：当列车车速达到此值时，车载中央处理单元给出启动常用制动（通常为启动最大的常用制动）的信息，列车自动降速至最大运行速度以下。若列车制动装置具有自动缓解功能，则在列车速度降至最大运行速度以下时，制动装置即可自动缓解，列车行驶趋于正常；若列车制动装置不具备自动缓解功能，则常用制动使列车行驶一段路程后停下，列车由驾驶员经过一定的手续后重新人工启动。

紧急制动触发曲线：当列车车速达到此值时，车载中央处理单元给出启动紧急制动的信息，确保列车在危险点的前方停下。

2. 连续式 ATC 系统

按车-地信息所用的传输媒介分类，连续式 ATC 可分为基于轨道电路、基于轨间电缆、基于无线通信。

1）基于轨道电路的连续式 ATC 系统

该 ATC 系统有速度码系统和距离码系统，其轨道电路都用作双重通道。当轨道电路区段无车占用时，轨道电路发送轨道电路检测信号或检测码；当列车驶入轨道区段时，立即转发速度信号或有关数据电码，如图 5-3-24 所示。

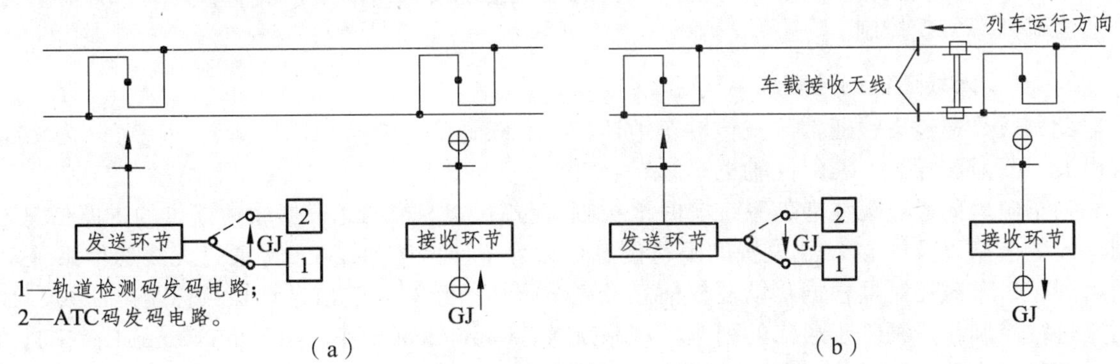

图 5-3-24　基于轨道电路的 ATC 系统示意图

（1）速度码系统

速度码系统通常使用频分制方法，采用的是移频轨道电路，即用不同的频率来代表不同的允许速度。由控制中心通过信息传输媒介将列车最大允许速度直接传至车上，这类制式在信息传递与车上信息处理方面比较简单，速度分级是阶梯式的。

但是，由于速度码系统从地面传递给列车的允许速度是阶梯分级的，在轨道电路区段分界处限速值是阶梯式的，这对于平稳驾驶、节能运行及提高行车效率都是非常不利的，因此，速度码系统已逐步被能实时计算限速值的距离码系统代替。

（2）距离码系统

距离码系统由于采用的信息电码存在多样性和复杂性，所以必须使用时分制数字电码方式，按协议来组成各种信息。距离码系统采用数字编码音频轨道电路，是目前使用较广泛的 ATC。

距离码系统从地面传至车上的是前方目标点距离等一系列基本数据，车载计算机根据地面传至列车的各种信息（区间的最大限速、目标点距离、目标点的允许速度、区间线路的坡度等）以及存储在车载单元内的列车自身的固有数据（如列车长度、常用制动和紧急制动率、测速和测距信息等），实时计算出允许速度曲线，并按此曲线对列车实际运行速度进行监控。

由于数据传输、实时计算以及列车车速监控都是连续的，所以速度监控是实时、无级的，可以有效地实现平稳驾驶与节能运行。但是这种制式的信息传输是比较复杂的，以钢轨作为信息传输的通道，传输频率受到很大限制，导致车地通信容量很低，同时信息的传输受到牵引回流的影响，传输性能不够稳定；这种制式所实现的主要是准移动闭塞，所以列车间隔的进一步缩短和列车速度的提高受到很大限制。

2）基于轨间电缆的连续式 ATC 系统

采用轨间电缆的列车控制系统，是利用轨间铺设的电缆传输信息的，轨间电缆是车地通信的唯一通道，为了抗牵引电流的同时完成列车定位功能，轨间电缆每隔一段距离（如 25 m 或 50 m）做一次交叉。利用轨间电缆的交叉配置可以实现列车定位，每当列车驶过电缆的交叉点，通过检测信号极性的变化及技术来确定列车的实际位置。

控制中心存储了线路的固定数据（如线路坡度、曲线半径、道岔位置、环形区段的位置与长度等）。联锁系统将线路的信号显示、道岔位置等信息传递给控制中心，列车也将其列车速度、列车长度、载重量等通过电缆传给控制中心。控制中心计算机根据这些数据计算出此时的允许速度，再经过电缆传给线路上行驶的相应列车，对列车实现控制。这种方法可以由控制中心统一指挥所有运行列车，但是如果控制中心故障，将导致全线瘫痪。另一种方法是控制中心和联锁系统将线路、目标速度等信息通过电缆传输给列车，由车载计算机计算其允许速度对列车实现控制。

3）基于无线通信的连续式 ATC 系统

此方式是通过无线通信方式传输车地通信，无线通信媒介按照不同运营环境可分为无线自由波、漏泄波导管、漏泄同轴电缆。

列车向地面通过无线通信系统实时汇报列车位置，地面 ATP 根据联锁提供的进路信息、列车位置信息以及中心 ATS 设置的限速信息等为列车计算移动授权，并通过无线通信系统发送给列车，车载控制器根据移动授权信息及列车限速信息等状态信息计算目标距离曲线，对列车进行控制，这种基于通信的列车控制系统（Communication Based Train Control，CBTC）是目前最先进的 ATC 系统之一，如图 5-3-25 所示。

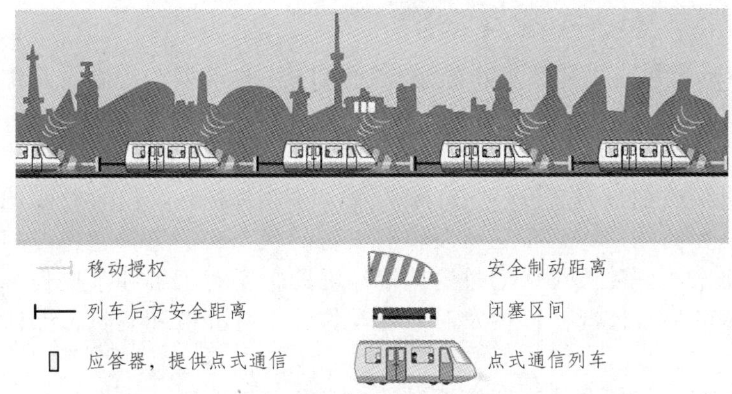

图 5-3-25　基于无线通信的 ATC 系统示意图

CBTC 系统是采用先进的计算机、通信、控制技术连续监测列车运行的移动闭塞方式的列车运行控制系统，它摆脱了轨道电路等判别列车对闭塞分区的占用与否的限制，突破了固定（准移动）闭塞的局限性，较传统系统具有更大的优越性。

在国内外城市轨道交通在建、规划建设、既有线改造等项目中，大都采用 CBTC 系统，大大提高了信号系统的安全性，并有效提升了线路的运营效率。

六、常见 CBTC 系统基本认知

（一）安萨尔多 CBTC 系统组成

郑州地铁 1 号线正线信号系统采用基于无线通信列车控制系统（CBTC），同时还提供了 CBTC 功能故障情况下的点式 ATP 列车超速防护系统，包括列车自动防护（ATP）、列车自动运行（ATO）、列车自动监控（ATS）、正线计算机联锁（CI）四个子系统。

如图 5-3-26 所示，CBTC 信号系统主要有以下子系统和设备组成：控制中心 ATS、车站 ATS/LCW 现地控制工作站、区域控制器、车载控制器、联锁控制器、数据存储单元、数据通信系统等。

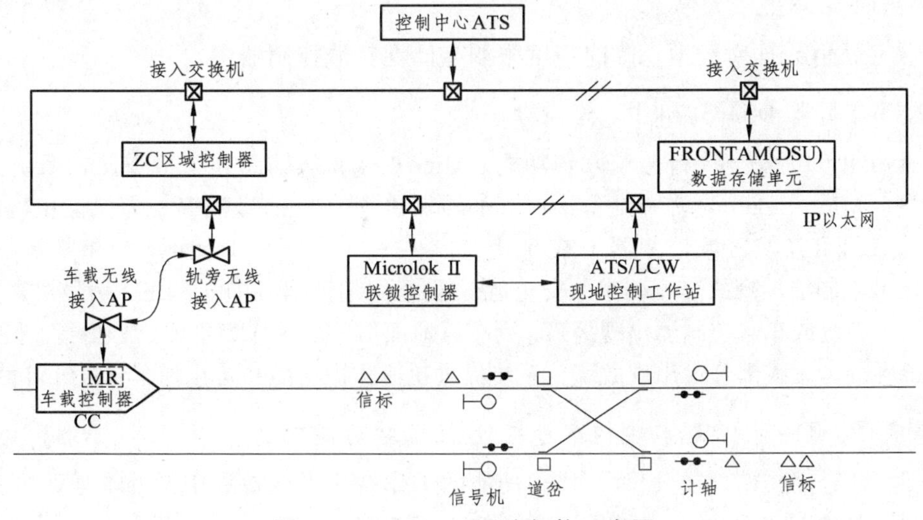

图 5-3-26　CBTC 系统架构示意图

1. 中央列车自动监控子系统（ATS）

ATS（列车自动监控）是用于城市轨道交通 ATC（自动列车控制）系统的一个子系统。它是基于现代数据通信网络的分布式实时计算机控制系统，通过与 ATC 系统中的 ATP（自动列车保护）、ATO（自动列车驾驶）和 MLK Ⅱ（微机联锁）子系统的协调配合，完成对高密度城市轨道交通运输信号系统的自动化管理和全自动行车调度指挥控制，包括中心 ATS 和车站 ATS。

ATS 系统的监督功能是将列车运营及轨旁设备的状态和信息，通过控制中心或车站的调度终端实时显示出来，调度员可以通过这些终端屏幕，实时了解和掌握列车的实际运行情况以及轨旁信号设备的显示情况，以便及时对行车作业进行分析和调整，保证全线运营安全、高效、有序进行。

ATS 系统的控制功能是向轨旁联锁系统发出指令办理进路，指挥列车按照列车运行图来运行。ATS 可以绘制列车实际运行图，并动态地对偏离运行图的列车进行调整。

ATS 系统的主要特点：

（1）系统关键单元可进行 1 + 1 防护，故障情况下无须人工干预即可进行热备切换。

（2）集中后备架构，在中央故障时仍可完成自动控制功能。

（3）模块化的软件设计，灵活适应用户的需求，并可满足系统扩容的需要。

（4）对于涉及安全的操作，提供二次确认操作。

（5）符合人机工程原理的标准化图形用户界面。

（6）全系统的时钟同步。

2. 区域控制器

区域控制器安装在轨旁，是基于处理器的安全控制器。每个区域控制器通过数据通信子系统和车载控制器连接。区域控制器通过运用 CBTC 的移动闭塞概念，确保列车的安全运行。

区域控制器基于已知的障碍地点和预计的交通荷载，确定预定义的地区（区域）内所有列车的移动权限。区域控制器接收临时限速（TSR）指令以及该区域内列车发出的位置信息。区域控制器与 MicroLok Ⅱ 接口，以控制和表示轨旁设备。每个区域控制器都是以三选二表决配置为基础。

3. 数据存储单元

用来保存轨道数据库数据。临时速度限制存储在区域控制器中。

4. 联锁控制器 MicroLok Ⅱ

MicroLok Ⅱ 负责安全执行传统联锁功能。MicroLok Ⅱ 从辅助列车检查计轴系统中获得列车位置信息。MicroLok Ⅱ 与轨旁设备接口，如转辙机、LED 信号机等。为保证正确的 CBTC 运行，MicroLok Ⅱ 还与区域控制器（ZC）接口。

如果区域控制器出现故障，列车的安全运行通过联锁控制器和轨旁 LED 信号机来实现。如果数据通信子系统或车载控制器出现故障，列车以地面信号显示作为主体信号运行。另外，如果数据通信子系统（无线部分）出现故障，系统提供超速防护功能并防止列车冒进红灯信号。

5. 集成了 ATS 车站工作站和本地控制工作站功能的工作站

集成了 ATS 工作站/本地控制工作站功能的工作站位于设备集中站的本地调度室。该工作站通常用于监督列车运行，也可用于联锁的人工控制。

当中央和本地 ATS 功能均不可用时，MicroLok 自动设置正线追踪的直通进路，并在终端站自动提供折返进路，通过本地操作终端实现联锁进路的设置和取消。

6. 车载控制器

车载控制器包括基于微处理器的控制器、相关速度测量及位置定位传感器（在地面应答器的辅助下）。车载设备与列车的各子系统接口，并通过数据通信子系统与区域控制器接口。车载控制器负责列车定位、执行允许速度、执行移动授权以及其他有关的 ATP 和 ATO 功能。车载控制器采用三取二表决方式。每端的 ATO 有一套冗余的设备。如果一个 ATO 单元故障，同一端的另一个 ATO 单元将接替工作。切换是自动的，不需要人工干预。

五种列车驾驶模式：ATO 自动驾驶模式（AM），连续式 ATP 监控下的人工驾驶模式（ATPM），点式 ATP 监控下的人工驾驶模式（iATP），限制人工驾驶模式（RM）和非限制人工驾驶模式（NRM）。另外，还有一种用于自动折返的模式（ATB），可以实现无人自动折返。

7. 数据通信子系统

数据通信子系统使用 UDP/IP 协议，在信号系统各设备之间提供双向的、安全的数据交换，它提供开放的通信接口和体系架构。应用国际通行的协议：有线网使用 IEEE 802.3，无线通信使用 IEEE 802.11g，它是一个非安全（Non-vital）的系统，但是通过其传送的消息受安全算法的保护。系统设计能够消除单个独立故障或多个相关故障对系统的影响，通信系统对列车控制操作是透明的，DCS 能够满足系统对数据传输延时和数据率的要求。

以太网为所有子系统提供相互通信的途径。系统提供双环冗余骨干网络。ATS 接入骨干网络是通过有线交换机实现的。

（二）卡斯柯 Urbalis888 系统基本认知

如图 5-3-27 所示为卡斯柯 ATP/ATO 子系统逻辑结构。

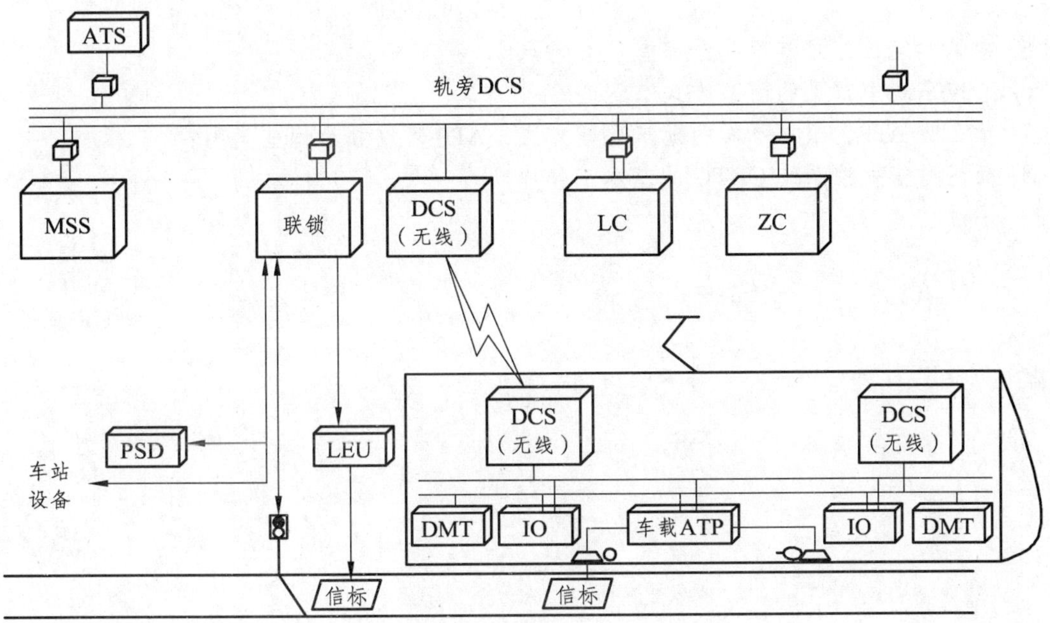

图 5-3-27 卡斯柯 ATP/ATO 子系统逻辑结构

ATP/ATO 包含下列子系统或设备：

车载计算机（CC）：在自动控制和人工控制下都能负责监督和控制行车安全。

车载人机界面（DMI）：驾驶员人机界面。

区域控制器（ZC）：负责计算线上所有列车的自动防护包络。这些自动防护提供给 CBTC 列车及运行在点式模式下的列车，ZC 将该信息发往它管辖区域内的每辆列车的 CC。

线路控制器 LC：管理临时限速（TSR）；确保 LC 与 ZC 间的同步性以及管理 ATP 和 ATO 的数据及软件版本。

信标 Beacon：完成列车动态初始化和重新定位功能，以及在后备模式下向列车提供进路信息。

欧式有源编码器（Product used in ATP/ATO）：欧式编码器（LEU）和信标也为轨旁 ATC 设备，其中欧式编码器（LEU）设置于集中站信号设备室中，信标设置于轨旁。

CBI 子系统：确保轨旁控制的安全，如“控制信号处于正确显示”。

ATS 子系统：实现信号监控、列车管理、列车追踪控制、计划管理、运行线路管理、培训与维护、系统管理、时钟同步、告警事件管理、历史回放、统计报告以及与外部系统接口。

维护支持子系统 MSS：实现对 URBALIS CBTC 各子系统（ATS、ATC、CBI、DCS）设备状态和报警信息实时监测。

思考题

1. 调度系统的发展经历了哪些阶段？各有什么特点？
2. 目前线上使用最普遍的分散自律调度集中 CTC 系统的工作原理是什么？
3. 中国列车运行控制系统分为哪几个等级？简述各等级列控的概念。
4. 目前线上客运专线的动车组对应列控系统的哪个等级？其对应的地车通信方式分别为什么？
5. 常见的定位方式有哪些？都有什么特点？
6. 列控系统中常见的闭塞方式有哪些？
7. 什么叫 ATP，根据不同的地车通信方式，ATP 可以分为哪些类型？
8. 简述通信列控系统 CBTC 的基本工作原理。

模块三

轨道交通通信系统

通信系统是保证现代化轨道交通正常运营的必要技术装备，与先进的轨道交通信号技术密切联系、不可分割。如今我国的轨道交通通信技术日新月异、设备系统庞大而复杂，新旧各种制式通信设备共同保障着我国的轨道交通运输的安全、高效。我国铁路和城轨的通信系统核心功能及架构基本一致，但在具体应用上又有着很大不同，学习时需用心理解。

项目六　铁路通信系统业务与设备

项目导引

所谓通信技术，就是指能满足人或物之间，通过媒介进行更高效信息传递和交流的技术手段。在铁路系统中，通信设备必须能够提高运输的效率和安全，满足铁路各个部门工作过程中的信息交互需求。铁路通信系统业务繁多，具体设备不计其数，其核心业务是辅助完成列车的各种运输作业，所以本项目既介绍了我国铁路通信业务的具体分类，又重点介绍了直接参与指挥、组织行车的调度通信系统。

调度通信是铁路行车指挥的神经中枢，需要功能先进且运行稳定、可靠的通信设备作技术保障。目前，我国铁路通信系统已全面跨入数字时代，层出不穷的通信新技术的应用为我国铁路各领域提供了更好的通信服务：全面应用数字技术使铁路调度信息传输更加稳定、更便于存储和处理，光缆的广泛使用使铁路调度通信更加迅捷，多频带的灵活配置使铁路无线调度信息交互更加通畅。本项目选择了我国铁路的数字（综合）调度通信系统和列车无线调度通信系统分别进行介绍。

任务一　铁路通信业务分类

学习目标

（1）熟悉铁路通信业务的分类；
（2）掌握铁路专用通信业务的分类；
（3）掌握铁路话音通信业务的分类；
（4）掌握铁路调度电话业务的分类和机构设置；
（5）熟悉列车调度电话的作用和特点。

相关知识

铁路通信业务，就是指在铁路运输生产和相关经营管理活动过程中，所需使用的各种通信业务的总称。按服务性质，铁路通信业务可分为两种基本类型，即公用通信和专用通信，其中专用通信业务又常按照通信的层级不同分为四类，具体如下：

（1）干线/局线通信：包括干线/局线调度电话，干线/局线会议电话，干线/局线会议电视等通信。

（2）区段通信：包括列车调度电话、货运调度电话、列车无线调度电话、电力调度电话、站间行车电话、工务（养路）电话、车务电话、电务电话、水电电话、信号电力电话、区间电话、桥隧守护电话、道口电话等，另外还包括列车确报电报（电话）、应急通信、无线列车防护、数据、静图传送通信等。

（3）站场通信：包括站场电话、扳道电话、站场广播、客运广播、站场无线电话、站场无线调度电话、站内调度电话、机务段内电话、电钟、旅客问询、旅客向导、集群系统、调车作业单信息传输等通信。

（4）列车通信：包括列车电话、列车闭路电视、列车安全告警系统、旅客电话、旅客列车广播等通信。

铁路通信业务的具体种类繁多，《铁路通信业务分类》（TB/T 3130—2017）进行了详细的分类说明。《铁路通信业务分类》按照信息性质进行基础分类，将铁路通信分为了话音业务、图像业务、数据业务和铁路电报业务等。

一、话音通信

铁路话音通信业务包括普通电话、专用电话、电话会议和广播业务。

（一）普通电话

铁路普通电话业务是指在铁路运输生产、指挥过程中需要使用的公众电话业务。

铁路普通电话业务的用户共两类：固定用户、移动用户。

铁路普通电话业务具有公众性，业务类型共三种：固定电话业务、移动电话业务、电话查号/接转业务，其中电话业务又包含本地电话、国内长途电话和国际长途电话业务。

（二）专用电话

铁路专用电话业务是指专门用于铁路运输生产和经营管理的电话业务。铁路专用电话系统具有相对的独立性，用户类型分固定用户和移动用户两类。

铁路专用电话按业务类型可分为调度电话、车站/场电话、站间行车电话和其他专用电话业务，具体分类如表 6-1-1 所示。铁路专用电话的不同业务之间既相对独立，又相互密切联系。

表 6-1-1　铁路专用电话业务分类

专用电话业务	调度电话	列车调度电话、货运调度电话、客运调度电话、机车调度电话、车辆调度电话、牵引供电调度电话、工务调度电话、电务调度电话、综合维修调度电话、动车调度电话、其他调度电话
	车站/场电话	车站值班员电话、站场调度电话、调车电话、扳道（清扫）电话、货运电话、列检电话、车号电话、货检电话、其他车站/场电话
	站间行车电话	
	其他专用电话	区间电话、道口电话、桥隧守护电话、隧道应急电话、列车乘务电话

1. 调度电话

调度电话业务简称调度电话，是调度员与所管辖区域内有关运输生产作业人员之间，为业务联系而设置的专用电话业务。调度电话业务通过有线调度通信系统和铁路移动通信系统均可实现。

1）调度机构设置

我国铁路运输调度工作采用分级管理、集中指挥，下级必须服从上级的原则，调度机构共设四级：

（1）中国国家铁路集团有限公司（简称“国铁集团”，曾称“中国铁路总公司”）设调度处，由值班处长和调度员代表国铁集团领导，调度指挥全国的铁路日常运输组织工作。

国铁集团和铁路局之间的各种调度通信，称为干线调度通信。

（2）铁路局设总调度室，由值班主任、主任调度员和调度员代表铁路局长，调度指挥全局的铁路日常运输组织工作。

铁路局和所属主要站段之间的各种调度通信，称为局线调度通信。

局调度员和所管辖区段的中间站之间，按专业、部门设置的调度通信，称为区段调度通信。

（3）铁路分局设调度所，由值班主任、主任调度员和调度员代表铁路分局长，调度指挥全分局的铁路日常运输组织工作。

（4）技术站设调度室，由值班站长、车站调度员（设调度室的编组站由室主任、副主任）代表站长，调度指挥所属车站范围内的铁路日常运输组织工作。

2）调度电话业务分类

（1）列车调度：为列车调度员与其所管辖调度区段内的车站值班员、机车或动车组乘务员等相关工作人员之间，进行联络、指挥列车运行而设置的专用电话。

（2）货运调度：为货运调度员与其所管辖调度区段内的车站货运值班员等有关工作人员之间，进行相关业务联系而设置的专用电话。

（3）客运调度：为客运调度员与其所管辖调度区段内的车站客运值班员等有关工作人员之间，进行相关业务联系而设置的专用电话。

（4）机车调度：为机车调度员与其所管辖调度区段内的机车调度员、机车乘务员等有关工作人员之间，进行相关业务联系而设置的专用电话；此外，机车调度电话业务还包括机车调度室调度员与车站、动车所等有关作业工种之间设置的调度电话。

（5）车辆调度：为车辆调度员与其所管辖调度区段内的车辆调度有关工作人员之间，进行相关业务联系而设置的专用电话。

（6）牵引供电调度：为牵引供电调度员与其所管辖调度区段内的牵引供电调度员、牵引变电所值班人员等有关工作人员之间，进行相关业务联系而设置的专用电话。

（7）工务调度：为工务调度员与其所管辖调度区段内的工务调度有关工作人员之间，进行相关业务联系而设置的专用电话。

（8）电务调度：为电务调度员与其所管辖调度区段内的电务调度有关工作人员之间，进行相关业务联系而设置的专用电话。

（9）综合维修调度：为综合维修调度员与其所管辖调度区段内的综合维修调度有关工作人员之间，进行相关业务联系而设置的专用电话。

（10）动车调度：为动车调度员与其所管辖调度区段内的动车调度有关工作人员之间，进行相关业务联系而设置的专用电话；此外，动车调度电话业务还包括动车调度室调度员与车站、动车所等有关作业工种人员之间的调度电话。

（11）其他调度电话：根据铁路运输组织的需要而设置的其他调度业务专用电话，如计划调度、特运调度、军运调度、施工调度、公安调度等。

3）列车调度的特点与要求

列车调度是调度通信业务的核心，列车调度通信设备是直接调度指挥列车运行的设备。当铁路局列车调度员进行相关工作时，所使用的通信终端设备称为“××列车调度台”（见图6-1-1），调度对象是所辖站段的车站值班员和相关工作人员，其通信特点如下：

（1）列车调度用户主要包括铁路局（公司）运输指挥中心（调度所）列车调度员、车站（场）值班员、机车司机、运转车长、助理值班员、机务段（折返段）调度员、列车段（车务段、客运段）值班员、机车调度员、电力牵引变电所值班员、救援列车主任以及其他相关人员。

（2）调度员对值班员为指令型通信，值班员对调度员为请示汇报型通信。

（3）列车调度是以调度员为中心的一对多星形通信方式。

（4）铁路线结构有点多线长的特点，所以列车调度系统设备拓扑形态为对应的链状结构。

图 6-1-1　列车调度台及调度场景

列车调度通信系统根据应用特点对设备有如下基本要求：

① 列调通信系统需相对独立、封闭，除救援列车电话、区间施工领导人电话可临时接入外，其他任何用户不允许接入。

② 调度电话必须保证任意时刻均能进行无阻塞通信，调度台始终保持定位受话状态，调度分机摘机（或按键）便可直接呼叫调度台。

③ 调度台对所辖调度分机采用单键直呼方式，调度台要具有全呼、组呼等功能。

④ 调度分机之间不允许相互直接呼叫。

2. 车站（场）电话

车站电话业务或车场电话业务，是铁路站场内为进行相关作业指挥和业务联系而设置的专用电话业务。车站（场）电话业务常简称站场电话、站场通信，它既有固定电话用户，又有移动电话用户。

站场电话系统按站场规模分为两种类型：

① 对于有多个作业场的大型车站，在主场车站调度员与各相关值班员之间，站场电话被设计为由多个一点对多点结构组合而成的复合星形调度通信系统，简称站调。

② 对于小型车站，站场电话系统就是车站值班员与若干站内用户（道岔清扫房电话等）之间，一点对多点的简单星形站内通信网络。

站场电话的特点和要求与调度电话基本相同，具体业务分类如下：

（1）车站值班员电话：为车站值班员组织车站内运输作业，以及与上级调度联系而设置的专用电话。

（2）站场调度电话：为站场值班员（调度员）指挥、组织站场内运输作业而设置的专用电话，简称站调电话。

（3）调车电话：在铁路站场内，为调车人员进行调车作业而设置的专用电话，包括平面调车电话、驼峰调车电话和其他调车电话。

（4）扳道（清扫）电话：为车站或有关段的值班员、调度员，与扳道（清扫）人员进行联系而设置的专用电话。

（5）货运电话：为货运计划员和外勤货运员、车站（场）值班员/货运员、装卸所/常驻货主（专用线）的货运室值班员等相关人员之间，进行业务联系而设置的专用电话。

（6）列检电话：为列检值班员和车检员、车站（场）值班员、车辆段调度室红外线调度员、红外线值班员等相关工作人员之间，进行业务联系而设置的专用电话。

（7）车号电话：为内勤车号员和外勤车号员及其他相关人员之间，进行业务联系而设置的专用电话。

（8）货检电话：为货检组长、货检员及其他相关人员之间进行业务联系而设置的专用电话。

（9）其他车站（场）电话：除上述专用电话业务以外的其他车站（场）电话业务。

3. 站间行车电话

站间行车电话简称站间电话，或称闭塞电话，是指相邻车站（场）值班员之间为办理相关行车事宜而设置的专用直通电话业务。

站间电话采用站与站之间点对点的热线通信方式。车站与邻站之间可用站间电话办理区间闭塞，此时站间电话的 a、b 两根线不能调换、不能中断，不允许搭挂其他任何电话分机，禁止办理越站闭塞。当区间行车采用半自动闭塞或自动闭塞时，站间电话只用来通报列车运行状态和相关行车业务，在此种情况下非相邻车站之间也可设置站间电话。

4. 其他专用电话业务

1）区间电话

区间电话（见图 6-1-2）是为铁路区间沿线流动作业人员进行业务联系而设置的专用电话。区间电话一般只能呼叫车站、调度及本地自动电话，上行站可以呼叫区间，其他用户无法呼入。

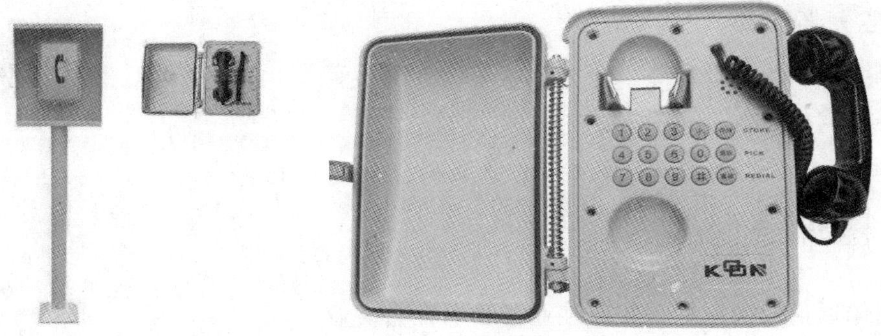

图 6-1-2　区间电话

区间电话通信应有如下基本要求：

（1）同一区间的两点之间，可以相互呼叫并通话。

（2）区间可以呼叫上行站、下行站、列调、电调。

（3）区间电话应具有接入铁路自动电话本地网的功能。

2）道口电话

道口电话是为铁路道口值班人员与相邻车站值班员或列车司机之间，进行业务联系而设置的专用电话。

3）桥隧守护电话

桥隧守护电话是为铁路桥梁、隧道、隧道天井等地的守护人员与其指挥点之间，进行相关业务联系而设置的专用电话。

4）隧道应急电话

隧道应急电话就是设置在隧道内的电话，通信功能应满足铁路规定的相关话音业务要求。当隧道内发生事故灾害时，铁路有关工作人员可以利用隧道内的有线应急电话终端设备，向有关车站值班员或调度员发起呼叫并报警。

5）列车乘务电话

列车乘务电话是为旅客列车工作人员之间，以及与相关车站客运人员之间，进行业务联系而设置的专用电话。

（三）电话会议

电话会议业务是通过会议汇接设备或电话网，把铁路内部两点以上的会议电话终端连接起来，能实现多点之间实时双向话音通信的业务。

（四）广播业务

1. 车站客运广播

车站客运广播是指在客运车站所辖范围内，为客运部门指挥有关工作人员进行客运作业，或对旅客通告乘车有关事项而设置的广播通信业务。

2. 旅客列车广播

旅客列车广播是指在旅客列车上为旅客通告乘车有关事项，播送时事、文艺节目等设置的广播通信业务。

二、图像通信

铁路图像通信业务包括视频监控业务和电视会议业务。

1. 视频监控

视频监控业务是为铁路相关部门提供运输生产、治安防范等视频信息的通信业务。铁路视频监控业务包括车务视频、机务视频、工务视频、电务视频、车辆视频、安全防范视频等。

2. 电视会议

电视会议业务是指在铁路相关部门之间，当通过会议电视系统召开会议时，传送与会者声音和图像信号的通信业务。

三、数据通信

这里所谓的数据，是指在计算机科学中以二进制数字 0 或 1 为表示各种信息而编制的数据码。数据通信一般指数字设备之间的通信，我国铁路中的数据通信业务按通信环节分为数据传送业务和数据终端业务。

1. 数据传送业务

数据传送业务是指通过铁路传输网和数据网，为各类应用系统提供电路、VPN（虚拟专用网络）等传送通道的业务，以及通过光纤提供物理传输媒介的业务。

数据传送业务服务的应用系统有：列车运行控制系统、CTC、TDCS、信号集中监测系统、列车安全监控系统、电力远动系统、防灾安全监控系统、环境监测系统、安全管理信息系统、客票系统、旅客服务信息系统、货物运输管理系统、货运服务系统、计划调度管理系统、人力资源管理系统、车辆管理系统、办公自动化系统，以及其他和运输生产、经营管理相关的信息系统。

2. 数据终端业务

数据终端业务是指通过通信系统的网络终端和设备，直接向用户提供应用层功能的数据通信业务。

1）列车调度命令无线传送

列车调度命令无线传送业务是指在 CTC、TDCS 中，将调度员编制的调度命令、车站值班员编制的行车凭证等信息，通过无线方式实时传送给机车司机并显示、打印的数据终端应用业务。

2）列车进路预告信息传送

列车进路预告信息传送业务是指在 CTC 中，将列车运行前方站的进路开放信息，通过无线方式实时传送至机车并显示，用以提醒司机安全运行的数据终端应用业务。

3）车次号校核信息无线传送

车次号校核信息无线传送业务是指在 CTC、TDCS 中，将运行中列车的车次号、机车号、列车速度、位置等信息，通过无线方式从机车实时传送至调度指挥中心的数据终端应用业务。

4）列车尾部风压信息传送

列车尾部风压信息传送业务是指通过机车电台与列尾主机间的无线数据通道，传送风压、查询、排风、欠压报警等信息的数据终端应用业务。

5）列车防护报警

列车防护报警业务是指当遇到危及行车安全的紧急情况时，为防止列车事故发生，利用专用无线报警设备向附近列车、人员发出报警信息的数据终端应用业务。

6）道口报警

道口报警业务是指为预防铁路道口事故，保护通过道口的列车、车辆或人员的安全，利用专用报警设备向道口发出报警信息的数据终端应用业务。

7）其他数据终端业务

其他数据终端业务是指除上述应用以外的其他数据终端应用业务。

四、铁路电报通信

铁路电报通信业务是为处理部分铁路公务资料而设置的一种公文传递通信业务。按电报性质和急缓程度分为特提电报、特急电报、加急电报、平急电报等。

五、其他通信业务

铁路其他通信业务包括应急通信、战备通信和时间同步业务。

1. 应急通信

应急通信业务是指当发生行车事故、自然灾害等紧急情况时，为确保实时救援指挥，在事件现场与应急中心之间、各个相关应急中心之间以及现场内部，进行话音、数据和图像传输的通信业务。

2. 战备通信

战备通信业务是指在战时和突发事件时，通过各种通信设施，采用有线、无线等多种通信手段，以确保各部门信息畅通的通信业务。

3. 时间同步

时间同步业务是指通过接收来自地面或卫星定位系统的时间同步信号，采用自守时和时间跟踪的方式，实现时间的实时同步，并能为其他各种通信设备或应用设备提供不同精度时间同步信号的通信业务。

任务二　数字（综合）调度通信系统设备

学习目标

（1）熟悉通信三要素和分类方法；

（2）能分析铁路各种专用通信业务之间的主要通信技术差异；

（3）能区分铁路不同专用通信业务之间的主要功能差异；

（4）熟悉我国铁路数字（综合）调度通信系统的设备组成和功能；

（5）熟悉数字（综合）调度通信系统主要设备的功能和结构组成；

（6）了解典型铁路调度通信的工作流程。

相关知识

一、通信技术发展与分类简介

（一）通信三要素

所谓通信，就是指与人有关的终端之间（包括人-人、人-物、物-物）进行的信息传递。最简单的通信是两点之间的一次信息传递，能共同完成复杂信息交互的设备总称通信系统。

任何有效的通信都必须有三个基本要素：信源、信道、信宿。

（1）信源：即信息的源头，是各类信息产生的实体。在通信系统中，信源是指始端通信设备，一般不仅要负责信息的产生，还需完成信息的编码（coding）和信号的转换、发送等。

（2）信道：即信息传输的通道，是信息传递过程中的物质载体（媒介）。

（3）信宿：即信息的宿主，是各类信息接收的实体。在通信系统中，信宿是指终端通信设备，一般不仅要负责信号的接收和识别，还需完成信息的解码（decoding）、转换及存储等。

（二）信息、信号和信令

所谓消息，简单地说就是新鲜的事；信息，即可信任的消息，含有抽象性、可确认性和及时性。在数字计算科学中，与信息密切相关的术语是编码，即数字计算中为表示信息而编制的数字代码，这些数字代码就是我们通常所说的（数字）数据。数据需要不同的物理量进行承载（表示）和存储，如手机中的电子信息（数据）、硬盘中的磁储信息（数据）、光盘中的光储信息（数据）等，与之相关的商品可统称数码设备（数字设备）。

数字计算系统内部必须进行数据传递才能正常运行，数字设备之间的外部数据传递就称作数据通信。数据通信的基本单位是码元（symbol），一个码元可以包含一个或多个数字，数字系统中的一个（位）二进制的数字（0 或 1）被称作一个比特（Bit，Binary digit）。

信号是指承载传递信息的物理量形式。（数字）数据通信中的一个信号单位（码元）采用的是离散的（数字）物理量，模拟通信中的一个信号单位采用的是连续的（模拟）物理量。（数字）数据通信的一些中间环节也常采用模拟信号方式，这些通信方式称作模拟数据通信。

在网络上传输的各种信号中，一部分是终端用户需要的（如打电话的语音、上网的数据包等），而另外一部分是终端用户“不需要的”，它们只起到控制电路、保障信息按要求传送的作用。通信中的此类控制信号就称之为信令，信令的传输网络称作信令网。

（三）现代通信技术分类

显然，信息交互的基本元素是信息的承载和信息的传递，再先进的通信技术也只能从这两个方面进行技术升级，以提高通信效率。

传统的信息都是以人体可直接感知的宏观物理方式进行承载，如信件、烽火、令旗、鸣笛、信物等，现代通信常以人体难以直接感知的微观物理量承载信息（即信号类型），如电波、无线电波、光波和量子等。

由于人体可以直接感知的各类宏观信息多数容易和电信号进行直接转换，所以现代通信的信号主体形式一般都是电信号。宏观信息在直接转变为电信号后，量值在时间上一般都是连续的，即模拟电信号。模拟电信号的量值当被弱化后称作模拟电子信号，它相较变化之前往往更易于处理并更易于提升通信的效率。模拟电子信号经过采样、保持、量化、编码处理后就变成了数字电子信号（此过程称作模-数转换，反之称作数-模转换），数字信号的抗干扰能力一般会比模拟信号好很多。由于抗干扰能力是信号的核心特性之一，所以数字信号系统在信息技术的众多细分领域中表现均优于模拟信号系统，如计算领域的 CPU（Central Processing Unit，中央处理器）和 GPU（Graphics Processing Unit，图形处理器）、存储领域中的优盘和硬盘等，我们所用的都是数码产品，常用的各种通信网络也多是数字制式的。

现代通信技术常用的基本分类方式有三种：按信号的物理量性质分类，按信号利用信道的方式分类，以及按用户对通信系统的功能需求分类。

（1）按信号的物理量性质，通信系统可分为电通信、无线电通信、光波通信和量子通信等。

电通信源于 1837 年美国人摩尔斯（Morse）发明的有线电报，时至今日它依旧是我们最常采用的通信技术手段。电通信按照物理量属性又进一步细分为电压信号的通信、电流信号的通信和频率信号的通信等。

最早的无线电报通信系统建成于 1894 年的意大利，如今，蓝牙、Wi-Fi（无线局域网）、4G、5G 等无线电通信方式已广泛应用于我们的日常生活和工作中，很多时候无线电通信的应用甚至超过了电通信。无线电通信若按信号所属的具体波段还可粗分为长波（300 kHz 以下）通信、中波（300 ~ 3 000 kHz）通信、短波（3 ~ 300 MHz）通信和微波（300 MHz ~ 300 GHz）通信等，我们常说的无线电通信一般仅指射频（300 kHz ~ 300 GHz）通信。所谓射频，就是指易于辐射到空间进行无线传播的电磁波频段。无线电波的波段细分种类很多，如军工中常用的 S 波段（2 ~ 4 GHz）中距警戒跟踪雷达、X 波段（8 ~ 12 GHz）短距火控雷达等。

光波是指频段在 390 ~ 750 THz 之间的电磁波，光通信可按光源性质分为激光通信和非激光通信，按光波频段范围分为可见光通信、红外光通信和紫外光通信。

量子技术普遍被认为是引领第四次工业革命的主要领域之一，量子通信技术虽然目前还处于发展初期，但我国量子通信技术发展较快，也存在着不同的发展技术路线之分。

（2）按信号对信道的利用方式，通信技术可分为调频、调幅、调相以及频分多址（FDMA）技术、时分多址（TDMA）技术、码分多址（CDMA）技术、多载波正交频分多址（OFDMA）技术、单载波频分多址（SC-FDMA）技术和极化码（Polar Codes）技术等。

例如：电视信号为调频信号，第一代移动通信系统（1G）的最主要技术是模拟信号的频分多址（FDMA）技术，2G 的最主要技术是数字信号的时分多址（TDMA）技术，3G 的最主要技术是码分多址（CDMA）技术，4G 的最主要技术是多载波正交频分多址（OFDMA，下行通信时）技术和单载波频分多址（SC-FDMA，上行通信时）技术，我国 5G 的最主要技术是极化码通信技术，此外这些信道利用技术也可应用于其他各类通信系统中。

（3）按用户对通信系统的功能需求进行分类，如我国铁路通信系统中的调度通信、视频监控通信、应急通信、机车综合通信、动环监控通信等。

由于人类对通信的性能和功用近乎无穷的需求，当今的通信系统已具有超高的复杂性，通信技术在快速的演化、发展过程中还产生了其他很多种常用的分类方法。

① 通信系统按主信道是否依赖通信线缆可分为有线通信和无线通信。电通信原则上都属于有线通信方式，光通信大多采用有线通信方式，量子通信有线、无线方式均可，无线电通信都属于无线通信方式。

② 通信系统按信号所属的基本制式可分为模拟通信和数字通信。在发展早期，通信系统都是模拟制式的；随着人们对数字信号优越性的逐步认知，数字通信技术飞速发展，目前包括电话、有线电视、传感等传统的模拟领域在内，几乎所有通信领域的信号主体制式都已进行了数字化升级。

③ 通信系统按信号所覆盖的范围大小可分为广域网（Wide Area Network，WAN）、城域网（Metropolitan Area Network，MAN）、局域网（Local Area Network，LAN）。广域网中最著名的就是 Internet（因特网）；城域网的实际应用很多，但没有著名的专门协议系统；局域网的种类极多，以太网（Ethernet）是应用最为广泛的局域网，工业中的 CAN（Controller Area Network，控制器域网、现场网络/总线）应用也非常多，如汽车内部多采用 CAN 通信，CAN 既可以采用模拟制式，也可以采用数字制式。

④ 按通信的方向限制，通信系统可分为单工通信、准双工通信和全双工通信。曾经的寻呼机（BP 机）采用单工通信方式，对讲机采用准双工通信方式，电话采用全双工通信方式。

我国的铁路调度通信是采用多种通信方式混用的数字系统，且调度种类很多，所以称为铁路数字（综合）调度通信系统。

二、数字（综合）调度通信系统综述

（一）数字（综合）调度通信系统概述

铁路数字（综合）调度通信系统的主干网络是 ISDN（Integrated Service Digital Network，

综合业务数字网）。ISDN 是一种典型的、性能出色的电路交换式有线网络，它原本只是一个国际数字电话网络标准，但由于数据传输质量高、使用灵活、扩展性好，通信速率（当时）很高，所以 ISDN 很快演变成了既能话音通信的同时，还能进行多种数据通信的综合通信业务网络（当时语音通信和数据通信采用的是分别组网方式）。ISDN 具有两种数据信道：D 信道和 B 信道。D 信道一般为 16 kb/s 的通信控制数据传送通道，B 信道是 64 kb/s 的用户数据传送通道。ISDN 根据通信速率不同一般分为两类：基本速率接口（BRI）的窄带 2B + D ISDN 和基群速率接口（PRI）的宽带 nB + D ISDN，我国通信主干网的 ISDN 普遍采用 30B + D 的信道组网方式。

我国铁路数字（综合）调度通信系统中，国铁集团干调系统采用 30B + D ISDN 方式与各铁路局调度主系统连接，邻局之间的调度主系统通过 30B + D ISDN 方式连接，通信终端一般采用 2B + D ISDN 方式进行连接。国铁集团干调主系统和各路局调度主系统之间采用星形组网方案，铁路局内的调度主系统和车站分系统之间采用环形组网方案。

随着通信技术的不断进步，基于公用第二代移动通信网络（2G）GSM 的铁路专用无线综合移动数字通信网络 GSM-R 迅速发展，新型的通信网络提供了更好的通信服务。将数字（综合）调度通信系统以 GSM-R 为平台进行接入（即 FAS，Fixed users Access Switching，固定用户接入系统），调度通信系统不仅具备专用 ISDN 出色的有线通信能力，还具备 GSM-R 出色的无线通信能力；并且，随着公用无线通信网络向 4G、5G 的升级，铁路专用的无线通信系统和调度系统都能较轻松地跟随升级。在设有 GSM-R 数字移动通信系统的区段，数字（综合）调度通信系统均应与 GSM-R 系统联网，实现统一的调度通信业务平台。

我国铁路数字（综合）调度通信系统可以实现调度电话、区间电话、站场通信、站间通信以及站场广播和无线调度的综合接入，其中调度电话是系统的核心业务。调度电话设备是铁路行车指挥的神经枢纽，是直接保障列车运行畅通、安全高速的重要基础设施，目前，我国新、改建的铁路均设置了数字综合调度通信系统。

数字（综合）调度通信系统的电话业务范围包括调度电话、车站（场）电话、站间行车电话、其他专用电话业务等。数字（综合）调度通信系统的电话业务均属于铁路专用电话业务。

（二）数字（综合）调度通信系统设备综述

1. 主要设备组成

数字（综合）调度通信系统的主要设备组成有：调度所（处、室）调度交换机、车站调度交换机、调度台、值班台、电话分机、录音设备及网管设备等。

2. 业务功能简述

数字（综合）调度通信系统的业务有以下功能：

（1）整体功能：实现单呼、组呼、全呼、会议呼、强插、单键直拨、自动应答等功能，实现系统对模拟调度电话的兼容，实现与 GSM-R 系统互联，提供共线信道和点对点信道，对多信道进行数字录音，实现集中方式管理、自我诊断、主动告警及远程维护。

（2）调度所（处、室）的主、备调度交换机：能实现系统的可靠切换，实现数据安全符合容灾备份的要求，实现多交换机之间互联互通，实现系统通过交换机进行中继互联，实现调度台、调度分机之间的各种呼叫，实现呼叫级别的设置。

（3）调度/值班台：采用双信道通信且可相互切换，实现相关业务的呼叫保持、呼叫等待、呼叫转接、远程调度等功能。

（4）调度区分界点（交叉点）的电话分机：通过接入相邻调度台实现相关通信。

3. 设备性能要求

调度通信系统设备的可靠性要求：交换机每 5 年内通信中断时长累计不超过 15 min，单个用户或中继的通信中断每年平均不大于 30 min，用户或中继同时通信中断每年平均不大于 20 min。

调度台呼叫本系统分机的时延不超过 100 ms。调度交换机在建立好通信连接后，通信过程中因突然信号传输质量恶化而不能与用户保持连接的概率小于 10^{-6}。用户与用户之间的信号传输衰耗不大于 7 dB。

4. 系统组网设计要求

数字（综合）调度通信系统是按国铁集团调度中心-铁路局/客专调度所-站段方式进行分级组网的，系统组网结构如图 6-2-1 所示，其接口应符合下列要求：

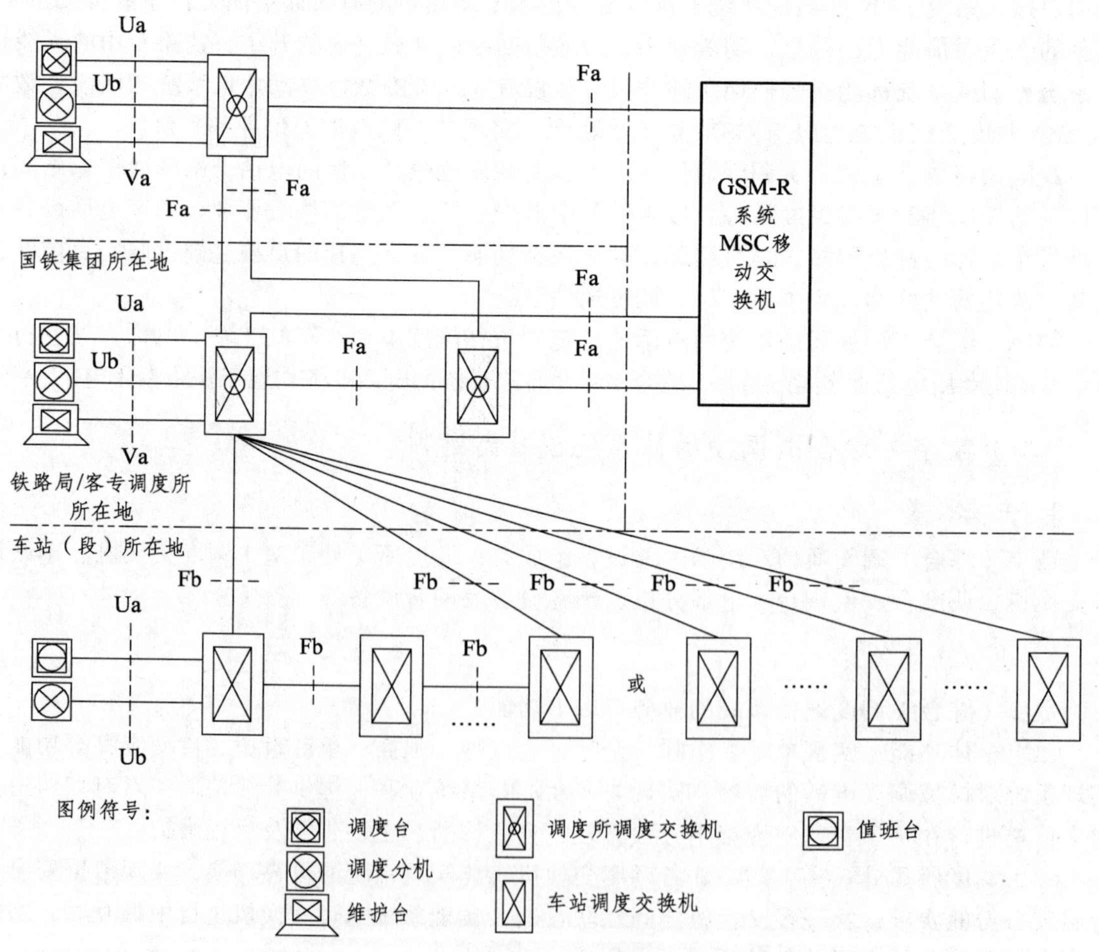

图 6-2-1 数字（综合）调度通信系统组网结构图

（1）Fa 接口：采用 ISDN 基群速率接口（30B + D），DSS1 信令。

（2）Fb 接口：采用 ISDN 基群速率接口（30B + D），DSS1 信令；或基群速率 E1，内部信令。

（3）Va 接口：选用 RS-485、RJ-45、USB 接口等。

（4）Ua 接口：采用 ISDN 基本速率接口（2B + D），内部信令；或基群速率 E1，内部信令。

（5）Ub 接口：选用 Z 接口、共总接口、共分接口、磁石接口、音频 2/4 线接口、模拟调度总机接口、选号分机接口、64 kb/s 同向接口、上行区间电话接口、下行区间电话接口、录音接口等。

国铁集团调度中心至各铁路局/客专调度所之间采用复合星形结构，并设置有迂回路由。铁路局/客专调度所内设置有多套调度交换机时，采用一套调度交换机汇接后与国铁集团调度交换机互联。铁路局/客专调度所的调度交换机与相邻铁路局调度交换机之间通过汇接交换机互联。铁路局/客专调度所至站段之间采用环形或星形网络结构，且需采用不同路径、不同光传输系统提供两条及以上中继路由；当条件不具备时，中继路由可安排在同一径路的不同传输系统中。

当调度所调度交换机采用主、备系统进行容灾备份时，系统组网还有以下要求：

（1）主用、备用调度交换机接入同一个数字环内。

（2）主用、备用调度交换机之间采用 2M 中继互联。

（3）主用、备用调度交换机分别与 GSM-R 系统的 MSC（Mobile Switching Center，移动交换中心，GSM-R 的核心组成）互联。

（4）调度台需配置双接口，并分别接入主用、备用调度交换机。

大型车站及段所设置有多台车站调度交换机时采用环形网络结构，并通过本车站及段所的车站调度交换机集中上联至调度所调度交换机。

铁路局/客专调度所至站段之间采用环形网络时，系统组网要求如下：

（1）调度通信的 2M 数字环网需按调度区段进行划分，根据每个调度区的业务量大小分段组网成多个 2M 数字环，环内的节点数量根据话务容量确定。

（2）数字调度通信系统的一个数字环不跨列调区域。

（3）相邻调度区段的 2M 中继环网在分界站调度交换机处相切，即分界站调度交换机需分别接入相邻调度区段的 2M 中继环网中。

（4）在设有 GSM-R 系统的区段，调度所调度交换机应接入相应 GSM-R 系统的 MSC。

调度所交换机之间，以及调度交换机与 GSM-R 交换机之间采用 DSS1 信令，调度所交换机与车站调度交换机之间可采用内部信令。

数字（综合）调度通信系统的用户采用全路统一编号方式，每个用户分配有唯一的 ISDN 号码。

5. 调度电话设备的基本设置要求

数字（综合）调度通信系统的各种调度业务的设备在设置时，应符合下列基本要求：

（1）调度台设置在调度员处，值班台设置在相关值班员处。

（2）列车调度电话的区段划分应与列车调度员管辖区域一致，调度台设置在调度所的列车调度员处，值班台设置在车站值班员、车站调度员、机务段（折返段）调度员、动车段/所调度员、车务段及客运段值班员、机车调度员、铁路局车辆安全运行监测调度员处。

（3）货运调度电话的区段划分应与货运调度员所管辖区域一致，调度台设置在调度所的货运调度员处，调度分机设置在中间站、区段站、编组站及货运站的货运室。

（4）牵引供电调度电话的区段划分应与电力调度员所管辖区域一致，调度台设置在调度所的电力调度员处，调度电话分机设置在牵引变电所值班员室、开闭所、接触网工区、分区所、AT 所、电力机务段（折返段）值班员室、供电段调度室、“V 停”控制站、既无接触网工区又无“V 停”控制站的中间站车站值班员室。牵引供电调度台与地方电力部门的电力调度所之间设置直通电话，条件困难时，可设自动电话。

（5）客运调度电话的区段划分与客运调度员所管辖区域一致，调度台设置在调度所的客运调度员处，调度分机设置在车站客运室。

（6）公安调度电话的区段划分应与公安系统调度指挥的管辖范围一致，调度台设置在国铁集团公安局、铁路公安局及铁路公安处值班室，调度分机设置在派出所、乘警队及特警队值班室。上级值班员均可呼叫下级值班员，上级调度具有优先插入呼叫的功能，调度分机之间根据需要可设置互相拨号呼叫的功能。

（7）综合维修调度电话的区段划分与维修调度员所管辖区域一致，调度台设置在调度所或综合维修基地的调度员处，调度分机设置在综合维修段、综合工区及保养点等地。

（8）动车调度电话的区段划分与动车调度员所管辖区域一致，调度台设置在调度员处，调度分机设置在动车段、动车运用所。

（9）根据运输组织需要，调度系统还可设置计划、机务、车辆、电务、工务、特运、军运、罐车、超限、集装箱等调度电话，相关调度台设置在相应的调度员处，调度分机根据需要进行设置。

（10）当铁路局/客专调度所至站段之间的通信网络采用 2M 数字环形中继结构时，列车调度、货运调度、牵引供电调度的组呼采用时隙共线方式，其他调度电话业务可采用交换方式。

（11）调度台之间根据需要设置拨号呼叫，调度电话分机之间原则上不允许相互呼叫。

6. 调度电话设备的容量配置基本要求

数字（综合）调度通信系统的设备配置容量，是在满足当前需求的基础上兼顾未来发展需要进行配置的，设备功能应具有良好的可扩展性和在线升级能力。具体要求如下：

（1）国铁集团调度中心、各铁路局/客专调度所设置调度所调度交换机，车站（场）设车站调度交换机，段所、动车基地等地根据需要设置车站调度交换机。

（2）网管设备设置在调度所或通信网管中心，根据需要设置网管复示终端。

（3）调度所交换机的容量配置应考虑多条线路接入时的需要。

（4）调度台、GSM-R 系统区段的值班台需设置触摸屏式终端设备。

（5）国铁集团调度中心、铁路局调度所/客专调度所调度交换机需考虑数据容灾备份，当调度所交换机设置容灾备份时，调度台应采用双接口、双通道的系统接入方式。

（6）调度通信设备应有主、备系统自切换的功能，调度所调度交换机和车站调度交换机的重要盘（板）、主控部分、交换网络及电源部分均应采用 1 + 1 热备方式。

调度通信系统的主要备用设备按表 6-2-1 所示进行配置。

表 6-2-1　数字（综合）调度通信系统备用设备配置表

设备名称	备用量	备　注
调度所交换机重要盘（板）、接口板	备用 2 块/每种盘（板）	在调度工区配置
（调度所）调度台	按调度台类型实装数 15%备用，最少不低于 5 台	在调度工区配置
车站调度交换机重要盘（板）、接口板	按各盘（板）实装数 10%备用	在通信车间配置
（车站）值班台	按值班台类型实装数 15%备用	在通信车间配置

7. 其他主要要求

数字（综合）调度通信系统的设备应采用标准化、模块化等先进方式生产，以便设备的安装、使用、维护维修及配置调整，设备的结构机械强度应满足相关具体需求。

数字（综合）调度通信系统的设备应安装在抗震能力在七度或七度以上的机房，设备的机架安装时也必须进行抗震加固处理。设备机房应有防雷设计。

数字（综合）调度通信系统的交换机应采用 DC 48 V 电源供电，电压允许波动范围为 −57～−36 V。键控式调度台/值班台与交换机的距离不大于 3 km 时采用交换机直流远供方式，当距离大于 3 km 时采用交流直供方式。触摸屏式调度台应采用 AC 220 V 电源，触摸屏式值班台宜采用 DC 48 V 电源供电，采用 AC 220 V 供电的系统需设置 UPS 电源。

调度交换机的接地电阻不应大于 4 Ω。

三、数字（综合）调度通信系统区别

数字（综合）调度通信系统的区别，指的是我国普速铁路未与 GSM-R 网络联通的调度通信系统和高速铁路联通了 GSM-R 网络调度通信系统之间的区别。

1. 交换容量不同

普速铁路数字调度系统的设备交换容量大多采用 512×512 或 1 024×1 024，而高速铁路的调度通信 FAS 系统的设备交换容量最少是 4 096×4 096，并且经扩展后可达 12 288×12 288。

交换容量：即程控交换机的话音数据通信交换的最大量值，数字表示交换机允许同时接打电话用户的上限数值。由于电话属于全双工通信方式，所以数字采用 $n\times n$ 进行描述，512×512 表示程控交换机最多能同时满足 512 对电话用户进行通信。

2. 系统结构不同

普速铁路的数字调度通信系统设备采用主控扩展模式，系统中只有一个主控框，其他均为扩展框。主控框故障会影响整个系统的正常通信。

高速铁路的 FAS 调度通信系统设备采用全分散模式，系统由多个模块框叠加组合而成。FAS 的不同模块之间完全独立，整个系统没有一个核心控制模块，所以任何一个模块运行故障均不会影响其他模块和整个系统的正常运行。

3. 对 GSM-R 系统的支持

普速铁路的数字调度系统设备对 GSM-R 系统的支持不足，经过升级后可以实现部分 GSM-R 网络的业务，而高速铁路的 FAS 调度通信系统设备更加先进，系统可以实现全部 GSM-R 系统业务。

4. 对 IP 的支持

普速铁路的数字调度系统设备不支持 IP 功能，高速铁路的 FAS 调度通信系统设备支持 IP 功能。

IP（Internet Protocol，国际互联网络通信协议，也称因特网协议，是 TCP/IP 体系中的网络层协议）是为计算机网络进行国际连接通信而设计的协议。正是因为有了 IP 协议，Internet 才得以迅速发展并成为世界上最大、最广泛的开放式计算机通信网络。IP 功能一般就是指计算机等数字设备之间通过高速数据通信而实现的各种功能。

5. 对双系统的支持

普速铁路的调度通信系统设备不支持设置为主、备方式的系统，而高速铁路的 FAS 调度通信系统设备支持双系统主、备冗余的设置。

四、CTT2000 专用数字通信系统

（一）CTT2000 系统概述

CTT2000 系统是我国铁路当前主要使用的专用通信系统之一，是解决旧有专用通信设备升级改造，沿线车站数据、图像等业务全面接入的专用（综合）数字有线通信系统。

CTT2000 系统采用先进的数字时分交换技术，结合现代软件设计和硬件生产工艺，稳定性高、可靠性好、话务处理能力强、数据通信功能齐全。CTT2000 系统整体分为三大部分：主系统、分系统和网络管理系统，如图 6-2-2 所示。

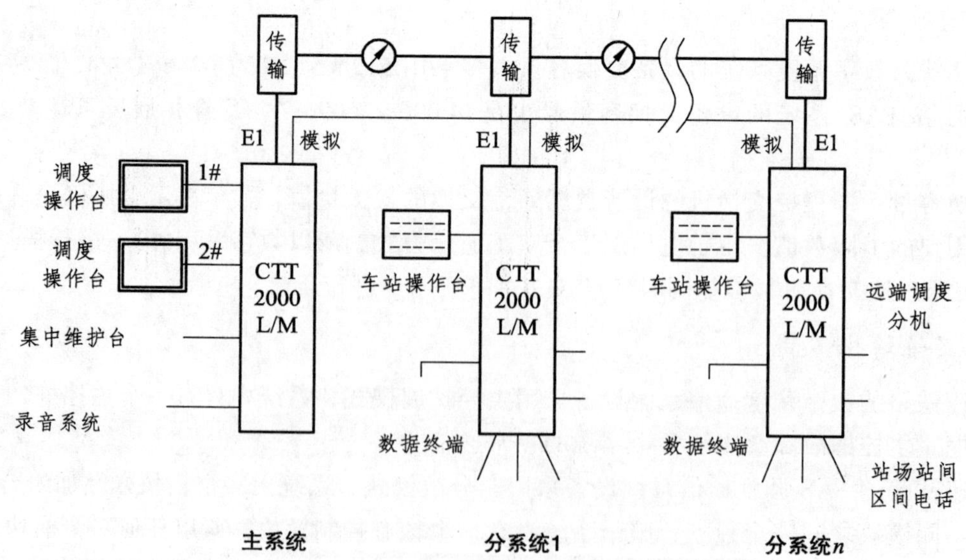

图 6-2-2　CTT2000 专用数字综合通信系统结构组成

（1）主系统：通常应用在铁路各级调度指挥中心、应急指挥中心等地，实现调度中心设备（如各种调度操作终端设备）的接入。

（2）分系统：通常应用在铁路沿线车站、编组场等地，实现调度分机、站场电话、区间电话、站间行车电话、车站值班台、专用电话等设备的接入。

主系统和分系统在组成结构上完全兼容，可通过灵活的配置实现不同的功能。主系统和分系统之间通过传输系统的 E1 数字信道进行组网，系统结构可根据需要设置为总线型、星形、树形、混合型等不同模式。

（3）网络管理系统：能根据具体需要从主系统或各分系统接出，用来实现系统的管理、维护、监控等功能，并可设置不同的访问、操作权限。

CTT2000 系统具有模拟网络接入的能力，必要时可采用数字调度和模拟调度同时运行、互为备份的方式提升系统的可靠性。CTT2000 系统主干网络采用自愈环网方式，即主干环网有双向数据传送能力，当主干网络发生单点故障时，故障受影响区域改变数据传送方向后，通信不会中断，如图 6-2-3 所示。

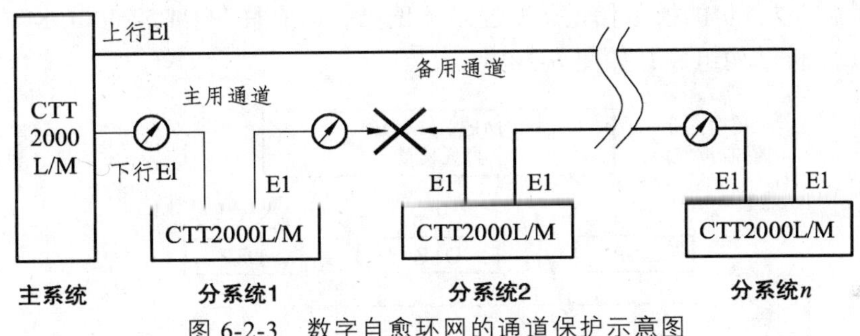

图 6-2-3　数字自愈环网的通道保护示意图

CTT2000 同时还解决了设备升级改造过程中的新旧设备兼容问题。

CTT2000 系统为各级、各类调度员和车站值班员提供了键控方式的操作台，可通过 2B + D 接口接入主系统或分系统，接口信令符合铁路《固定用户接入交换机与用户终端设备间的接口与信令规范要求》。同时，CTT2000 系统的主系统和分系统配置有丰富的接口类型：2B + D 接口、共电接口、共分接口、磁石接口、2/4 线音频接口、区间电话接口、环路接口、广播接口、模拟音频总机接口、模拟音频分机接口、E1 接口、30B + D 接口等。

（二）CTT2000 系统的主要设备

CTT2000 系统的主要设备组成有：（后台）主机、（前台）调度/车站操作台、集中维护管理终端、键控操作台录音系统等。

1.（后台）主机

CTT2000 系统的后台主机能实现：全系统网络、信道的管理功能，各个系统之间呼叫、信息交换的处理功能，操作台的调度和管理功能，各类型接口的信息处理功能，以及设置组网类型的功能等。

CTT2000 系统的后台主机有两种：

（1）CTT2000-L 型系统：主要设在铁路分局调度所、大站通信枢纽或大型站场，主要用于接入各种调度电话、专用电话或大型站场电话。

本系统最多可支持 64 个操作台，最多 512 个模拟用户接口或 256 个数字用户接口，最大 32 个 2M 数字中继接口；或最大支持 64 个操作台与其他接口任意组成的 64 个封闭调度群以满足各种现场应用。

（2）CTT2000M 型系统：主要设在小型站场，用于接入站场内部的各种调度应用，也可设在较小规模的调度所。

本系统最多可支持 32 个操作台，最多 128 个模拟用户接口或 64 个数字用户接口，能同时支持 4 个 2M 接口；或最大支持 16 个操作台与其他接口任意组成的 16 个封闭调度群以满足各种现场应用。

我国铁路目前使用的主要类型是 CTT2000M 型系统。

放置于铁路分局调度所或大型调度指挥中心的后台主机（CTT2000L 或 CTT2000M）连同调度台、集中维护管理台、录音系统称为主系统。放置于铁路分局所管辖的各车站后台主机（CTT-2000L 或 CTT-2000M）连同车站值班台、录音装置称为分系统。主系统与分系统之间通过数字信道（或备份的模拟信道）相连组成网络，构成整个 CTT-2000L/M 专用数字通信系统。（后台）主机结构组成，如图 6-2-4 所示。

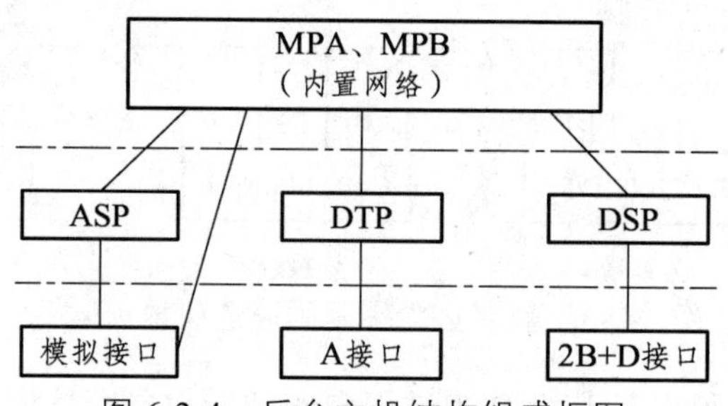

图 6-2-4　后台主机结构组成框图

① MP 板：系统的控制处理中心，所有呼叫、连接、通信等任务都要经过 MP 完成。

MPA/MPB 板是 CTT2000M 系统的主处理机板，互为热备，内置 512×512 网络，可管理最多 8 块子处理机板和 128 路模拟接口，为系统提供时序、语音和会议资源等，同时提供有多套收发器件。

② DTP 板：控制 A 接口，通过 A 接口与其他分系统互联。

DTP 数字中继处理机板可采用双机热备方式进行设置，每块板具有两个 A 口（2M），能完成对 1 号信令、7 号信令以及系统专用的共线信令的处理。

③ DSP 板：控制 2B + D 接口，通过 2B + D 接口与调度台（前台）相接。

DSP 数字用户信令处理机板可采用双机热备方式进行设置，每块板具有 4 个标准的 2B + D U 接口，能完成对标准 U 口信令和调度台信令的处理。

④ ASP 板：模拟接口控制处理器。

ASP 模拟信令处理机板可采用双机热备方式进行设置，每板能管理 256 路模拟接口。

⑤ TNI 板（音频选号接口板）：每块板能提供四路音频选号总机和分机的接口，每路均具有总机和分机的收发频率，无须外接铃箱。TNI 板的每一路做总机还是分机，以及号码的分配都由网管数据决定，此板一般用于接入老式模拟调度回线或各专用电话回线。

⑥ ALC 板（接口模块母板）：每块板能提供 8 个模块槽位，最大可插接 8 个不同的功能模块。

⑦ PWR 板（电源板）：能为系统提供 ± 5 V 直流电源及铃流。系统每框需配两块电源板，两板的 ± 5 V 电源工作于并联热供方式。铃流采用热备设置方式，当主用一路发生故障时，另一路会自动切换供电。

2. （前台）操作台

操作台是调度指挥人员（或车站值班员）进行调度指挥的操作平台，分 PC 操作台和键控操作台两种（键控操作台如图 6-2-5 所示）。调度员通过操作台上各按键进行各种调度操作（如应答来话、转移或保持来话、单呼组呼用户、召集会议等），PC 操作台通过鼠标或触摸屏进行各种操作，键控操作台则直接通过各种特定意义按键进行操作，两者功能基本相同。

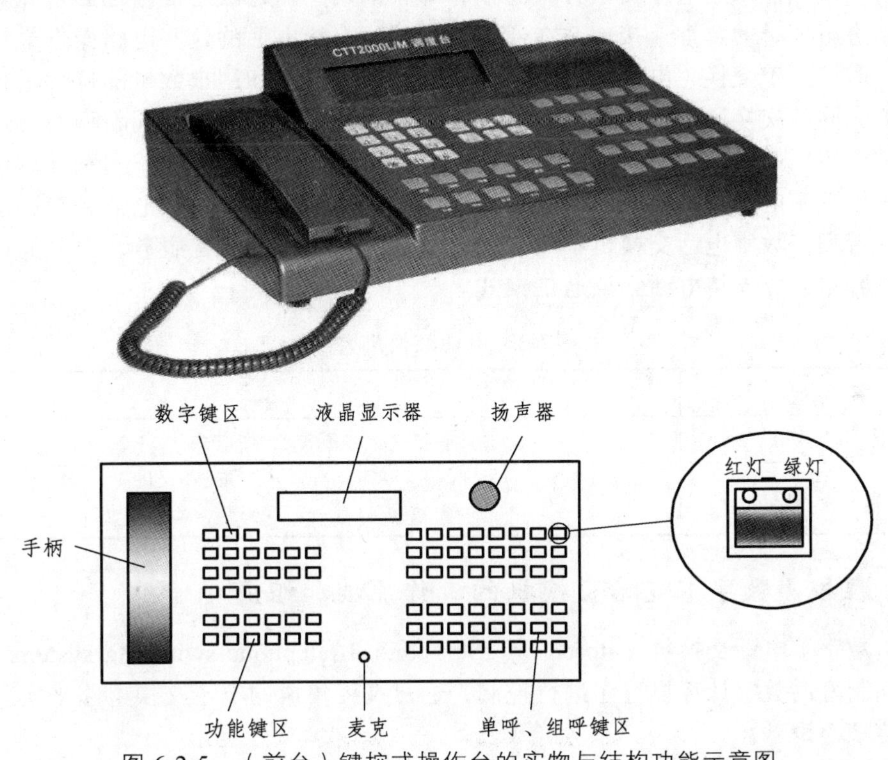

图 6-2-5　（前台）键控式操作台的实物与结构功能示意图

键控操作台分为 48 个直通键和 25 个直通键两种型号。下面以 48 个直通键的键控操作台为例进行介绍。

（1）采用 2B + D 接口，一对双绞线可以实现语音、数据、电源同时传送，一次通信距离可达 5.5 km（ϕ0.5 mm 以上线径时）。

（2）双信道（麦克/扬声器通道、手柄）处理方式，采用回波相消和自动增益控制等专用语音处理技术，通话质量高。

（3）具有 48 个可自定义的单呼、组呼键，12 个功能键，18 个数字及设置键。单呼、组呼及功能键上有双色灯（红、绿）指示操作的不同状态。

（4）中文液晶显示屏可帮助调度人员迅速了解操作进程及调度对象的即时状态。

（5）具有 16 min 的电子复述机功能。

（6）可选择 8～32 h 的实时录音功能，录音启动方式为通话态的音控。

五、程控（数字）电话交换机

（一）交换技术发展简介

话音通信（电话），一般认为是美国人贝尔于 1876 年最早发明并投入使用的，最初全部采用模拟信号有线的通信方式，后来历经 100 多年的发展，更加先进的话音通信技术相继得到应用。

传统的有线电话采用电路交换方式通信，即不同用户在每次通信前都必须先对两电话机之间的电路进行即时的物理连接，并在通话后断开。有线电话的这些电路操作最初均由人工负责完成，即“人工交换（电话线路）”，但随着电话的普及和用户数量的持续增长，众多电话电路开关之间的交换通过人工方式已难以实现，且接错率较高。不同新型的交换技术在话音通信的推广应用中不断被催生而出，如表 6-2-2 所示，当数字信息技术和计算机工业不断成熟后，程控数字电话交换机应时而生，如今已广泛应用于日常公众电话和专用电话通信系统之中，一台程控数字电话交换机不仅能同时满足一千对以上话音服务，而且能达到万门以上的用户线容量，可支持电话会议通信模式。

表 6-2-2　电话交换机类型表

基本类型	制式
人工电话交换机	磁石式、共电式
自动电话交换机	步进制式、纵横制式、半电子制式、准电子制式、程控空分制式、脉幅调制制式、程控数字制式等

（二）程控（数字）电话交换机的工作原理和组成

程控（数字）电话交换机（stored program control telephone switching system，PBX）是使用预先编制好的数字计算机程序进行控制，通过高度集成的电子交换电路来实现话音信道联通的通信核心设备。

程控（数字）电话交换机不再采用布线的方式连接逻辑电路，而是利用对数字话音信号进行存储转发的方式实现整个交换系统高效运行，所以这种交换系统叫作存储程序控制交换系统，简称程控交换系统。程控电话交换机的原理及结构组成如图 6-2-6 所示。

虽然程控电话交换机内部采用数字话音信号，但在早期电话机和电话线等部分仍在使用模拟话音信号，当脉冲编码调制技术（PCM）成熟并广泛应用后，电话系统全面采用了数字话音信号，此时的交换机才被称作数字程控交换机。

程控数字电话交换机由软件系统和硬件系统组成，软件系统包括程序和数据两部分，硬件系统包括话路部分和中央控制部分。

（1）话路部分：设备组成包括交换网络和外围电路，其中外围电路又包括用户电路、中继器、扫描器、网络驱动器和话路接口等几部分；

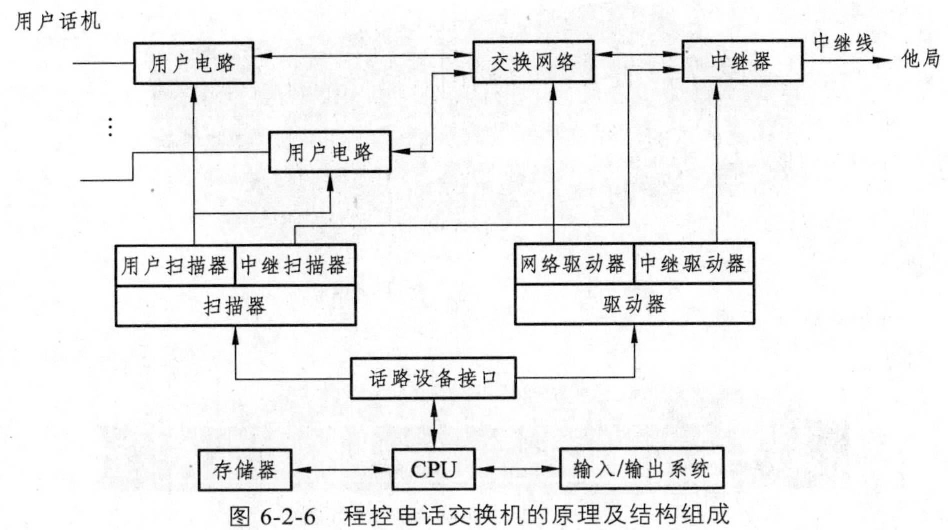

图 6-2-6　程控电话交换机的原理及结构组成

（2）中央控制部分：硬件组成包括 CPU、存储器和输入输出设备，功能是对呼叫信号进行处理，以及对整个交换系统的运行进行管理、监测和维护等。

（三）程控电话交换机分类

程控电话交换机按控制方式可分为集中控制、分级控制和全分散控制，按交换方式可分为电路交换、报文交换和分组交换。

（1）电路交换：电路交换技术是面向连接的通信技术，即用户双方在通信前先分配一条固定的通信电路，该电路在通信过程中一直被用户占用，直到通信结束；利用信令协议对电路的建立和释放进行控制。

电路交换的优点是保证了通信过程中的用户通信资源，实时性强，时延小，交换设备成本较低；但同时伴随的缺点是网络通信资源利用率不高，电路接通过程中通信资源被用户独享。

（2）报文交换：报文交换技术是指通信数据以报文（报文中含有目标地址、源地址等通信信息）为数据交换的基本单位，在交换节点采用存储转发的通信技术。

由于报文长度差异很大，所以长报文在传送过程中可能产生很大时延，且对每个节点的缓冲区分配也比较困难。该技术为了满足各种长度报文高效传输的目的，每个通信节点必须分配大小合适的缓冲区，否则就有可能产生大量的数据传送失败。

（3）分组交换：分组交换（Packet Switching，PS）技术是在报文交换技术的基础上，将每个报文分割成许多个“分组”，再进行传送的通信技术，“分组”中携带有源地址、目的地址和编号等信息。分组交换技术在数据传送的时延和效率上进行了平衡，从而达到了很好的整体效果，得到了广泛的应用。

（四）交换机分类

在话音通信领域中，程控电话交换机（PBX）简称交换机，小型的程控电话交换机如图 6-2-7 所示，但如今我们在日常生活和工作中经常直接或间接用到的交换机（Switch，开关）往往并非程控电话交换机，如图 6-2-8 和图 6-2-9 所示。

图 6-2-7　小型程控电话交换机

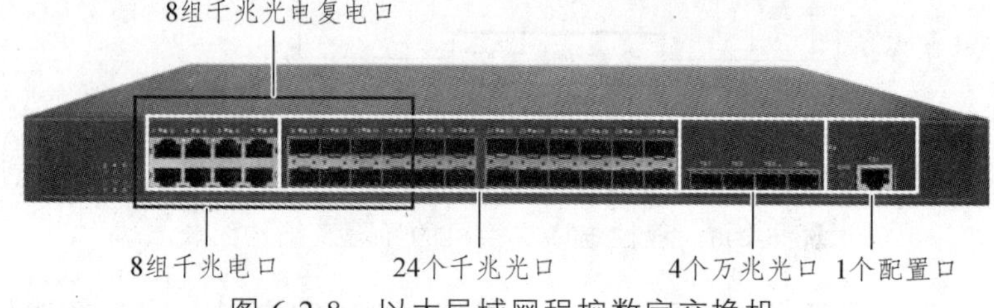

图 6-2-8　以太局域网程控数字交换机

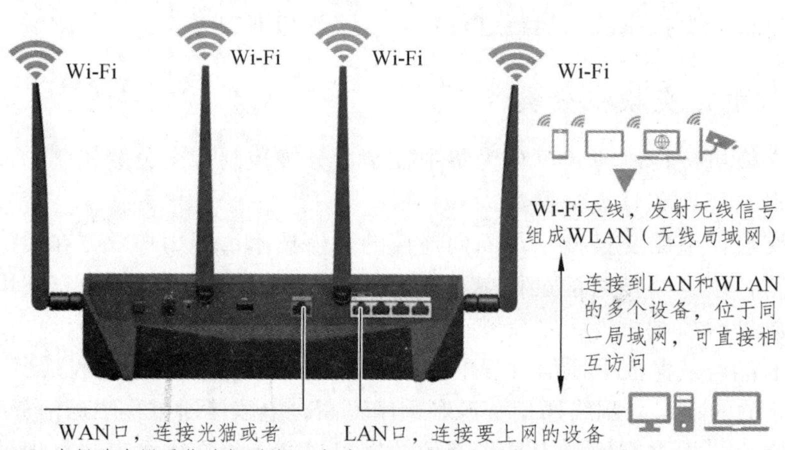

图 6-2-9　集成了交换机、Wi-Fi 无线覆盖功能的家庭宽带路由器

程控数字电话交换机的话音数据交换原理核心就是存储转发，当该技术在话音通信领域应用成熟之后，通过外层结构和功能的适当变换即可适用于更多数据通信领域。互联网交换机是我们最常接触的交换机，其类型有：广域网/局域网交换机、快速以太网交换机、千兆以太网交换机、FDDI 交换机、ATM 交换机和令牌环交换机等，这些交换机也大量应用在铁路数据通信系统之中。

六、典型铁路数字调度通信（无线列调）工作流程举例

铁路列车调度命令是调度所调度员向列车司机下达的书面命令。调度员通过向列车司机发送的行车调度命令对行车、调度、事故等进行指挥和控制，是保障列车行车安全、进行铁路运输管理的重要技术手段。采用地-车无线数据信道传送调度命令无疑将提高调度通信效率，提升行车作业效率。

调度所调度员通过地面计算机进行调度命令编辑，GSM-R 系统对调度命令进行高速无线传送，列车司机通过车载计算机对调度命令进行接收和存储。这种调度信息通信方式不仅工作效率高、传送快、易于确认，而且调度命令信息能在相关计算机的磁盘中长期保存，可随时调阅以对事故进行技术分析和责任确定。调度员和列车司机双方可分别用打印机将调度文件制作成书面文件。

基于 GSM-R 的无线列调工作流程如图 6-2-10 所示，设备包括列调调度台、列调机车台以及它们各自所连接的打印设备、GSM-R 网络设备（兼容 GPRS）、GSM-R 机车综合通信设备（含操作显示终端、打印终端）和 DMIS 设备等。

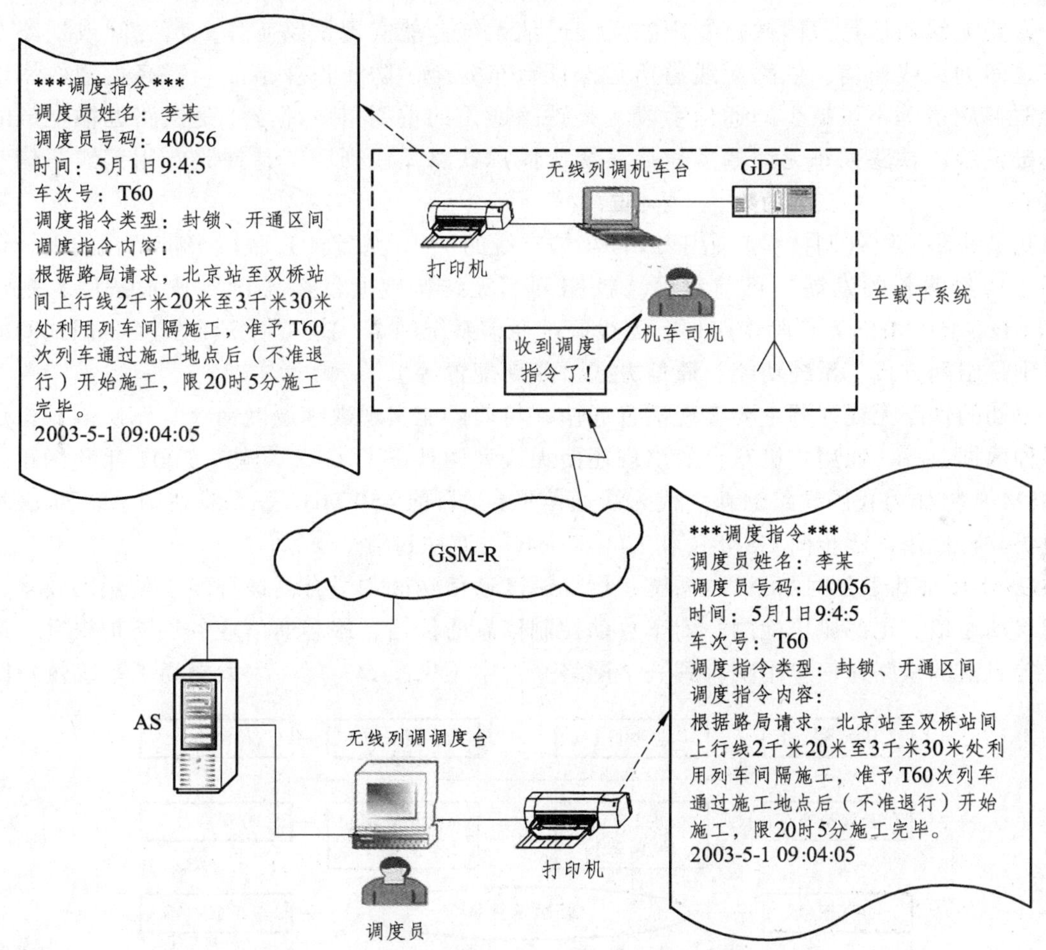

图 6-2-10　基于 GSM-R 的无线列调通信工作流程图

任务三　列车无线调度通信系统设备

学习目标

（1）了解当前我国铁路专用无线通信系统的组成；

（2）熟悉我国铁路列车无线调度通信系统的发展变化；

（3）熟悉 450 MHz 列车无线调度通信系统的用户和设备组成、配置要求、功能及特点；
（4）熟悉其他铁路专用无线通信系统的功能。

相关知识

一、列车无线调度通信系统发展概述

铁路无线通信是我国铁路专用的无线通信系统，能实现铁路工作人员之间或铁路专用设备之间的无线通信。铁路无线通信是保证行车安全、防止作业事故、提高运输效率以及改善服务质量等不可缺少的通信手段，是铁路通信的重要组成部分，是铁路运输生产的重要基础设施。铁路列车无线调度通信系统（简称铁路无线列调）是铁路专用无线通信业务的核心。

我国铁路无线列调技术起始于 1964 年沪宁线的 TW-I 型 2 MHz 频段窄带调频的无线调度电话，历经漫长的发展，目前我国《铁路列车无线调度通信系统设备技术条件》规定了 150 MHz、450 MHz 等频段铁路列车无线调度通信系统的 A、B、C 主流制式（各制式间的主要区别是组网方式、系统功能、通信方式、频率配置等）。

早期的铁路无线列调主要实现话音通信，目前已能实现数字调度命令、车次号校核信息等多种数据业务，通用式机车台的出现还使无线列调具备了 GPS 功能。2002 年我国正式确定 GSM-R 将作为我国铁路的新一代无线通信平台，目前 450 MHz 等无线列调系统和 GSM-R 系统仍并行使用，逐步向 GSM-R 和 LTE-R（4G）有序过渡。

GSM-R 是基于公网 GSM 的系统，增加调度通信功能和适合高速环境下使用的要素，将区间移动通信、尾部风压检测、列车自动控制信息的传输、旅客通信业务、防护报警、进路预告等丰富的铁路通信应用融合到一个网络平台中（见图 6-3-1），大大提高了系统效费比。

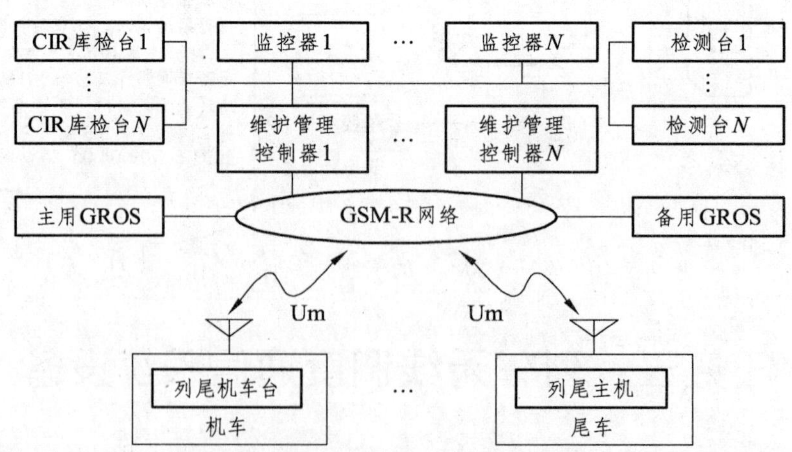

图 6-3-1　GSM-R 在铁路专用无线通信系统中的应用

800 MHz 专用集群移动通信系统采用单基站信号覆盖方式，早期采用模拟制式，现已使用数字制式，设备采用 GT800（GSM）和 GOTA（CDMA 2000）两种系统。

二、450 MHz 列车无线调度通信系统设备

450 MHz 列车无线调度通信（以下简称无线列调）系统是我国铁路通信系统中一种技术成熟的无线列调制式，系统用户主要包括列车调度员、机车调度员、车站（出发场、到达场）值班员和助理值班员、机车（含动车组、救援列车）司机、运转车长（含担当运转车长职能的车辆检修人员）、大型养路机械和轨道车司机，以及道口看守、防护人员和巡守人员等。

450 MHz 无线列调系统采用有线、无线相结合的方案进行组网，车站电台、机车电台、便携电台（见图 6-3-2）之间的通信采用无线方式，调度总机、调度台、网管设备与车站电台之间采用有线通信，系统基本结构组成如图 6-3-3 所示，其中机车电台设备应能同时兼容 450 MHz 无线列调系统和 GSM-R 系统。

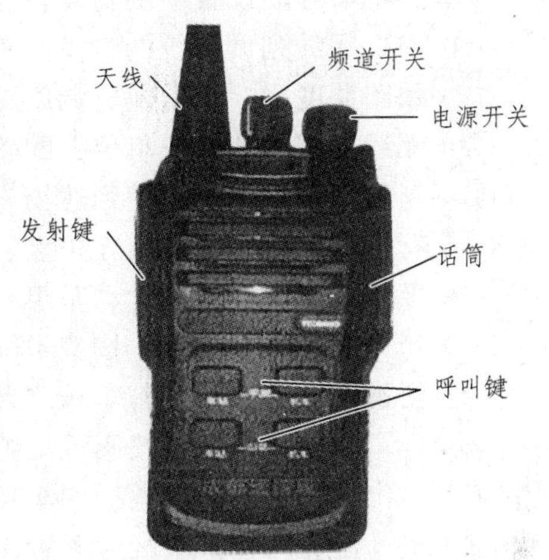

图 6-3-2　HYT-3000G 型无线列调便携台

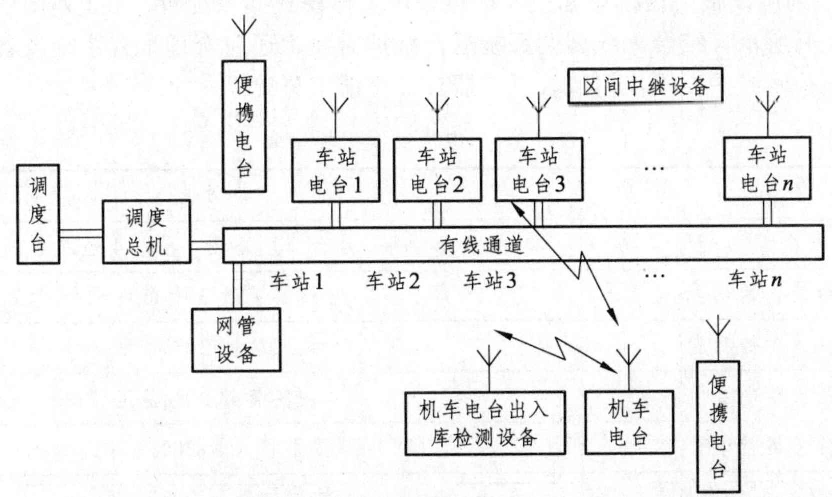

图 6-3-3　450 MHz 列车无线调度通信系统的基本结构组成

450 MHz 无线列调系统在功能上不仅可以实现列车调度命令的无线传送，还扩展了无线车次号校核、列车尾部安全防护装置等系统的信息传送。450 MHz 列车无线调度通信的区段划分需结合机车交路的具体特点进行设计，一般与列车调度区段划分一致。

450 MHz 无线列调系统既能提供话音业务，也能提供数据传输业务，具备系统自我管理的功能。相邻两车站的无线列调信号能连续覆盖（每个车站的电台信号能覆盖站距 50%～70% 的范围，且不小于 5 km），信号覆盖的重叠区在 500 m 以上。

450 MHz 无线列调系统由有线通信和无线通信两部分组成。在采用有线通信的部分区段，无线列调系统可利用光传输接入系统、数字（综合）调度通信系统等传送自己的音频和数字信息；在无线通信部分，根据相关兼容的需要，机车电台的配置优先采用机车综合无线通信设备，也可采用通用式机车电台。

450 MHz 无线列调的系统网管设备，应能对所在范围内的所有调度总机、车站电台等网元设备进行管理，功能包括安全管理、性能管理、故障管理及配置管理。网管设备可多系统集中设置，也可独立设置。网管设备与网元设备之间优先采用有线通道。

450 MHz 无线列调系统的设备配置具体如下：

（1）铁路调度所：按需配置调度总机、调度台。

（2）无线列调通信维护单位：配置网管设备及终端。

（3）车站（包括出发场、到达场、线路所）、机务段（折返段）：配置车站电台。

（4）有人看守道口、桥隧守护点、检修工区：根据需要配置车站电台。

（5）上线运行的机车（含动车组、救援列车）、大型养路机械及轨道车：配置机车电台。

（6）跨局（段）检修点：按型号配置两套应急倒修机车电台。

（7）便携电台配置：运转车长（含担当运转车长职能的车辆检修人员）按维护人数配置便携电台，车站助理值班员按岗位配置便携电台及电池，每台机车配置两台便携电台，无线检修工区、出入库工区以及救援列车每处各配置 4 台便携电台。

（8）机车出入库检修工区应配置 1 套机车出入库自动检测设备。

（9）区间中继设备应按弱信号场强处理方案进行合理设置。

（10）无线列调设备关键模块和板卡按热备用工作模式冗余配置，无线列调主要设备的备用量如表 6-3-1 所示。结合无线列调系统运营维护需要，还应合理配置系统设备区间中继设备及移动终端检测维护专用仪器仪表、工器具、交通工具等。

表 6-3-1　电话交换机类型表

设备名称	备用量
调度总机/调度台	按设备型号，4 台以下备用 1 台，4 台以上备用两台
车站电台（含控制盒）	按实装数 30%备用
机车电台（含控制盒）	按实装数 30%备用
车站电台及机车电台控制盒	按实装数 20%备用
便携电台（运转车长）	按维护人数 20%备用
便携电台（助理值班员）	按岗位数量 20%备用
便携电台（机车）	按机车数量 20%备用
区间设备	按实装数 30%备用

450 MHz 无线列调系统的设备供电系统应符合以下要求：

（1）交流电源不可靠时应同时设置光伏电池等其他备用供电方式。

（2）调度总机采用 AC 220 V ± 44 V、50 Hz 或 DC 48 V ± 4.8 V 供电。

（3）蓄电池容量应根据具体条件，按近期负荷配置。

（4）车站电台及光纤直放站采用 DC 48 V ± 4.8 V 电源，蓄电池容量按近期负荷配置。

（5）车站电台采用 AC 220 V ± 44 V、50 Hz 电源，备用蓄电池标称电压为 DC 12 V，蓄电池容量应保证设备连续工作 6 h。

（6）中继设备采用 AC 220 V ± 66 V、50 Hz 电源，备用蓄电池标称电压为 24 V 或 12 V，

蓄电池容量应保证设备连续工作 6 h，中继设备也可采用直流远供方式供电，基础电压为 DC 450 V（波动范围为 315 ~ 495 V），当有特殊需求时，上述指标可适当调整。

（7）轨道车上的机车电台由蓄电池供电，标称电压为 24 V ± 4.8 V。

（8）便携电台采用电池供电，在发射、接收、守候时间比为 1∶1∶8 的条件下，备用时间不应小于 10 h。

三、其他专用无线通信系统

其他专用无线通信系统主要包括 450 MHz 无线列调系统承载的无线车次号校核信息传送系统、调度命令信息无线传送系统、列车尾部安全防护装置信息传送系统，以及常规无线通信和公安常规无线通信系统等。

（一）450 MHz 无线车次号校核系统

450 MHz 无线列调系统承载的无线车次号校核系统（简称无线车次号系统），由 TDCS/CTC 设备、无线车次号机车数据采集编码器、无线车次号车站数据接收解码器、无线列调机车电台或机车综合无线通信设备（CIR）、机车安全信息综合监测装置（TAX）构成，如图 6-3-4 所示。

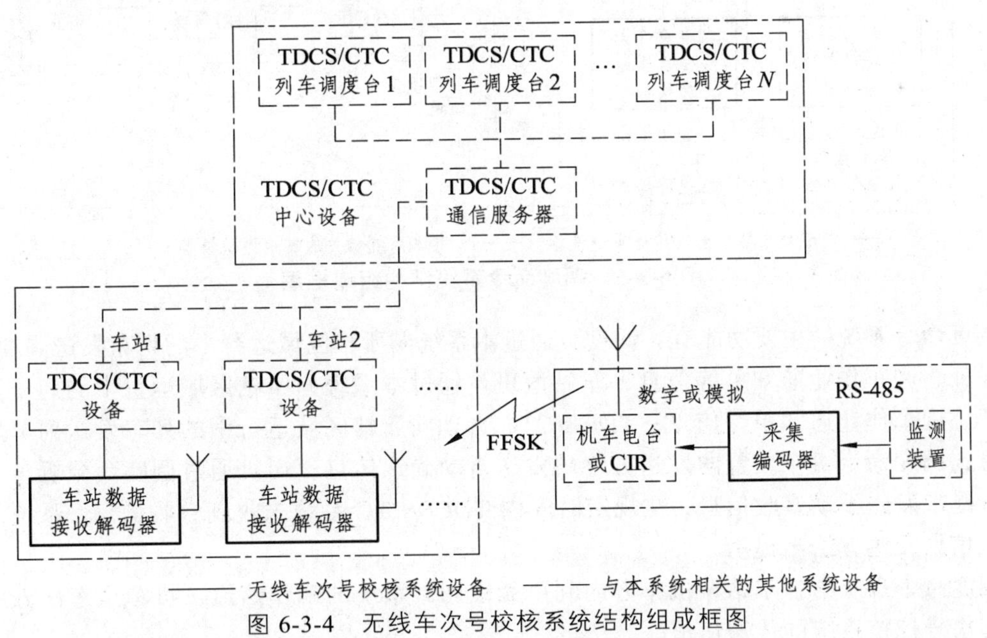

图 6-3-4　无线车次号校核系统结构组成框图

无线车次号系统的主要功能有：机车数据采集编码器采集监测装置数据，按规定条件通过机车电台传送车次号信息，机车数据采集编码器发送车次号测试信息；另外还有接口保护等功能。

无线车次号系统的信道选择：有线信道利用 TDCS/CTC 车站至调度所的传输信道，无线传送信道采用机车电台（或 CIR）发射信道，车站数据接收解码器接收的单向无线信道。

（二）450 MHz 调度命令信息无线传送系统

450 MHz 无线列调系统承载的调度命令信息无线传送系统（简称调度命令系统），由 TDCS/CTC 设备、无线车次号车站数据接收解码器、调度命令无线传送车站转接器、无线列调车站电台、机车综合无线通信设备（CIR）、无线车次号机车数据采集编码器、机车安全信息综合监测装置（TAX）构成。调度命令系统的结构组成如图 6-3-5 所示。

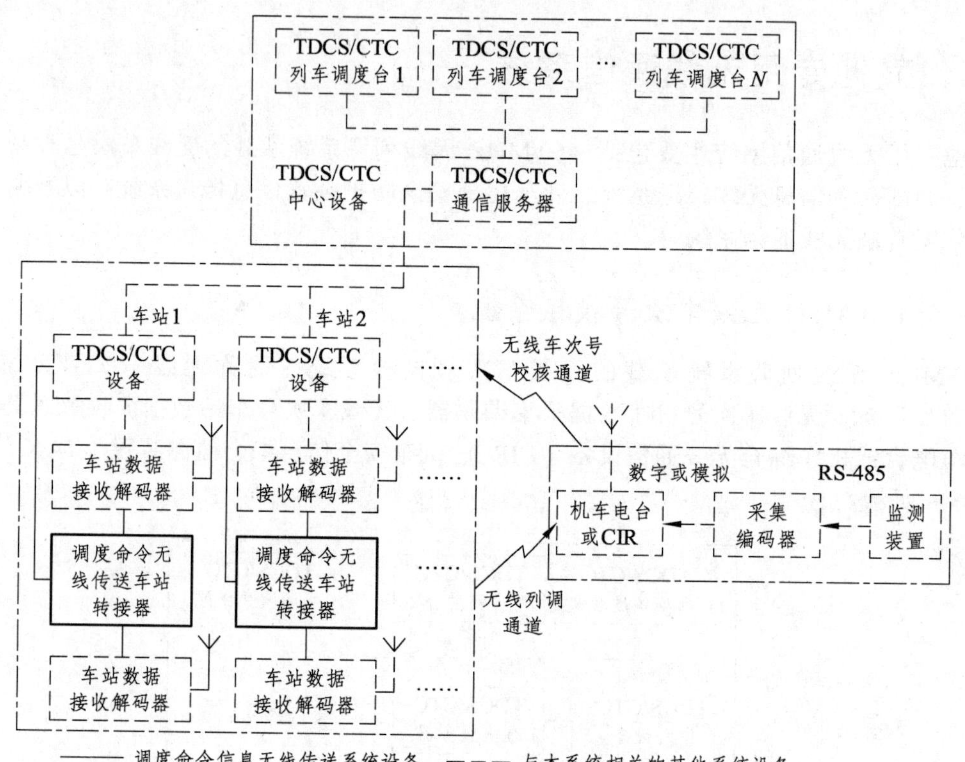

图 6-3-5　调度命令系统结构组成框图

调度命令系统的主要功能有：调度员通过本系统向所辖区域运行中的列车发送调度命令、行车凭证、调车作业通知单等信息；车站值班员通过本系统向所辖区域运行中的列车发送行车凭证、调车作业通知单等信息；TDCS/CTC 自动向所辖区域运行中的列车发送列车进路预告信息；调度命令机车装置向发送方终端发送自动确认信息；司机通过调度命令机车装置向发送方终端发送手动签收信息；在规定时间内 TDCS/CTC 系统未收到签收信息，系统能向调度命令信息发送方给出提示。

调度命令系统中，车站至机车方向利用无线列调系统的工作信道，机车至车站方向利用无线车次号校核系统的传送信道。

（三）450 MHz 列车尾部安全防护装置信息传送系统

450 MHz 无线列调系统承载的列车尾部安全防护装置信息传送系统（简称列尾系统），由机车电台、司机控制盒、列尾主机及配套设备构成。列尾系统结构及设备组成如图 6-3-6 所示。

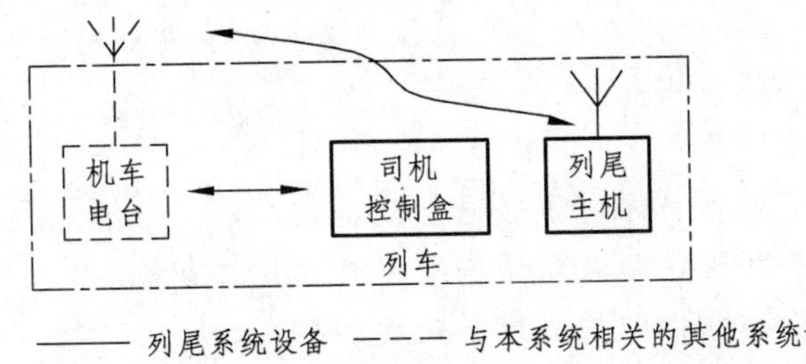

图 6-3-6　列尾系统结构及设备组成

列尾系统的主要功能有：列尾风压检查、辅助排风制动、标识列车尾部标志、主管风压不正常自动报警等。列尾系统的频率应符合无线列调系统的频率规划相关规定。

（四）常规无线通信

根据不同站场的性质和日常运输作业的需要，在站场的流动作业人员之间、流动作业人员与固定作业人员之间设置有常规无线通信系统。常规无线通信的子系统主要包括站场平面调车子系统、站场驼峰调车子系统、站场车号子系统、站场货检子系统、站场货运子系统、站场列检子系统、站场行包子系统、客运子系统、养护维修子系统等。

常规无线通信的频率配置除符合无线电管理相关规定外，还应根据不同业务需要独立组网，采用专用的频率以保障各子系统之间互不干扰。

（五）公安常规无线通信系统

铁路沿线设有公安常规无线通信系统。每个公安派出所设置有基地电台，根据公安无线通信覆盖范围的需要可增设转信台，以实现派出所辖区内的通话畅通。公安常规无线通信系统的用户主要有执勤民警、线路民警、特警、乘警等。

公安常规无线通信系统的设备配置：派出所值班室、车站值勤室、线路警务区设置值班固定台；巡逻车设置车载电台，根据维护人数配置不同数量的便携电台，每个便携电台配有两块电池及智能多路充电器；根据具体需要可配备专用维护设备和测试工具。公安常规无线通信系统采用公安系统的专用频率。

思考题

1. 铁路通信业务的目的是什么？主要有哪些业务类型？
2. 铁路专用通信业务按通信层次可分为哪些类型？
3. 铁路话音通信有哪些业务类型？它们各自的主要特点是什么？
4. 铁路专用电话有哪些基本业务类型？它们各自又是怎样分类的？举例说明。
5. 什么是调度电话业务？它包含哪些电话业务类型？
6. 我国铁路调度机构是如何设置的？各自的基本工作内容是什么？
7. 什么是干线调度通信、局线调度通信和区段调度通信？

8. 列车调度通信的特点和基本要求都有哪些？
9. 车站（场）电话业务的作用是什么？具体业务分类有哪些？
10. 站间行车电话业务的作用是什么？
11. 区间电话业务的作用是什么？
12. 我国铁路图像通信业务具体有哪些通信分类？
13. 什么是数据通信？我国铁路数据通信业务具体分类有哪些？
14. 通信三要素是什么？它们的主要作用是什么？
15. 信息和信号的区别是什么？
16. 举例说明通信系统的常用分类方式。
17. 分析说明我国铁路数字（综合）调度通信系统的网络构成。
18. 分析说明我国铁路数字（综合）调度通信系统的业务和调度电话、铁路专用电话之间的关系。
19. 分析说明我国铁路数字（综合）调度通信系统组网时的主要要求。
20. 分析说明我国铁路数字（综合）调度通信系统的主要设备。各设备有哪些特殊功能要求？
21. 分析说明我国普速铁路和高速铁路数字（综合）调度通信系统的区别。
22. 分析说明我国铁路 CTT2000 数字（综合）调度通信系统的组成和功能。
23. 数字（综合）调度通信系统的调度台有哪些功能？
24. 简述程控数字电话交换机的交换原理。
25. 交换机有哪些分类？
26. 基于 GSM-R 的无线列调命令传送过程需要哪些设备？
27. 举例说明我国铁路当前的专用无线通信系统都有哪些？
28. 分析说明 450 MHz 列车无线调度通信系统和 GSM-R 之间的关系。
29. 450 MHz 列车无线调度通信系统的设备组成有哪些？
30. 450 MHz 列车无线调度通信系统承载的其他专用通信都有哪些？分别有什么功能？

项目七　城市轨道交通通信系统设备

项目导引

随着我国城市轨道交通（简称城轨）技术与建设的飞速发展，城轨的通信系统也日新月异。性能的不断提升与功能的不断延伸，让如今的通信系统成为城轨安全、高效运营，提高运输服务质量的基础和保障，现代化的通信系统是当今城轨的重要标志之一。

城轨通信系统不仅能提供各种专用通信，以保证运输作业顺利实施，而且能提供公用通信来满足城轨的各种信息传送需要，公共覆盖系统还解决了乘客在地下封闭空间的移动通信要求。

城轨通信是复杂的信息交互系统，一般包括光电缆及传输子系统、公务电话子系统、专用电话子系统、无线集群子系统、闭路电视监控子系统、有线广播子系统、时钟子系统、乘客信息子系统、办公自动化子系统、通信电源及接地子系统、公共覆盖子系统、集中告警子系统等。城轨通信系统结构组成简图如图 7-0-1 所示。

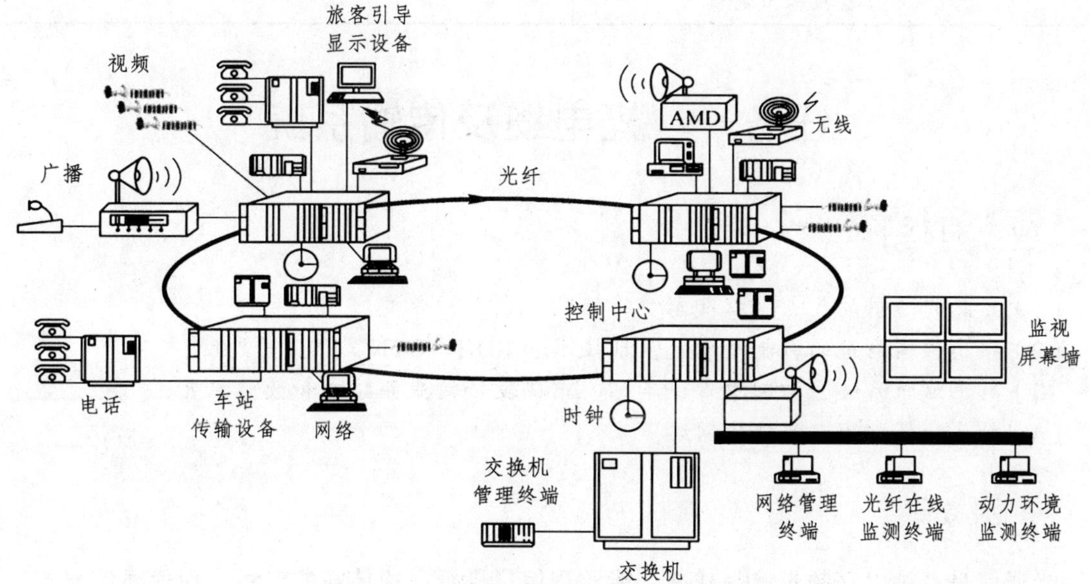

图 7-0-1　城轨通信系统结构组成简图

城轨通信系统（Communication System，CS）的服务范围涵盖了控制中心、车站、列车、车辆段、停车场、地面线路、地下隧道等，它通过自身具备的语音、数据、图像、多媒体等信息的传送能力，还可服务于其他城轨弱电系统，如信号系统（或称 ATS）、电力监控系统（Supervisory Control And Data Acquisition，SCADA）、自动售检票系统（Automatic Fare Collection，AFC）、环境与设备监控系统（Building Automatic System，BAS）、灾害报警系统（Fire Alarm System，FAS）、综合监控系统（Integrated Supervisory Control System，ISCS）等。

城轨通信系统的子系统与所服务的弱电系统如表 7-0-1 所示。

表 7-0-1　城轨通信的子系统和服务的主要弱电系统

城轨通信子系统	通信系统服务的弱电系统
光线缆	信号系统（或称 ATS）
传输系统	
公务电话系统	电力监控系统（SCADA）
专用电话系统	
无线集群系统（TETRA）	自动售检票系统（AFC）
闭路电视监控系统（CCTV）	
有线广播系统（PA）	环境与设备监控系统（BAS）
时钟系统	
乘客导乘信息系统（PIS）	灾害报警系统（FAS）
办公自动化系统（OA）	
集中告警系统	综合监控系统（ISCS）
公共覆盖系统	
通信电源及接地系统	

任务一　光电缆及传输系统

学习目标

（1）熟悉光通信的优点，以及光缆的结构、组成、分类；
（2）熟悉传输系统的调制技术、多址技术和 SDH、OTN、RPR 传输网；
（3）熟悉城轨系统、控制中心、车站、车辆段传输业务接口和数量配置；
（4）熟悉城轨常用无线传输网络。

相关知识

光通信是一种以高频光波为载波，能实现信息进行高速传输的有线、现代通信方式。与传统通信传输方式相比，光通信有以下优点：

（1）带宽较宽。光纤的数据信息传输过程具有较高的光源调节性能、多样化的调节方法，光纤本身具有的强色散性能使光通信带宽较宽。

（2）损耗低、中继距离长。石英光纤的数据信号传输衰耗标准可达 20 dB/km，该数值是有线通信的最低标准，所以光通信不需中继站，一次通信距离可达数 10 km；而中继站数量的减少也大幅度降低了光通信系统的复杂性，提高了数据传输的稳定性和可靠性，使综合成本大幅降低。

（3）抗电磁干扰。光纤主要的原材料并非传统常用的金属材质，而是石英纤维，该材质天然具备很强的抗电磁干扰性；光传输过程受自然状态下常见的雷电、电离层变化、太阳黑子和耀斑活动等所产生的电磁干扰影响很小。

（4）无串音。电流或电磁波在进行数据传输过程中常伴随一定量串音，但光传输过程不会出现串音现象。

（5）抗核辐射。光纤的基底材料是二氧化硅，天然具备很好的抗核辐射能力，可在极其恶劣的核辐射环境下稳定传输数据。

（6）质量轻、易携带。光纤的线径细（带涂敷层的光纤外径也仅有ϕ250 μm，而同轴电缆的直径一般是ϕ10 mm）、整体密度比传统的铜、铝等导线低很多，所以质量轻，易于运输和携带。

一、光电缆设备

1. 光　缆

光缆（optical fiber cable）是为了满足光学、机械或环境的性能规范而制造的，利用置于包裹着护套的一根或多根光纤作为传输介质，可以单独或成组使用。

光缆主要由光导纤维（细如头发的玻璃丝）和塑料保护套管及塑料外皮组成，如图 7-1-1 所示。光纤是光信号传输的载体，是玻璃或塑料经特定工艺加工而成的纤维。光纤的保护外层一般由缆芯、加强钢丝、填充物和护套等几部分组成。根据具体应用环境需要，光缆内还可有防水层、缓冲层、绝缘金属导线等构件。

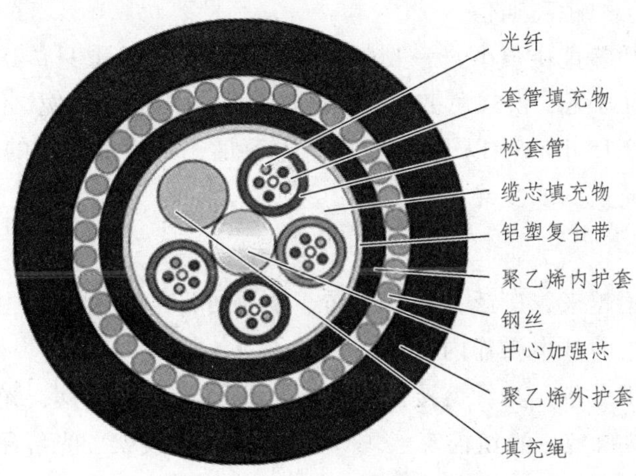

图 7-1-1　光缆一般结构组成

光缆不含金、银、铜等贵重金属，一般无回收价值。

2. 光　纤

1）光纤概述

光纤类似于我们熟悉的电线，是一种直径很细（微米级）的光传输介质。光纤主要由纤芯、包层和涂覆套塑层构成，如图 7-1-2（a）所示。

光纤中心部分为纤芯，一般由高纯度石英玻璃制成；包层的作用是将光封闭在光纤内沿着轴线方向进行全反射传播，如图 7-1-2（b）所示；涂覆套塑层起保护作用，以加强光纤的机械强度。经过涂覆套塑后的光纤称为光纤芯线，由光纤芯线可再制成光缆，光传输干线需成缆使用。

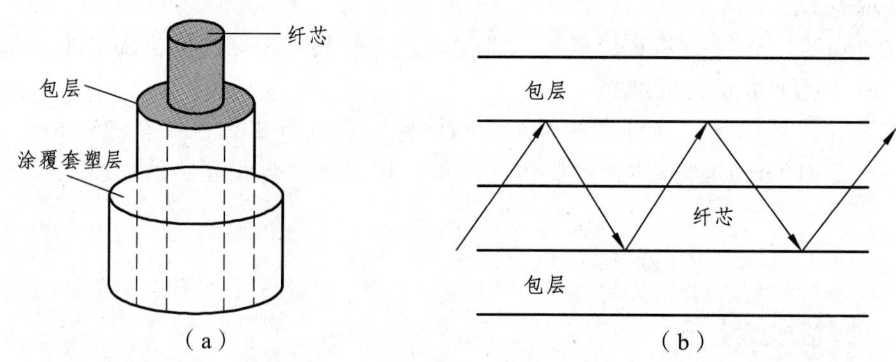

图 7-1-2　光纤结构和导光原理

光纤按传输模式可分为多模光纤、单模光纤。

所谓传输模式，是指光纤中的光波每个模式对应一种波形，不同的光传输模式有不同的特性参数。

（1）多模光纤：在一定的工作波长下，在光纤中可有多种传输模式的光纤。多模光纤的纤芯直径较大，一般为 50 ~ 75 μm。由于多模光纤的纤芯直径较大，再加上传输模式多，所以这种光纤的传输衰耗大、带宽窄。

多模光纤主要用于短距离通信。

（2）单模光纤：纤芯直径很小，一般在 10 μm 以下，理论上只传送一种模式。由于单模光纤只传送主模，从而避免了模式色散，所以这种光纤的传输频带宽、传输衰耗小（1 550 nm 窗口的衰耗可减少到 0.15 dB/km 以下），适用于大容量、长距离传输的光通信系统。

单模光纤已成为通信网的主导光纤。

2）光纤的熔接

随着光通信的应用越来越广泛，我们工作、学习的日常通信环境中光纤已随处可见，光纤的熔接是光纤应用中的基本操作内容。

（1）光纤熔接常用设备：光纤熔接机、光纤工具箱（开缆工具、光纤切割刀、光纤剥离钳、凯弗拉线剪刀、斜口剪、酒精棉等）、螺丝刀、光纤配线架、光纤尾纤、耦合器、多模光缆、热缩套管。

（2）光纤熔接的一般步骤如下：

① 开剥光缆，并将光缆固定到接续盒内。在固定多束管层式光缆时，由于要分层盘纤，各束管应依序放置，以免缠绞。将光缆穿入接续盒，固定钢丝时一定要压紧，不能有松动。否则，有可能造成光缆打滚纤芯。注意不要伤到管束，开剥长度取 1 m 左右，并用卫生纸将油膏擦拭干净。

② 将光纤穿过热缩管。将不同管束、不同颜色的光纤分开，穿过热缩套管。剥去涂抹层的光缆，可以保护光纤接头。

③ 打开熔接机电源，选择合适的熔接方式。光纤熔接机的供电电源有直流和交流两种，要根据供电电流的种类来合理选择。每次使用熔接机前，应使熔接机在熔接环境中放置至少 15 min。根据光纤类型设置熔接参数、预放电时间及主放电时间等。如没有特殊情况，一般选择用自动熔接程序。在使用中和使用后要及时去除熔接机中的粉尘和光纤碎末。

④ 制作光纤端面。光纤端面制作得好坏将直接影响接续质量，所以在熔接前一定要制作合格的端面。

⑤ 裸纤的清洁。将棉花撕成平整的小块，粘少许酒精，夹住已经剥覆的光纤，顺着光纤轴向擦拭，用力要适度。

⑥ 裸纤的切割。首先清洁切刀和调整切刀位置，切刀的摆放要平稳，切割时，动作要自然、平稳，勿重、勿轻，避免断纤、斜角、毛刺及裂痕等不良端面产生。

⑦ 放置光纤。将光纤放在光纤熔接机的 V 形槽中，小心压上光纤压板和光纤夹具，要根据光纤切割长度设置光纤在压板中的位置，关上防风罩，按熔接键就可以自动完成熔接。在光纤熔接机显示屏上会显示估算的损耗值。

⑧ 移出光纤，用熔接机加热炉加热。检查是否有气泡或水珠，若有则要重做。

⑨ 盘纤并固定。科学的盘纤方法可以使光纤布局合理、附加损耗小，经得住时间和恶劣环境的考验，可以避免因积压造成的断纤现象。在盘纤时，盘纤的半径越大、弧度越大，整个线路的损耗就越小。所以，盘纤必须保持一定的半径，避免激光在纤芯中传输时，产生一些不必要的损耗。

⑩ 密封接续盒。野外的接续盒一定要密封好。如果接续盒进水，由于光纤和光纤熔接点长期浸泡在水中，可能导致光纤衰减增大。

光缆的结构

光纤的结构

光纤熔接

3. 同轴电缆

同轴电缆（Coaxial Cable，CC）既是一种电线（传输电能），又是一种通信电缆（传输信号），如图 7-1-3 所示。同轴电缆的结构一般由四层构成：最里层是一根导电铜线，线的外面有一层塑胶（绝缘）围拢，绝缘体外面是一层薄的网状导电体（一般为铜或合金材质，接地后能屏蔽电磁干扰），最外层是绝缘材料的外皮。

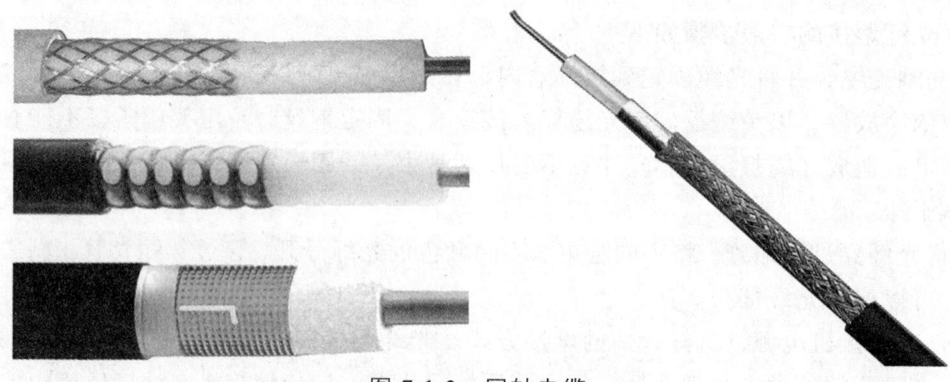

图 7-1-3　同轴电缆

同轴电缆既可用于模拟信号的传输，也可用于数字信号的传输，如适用于电视、长途电话、计算机局域网络等。同轴电缆曾经是性能优异的通信电缆，例如在传输有线电视信号时，一根同轴电缆可以负载几十个甚至上百个电视频道信号，且信号覆盖范围可以达几十千米；它长期以来都是长途电话网的重要组成。如今它虽然在通信传输领域面临着光纤、地面微波和卫星的激烈竞争，但在轨道交通系统等特殊通信领域依然有一席之地。

4. 双绞线

双绞线（Twisted Pair，TP）是通信领域中最常用的传输介质，它由两根具有绝缘保护层的铜导线按一定密度双绞而成，如图 7-1-4 所示。双绞线中的每根导线在信号传输过程中都会产生一定量的电磁辐射，而该辐射会被另外一根导线产生的电磁波抵消，从而有效降低了通信干扰。

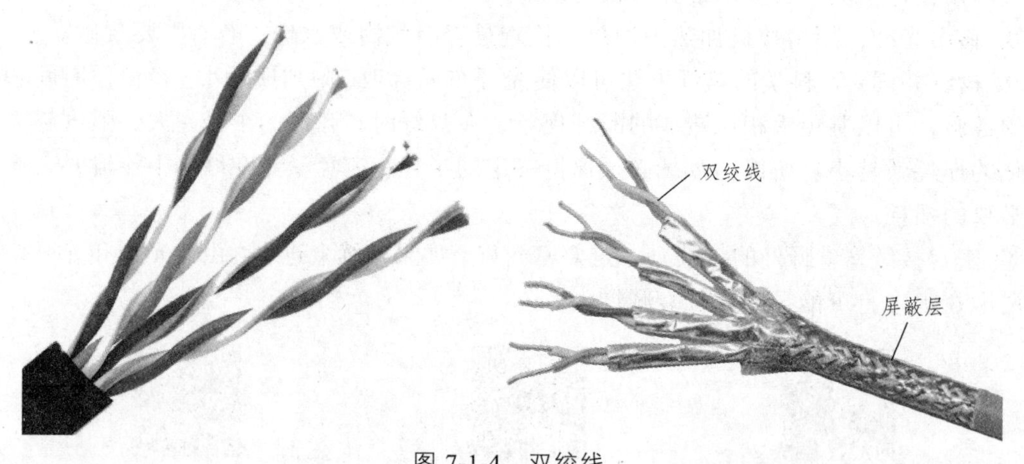

图 7-1-4　双绞线

双绞线一般由两根 22 ~ 26 号的绝缘铜导线互绕后包裹在绝缘套管里，但一些通信电线并无互绞也被称作双绞线，如电话线。与其他通信传输介质相比，双绞线在传输距离、信道宽度、数据传输速度等方面均不理想，但由于价格低廉、使用维护方便，依然得到了大量应用。

双绞线根据有无电磁波屏蔽层可分为非屏蔽双绞线（Unshielded Twisted Pair，UTP）和屏蔽双绞线（Shielded Twisted Pair，STP）两大类。屏蔽双绞线在双绞线与外层绝缘封套之间有金属屏蔽层，金属屏蔽层接地后可防止一定量的外部电磁干扰，得到更高的传输速率。

双绞线常见的有三类线、五类线和超五类线，具体分类如下：

（1）一类线：主要用于语音传输（20 世纪 80 年代初，主要用于电话的线缆技术），一般不用于数据传输。

（2）二类线：该类电缆通信频率为 1 MHz，主要用于语音传输和最高传输速率 4 Mb/s 的数据传输。

（3）三类线：该类电缆通信频率为 16 MHz，主要用于语音传输及最高传输速率为 10 Mb/s 的数据传输。

（4）四类线：该类电缆的通信频率为 20 MHz，主要用于语音传输和最高传输速率为 16 Mb/s 的数据传输。

（5）五类线：该类电缆增加了绕线密度，外套是一种高质量的绝缘材料，通信频率为 100 MHz，主要用于语音传输和最高传输速率为 100 Mb/s 的数据传输，它是最常用的以太网电缆。

（6）超五类线：具有衰减小、串扰少、更高的信噪比、更小的时延等特性，主要用于千兆以太网。

（7）六类线：该类电缆的通信频率为 1 ~ 250 MHz，它能提供 2 倍于超五类线的带宽，最适用于传输速率高于 1 Gb/s 的网络应用。

（8）超六类线或 6A：此类产品传输带宽介于六类和七类之间，传输频率为 500 MHz，传输速度为 10 Gb/s，标准外径 ϕ6 mm。

（9）七类线：传输频率为 600 MHz，传输速度为 10 Gb/s，单线标准外径 ϕ8 mm，多芯线标准外径 ϕ6 mm，可能用于今后的 10 Gb 以太网数据通信。

通信电缆的类型

通信电缆的结构

同轴电缆结构和类型

二、传输系统

城轨传输系统的功能就是迅速、准确、可靠地传送控制中心、车辆段和各车站之间的各种有关信息。这些信息包括音频、视频、数据等信息。因此，传输系统必须是一个能承载音频、视频及电路/分组数据的多业务传输平台（MSTP）。

构建一个可靠、实用、技术先进、经济合理和扩展性强的传输平台，使其适用于各种业务对带宽的动态需求，并能提供各种通信业务和未来新业务的接口，是城轨传输系统的目标。

传输网的发展

传输机房结构

SDH 设备架构

传输系统按设备的功能可分为三层结构：

（1）第一层：传输媒介，如光纤、电缆、微波等。

（2）第二层：传输系统，如光/电传输设备、传输复用设备。

（3）第三层：传输网节点设备，如人工配线架、数字交叉连接设备。

早期的城轨传输系统中，音频、视频和电路数据等业务均通过 SDH（Synchronous Digital Hierarchy，同步数字序列网）光传输网进行传送，业务范围仅限于 TDM（Time-Division Multiplexing，时分复用技术）电路业务。

此后，为了适应逐步增长的分组数据业务的需要，城轨传输系统引入了基于 SDH 的多业务传送平台技术。多业务传送平台（Multi- Service Transport Platform，MSTP/SDH）传输系统以传送 TDM 电路业务为主，传输分组数据业务为辅。近年来，随着 IP 电话、IPTV 与 IP 多媒体技术的飞速发展，电路业务逐步衰退，城轨传输系统开始引入基于纯弹性分组环（弹性分组环网技术，Resilient Packet Ring，RPR）的 MSTP 技术。MSTP/RPR 传输系统以传送分组数据业务为主，传输电路业务为辅。未来的城轨传输系统或会演进成为一个全 IP 传输的网络。

1. 调制技术基础

所谓调制，就是将信号源信息，经处理后（基带信号）加载到载波（载波信号）上，使其变换成能在介质中远距离传送的信号（已调信号）的过程；解调制，即调制的逆过程，其原理框图如图 7-1-5 所示。调制的一个复杂体现就是每当介质发生变换，调制解调技术就要变换一次。

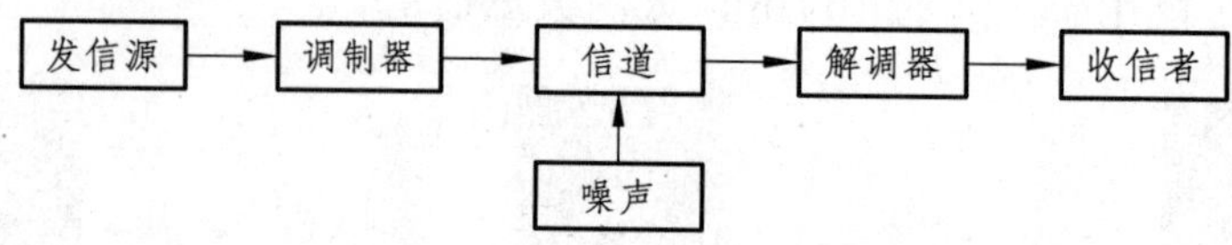

图 7-1-5　模拟通信的过程框图

（1）基带信号/调制信号：信号源需要传送的信号，它往往不能作为传输信号进行远距离通信。

（2）载波信号：承载基带信号的特定高频信号。

（3）已调信号：调制后适于在介质中传播的信号。

调制的方法和种类很多，以下仅对城轨通信系统常用的几种调制作简要介绍。

1）调幅（AM）

正弦波幅度调制技术，简称调幅（Amplitude Modulation，AM），是将正弦载波的信号幅度随调制信号变化而变化的调制技术。数字幅度调制也称幅移键控（Amplitude-shift Keying，ASK）。

调幅的技术和设备都比较简单，但抗干扰性能差，常应用于电报和长、中、短波广播等通信。

2）调频（FM）

正弦波频率调制，简称调频（Frequency Modulation，FM），是将正弦载波的瞬时频率随调制信号变化而变化的调制技术。数字频率调制也称频移键控（Frequency-shift Keying，FSK）。

调频技术具有良好的抗干扰性能，至今仍广泛应用于高质量广播、电视伴音、多路通信和扫频仪等领域。

3）调相（PM）

正弦波相位调制，简称调相（Phase Modulation，PM），是将正弦载波的瞬时相位随调制信号变化而变化的调制技术。数字调相调制也称相移键控（Phase-shift Keying，PSK）。

4）脉冲调制

脉冲调制，即载波信号为脉冲序列的调制技术。脉冲调制可分为脉冲调幅、脉冲调相、脉冲调宽等方式。

模拟/数字信号转换也可看作是一种脉冲调制，这种调制有脉码调制、差值脉码调制、增量调制等。脉冲调幅实质上就是信号采样，常用于模/数转换电路、信号转换电路和各种电子仪器（如采样示波器等）。

脉冲调制信号的频谱较宽，但除了脉冲调幅之外，其他都具有较好的抗干扰性能，特别是脉码调制的性能最好，是一种理想的调制方式。数字电话、遥测、遥控以及迅速发展的综合通信网，大多采用这种调制方式。

2.（无线通信）多址技术基础

无线通信系统中，为了多用户能同时通过一个基站和其他用户进行通信，必须将不同用户和基站发出的信号赋予不同的技术特征，这些特征能使基站区分出不同的用户信号。这里的“址”，可以理解为无线通信的临时身份标识号（Identity Document，ID），相当于我们的临时身份证。

无线通信中的多址技术共有以下四类。

1）频分多址（FDMA）

频分多址（Frequency Division Multiple Access，FDMA）是把信道的频带资源分割成若干更窄的、互不相交的子频带，将每个子频带临时分给某一用户专用（称为地址），如图 7-1-6（a）所示。

频分复用是指载波带宽被划分为多种不同频带的子信道，每个子信道可以并行传送一路信号的通信技术。频分复用时，多个用户可以共用某一物理信道，该过程即为频分多址复用。

模拟 FDMA 每次只能将一个物理频道资源供一个用户独享，带宽资源不能得到充分利用。TDMA 和 CDMA 作为后续的多址技术，也都结合 FDMA 技术进行应用。

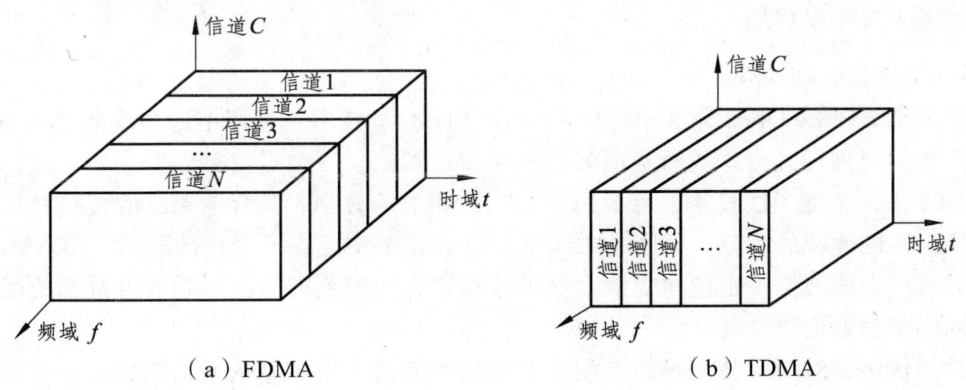

（a）FDMA　　（b）TDMA

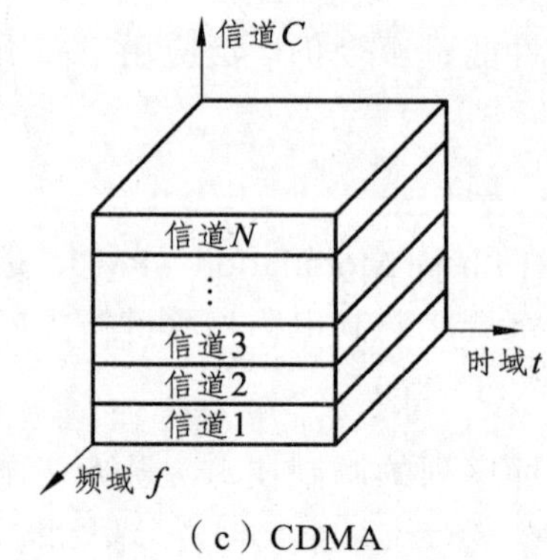

（c）CDMA

图 7-1-6　FDMA、TDMA、CDMA 示意图

2）时分多址（TDMA）

时分多址（Time Division Multiple Access，TDMA）是把时间分割成互不重叠的时段（帧），再将帧分割成互不重叠的时隙分给用户通信使用，TDMA 依据不同的时隙区分用户信号，从而完成多址连接，如图 7-1-7（b）所示。

时分多址是把时间分割成周期性的帧，每个帧再分割成若干个更小的时隙与基站传送信号，在满足定时和同步的技术条件时，基站可以分别在不同时隙里接收终端的信号而不混扰。同时，基站发向多个通信终端的信号也都按规定的顺序在预定的时隙中传输，各个通信终端只要在指定的时隙内接收，就能准确获得自己所需的信号。

TDMA 相对于 FDMA 一般具有通信质量更高、保密性更好、容量更大等优点，TDMA 的技术关键是必须有精确的定时和同步来保证通信终端和基站间正常通信，技术上相对比较复杂。

3）码分多址（CDMA）

码分多址（Code Division Multiple Access，CDMA）技术是将不同的用户通过不同的编码序列进行通信区分的。或者说，CDMA 是依靠不同的信号波形来区分用户的，如图 7-1-6（c）所示。

如果从频域或时域来观察信号，多个 CDMA 信号是相互重叠的。接收机用相关器可以在多个 CDMA 信号中选出自己要使用的预定码型信号，其他码型信号会因为与接收机本地所产生的码型不同而不能被解调。

CDMA 抗干扰能力强，宽带传输信号，抗衰落能力强。信号采用宽带传输能降低通信功率，且不需预先频率规划。

4）空分多址（SDMA）

空分多址（Space Division Multiple Access，SDMA）技术是利用不同用户的空间特征（用户位置）对用户进行区分，从而实现多址的通信技术。

SDMA 采用智能天线技术，可对用户构成空间上的分割，配合电磁波的传播特征，可使同一地段、不同地域的用户，在同一时间使用同一频率实现互不干扰的通信。SDMA 利用定向天线，可使电磁波按一定指向辐射，信号被局限在波束范围内，不同波束范围的用户可以使用相同的频率通信。

无线通信中，SDMA 技术通过有限的频谱资源实现了大容量的通信能力。

3. 传输系统的网络结构

城轨通信系统的主要设备类型有网络线缆、网络节点、用户接口卡、网络管理等。

（1）网络节点：用户访问网络、使用网络的必需途径。它不仅能为用户接口卡提供电源，接收用户接口卡发送的信息并转发至相关网络线路，而且能将接收自网络线路的信息转送到用户接口卡。

（2）用户接口卡：用户能接入系统的硬件工具。

（3）网络管理系统：对传输网络进行配置、扩展、管理和维护的软硬件设备。

通信系统设备之间存在某些特定的逻辑关系，不同的通信网络可在保证信息交互的同时，还实现了它们之间的一些逻辑关系。常见的通信网络结构有网形、星形、环形、总线型等，如图 7-1-7 所示。

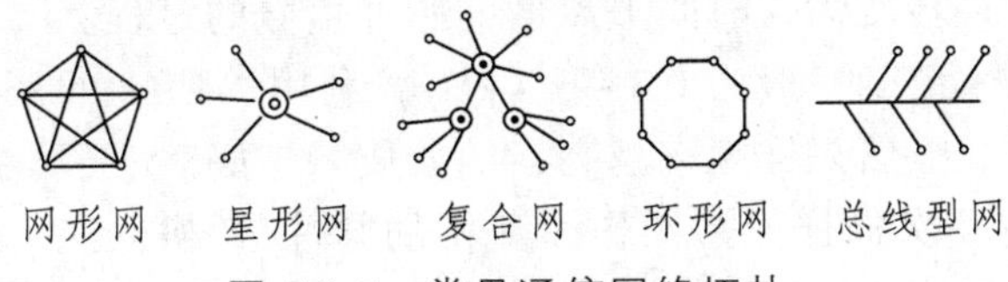

图 7-1-7　常见通信网络拓扑

1）点对点通信的网络结构

点对点通信网络的特征：通信网络中的每条信道（导线）都连接着一对网络节点，当网络中任意两节点不直接相连时，它们必须经由其他中间节点转接完成通信。在点对点的信号传输过程中，每个中间节点需将所有接收的信息暂存起来，等到所需信道空闲时才能将数据转发至下一节点设备。

点对点通信网络有以下常见拓扑结构：

（1）星形：星形拓扑结构存在一个中心节点，且该节点是其他节点的唯一中继节点。

星形拓扑结构简单、直观、容易建网、便于管理，但对于大型通信系统，通信线路的总长度较长、成本高、可靠性差。

（2）环形：环形的网络结构将节点连接成环状，在一个时间段内数据信息只能沿着一个方向传送，依次通过中间节点的存储转发后，最终到达目标节点。

（3）总线型：网络中的节点按层次依次连接，层次越高的节点要求可靠性越高。这种结构比较复杂，但线路总长度较短，成本较低，容易扩展。

（4）网形：网形是互联网普遍使用的一种网络构形。全联通网形是指网络中全部节点两两互联，它的通信可靠性是最高的，但同时线路成本也是最高的。

2）广播方式通信的网络结构

在广播方式通信的网络中，所有节点共享一条信道，每个网络节点发送的信息均能被网上其他所有节点得到，但一般情况下只有目的节点确认接收信息。常见的广播方式通信的结构有以下类型：

（1）总线型：网络中各个节点共同连接在一条总线上，任一时刻，只允许一个节点占用总线发送信息，其他节点只能接收信息。

（2）卫星通信/无线广播：所有节点共享信道，任一节点发送的信息通过广播方式可被其他所有节点设备接收。

（3）环形：此种环形和点对点通信的环形在信号传输的控制方式上是不同的。

4. 传输技术

传输技术是指通过充分利用不同信道的传输能力，构建信息能可靠传输的完整传输系统的技术。传输技术性能的高低非常依赖其使用的信道传输特性，所以选择合适的信道是传输技术的关键问题之一。

1）脉码调制技术（PCM）

脉码调制（Pulse Code Modulation，PCM）技术是实现模拟语音信号数字化的一种技术。该技术通过抽样保持、量化和编码 3 个过程完成 A/D 的信号转换过程。

（1）抽样保持：通过模拟信号频率 2 倍的频率对模拟信号进行抽样（采样）并保持一定量的时间，是把模拟信号转变为在时间上离散的脉冲信号的过程。

例如：话音信号频率范围一般为 0.3 ~ 3.4 kHz，利用 8 kHz 的采样频率，就可获得回放时近似原声的话音质量。显然采样频率越高，回放质量越好。

对正弦波信号进行一次抽样保持操作而获得的脉冲信号即是一个脉冲幅度调制（Pulse Amplitude Modulation，PAM）信号，PAM 属于脉冲调制技术的一种基本类型。经 PAM 后的脉冲信号在回放时只需进行检波和平滑滤波，即可还原出近似原波的模拟信号。

（2）量化：把采样保持后幅度连续变化的脉冲量信号，采用规定位数的二进制数字对信号量值进行表示的过程。

经抽样保持后的脉冲信号量值，通过固定位数的二进制数进行表示时往往存在误差，此时必须采用“四舍五入”的方法数值分级“取整”。量化后的数字信号相比量化前的模拟信号虽然有所失真，但失真大小在预期的计算范围内，是完全可以接受的。

显然，量化过程中使用的二进制数位数越多，表示越准确、误差越小。我们将一次量化使用的二进制数的位数称作采样位数（采样精度），采样精度越高，回放质量越好，当然，形成的数字文件容量也将越大。

（3）编码：量化后的模拟信号变成了无数的数据，采用何种格式编制这些数据的技术称作编码。编码后的数据可按规定的格式制作成文件进行保存或通信。

电话音质的 PCM，其采样频率为 8 kHz，采样位数为 8 位，所以电话音质的数字编码信号的传输速率需为 8 bits × 8 kHz = 64 kb/s。

PCM 是将模拟语音信号变换为数字信号的一种编码方式。在实际应用中，最常采用的是基于时分复用的 PCM 技术，即准同步数字序列（Plesiochronous Digital Hierarchy，PDH）技术。

2）波分复用（WDM）

波分复用（Wavelength Division Multiplexing，WDM）技术，即光波分复用。WDM 是指在一根光纤中同时让两个或两个以上波长（频率）的光信号通过不同光信道各自传输信息的技术。波分复用技术可以分为光波频率复用技术和光波频段复用技术。光波频段复用技术可以理解为光波频率复用的粗分技术，一般简称光波复用。

波分复用技术在应用时，一般要在光纤的两端通过原理相同的波长分割复用器和光波分解复用器（也称合波/分波器）实现不同波段的光波耦合与分离。光波复用器的主要类型有熔融拉锥型、介质膜型、光栅型和平面型 4 种，其主要性能指标是插入损耗和隔离度。通常，由于光链路中使用了光波复用设备后光链路的损耗将有所增加，该增加量称为光波复用设备的插入损耗。光波复用技术当采用单模光纤时，传输的光谱损耗很小，带宽可达 25 THz。

光通信技术的性能提升能大量减少对光纤的使用量，从而大大降低了建设成本，当出现故障时维修、恢复也迅速方便。

3）同步数字序列（SDH）

同步数字序列（Synchronous Digital Hierarchy，SDH）一般被称作同步数字序列传输网络。由于 PDH（准同步数字序列）早已广泛应用，故而 SDH 的出现有其技术上的必然性。相比 PDH，SDH 全网采用了统一同步时钟信号，当低次群复用成高次群时，无须插入附加的位（bit），所以 SDH 较 PDH 具有更高的速率、更大的传输容量、高次群中可直接提取低次群信号、便于组网等优点。SDH 正在替代 PDH 成为基础传输网络中最广泛采用的传输复用设备。

（1）SDH 各次群速率：

- STM-1：155 Mb/s；
- STM-4：622 Mb/s；
- STM-16：2.5 Gb/s；
- STM-64：10 Gb/s；
- STM-256：40 Gb/s。

（2）SDH 的帧结构。

SDH 传输网的一个重要功能是能对 PDH 支路信号（2 Mb/s、34 Mb/s、140 Mb/s）进行同步数字复用、交叉连接和交换，所以 SDH 的帧结构必须适用这种功能，同时也要求各支路信号在 SDH 的一帧内能做到均匀、有规则地分布，以便在传输节点中对支路信号进行分插（直接上下支路信号）。

（3）SDH 传输设备（SDH 网元）。

① SDH 终端复用设备（TM）：用于 SDH 链路的终端部分，具有复用/解复用功能和保护功能。

② SDH 分插复用设备（ADM）：串接在 SDH 链路中，可从路过的 SDH 信号中分插途经城轨车站所需的支路信号。ADM 除了具有 TM 的复用/解复用功能、保护功能、网管接口外，还具有一些 DXC（数字交叉连接设备）功能。

③ 数字交叉连接设备（DXC）：可以看成是计算机软件（网管软件）控制的数字配线架。与人工配线架不同处在于 DXC 具有复用/解复用功能。可以将 DXC 看作铁路上的货车中转调度站，它不仅能对整列货车进行中转，还可将来自各方向的整列火车分解为一个个的车厢进行重新组合，再将重新组合的货车向各方向转发。

4）基于 SDH 技术的 MSTP（MSTP/SDH）

基于 SDH 技术的 MSTP（多业务传输平台，Multi Service Transport Platform，MSTP）常简写作 MSTP/SDH。MSTP/SDH 设备在传统的 SDH 传输网络上又增加了以太帧、ATM（Asynchronous Transfer Mode，异步传输网络模式）信元的承载以及 2 层交换的功能。有的 MSTP/SDH 设备内部还嵌入了弹性分组环（Resilient Packet Ring，RPR）传输网络的技术功能。MSTP/SDH 的功能特点如下：

（1）以太网透传功能：MSTP/SDH 的以太网数据传输业务采用点对点的透明传输方式。MSTP/SDH 源节点可将以太网帧按照某种数据包封装和帧定位方法（如 PPP、LAPS、GFP 等）进行成帧处理，映射到 SDH 的虚容器（VC 或 $n \times$ VC）后，经 SDH 的复用处理、VC 的交叉连接传输，在目标节点相应的 VC 通道中取出，最终实现以太网帧或 IP 数据包的还原。

（2）以太网 2 层交换功能：MSTP/SDH 的以太网 2 层交换功能实现过程如图 7-1-8 所示。MSTP/SDH 的源节点将以太网业务数据映射到 VC 之前，先进行以太网 2 层交换（汇聚）处理，通过 2 层交换把多个以太网业务流复用到同一条以太网的传输链路中，这样可以减小传输带宽的最小粒度，节约局端端口和网络带宽资源。

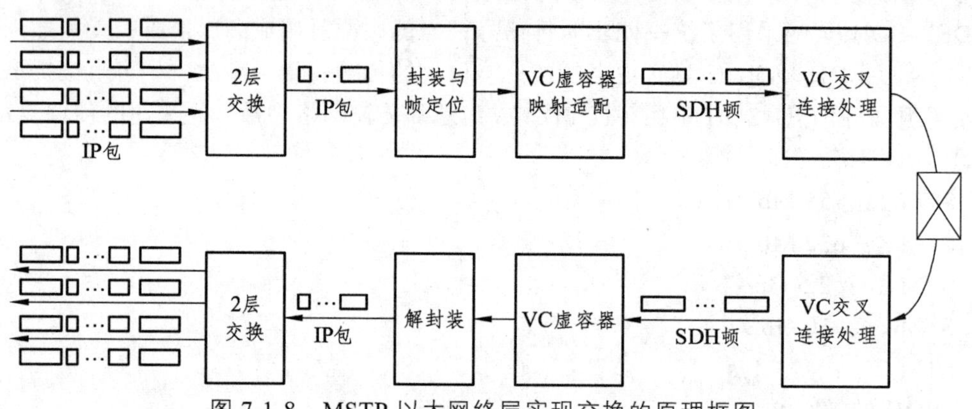

图 7-1-8　MSTP 以太网络层实现交换的原理框图

5）光传输网（OTN）

光传输网（Optical Transport Network，OTN）是德国西门子公司开发的一种高速度、全透明、无阻塞的基于光传输的数字同步通信网络，特别适用于封闭式专用的传输网络。

OTN 网由中心控制设备、节点机和光纤组成，通过连接节点机的光纤构成环路。OTN 传输的全透明特性可使多用户（设备）以不同速率同时传送，能避免数据访问时间过长，并能实现实时性要求较高的系统数据传输。

OTN 能提供丰富的接口，如话音、数据、图像、以太网等接口。所有的带宽分配由网管设置完成，分配灵活。OTN 网络修改简便，模块化的结构设计易于功能扩展。

OTN 具备 SDH 的全部优点，并且还具备密集型光波复用（Dense Wavelength Division Multiplexing，DWDM）的带宽可扩展性优点，这使得 OTN 可以不断地根据业务发展情况，进行网络扩容。OTN 具有极强的重新配置及保护、恢复特性。光传送网可以进行波长级、波长组级和光纤级灵活重组，特别是在波长级可以提供端到端的波长业务。

OTN 简化了网络层次和结构，大量使用了无源光器件，进而简化了网络管理和规划难度，提高了网络的可靠性，大幅度降低了网络建设和运营维护的成本。

OTN 支持点对点、点对多点以及总线等通信方式，在上海地铁、广州地铁、香港地铁以及世界的其他城轨系统中被大量使用。

5. 基于 RPR 技术的 MSTP（MSTP/RPR）

1）MSTP/RPR 简述

互联网上的 IP 电话、IP-TV（网络电视）等即时（实时）通信的飞速发展，促使了传统的共用通信和专用通信的转型。用 IP 分组交换技术替代之前的基于 TDM（时分复用）的电路交换技术成为新一代通信的发展方向。

基于 TDM 技术的 SDH 适合承载、传送电路业务，而弹性分组环（RPR）传输网是基于统计复用技术的分组传输网，适合承载与传输分组业务。RPR 的一个突出的特点是能传送实时的分组数据包，能够承载 TDM 和视频等实时性要求特别高的业务。

新一代基于 RPR 的多业务接入平台（MSTP/RPR），适用于以传送分组数据业务为主、传送电路业务为辅的光纤传输网。

2）弹性分组环（RPR）协议分层结构

IEEE 802.17（弹性分组环国际标准）于 2004 年 7 月正式发布，RPR 协议分层结构如图 7-1-9 所示。图中 RPR 的物理层可以是 SDH 或裸光纤。RPR 的 MAC（Multiple Access Control Protocol，接入/访问协议）层通过 MSTP 层可以承载 TDM 仿真业务、视频业务（视频信号映射到 RPR 的 MAC 帧中）、以太帧、ATM 帧，即 RPR 通过 MSTP 可以提供 E1、E3、STM-*N* 等电路接口。

<table>
<tr><td>TDM</td><td rowspan="2">Video</td><td rowspan="2">Ethernrt
/ATM</td></tr>
<tr><td>IETF PWE3</td></tr>
<tr><td colspan="3">MPLS</td></tr>
<tr><td colspan="3">RPR 802.17 MAC</td></tr>
<tr><td colspan="3">SDH/光纤</td></tr>
</table>

图 7-1-9　弹性分组环（RPR）分层结构图

在城轨 RPR 的光环网中，可利用以太网口传送闭路电视（CCTV）监控系统的视频信号或网络电视（IPTV）信号，也可用视频接口直接传送广播电视信号。如图 7-1-10 所示，RPR 的 MAC 层具有一个 MAC 实体和两个物理层实体，每个物理层实体与每段链路相关联。MAC 实体包含一个 MAC 控制实体和两个 MAC 业务链路实体，称之为接入点，每个接入点与每个环路相关联。物理层实体根据环路方向分为东向物理层和西向物理层。

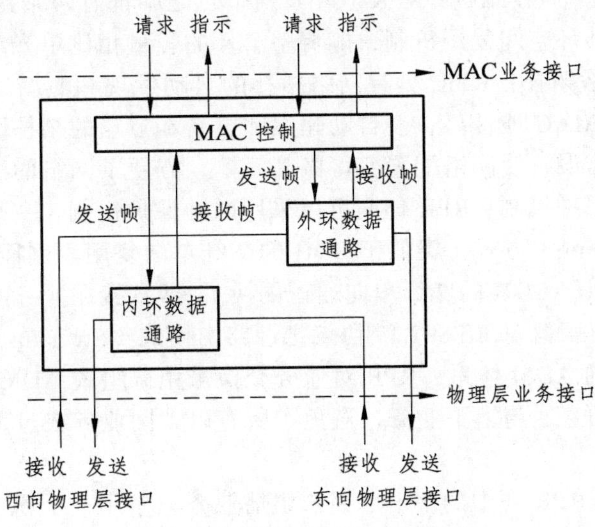

图 7-1-10　RPR 的 MAC 层结构

3）RPR 环网参考结构和工作方式

RPR 双光纤环网自愈网络结构如图 7-1-11 所示。双向环网的内环用 1 表示，逆时针传送数据；外环用 0 表示，顺时针传送数据。RPR 节点采用 48 bits 的 IEEE 802 MAC 地址进行寻址。

RPR 双环上具有 RPR MAC 层设备的网元称为 RPR 节点，每两个节点间的链路称为段（span），每段上的光纤连接称为链路（link），几个连续段的集合称为域（domain）。

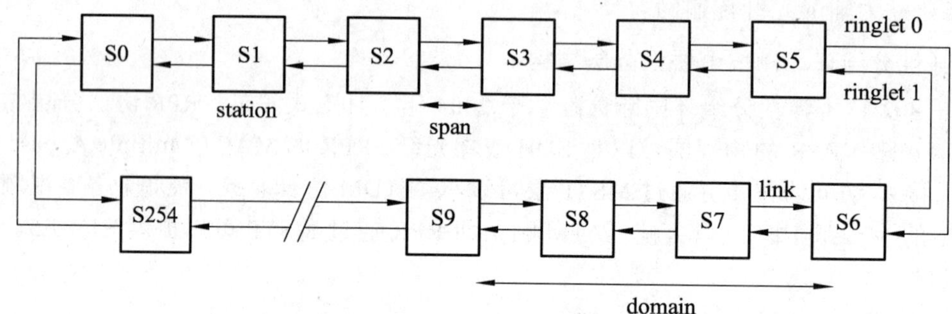

图 7-1-11　RPR 双光纤环网自愈网络结构

为了业务保护的需要，RPR 双环的每个方向上只能利用部分光纤带宽资源传送需要保护的业务信号；余下的光纤带宽资源用于传送不被保护的业务信号，以保证用户的承诺带宽。当 RPR 网络的光纤发生中断后，网络带宽会下降一半，但仍需满足所承诺的业务带宽。

4）RPR 的服务等级（CoS）

RPR 能通过 MPLS（Multi-Protocol Label Switching，多协议标签交换）将业务分为 4 个服务质量等级：快速传送（Expedited Forwarding，EF）、保障传送（Assured Forwarding 4，AF4）、保障传送（Assured Forwarding 1，AF1）、尽力传送（Best Effort，BE）。

5）RPR 技术特性

RPR 主要有以下技术特征：

（1）采用双环（内外环）结构：RPR 双环每对节点之间都有两条路径，保证了高可靠性，并对环路带宽采用内外环空间复用机制，能将整个环的容量相比单光纤环网提高 2～8 倍。

（2）自动更新网络拓扑：RPR 具有网络拓扑的自动发现和更新功能。每个节点在收到 RPR 环上其他节点的 MAC 地址后，会自动建立和更新本节点的拓扑图，实现了即插即用，避免手工配置带来的错误，使网络配置变得极其简单，方便了网络的维护和管理。

（3）RPR 环网的保护机制：RPR 环网可以采用两种保护机制，一种是在发生故障的两个节点进行环回（Wrapping）方式（类似于 SDH 的 2 纤单向复用段倒换）；另一种是不需要环回的源路由方式（类似于 SDH 的 2 纤单向通道倒换），即直接在业务的源点进行倒换，可保证业务采用最佳捷径。因此 IEEE 802.17 协议把源路由模式（Steering）作为强制要求。

（4）RPR 分组式的 ADM 体系：RPR 对业务交换采用分组式 ADM 体系，这类似于 SDH 环中每个 ADM 节点的直通与上下业务，避免了所有以太网业务在过节点时均需要进行解、封包的复杂过程。

（5）广播与组播：RPR 环中的一个广播或组播业务只占用一个通道带宽资源。

（6）提供各种专线服务和宽带 VPN 服务：MSTP/RPR 系统提供以太网专线、TDM 专线、TDM over Ethernet 技术、TDM 会聚（捆绑）、以太网会聚、VPN、VLAN 等功能，并可根据不同业务类型组成专用的虚拟子网，灵活调整子网的带宽。

（7）带宽管理： RPR 的一个重要特点，它支持灵活的带宽粒度、带宽统计复用动态共享。每个节点维护通过自身的负载量数据，并把这些数据发送给环上其他节点，其他节点根据这些信息就知道源节点与本节点之间有多少带宽可以利用。

（8）RPR 面向连接的虚电路技术实现通道交叉：与 MSTP/SDH 相同 MSTP/RPR 节点采用通道交叉技术；与 MSTP/SDH 不同的是，RPR 不是采用时分的 VC 来实现通道交叉，而是采用基于 MPLS 的虚电路技术来实现通道交叉，这样就隔离了不同业务流，保证了业务包的独立传送，并且虚电路也是独立带宽控制、业务等级（CoS）以及 50 ms 业务保护的单元。

6）RPR 的网络安全

网络安全包括网络可用度、设备可用度和业务安全性，其中业务安全性包括业务隔离和业务带宽控制、OoS 保障等。RPR 具有网络可用度、设备可用度和业务的二层隔离，以及带宽与 OoS 的严格控制，以确保业务的高度安全。

（1）RPR 的网络可用度：在网络可用度方面 RPR 提供了 50 ms 保护和严格的带宽 OoS 控制，也就是说，光纤的故障以及病毒的攻击，不会导致网络的瘫痪。

（2）设备可用度：RPR 设备的电源、交叉矩阵、环路接口卡等主要部件按 1＋1 备份方式配置。硬件完全采用高可靠、低故障的元件，所以可以达到电信级设备的要求。

（3）业务安全性：RPR 采用二层业务隔离，以太帧在 RPR 网络中被封装在 RPR 封包里，可以避免攻击；同时 RPR 具有严格的带宽和 OoS 控制，当病毒攻击时，也只能影响某个局部 VPN 的用户，并不能挤占其他 VPN 的带宽，更不能导致设备和网络的瘫痪。

（4）带宽与 OoS 的严格控制：以太网交换机与 IP 路由器是以抢占带宽方式运行的，而 RPR 却是规划好带宽和 OoS，在承诺带宽内的业务流可以按照设定的 OoS 正常传送。

所以，可以说 MSTP/RPR 是 MSTP/SDH 的发展和升级，它既具有 SDH 的成熟性，继承了 MSTP/SDH 的业务特性，又具有分组网络高带宽利用率的特点。

6. 城轨 MSTP/SDH 传输组网结构举例

1）两条线路的传输系统组网

以某城轨系统 1、2 号线为例介绍 2.5 G MSTP/SDH 传输系统的组网。其中，1 号线包括车站、车辆段、控制中心共 28 个站点；2 号线包括车站、车辆段、控制中心共 20 个站点。

如果将 1 号线和 2 号线分别组建光纤环网，由于 MSTP 传输网络对时钟要求很高，一个光环系统中串接的站点数大于 16 个会对整个传输网产生不良影响，且电路可靠性下降。所以，1 号线和 2 号线的传输系统均应组成两个环网，如图 7-1-12 所示。

其中 1 号线左侧光环包括 13 个站点，右侧光环包括 14 个站点。左右侧两个光环均采用双纤（主/备）隔站连接组环。环中每个站点的 MSTP/SDH 传输节点设备均为 ADM 设备，通过主/备两条光纤与前、后站点相连接。两个光环均通过控制中心的一台大容量 ADM 设备，该 ADM 设备既是左环中的一个节点设备，又是右环中的一个节点设备，并通过其所包含的 DXC 模块完成左右两个环路互联互通。

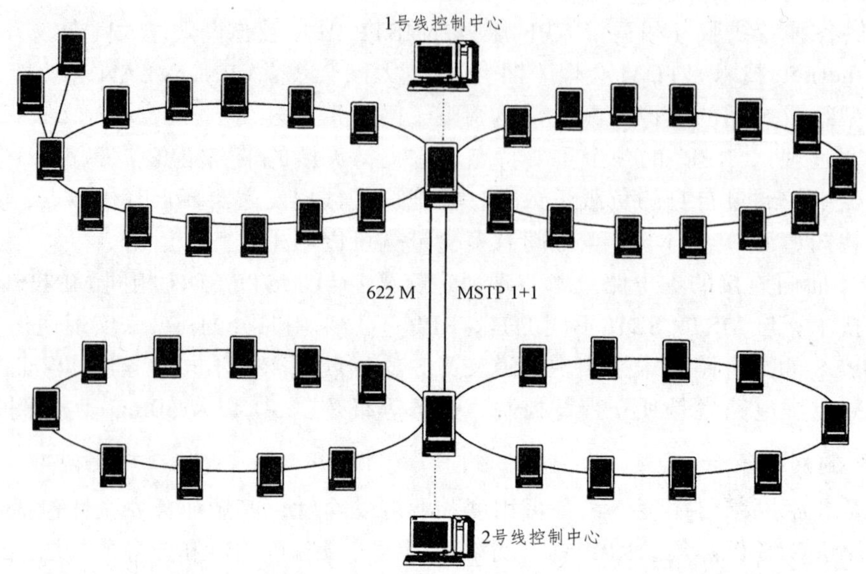

图 7-1-12　城轨公司 1 号、2 号线传输网络结构图

2 号线组网情况与 1 号线类似。

图 7-1-12 中，设置在控制中心的 1 号线 ADM 传输节点设备和 2 号线 ADM 传输节点设备通过一对主备 622 Mb/s 光纤互联。实质上 1 号线与 2 号线传输网是通过控制中心两台 ADM 设备中的 DXC 模块相连接，完成两个传输网之间的互联互通。

图 7-1-12 中，1 号线实际上存在 3 个光环，左上与左环相连的还有一个由 3 个站点构成的小光环。左环与小光环的连接原理与前述 1 号线左右光环的连接原理相同。

上述 1、2 号线的 2.5 Gb/s 传输网，可通过增加 ADM 设备的 10G 光接口卡平滑升级为 10 Gb/s 传输网。

2）城轨控制中心传输网络业务接口和数量

城轨 MSTP/SDH 传输网在控制中心所提供的业务接口和数量如图 7-1-13 所示。

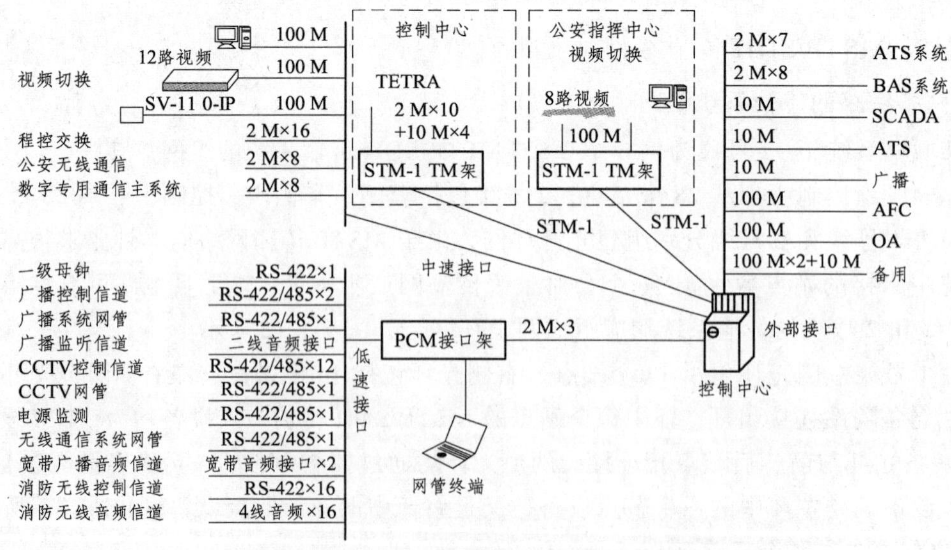

图 7-1-13　城轨 MSTP 传输网络的控制中心业务接口和数量

（1）公务电话网 E1 接口：控制中心公务电话交换机的 E1/DSS1（E1/专网信令）接口，以点对点方式，通过传输网的 PCM 一次群链路连接远端车辆段和各车站用户交换机或远端模块。

（2）无线集群网 E1 接口：控制中心无线集群交换机的 E1（专用信令）接口，以点对点方式，通过传输网的 PCM 一次群链路连接远端车辆段和各车站的基站。

（3）调度电话网 E1 接口：控制中心调度机的 E1/DSS1 接口，以点对点方式，通过传输网的 PCM 一次群链路连接远端车辆段和各车站的 PCM 接口架。由 PCM 接口架提供 POTS 和 2B＋D 接口连接调度分机。也可在车站配置小容量调度机的建设模式，在该模式下，远端的各车站调度电话网以 E1/DSS1 链路连接车站调度机。

（4）控制中心 PCM 接口架提供的接口。

① RS-422 电路数据接口（点对点方式）：CCTV 控制信道、消防无线控制信道。

② RS-422/485 电路数据接口（共线方式）：时钟、广播控制/网管、CCTV 网管、电源监测、无线通信系统网管等。

③ 模拟广播接口：宽带广播发送、广播监听。

④ 无线 4 线 E&M 接口（点对点方式）：用于公安无线通信系统等。

（5）10/100 M 以太网接口：控制中心的 CCTV、SCADA、ATS、FAS、BAS、AFC、OA、广播、通信网管等信息通过城轨传输网所提供的 10/100 M 以太网总线，连接远端车辆段和各车站局域网。有些设备制造商所提供的宽带数字广播（含控制信号/网管）、公务电话、专用电话、时钟等，原通过 TDM 通道传输的信息，现在也通过 10/100M 以太网传输。

各系统监控/网管数据由 RS-422 或 RS-485 电路数据网传输还是由 10/100 M 以太网传输，取决于设备生产商所提供的对外接口类型。

3）城轨车站传输网络业务接口和数量

城轨 MSTP 传输网在车站所提供的业务接口和数量如图 7-1-14 所示。各车站某种业务采用的传输通道和接口与控制中心的通道与接口相对应。

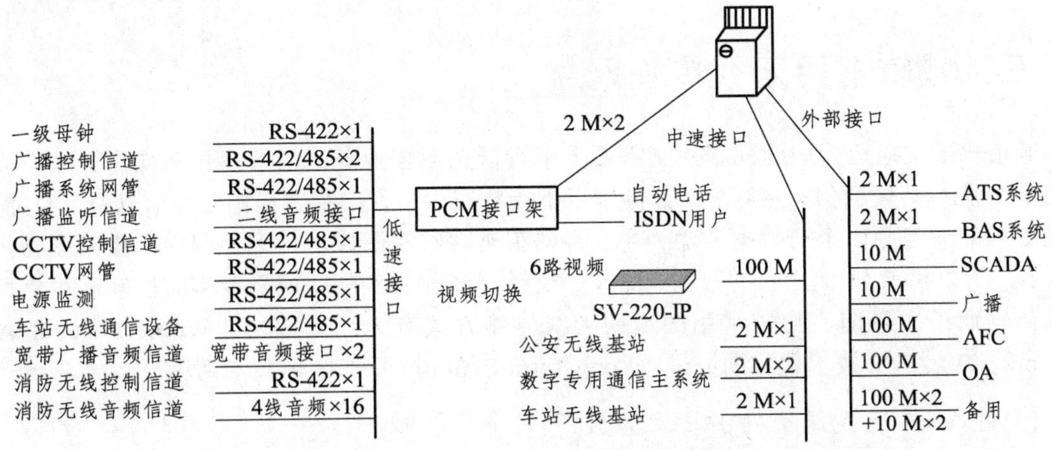

图 7-1-14　城轨 MSTP 传输网络的车站业务接口和数量

（1）公务电话网和无线集群网 E1 接口：车站公务电话网 E1 接口连接车站小交换机（或远端模块）的中继 E1 接口；无线集群网 E1 接口连接无线集群基站。

（2）车站 PCM 用户接口架提供的接口车站 PCM 用户接口架提供如下接口：

① POTS 接口：连接模拟调度分机。

② 2B + D 接口：连接数字调度分机。

③ RS-422/RS-485 电路数据接口：连接时钟、广播控制/网管、CCTV 控制/网管、电源监测、无线通信网管、公安无线控制等设备。具体采用何种接口及连接方式，取决于设备所提供的对外接口。

④ 广播接口：宽带广播接收及广播监听音频发送。

⑤ 2W/4W E&M 接口：连接公安模拟无线基站。

（3）10/100 M 以太网接口：车站 10/100 M 以太网接口连接 CCTV、SCADA、ATSAFCOA 广播、通信网管等车站局域网。

4）城轨车辆段传输网络业务接口和数量（举例）

城轨 MSTP 传输网在车辆段所提供的业务接口和数量如图 7-1-15 所示。城轨 MSTP 传输网在车辆段所提供的业务接口与车站相类似。

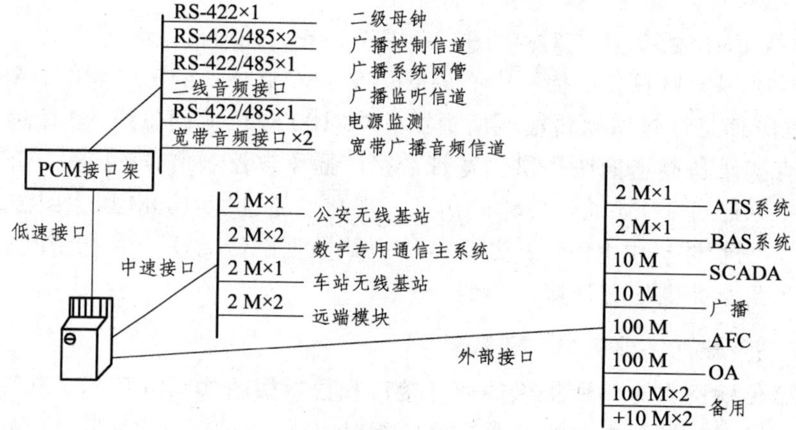

图 7-1-15　城轨 MSTP 传输网络的车辆段业务接口和数量

三、城轨常用无线传输网络

城市轨道交通运营中的列车控制需要上下行低速数据业务，需要提供双向、连续、高可靠的车-地无线传输通信；乘客 PIS 业务则以下行数据为主，向乘客提供各类信息及节目播放；车载 CCTV 业务则以上行数据传输为主，将列车实时监控图像上传到控制中心供调度指挥人员查看。所以目前车-地之间的数据、图像、视频等多种业务的完成需要实时性和高可靠性的无线传输通道。目前，比较常用的地铁无线传输方式有无线局域网（Wireless Local Area Network，WLAN）技术和长期演进（Long Term Evolution，LTE）技术两种。

1. WLAN（无线局域网）技术的应用

1）WLAN 技术标准

WLAN 技术标准主要为 IEEE 802.11（电气与电子工程师协会，Institute of Electrical and Electronics Engineers IEEE）。

该标准系列主要分为 802.11a、802.11b、802.11g、802.11n 等，不同的标准在使用时存在着不同的技术优势。城轨的无线通信领域中 802.11g 和 802.11n 应用得比较多，其次为 802.11a。

80211a 工作频率维持在 5.15 GHz 频段上，不重叠信道为 12 个，传输速率较高。使用期间，主要的调制传输技术为正交额分复用技术。为了在实现高传输速率情况下没有障碍，可将接入距离降低 30 m 或者 50 m。802.11b 的工作频率范围在 2.4 GHz 频段，含有 3 个不重叠信道，能实现的共享速率比 802.11a 低。802.11g 工作频率范围也在 2.4 GHz 频段，但具备较高的传输速率，与 802.11b 可以兼容。

2）地–车无线 WLAN 的组网方式

城轨地-车 WLAN 通信采用相互组合结构的组网方式，组网期间使用的设备主要为无线控制器、无线接入点、车载内部交换机等。在整个系统中，构建的组网方案是 802.11b 和 802.11g 标准的集合体现。

因为地-车 WLAN 系统能够对控制中心和车载系统之间进行数据信息的有效传输，所以工作中需要将一套完整的无线管理系统应用到控制中心，以保证该系统能够对车-地无线 WLAN 组网系统中的网络、设备性能、相关配置等各个要素实现统一化管理，该工作的执行是整个组网工作中最重要的内容。接下来，还需根据车-地无线信号的覆盖情况，沿着各个车站的通信机房实现分布式数据接入交换单位的设置，促进车站无线视频交换，这样设置不仅能保证与列车车厢内的车载数据控制单元实现无线数据通信，还能优化工作。光纤收发器能够将 100 M 光纤与车站无线视频的交换机相互连接，并利用通信传输系统，将通道与控制中心无线控制器相互连接。

在车-地 WLAN 组网系统中，控制中心、车站，都是电视监控与乘客信息系统之间的主要接口。

2. LTE（4G）技术的应用

LTE（长期演进技术）是 3G 通信技术的演进，是由 3GPP（第三代合作伙伴计划，3rd Generation Partnership Project）组织制定的全球通用标准。LTE 根据制式分为 FDD-LTE（Frequency Division Duplexing-LTE，频分双工-LTE，俗称 3.9G）和 TD-LTE（即 TD-SCDMA-LTE，Time Division Synchronous Code Division Multiple Access-LTE，时分同步码分多址-LTE）。

LTE 与 WiMAX（World Interoperability for Microwave Access，全球微波接入互操作性协议，即 IEEE 802.16 或称广带无线接入协议）一起被称作第 4 代移动宽带（4G）标准。该标准是由 2G（GSM，CDMA）、2.5G（EDGE/GPRS，CDMA2000）、3G（UMTS）演进而来的，我国移动运营商所采用的 TD-LTE 于 2013 年年底开始。

2018 年，中国城市轨道交通协会发布了《城市轨道交通车地综合通信系统（LTE-M）规范》，正式定义了地铁行业应用的 TD-LTF 规范。从此 TD-LTE 正式开始在地铁行业大规模建设应用，新建城轨线路的信号系统车-地通信子系统也开始逐渐采用 LTE-M 方案替代原 WLAN 方案。LTE 车-地无线通信方案遵循 LTE-M 标准协议，采用 TD-LTE 标准，在 1.8 GHz 的专用频段（1.785 ~ 1.805 GHz）进行车-地无线数据通信。

1）LTE–M 的优势

基于 WLAN 的无线通信网络，存在使用公共频段信道有限、使用者多、易受干扰等网络安全隐患。列车在接入点（Access Point，AP）间切换频繁，易造成车-地通信中断，存在 AP 设备多、管理难度大、维护难度大、覆盖距离短等难题。LTE-M 无线系统相比 WLAN 具有以下优势：

（1）专有频段，避免了公众信号的干扰。

LTE 采用专有频段，能与 Wi-Fi（创建于 IEEE 802.11 标准的无线局域网技术）、蓝牙等公网分开，避免了各类公众无线信号的干扰，保证了电磁环境复杂区域的车载业务正常和行车安全。

（2）专有技术，避免了系统的内部干扰。

LTE-M 使用因特网中继聊天（Internet Relav Chat，IRC）、波束成形（Beam Forming，BF）等技术，避免了邻区 LTE 网络的同频干扰问题。

（3）长距离覆盖，减少了设备，简化了维护。

LTE-M 的射频拉远单元（RRU）能进行长距离覆盖，减少了轨旁基站的数量，隧道内设备也大幅度减少，减少了安装维护工作室内基带处理单元（BBU）的部署。射频拉远单元一般部署在车站的靠近隧道处，维护检修时间灵活、方便。

（4）设备能被统一管理，远程集中监控。

LTE-M 的车载终端设备和地面基站、核心网能在同一套网管软件上进行统一管理。车载终端设备可根据网管的配置，定期或当事件触发时上报终端状态；LTE-M 支持对原始数据、表格、历史数据等进行导出操作，方便了用户分析网络质量、定位等问题。

2）LTE-M 的典型组网方式

LTE-M 系统在不同频段宽度下，可提供的数据传输速率与发射功率、子帧配比、天线设置、调制方式等因素相关。典型的组网方案如表 7-1-1 所示，其中“网络 A”能对综合业务进行承载，“网络 B”仅对 CBTC 业务进行数据承载。

表 7-1-1　典型 LTE-M 传输网络承载的业务及参数

序号	频率宽度	组网方式	可承载业务
1	5 M	网络 A：3 MHz	CBTC
		网络 B：1.4 MHz	CBTC
2	10 M	网络 A：5 MHz	CBTC+紧急文本＋列车状态监控
		网络 B：3 MHz/5 MHz	CBTC
3	15 M	网络 A：10 MHz	CBTC+紧急文本+列车状态监控+ 1 路标清 PIS+1～2 路标清 CCTV+集群
		网络 B：3 MHz/5 MHz	CBTC
4	20 M	网络 A：10 MHz	CBTC+紧急文本+列车状态监控＋ 1 路标清 PIS+1～2 路标清 CCTV+集群
		网络 B：5 MHz/10 MHz	CBTC

注：实际组网时应考虑隔离频段。

LTE-M 传输系统在城轨中需要承载 CBTC、PIS、CCTV 业务时，其组网结构如图 7-1-16 所示。

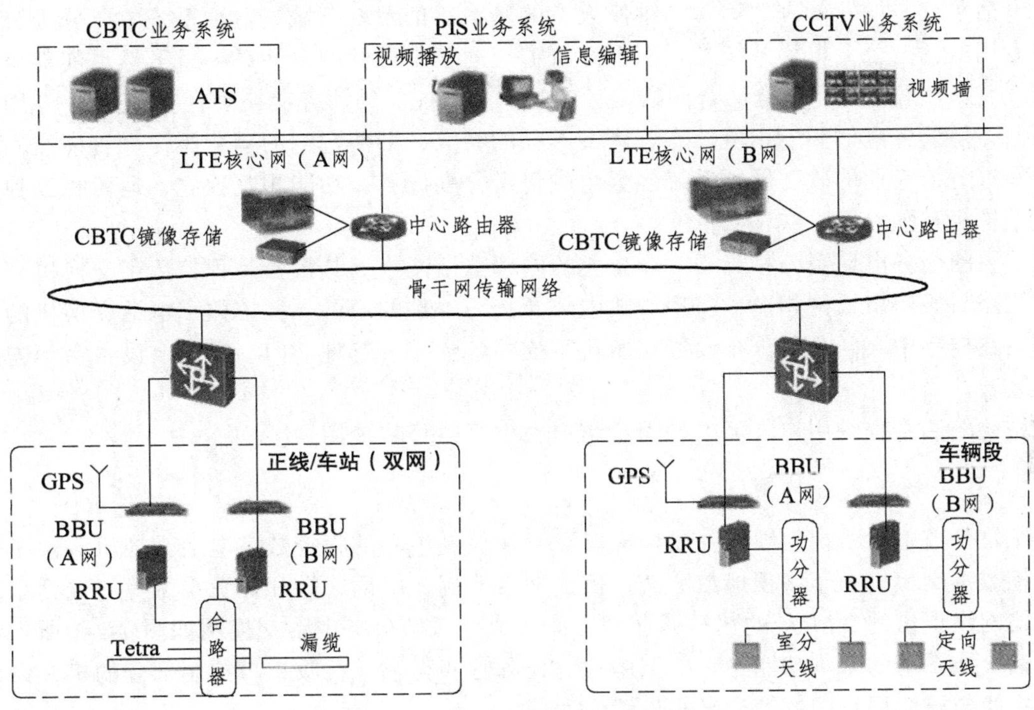

图 7-1-16　LTE-M 组网结构

任务二　电话通信系统

学习目标

（1）熟悉公务电话系统的功能和主要设备组成；

（2）熟悉专用电话系统的功能和主要设备组成；

（3）掌握调度通信的主要业务内容；

（4）熟悉无线集群通信系统的功能和主要设备组成。

相关知识

话音通信是传统通信的基本需求，也是城轨的基本通信内容。城轨通信系统中的话音通信主要包括公务电话系统、专用电话系统和无线集群系统，虽然这些通信子系统传统上仅能实现话音通信，但在通信技术飞速发展的时代背景下，它们如今也都具备了一定的数据通信能力。

一、公务电话系统

电话系统是城轨管理、运营和维修人员的基本通信系统。城轨电话系统主要分为公务电话和专用电话。公务电话系统是辅助保障轨道交通正常运营的电话系统。虽然目前部分新建城轨线路采用公务、专用电话合网的设计方案，一个统一的话务交换平台实现公务/专用电话的通信，但公务电话和专用电话有着诸多不同的特点，即便它们的运营操作和管理在同一控制中心进行，它们的软、硬件系统多数组成仍需分别设置，功能相互独立、运营相互独立、管理维护相互独立等。

城轨的公务电话系统相当于一个企业的内部电话网络，其核心是程控数字交换机，通过中继线路与城市市话网相连，实现城轨内部及其与外部的通话。程控数字电话交换机的主机一般设在控制中心，分机分布设置在城轨系统的各个办公管理部门、车站、设备室等需要通话的区域。

城轨电话系统的用户既可以是固定用户，也可以是移动用户。

1. 公务电话系统构成

城轨公务电话系统的硬件主要构成有设置在控制中心的程控数字电话交换机、停车场备用程控数字交换机、车站程控数字交换机、网络系统、电话终端和计费系统等。电话系统通过传输网络提供的 2 Mb/s 的数据通道相连而构成。城轨公务电话交换网如图 7-2-1 所示。公务电话交换系统的基本功能是：根据用户的公务呼叫需求，接收来自控制部分的接续命令，建立主叫与被叫用户间的信道来实现话音通信。

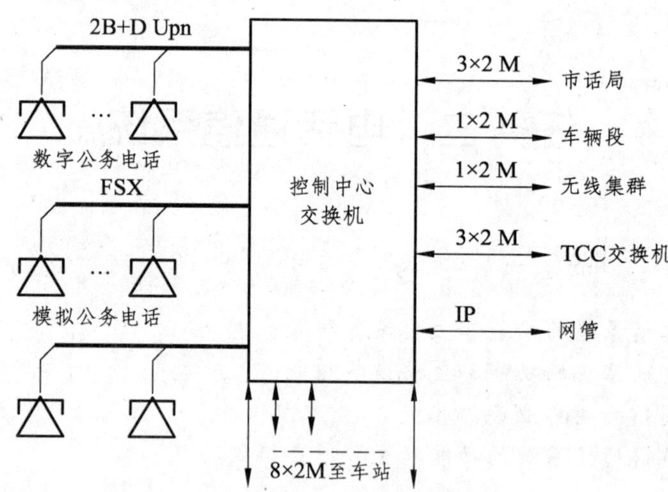

图 7-2-1 城轨公务电话交换网络

1）程控数字交换机

程控数字电话交换机是公务电话系统的核心，它实质上是一部由计算机软件控制的数字通信交换机。程控数字电话交换机按用途可分为市话、长话、用户自动交换机。如今的交换机在硬件上采用全模块化结构设计，软件上采用高级语言编制。

程控数字交换机的主要任务是实现用户间的话音信号接续，结构上可大致划分为两大部分：话路设备和控制设备。话路设备主要包括各种接口电路（如用户线接口和中继线接口电路等）和交换（或接续）网络，控制设备为数字电子计算机（包括中央处理器、存储器、输入/输出设备），如图 7-2-2 所示。

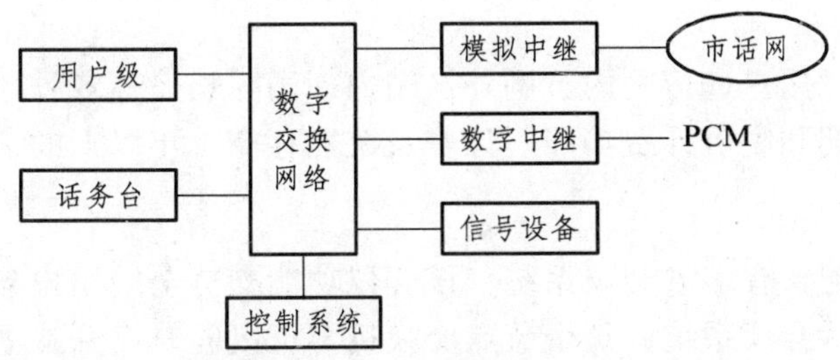

图 7-2-2　程控数字电话交换机的结构组成

用户电路的作用是实现各种用户线与交换之间的连接，通常又称用户线接口电路。

出入中继器是中继线与交换网络间的接口电路，用于交换机中继线的连接。

数字中继线接口单元的作用是实现数字中继线与数字交换网络之间的接口，它通过 PCM 的有关时隙传送中继线信令，完成类似于模拟中继器所应承担的基本功能。

控制部分是程控数字交换机的核心，其主要任务是根据外部用户与内部维护管理的要求，执行存储程序和各种命令，以控制相应硬件实现交换及管理功能。

程控数字电话交换机能够提供许多用户服务功能，如缩位拨号、来电显示、定时叫醒、呼叫转移等业务，已不再是单一的语音业务。可以通过故障诊断程序对故障进行检测和定位，在发生故障时迅速及时处理，因此它在维护管理上和可靠性上具有优越性。

2）公务电话网络系统

在城市轨道交通系统中，为满足对内和对外的语音通信需求，提高城市轨道交通人员的信息沟通、运营管理和维修组织的效率，为提供便捷的语音通话，公务电话采用专网建设。

城轨系统的公务电话机分布决定了其网络结构的特点：公务电话网络的用户线路距离短、通话质量高、用户线路传输衰耗小、可靠性高，所以程控数字电话交换网络普遍采用环形的网络结构，如图 7-2-3 所示。

3）公务电话机

公务电话机可采用普通电话机、多功能电话机、数字电话机等，一般具备双音多频（Dual Tone Multi Frequency，DTMF）按键、留言显示灯、响灯、重拨和来电显示等功能。

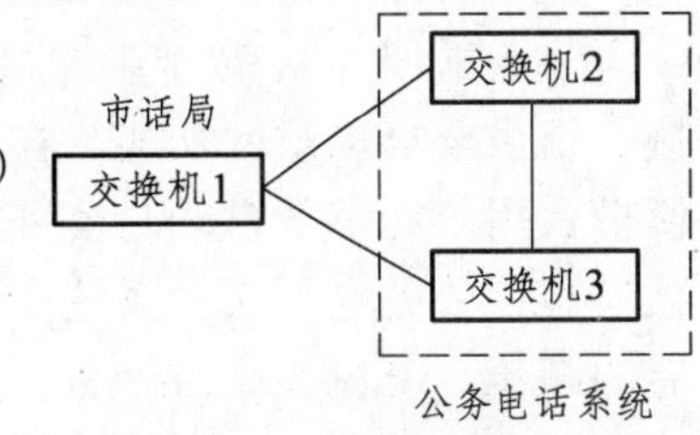

图 7-2-3　环形的电话网络

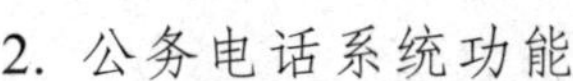

2. 公务电话系统功能

公务电话为完成城轨内部语音通信，需要具备以下功能：

1）交换功能

公务电话系统的交换功能包括：

（1）内部呼叫及出入局呼叫：网内用户之间呼叫采用 5 位内部号码直拨的方式。

（2）对市话局的自动呼入/呼出、国内/国际长途、人工/自动呼入/呼出，以及话费立即通知等功能，市话呼入/呼出均采用 8 位市话号码直入、直出方式。

（3）“119”（火警）、“110”（匪警）、“120”（救护）等特种业务呼叫：全线公务电话用户直接拨打这些号码，系统将自动转移至市话局的“119”“110”“120”等特种业务呼叫上。

（4）能通过停车场交换机及控制中心（通过 TCC 交换机转接）出入市话。

2）计费功能

公务电话系统能对用户进行网内、网外、国内、国际长途等各种业务按时间分段进行分类实时计费，留有定期和脱机计费功能。计费系统能存储 1 年以上的话单。

3）多方通话功能

公务电话交换机配置有多方会议系统，该会议功能支持全线用户参与；各车站及控制中心分别配置有多方电话会议系统，每个节点交换机都可以同时召开独立的电话会议。

4）服务功能

公务电话系统一般能提供的服务功能如表 7-2-1 所示，具体如下所述。

表 7-2-1　城轨公务电话系统的服务功能表

序号	服务功能	序号	服务功能	序号	服务功能
1	缩位拨号	6	三方通话	11	会议电话呼叫
2	热线服务	7	叫醒服务	12	优先分机插入
3	呼出限制	8	遇忙回叫	13	强插
4	主叫号码显示	9	恶意呼叫追查	14	预先录音通告
5	无条件呼叫前转	10	呼叫等待	15	语音邮箱

（1）具有综合业务数字网（ISDN）的交换能力，具有数字接口，能与分组交换网连接，具有向宽带 ISDN 过渡的性能。

（2）提供语音邮箱，存储时间不小于 200 h。

（3）提供虚拟网功能，能实现多交换机虚拟专网服务，全线车站、控制中心及停车场交换机形成虚拟专网，共享服务功能。

（4）能接入模拟和数字制式电话，并支持传真机、调制解调器等通信终端设备接入。

（5）采用 2 M 数字中继接口与 TCC（轨道交通调度指挥中心）等外部系统进行数字式连接，提供全自动组网功能，在城轨全网中可联系其他线路用户 5 位直拨功能，使授权的无线便携台用户能够全自动与公务电话用户实现通话接续。具备与公网分组交换网相连的条件。数字程控公务电话交换系统 IP 网关中继卡板提供 10/100M 的以太网接口，顺应通信技术发展的潮流。IP 网关中继卡板支持 SIP（Session initialization Protocol，会话发起协议）、MGCP（Media Gateway Control Protocol，媒体网关控制协议），基于高速 IP 通道可承载语音、视频、数据、广播、会议等。

（6）分机热线功能：可以设置当用户摘机不拨号时，延时一段时间后立即自动转接至指定用户。延时时间间隔可以根据用户需求进行灵活重置。

（7）话务台功能：可实现自动查号、语音查号、呼叫转接。根据话务台要求支持中文显示。

（8）维护管理功能。

（9）时间同步功能：能接收来自时钟系统中心母钟提供的标准时间信息，校准本系统内所有需要时间信息的设备，接口采用 RS-422 或 RJ-45。

3. 公务电话系统组网方案

城轨公务电话系统若采用局用交换机组网的方案，其组网方式与公众网的支局组网方式相同。电话系统的局间话路中继采用 E1 链路传输，局间信令采用 No.7 信令方式，No.7 信令可在某一话路中继 E1 的 16 时隙中传送。

若在控制中心与车辆段各安装一台局用交换机，其公务电话系统组网如图 7-2-4 所示。假设所接市话局已有 8 667 万门分机，城轨的电话编号为 86670000～86679999，假设控制中心和车辆段交换机容量各为 1 000 门分机组成，8 位电话号码的前 5 位分别是 86671 和 86672，则两个千门支局的控制中心交换机的电话编号为 86671000～86671999，车辆段交换机电话编号为 86672000～86672999。图中所示的三台交换机之间的任何一条中继线故障，均可采用迂回路由来确保公务电话的内、外线畅通。

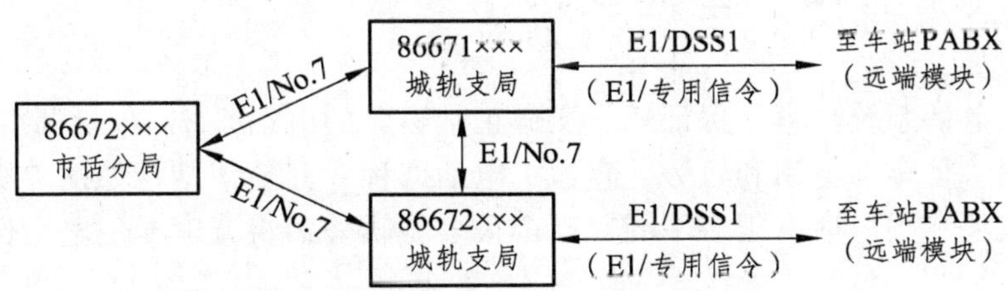

图 7-2-4　城轨公务电话系统采用局用交换机组网方案

4. 公务电话系统容量配置

一条城轨线路的电话容量举例配置如下：

（1）车站：每个城轨车站的公务电话用户相对较少，主要用户是站长、车站值班员、站务员、AFC 维修管理人员、公安值班员，加上各设备用房和区间（车站间隧道内）电话，一般分机数量在 30 门左右。

（2）控制中心：一条线路的控制中心维护管理人员约 1 000 人，控制中心交换机的容量按定员数的 80%进行配置，配置 800 条用户线。

（3）车辆段：车辆段维修及管理人员约 1 000 人，交换机的容量按定员数的 50%计算，配置 500 条用户线。总容量还需加上车站交换机中继所占用的车辆段交换机用户线数量。

（4）停车场：城轨一条线路的停车场维修及管理人员约 150 人，容量按定员数的 50%计算，配置 80 条用户线。

一条长 30～50 km 的城轨线路，公务电话交换机包括车站在内，一般需配置 2 000～4 000 条用户线。

5. 公务电话系统用户编号

一条长 50 km 的城轨线路，所需职工人数估算为：初期 3 000 人（60 人/km），考虑以后线路的延伸与扩展可按 5 000 人计算。公务电话系统用户线容量按平均 2 人使用一部话机考虑（即电话普及率按 50%计算），再考虑 50%的余量，城轨一条线路的公务电话系统用户线容量可按 5 000 线规划。

若一个城市规划了 8 条线路，整个城轨的公务电话系统用户线容量将不超过 40 000，因而电话用户的编号可采用 5 位的编号方案。

五位编号方案的首位号码：0 或 9 可作市话出局号，1 为特服号，2～8 或 2～9 可作为用户首位号。一般建议采用 0 作为市话出局号，2～9 作为用户首位号。五位用户编号方案的电话号码编排具体如下：

（1）首位“0”作为市话出局号。

（2）首位“1”为特服号，例如 110、119 等，特服号可直接拨入公众市话网。

（3）首位“2～9”为同一城轨系统中的各条线路公务话机编号。

（4）2～3 位编号：为控制中心、车辆段、停车场、车站的顺序号。

（5）4～5 位编号：为用户号。

采用上述编号方式，城轨系统的公务电话最多可有 80 000 个分机号码资源。

二、车站（专用）电话系统

城轨的专用电话系统是直接保证轨道交通正常运营的电话系统，包括调度电话、站内（直通）电话、站间（行车）电话和轨旁（直通）电话四种，其整体结构如图 7-2-5 所示。由于调度电话相比其他专用电话有很多不同，现今很多城轨公司将调度专用电话设置为一个单独子系统。

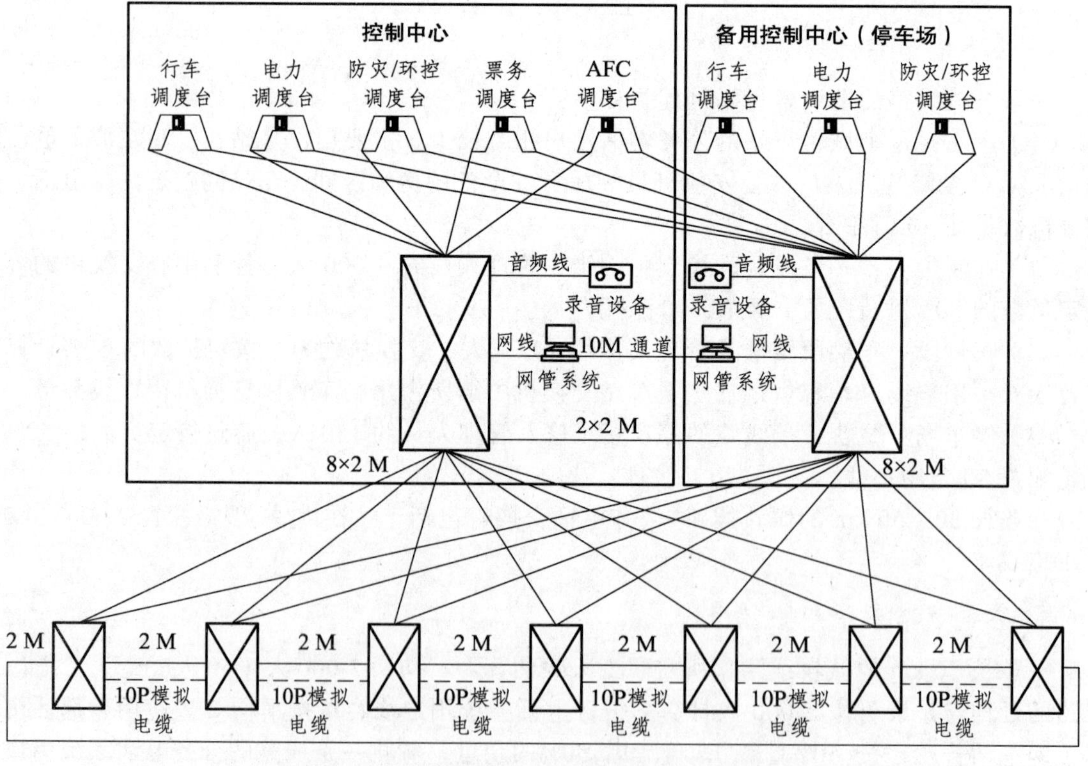

图 7-2-5　城轨专用电话系统整体结构简图

按城轨正线的管理区段划分，一个车站所辖范围内的调度、站内、站间、轨旁电话可称为车站专用电话系统。传统的站内、站间和轨旁电话子系统由城轨有线调度电话系统中的各车站调度电话交换机提供，这样势必要在车站内分别安装公务电话交换机（1 台）和调度电话交换机（1 台）。如今一些新建的城轨公务电话系统中，各车站的公务电话交换机除了提供车站的公务电话的功能外，还提供站内、站间与轨旁电话的功能，从而省去了原有的车站调度电话交换机。而新建的城轨有线调度电话系统，则利用城轨传输网所提供中心与各车站之间的 E1 链路和中心与各车站的 PCM 接口架，完成中心调度电话交换机与各车站调度电话分机的连接。

在新的城轨车站电话系统方案中，将具有公务电话功能和站内、站间、轨旁电话功能的交换机统称为车站电话交换机；由车站电话交换机重新组成车站公务电话子系统、站内调度电话子系统、轨旁电话子系统、站间行车电话子系统。

1. 车站公务电话

车站公务电话子系统中，电话机为中心公务电话交换机的分机，具有城轨公务电话系统的统一编号，可拨打车站内外的公务电话分机，在授权下分机也可拨打市话、长话等。

2. 站内（调度/直通）电话

1）站内（调度/直通）电话通信方式

站内电话的通信方式主要有三种：

（1）普通拨号方式。

（2）热线方式。所谓“热线电话”，是指已经处于就绪状态，可摘机直通的电话，即电话分机之间的信道时刻保持在带电连通的状态。城轨车站的各调度分机与车站值班台可采用热线通话方式，车站调度分机之间通话需由车站值班台转接。

（3）延时热线方式：车站调度分机摘机后，等待数秒钟（如 5 s）不拨号即呼叫车站值班台；若在摘机后数秒钟内拨了其他的分机号码，则可与其他分机通话。该类通信的建立方式是上述两种方式的结合。

2）站内（调度/直通）电话功能

站内电话主要有下列功能：

（1）提供站（段）内重要部门有关人员的直接通话。

（2）本站值班台与相邻车站值班台、相关车站值班台、大区间值班台之间的双向热线通话。

（3）提供乘客或车站工作人员在紧急情况下使用的紧急电话，紧急电话均设置为热线方式，用户摘机即连接至车站值班台。各城轨车站的站台两侧各设置 1 台紧急电话。

（4）提供轨旁作业人员与邻近车站值班员的直通电话。

3）站内（调度/直通）电话设备组成

站内电话设备主要有以下组成：

（1）车站电话交换机或远端模块。

车站电话交换机通常采用程控数字用户交换机，一般采用 E1/DSS1 中继接口，通过城轨专用传输网的 PCM 一次群链路连接中心公务电话交换机；车站电话交换机也可采用 E&M 或环路中继连接相邻车站或相关车站值班台。站内电话的交换机要求具有 POTS 和 2B + D 的用户接口。

站内调度电话的交换功能也可采用公务电话交换机的远端模块来实现，对远端模块的功能要求同车站程控数字电话交换机，但远端模块与中心公务电话交换机之间需进行连接，连接方式可采用 E1/内部信令连接。

（2）车站值班台。

设置在车控室的车站值班台（车站主机）是供车站值班员使用的，一般采用高性能的数字话机作为车站值班台，如图 7-2-6 所示。车站值班台需具有单键热线、组呼、全呼、会议、转接、监听、强插、强等调台功能。可提供与车站电话交换机的网管接口，使车站值班台具有维护、控制终端的功能。

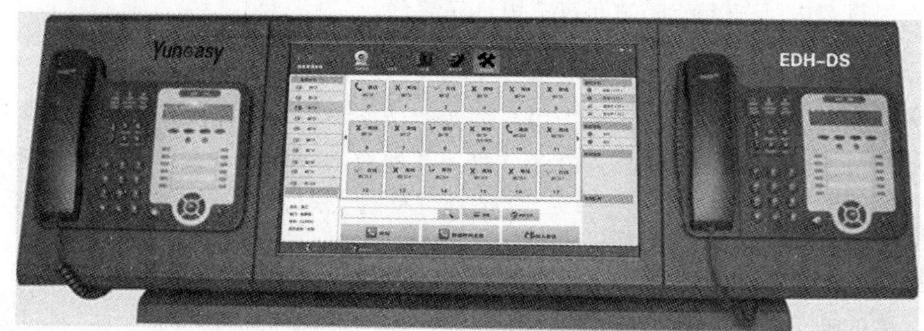

图 7-2-6 基于 PC 屏幕的触屏调度台/值班台

（3）分机。

站内电话的分机采用普通电话机，分站内热线分机和公务电话分机。

（4）传输设备。

车站电话交换机与站内分机可用普通电话线连接，轨旁电话、相邻车站值班台可用隧道电缆（应考虑电气铁道的干扰）进行连接，车站电话交换机与中心的公务电话交换机之间通过城轨传输系统提供的 E1 链路进行点对点连接。

3. （区间）轨旁电话

1）轨旁（直通）电话功能

轨旁电话是指在地面或高架线路两旁，或地下隧道里所安装的电话。轨旁电话是列车司机（在紧急情况下）或维修工作人员，与相邻车站值班员及相关人员进行通话联系的一种通信手段。

2）轨旁（直通）电话设备组成

轨旁电话一般采用充油市话电缆连至最近的车站交换机，一般每隔 150 ~ 200 m（地面轻轨每隔 200 ~ 500 m）经分支电缆设置 1 台轨旁电话。轨旁电话应具有防尘、抗冲击、防潮、防鼠噬、防雷击（专指地面轨旁电话）等特性。

轨旁电话可通过插座或开关进行站内调度电话和公务电话间的转换，考虑其使用的特殊性，需采用同线并接 3 ~ 4 部相同公务分机号码的轨旁电话，一般以区间中心为分界点，两边的轨旁电话分别连接左、右车站的电话交换机。

4. 站间（行车）电话

站间行车电话是供相邻两车站值班员之间，联系有关行车事务的直通电话，即行车电话机双方的任何一方摘机即可与对方直接通话，如图 7-2-7 所示。这种直通电话终端设备可独立设置，也可利用车站交换机的双向热线电话功能来实现。

站间行车电话采用城轨系统的专用传输通道和 PCM 接口架所构成模拟话音通道互连，同时需通过地铁隧道中的多芯市话电缆的一对芯线作为备用通道。

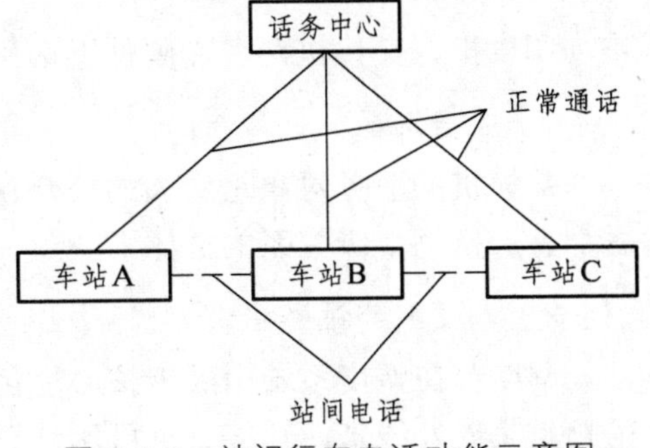

图 7-2-7　站间行车电话功能示意图

三、（专用）调度电话系统

城轨专用电话系统包括调度电话、站（段）内直通电话、站间行车直通电话、区间直通电话。专用电话系统是中心调度员、车站（车辆段）值班员下达调度命令、处理突发事件、日常维护管理的重要通信工具。下面仅对调度电话进行基本介绍。

调度电话是城轨调度员与车站、车辆段、变电所等处的值班员进行直接通信，确保列车运营、电力供应、日常维修和防灾救护正常进行的专用工具。城轨调度电话系统设备主要包括调度总机、调度台、调度分机三部分，它们之间通过城轨的传输网络或通信电缆相连组成调度电话网。城轨调度电话网可以采用基于 TDM 电路交换技术的程控数字调度机组网，也可采用 IP 软交换技术组网。

调度台是调度交换机的前台设备，主要进行调度语音通信，它按功能可划分为行车调度、电力调度、环控调度、维修调度、总调/客调等。城轨调度台的调度呼叫功能有：单键热线、组呼、全呼、会议、紧急呼叫、强拆、强插等。

1. 调度通信的特点

城轨调度通信主要有下列特点：

（1）调度通信关系明确：调度员与调度用户之间的关系是上下级关系，各调度用户之间是同级关系。

（2）双向呼叫一键到位：调度员对调度台的操作要求实时性高、操作简单，无须记忆对方电话号码。

（3）双向呼叫畅通无阻：由于调度工作的重要性，为保证调度呼叫的可靠、畅通，调度电话需具备“呼叫排队”“监听”“强插”“强拆”等功能。对于包括公网、专网的有线或移动用户的综合指挥调度，调度员的“强插”“强拆”功能不可能做到全网透明实施，但可通过“呼叫转移”“一号通”等手段实现指挥到位。

（4）具备简单的会议操作功能。

（5）通信状态显示直观。调度系统具有主叫号码及相关资料（如姓名、单位、职务、地址等）的显示功能。引导操作的显示功能（如操作无效、请先摘机）、会议显示功能以及用户、中继的状态显示（占用、空闲、振铃等）功能等，使得指挥调度简便易行。

2. 调度机与交换机的区别

调度机与交换机两者在硬件上区别不大，但在功能（软件）上有着本质上的区别：

1）服务对象

交换机的服务对象是广大的公众用户，用户之间具有平等的地位。调度机的服务对象是一个有严格上下级关系的群体。

2）调度台与话务台

调度台在调度系统中处于核心地位，系统的设计、配置均为调度台服务，而话务台的作用只是完成外线来话转接，也可用计算机话务员代替。

操作调度台的调度员具有组织、指挥城轨生产运行、发布作业命令的权力，故具有强插、强拆、监听等权利。而总机话务员只是转接来话的操作人员。

3）操作简便性

因调度台无专业人员操作，加上紧急情况下（如发生事故）要求快速接通被调用户，故调度台要求操作简单。例如，呼叫单一用户要求“一键通”，组呼和会议只需简单操作，而交换机则需要逐个拨号呼出。

3. 调度电话系统的基本功能

1）指挥、调度功能

城轨调度电话系统主要有如下功能：

（1）调度台与调度分机可以实现优先通话或无阻塞通话。

（2）调度员利用按键或摘机，呼叫或应答某个被调用户，也可同时呼叫或应答多个被调用户。

（3）调度员可以通过监听、插话或强插，实现对被调用户通话状态的干预。必要时可以直接催挂，甚至强行插除其正在进行的通话。

（4）调度员可通过紧急呼叫方式，以 4：1（振铃：停振铃）的长振铃急呼被调用户并可用此功能启动广播呼叫系统，广播方式寻找被调用户。

（5）调度员可根据预先设置的分组用户进行组呼，按下组呼键一次性呼出该组所有的用户，实现对多个被调用户的通信。有的调度机可以进行全呼，即一次呼出所有的被调用户。

（6）调度员可以召集多方的大、小型电话会议。调度员可预先设置和编辑多个会议组及其参加成员，根据会议组编号一次呼出所有参加会议的成员，也可召开全部被调用户的大型会议。调度员可以在会议过程中临时指定某个被调用户加入/退出会议，并可在会议过程中指定某个（或多个）被调用户发言。

（7）对具有自动交换功能的调度机，调度员可以设置或修改用户弹性编号、用户服务等级，确定直通、交换、出入中继等用户状态；能设置热线和长途计费等功能。

（8）一个调度台可根据实际需求配置两个座席，每个座席各配置一台调度电话手机，供两个调度员使用。该调度台对两个调度员而言，具有相同的功能，可通过两个调度台权键实现互相独立的操作。

（9）调度员可以进行中继调度、中继汇接（多局向时）、限制出中继和中继保留等有关调度通信事项。多台调度机组网时，可利用中继接口连接其他调度机的中继或用户接口。

（10）调度机配有调度台接口（如 2B + D 接口），以便连接带有操作键盘的调度台；调度机也可配有计算机接口，以便连接配有调度台软件的 PC 机（软调度台），采用鼠标或触摸屏方式实现传统或多媒体调度。

2）自动交换功能

调度机可以不具备调度用户之间的自动交换功能。若调度机具备调度用户之间的自动交换功能，则该功能属于辅助功能，只需基本交换功能，不应该设置过多的程控新业务功能，以免影响调度功能的正常实施。因此以下的自动交换功能不需要全部具备，可根据实际需求有所增减。

3）中继组网功能

调度机具有中继组网功能。一般来说，两台调度机（或两个调度网）采用中继接口相连组网为同级调度网；两台调度机（或两个调度网）一台采用中继接口，另一台采用用户接口相连组网为上、下级调度网。

4）显示、终端功能

调度机可配接 2B + D 数字终端，可直接进行数据传输，有时可以指定某些 2B + D 数字终端，既是上级调度台的调度用户，又具有二级调度台功能，可以对指定区域的调度用户进行区域调度。

调度机可配接会议终端设备，会议终端设备配备有微音器和扬声器。要求该设备具有回音抑止功能，以避免扬声器与微音器之间的声音回授产生啸叫。

调度系统在噪声过大（如噪声为 110 dB）的环境中可配接抗噪声扩音终端，以组成抗噪声通信系统。

调度机可配套使用扩音指令终端，实现自动扩音指令通信。

调度台显示屏可显示用户状态、中继状态、会议状态、引导操作提示、键盘自检等。按键（按键上的发光二极管或可编程字符）可显示对应用户的状态。

5）维护、测试功能

为提高设备可靠性和方便维护人员的工作，调度系统需具有下列维护、测试功能：

（1）可以通过计算机维护终端，采用人机交互界面（MMI）进行用户中继业务配置等数据的设置或修改。还可采用人工或自动方式，对各种电路板、中继接口电路、用户接口电路以及外线等进行测试、诊断，自动判定并显示故障电路板或电路。

（2）为提高设备可靠性，不少调度机公共部分冗余热备设备能自动监测，故障时自动切换。为保证备用部分正常工作，可定期自动切换。

（3）配置热备份一次和二次电源系统。当市电中断时，能自动切换至直流后备电源供电，以保证通信的畅通。

6）特殊功能

调度电话一般具有下列特殊功能：

（1）计算机显示功能。

除了调度台显示外，增设计算机显示功能，以显示调度系统的工作状态，例如，调度用户忙闲、中继忙闲、线路忙闲、呼叫调度员的调度分机号或外线号、通话起止时间等。

（2）与移动通信接续功能。

调度电话系统可利用计算机选发或群发移动短信，故障情况下可自动拨叫相关维护人员的手机。

（3）有线、无线用户的连接功能。

某些调度机通过用户接口可以连接无线基站，调度员可通过调度台直接呼叫无线用户。有线、无线调度分机之间，可通过拨号进行通话。

（4）录音功能。

调度机配置有录音接口，可以接续录音/录时设备，人工或自动地录音、录时调度通话，并可复录再存档。城轨调度电话系统的集中录音结构框图如图 7-2-8 所示。

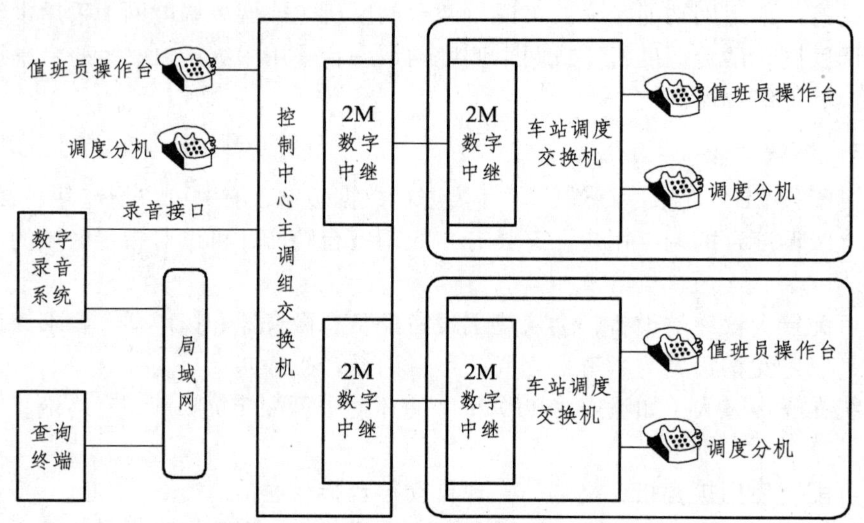

图 7-2-8　城轨调度电话系统的集中录音结构框图

（5）打印功能。

调度机可配置打印机，打印局数据、中继数据、长途呼叫数据、维护日志等。

（6）夜间或离位服务

调度员离位或在夜间，可以指定任何一个调度分机负责处理所有呼叫调度员的来话，这时所有的调度通信业务均转移到该值班调度分机。

4. 城轨调度电话系统的组成

城轨调度电话系统设备包括调度总机、调度台和调度分机三部分，并通过城轨传输系统或通信电缆连接组成，其结构组成如图 7-2-9 所示。

1）调度机

程控数字电话调度机的硬件部分与程控数字电话交换机类同，某些城轨公司是将程控数字电话交换机的软件更换全部或部分作为调度机使用，这种设备可称为调度交换机。

由于所采用的软件不同，调度机与交换机在功能方面具有很大的区别，调度机的基本功能除上述调度系统的基本功能外，还有以下功能：

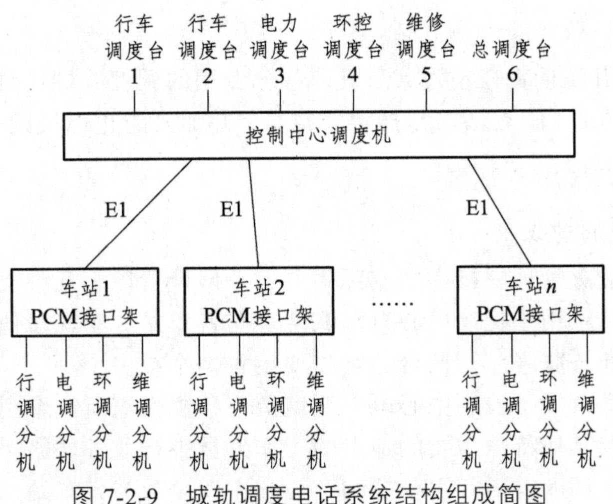

图 7-2-9　城轨调度电话系统结构组成简图

（1）虚拟调度网。

程控数字交换机具有集中交换机功能，可以在一台交换机中建立多个虚拟用户电话网，每个虚拟用户电话网中可配置一个或多个话务台。同样，程控数字调度机也具有集中调度机功能，可以在一台调度机中建立多个虚拟调度网，如行调、电调、环调、维调等虚拟调度网，每个虚拟调度网中可配置一个或多个调度台。

各虚拟调度网之间通常互相隔离，即一个虚拟调度网中的调度台无权呼叫另一虚拟调度网中的调度分机，但可以设置不同虚拟调度网调度台之间的通信。

（2）电话会议功能。

调度机应具备交互式多方电话会议功能，由调度员通过调度台预置会议组成员及会议组编号召开会议，会议类型有：群呼会议、预约会议、临时会议等。

（3）组网能力。

数字调度系统可以具备强大的组网接口与信令系统，用以组建调度专网中的各级汇接局及端局。所提供的组网信令与接口应包括 No.7 信令、DSS1 信令、Q-SIG 信令（欧洲专网信令）、BRI（2B + D）接口、PRI（30B + D）接口、环路中继（FXO）接口、E&M 中继接口等。

（4）录音功能。

调度机的录音功能分为系统录音和调度台录音两类。

（5）调度机集中维护和网管。

系统提供远端维护及通信网管接口，使用网管系统，可以对调度通信网进行集中维护和网络管理。调度机网管系统具有告警处理、话务分析和集中维护的功能。

调度机网管系统通过网管接口，搜集网内各调度机的告警和话务统计数据，并加以统计和处理。网管系统还可以实时地监测各级调度机发生的告警，以便于及时发现各种问题，做出及时的处理和调整；网管系统具有集中维护的功能，可以在网管中心对网内调度机实行集中维护、管理。

2）调度台

调度台可分为传统的按键式调度台和基于 PC 机（屏幕）的软调度台两大类，其具体功能这里不再进行介绍。

3）调度分机

调度分机通常采用普通话机或数字话机；部分专用的调度终端还具备会议终端的双重功能，其会议终端内置功放，配有话筒与扬声器接口，并加入防止声反馈引起啸叫的技术措施。

5. 调度电话系统构成与设置

1）调度电话系统的构成

根据行车组织和业务管理、指挥的实际需要，一般设置以下几种类型的调度电话。

（1）行车调度电话：用于控制中心行车调度员与各车站、车辆段值班员等与行车业务直接有关的工作员进行业务联络。行调台通常需要设置两个或多个。

（2）电力调度电话：用于控制中心电力调度员与各主变电所、牵引（含牵引降压混合）变电所、降压变电所及其他特殊需要的地点的工作人员进行业务联络。

（3）环控（防灾）调度电话：用于控制中心防灾调度员与各车站、车辆段、主变电所等防灾值班人员之间的通信联络。

（4）维修调度电话：用于综合维修基地维修调度员与全线各系统维修车间值班员之间的通信联络，可在控制中心与车辆段各设置一台维修调度台。

（5）AFC 调度电话：用于 AFC 调度员与各车站现场 AFC 工作人员进行业务联络。

（6）票务调度电话：用于票务中心值班员与各车站票务工作人员的业务联络。

上述 AFC 调度电话和票务调度电话可根据各城轨线路的管理需求选择配置。

2）调度总机、调度分机的设置

调度总机即调度台，城轨调度电话系统的调度台设在控制中心的调度大厅内，调度分机设在各车站与各职能部门所在地。例如，列调电话的调度分机设在各车站、信号楼的车控室和停车场的运转室内，电力调度的调度分机设在各变电站的值班室内。城轨部分调度总机、分机的设置如表 7-2-2 所示。

表 7-2-2 城轨部分调度总机和调度分机的设置（举例）

调度电话类型		设置地点				
		控制中心	车站	车辆段	主变电所	变电所
行车调度	总机	1				
	分机		*X*	*X*		
电力调度	总机	1				
	分机				*X*	*X*
环控（防灾）调度	总机	1				
	分机		*X*	1	*X*	
公安调度	总机	1				
	分机		*X*	1		
维修调度	总机			1		
	分机			*X*		

四、（专用）无线集群通信系统

在了解城轨无线集群通信系统之前先区分两组概念。

（1）公用无线集群通信系统和专用无线集群通信系统的区别。公用无线集群通信系统就是指社会普通公众所使用的无线集群通信系统，即我们平时使用的手机所在的移动通信系统；专用无线集群通信系统是指在特殊领域中有着专用功能的移动通信系统。无线通信的公用和专用，相当于有线话音通信的普通电话（公用）相对调度电话（专用）。由于公用无线集群通信系统已习惯称之为移动通信，所以专用无线集群通信系统一般就直接简称为“无线集群”，它们如今均主要采用蜂窝式信号覆盖方式。

（2）无线（信道）集群通信和无线（信道）专用/专网通信。在无线通信系统的信道使用方面，早期由于用户少，故而采用了信道独享（专用/专网）的方式，信道利用率低；由于无线用户越来越多，信道资源难以满足所有用户信道专用/专网方式的流畅通信，故而有线的信道资源需要采取复用多址技术来提高利用率，以满足更多用户同时通信的需求，多用户共享同一信道资源即“集群通信”。无线专用通信和无线集群通信相比，类似于有线电话通信中的电路交换技术（信道专用）和程控数字软交换（信道共用）。

城轨无线集群通信系统是为控制中心调度员、车辆段调度员、车站值班员等固定用户与列车司机、防灾、维修、保安等移动用户之间提供通信的无线技术手段。虽然如今的城轨无线通信技术手段越来越多，但主要实现无线调度功能的“无线集群”系统仍普遍采用 800 MHz 的 TETRA 数字无线集群通信网络。

1. 城轨无线集群调度通信的主要特点

城轨无线集群调度通信系统与公众移动通信系统相比具有以下主要特点：

（1）呼叫接续速度快（300 ~ 500 ms）。

（2）以组呼为主，同基站群组内用户共享下行无线频道。

（3）采用按键讲话（PTT）方式，进行单工或半双工呼叫，无线集群手持台结构示意图如图 7-2-10 所示。

图 7-2-10　无线集群手持台结构示意图

（4）支持单呼与组呼。

（5）组内呼叫和讲话时，需按住 PTT 键，同组被叫用户无须摘机即可直接接听。

（6）用户终端具有不同的优先级，可进行紧急呼叫，调度员可监听、强插或强拆已建立的通话。

（7）具有故障弱化功能，当交换中心故障或基站链路中断，可转入单基站工作，基站故障时移动台之间可直接进行通信（DMO）。

2. 无线集群调度通信系统的结构组成

城轨无线集群调度通信系统的结构组成和公众移动通信系统十分相似，如图 7-2-11 所示。其设备包括移动交换机、归属用户数据库（HDB）、访问用户数据库（VDB）、鉴权服务器（AuS）、网管服务器（NMS）、基站控制器（BSC）、基站（BS）、移动台（MS）、固定台、有线调度台等。

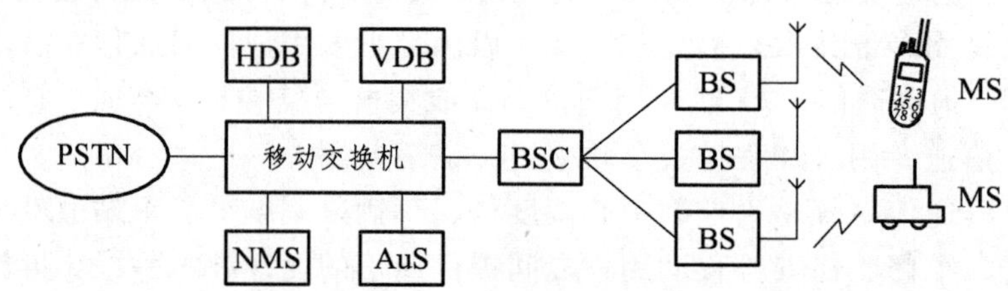

图 7-2-11　城轨无线集群调度通信系统结构组成示意图

无线集群系统能提供调度台与移动台、移动台与移动台、移动台与公众电话网用户之间的通信。移动台只有通过系统的鉴权后才能正常工作。当移动台呼出时，其信令通过基站送移动交换机，由移动交换机处理本次呼叫；当移动台被呼时，移动交换机需从用户数据库中查到移动台所在的基站位置，并在该基站进行寻呼，被呼移动台应答后，移动交换机连接主、被叫用户。

移动通信系统中从基站到移动台的无线频道称为下行频道或前向频道，从移动台到基站的无线频道称为上行频道或后向频道，一对上下行无线频道合成为一条双向的无线信道（频道）。

在单个无线集群通信系统中所有移动用户同属一个归属用户数据库，不存在漫游用户，无须设置访问用户数据库。在多个无线集群通信系统中，系统间存在漫游用户才需要配置访问用户数据库。

3. 无线集群调度通信系统的通信方式

在无线集群调度通信系统中，无线终端设备（手持台）带有 PTT 发送讲话键，按下 PTT 键时打开发信机关闭收信机，松开 PTT 键时关闭发信机打开收信机。无线集群系统可以采用单工、半双工、全双工三种通信方式。

1）单　工

单工多数用于组呼。若甲、乙移动台在同一组内，甲方呼叫乙方时，甲方按下 PTT 键讲话，乙方无须操作即可接听。

单工通信方式下每个移动台只占用一个无线频道（发送移动台只占用上行无线频道，接收移动台只占用下行无线频道)。在组呼通信中，同一基站的通话组成员可共用一个下行无线频道进行收听。

2）半双工（准双工）

半双工通信方式可用于组呼或单呼。

半双工组呼时，甲方按下 PTT 键讲话，乙方（组成员）接听；乙方（组内某一成员）按下 PTT 键讲话，甲方与其他组内成员接听，甲乙双方不能同时按下 PTT 键讲话。

半双工单呼时，主呼用户先拨被叫用户号码，再按 PTT 键呼叫被叫用户，呼出被叫用户后，主被叫用户之间依次按 PTT 键进行通话。

在半双工通信方式下，每个移动台只占用一个无线频道（发或收)。

3）全双工（双工）

全双工通信方式仅用于单呼，主呼用户需先拨号再按摘机键呼叫对方。

移动台在全双工通信方式下，收发信机同时打开，故允许甲乙双方同时讲话。全双工方式下每个移动台同时占用收、发两个无线频道，此种方式多用于移动台用户与公众电话网用户之间的通话。

采用单工和半双工通话可以节省无线信道资源，降低无线终端设备的耗电。

4. 无线专网调度与无线集群调度的区别

在无线专网调度系统中，一个调度专网配置一组专用载频信道资源，即使载频空闲，其他专网也不能使用。例如，某城轨线路设立了行车、维修、防灾、保安等调度专网，那么各专网所分配的载频资源不能互相通用。

无线集群调度系统是将几个专网合并,它们共用一组公共载频设立为一个集群调度网络。在一个无线集群调度网络中，各专网是以虚拟专网的形式存在的，各虚拟专网有自己的调度台与移动台，用户感觉不到其他虚拟专网的存在。这样，各虚拟专网既可以共享公共载频资源，又可以独立实现各自的调度功能。

与无线专网相比，无线集群具有如下优点：

（1）共用频点：无线电管理委员会分配给各部门的频点资源由各虚拟专网共用，系统采用动态信道分配方式使各信道话务分配均匀，提高了载频的利用率。

（2）共用设施：各部门的虚拟专网可共用无线集群系统的核心网与无线接入网设备，如共用移动交换机、BSC、BS 与系统的数据库和服务器等。

（3）共享覆盖区：无线集群系统基站所覆盖的区域可供各虚拟专网用户共同使用。

（4）共享通信业务：无线集群系统核心网与 PSTN（公共电话交换网络）和互联网相互联通，短消息、WAP（一个无线通信应用协议）、定位等应用，以及各种信息资源等可供各虚拟专网用户共同使用。

（5）分担费用：共同申请频点资源、共同建网和使用/维护网络，可极大降低机房、天线、电源等投资成本，并可减少维修、管理人员。

5. 无线集群的方式分类

根据统计，一次典型的无线集群半双工调度通话由 4 个半双工传输组成，每个半双工通话时间约为 4 s，甲、乙双方各讲话两次共 16 s，加上双方讲话间 3 次停顿，每次 2 s，共 6 s，则一次通话共占用无线信道 22 s 的时间。

无线集群的方式分类是指如何给无线集群用户之间的一次通话进行信道分配的方式。

1）消息集群

消息集群（Message Trunking）是指甲乙双方用户在单工或半双工通信时，始终占用一条固定的无线信道（即通话期间不脱网）。该方式即便双方通话结束，也不释放无线信道，直到规定的最大通话时长限定时，才将它们所占用的无线信道资源释放。

该方式常会造成无线信道资源的浪费，但容易保证通信的连续、完整。

2）传输集群

传输集群（Transmission Trunking）是指甲乙双方用户在单工或半双工通信时，甲方按下PTT键即占用一个空闲信道，当甲方讲完话松开PTT键时该信道立即释放，释放的信道资源可再次分配给其他用户使用。

该方式提高了无线信道资源的利用率，但缺点是通话停顿后需重新排队占用空闲信道，在话务“高峰”期间易造成通话的不连续。

3）准传输集群

准传输集群（Quasi Transmission Trunking）兼顾了消息集群和传输集群两者的优点，即在用户通话期间，若松开PTT键不超过0.5～6 s（话间停顿保留信道时间，该时间可进行具体设置），通信双方就可以始终占用一条固定的无线信道。若移动用户松开PTT键超过0.5～6 s，则释放所占用的信道，继续通话需重新申请空闲信道。准传输集群方式通信过程如图7-2-12所示。

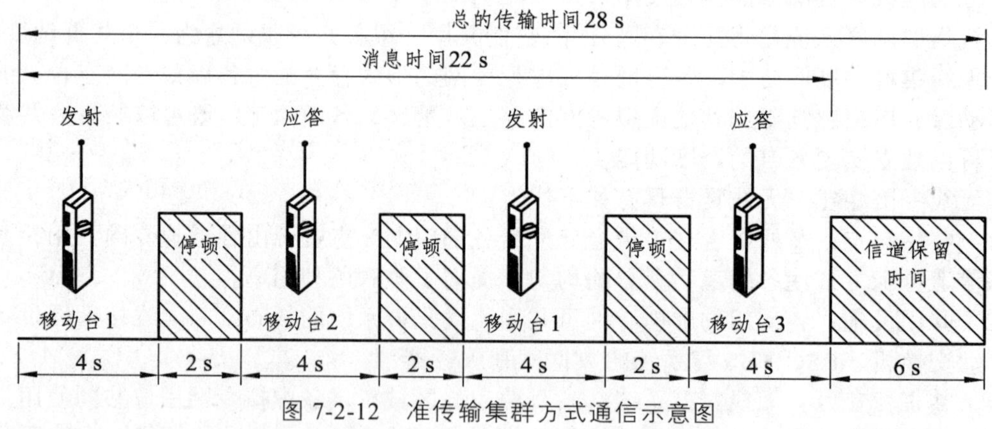

图 7-2-12 准传输集群方式通信示意图

6. 无线集群系统的覆盖方式

1）大区制

无线集群的大区制信号覆盖方式，是指在一个服务区域（如一个城市）只设置一个基站，利用直放站（也称中继器）加大其覆盖范围，若话务量大，可以配置较多的无线信道。

城轨一条线路的无线集群通信若采用大区制组网，可以在一个车站设置基站，全线其他车站均设置直放站。

大区制的特点是不存在越区切换问题，工程造价低；缺点是可靠性较低，存在多径干扰的场点较多，单基站的载频数有限，使用容量受到限制。

2）中区制

无线集群的中区制信号覆盖方式，是指在一个服务区域只设少量基站，利用直放站加大其覆盖范围，若话务量大，可以配置较多的频点。中区制的特点是频率资源利用率较高，越区切换频次较少，干扰较少，系统可靠性较高，工程造价较低，扩容灵活、方便。

城轨一条线路的无线集群若采用中区制组网，可以在少数几个车站设置基站，全线其他车站均设置直放站，非相邻基站载频频率一般允许空间复用。城轨中，中区制的基站和直放站之间的连接可以采用同轴漏泄电缆或利用城轨传输网连接。

3）小区制

无线集群的小区制信号覆盖方式，是指在一个服务区域设置多个基站，直放站只用来消除个别盲区，类似公众蜂窝式移动通信的组网方式。

城轨一条线路的无线集群若采用小区制组网，可以在每一个车站设置基站，地铁隧道中的非相邻基站载频频率一般允许进行空间复用，频率资源利用率高。随着基站价格的持续下降，已接近直放站的价格，所以新建城轨的无线集群通信系统均开始采用小区制组网方案。

4）基站间的越区切换

在小区制的无线集群通信系统中，每个基站小区（以下简称小区）使用一组载频，邻近小区使用不同载频。移动台离开一个小区进入邻近的另外一个小区时需进行载频切换，这种切换统称为越区切换。

越区切换可细分为越区切换和漫游切换两大类。当移动用户在一个服务区域中，穿行各频分小区所发生的载频切换称为越区切换；当移动用户跨越不同服务区域的切换则称为漫游切换。

移动用户在小区覆盖的边缘需要越区切换时，判断的准则一般如下：

（1）信号电平准则：比较移动台接收原基站和邻近基站信号电平，由系统判定是否切换。

（2）载干比准则：比较移动台所接收原基站和邻近基站的载频电平、干扰电平之比（即信号质量），由系统决定是否切换。

城轨行进列车的车载电台，在小区制的无线集群通信系统中经常发生越区切换。

7. TETRA 数字无线集群通信系统简介

TETRA 是由欧洲电信标准委员会（ETSI）推荐的一个数字集群标准。TETRA 采用时分多址（TDMA）技术，一个载频的 25 kHz 带宽分为 4 个时隙（信道），可采用大、中、小区覆盖方式。TETRA 系统集调度、移动电话、移动数传和短消息业务于一体，非常适用于专网的无线调度。2000 年，信息产业部接纳了 TETRA 作为我国的一个数字集群系统行业标准，并将 800 MHz 专网频段（806 ~ 821 MHz 和 851 ~ 866 MHz）分配给无线数字集群通信使用。

1）TETRA 标准

TETRA 标准描述了在一个 TETRA 系统中的各种接口，其中已确定的 9 种接口，如图 7-2-13 所示。TETRA 网络称为“交换和管理基础设施（SwMI）”，它包含了控制器（含交换功能）、网关、基站之间的内部接口，而这些接口尚未标准化。TETRA 系统的标准接口仅限于 TETRA 网络与无线终端，以及外围设备之间的接口。核心网与基站的接口未统一，故 TETRA 系统的标准化程度低于公众网的蜂窝式数字移动通信系统，造成了一定的设备垄断性。

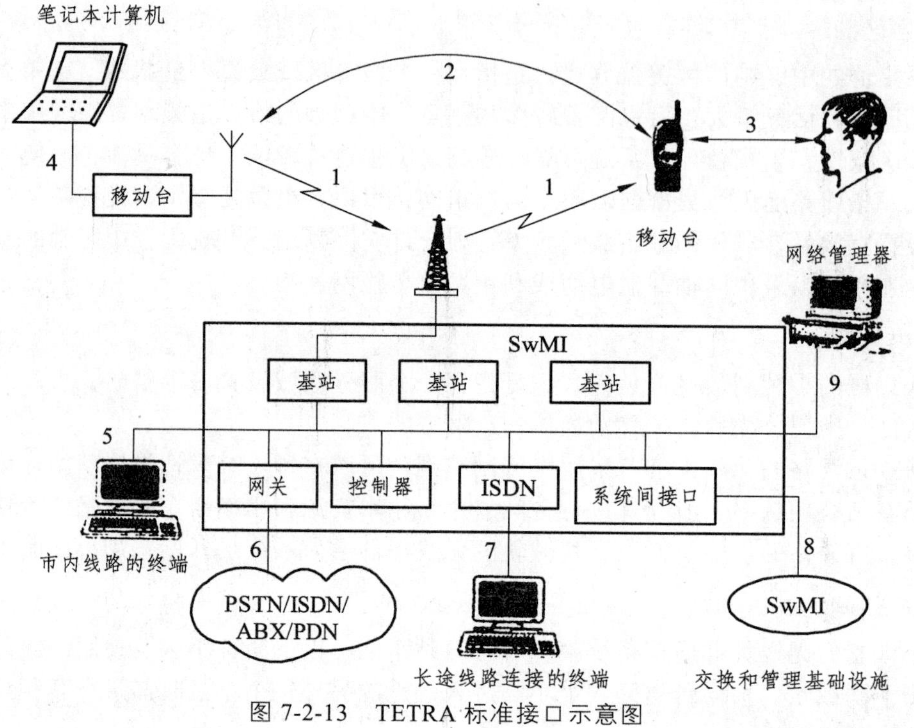

图 7-2-13　TETRA 标准接口示意图

为方便描述，将 SwMI 划分为核心网与基站两部分。以下简要介绍图 7-2-13 中的 9 种已标准化接口。

（1）1：系统空中接口。

TETRA 中最重要的就是系统空中接口标准，各制造商所生产 TETRA 移动终端只要符合该标准就可接入 TETRA 网络。TETRA 空中接口标准规范了从 TETRA 终端到网络的一条数字无线电路径，功能有：提供组呼、单呼和有线电话呼叫的控制信道和业务信道；能承载高达 256 Byte 用户数据的短数据业务；能承载电路数据与分组数据业务，其范围为从 2.4 kb/s 的高保护数据到 28.8 kb/s（一个载波 4 个时隙捆绑）的无保护数据传输速率或吞吐量；位置登记功能，使系统核心网能始终知道移动台所在的基站区域；安全性和对无线终端的鉴权。

（2）2：直通模式的空中接口。

直通模式的空中接口也是一条规范化的数字无线电路径，使符合该标准的移动台之间无须经过 SwMI 就能直接进行通信。以这种模式工作时，可应用的业务有组呼、单呼和短数据业务等。若利用一部无线电台作为移动网关或中继器，还可扩大直通模式工作的覆盖范围。

（3）3：移动台人机接口（MMI）。

为了使用户能够更方便地使用不同制造厂商生产的移动台，人机接口规范了一系列标准的键盘操作功能。

（4）4：终端设备接口。

终端设备接口是移动台和外围数据业务设备（如 PC 机、PDA、打印机、摄像机等）之间的一种接口。

（5）5/7：本地线路连接的终端接口/远端线路连接的接口。

本地线路连接的终端接口和远端线路连接的接口是 TETRA 系统核心网和本地或远端调

度台、网管终端之间的接口。在连接到远端调度台、网管终端时，接口采用 N-ISDN 标准接口。

（6）6：网关接口。

网关接口能提供系统与 PABX（程控电话交换机）网络的连接，故系统可提供 TETRA 移动台与 PABX 用户之间的通信；也可通过 PABX 转接提供 TETRA 移动台与 PSTN（公共电话交换网络）、PLMN（公共陆地移动网）用户之间的通信。网关接口也包括系统与 IP 内网或互联网的接口。

（7）8：系统间接口。

系统间接口是 TETRA 系统之间的互联接口，能使不同制造厂商所生产的设备成功地进行连接。此接口将允许在一个网络上的用户漫游到不同网络的覆盖区内。目前，两个不同 TETRA 制造厂商设备所组成的网络覆盖范围内的移动台之间，可以互相通话，但除通话功能以外的其他功能不透明。

（8）9：网络管理单元接口

若多个 TETRA 系统采用系统间接口进行互联，则网络管理单元接口只能限定在 ETSI 所规定的范围内。

2）TETRA 空中接口

TETRA 空中接口协议包括 TETRA V + D（语音 + 数据）、TETRA PDO（分组数据优化）和 TETRA DMO（直通模式）三个子集，以下仅简单介绍 TETRA V + D 空中接口的主要技术特性和工作频段划分。

（1）TETRA V + D 的主要技术特性。

- 接入方式：TDMA（4 个时隙）；
- 双工方式：FDD；
- 载波宽度：25 kHz；
- 双工间隔：10 MHz 或 45 MHz；
- 调制方式：π/4 DQPSK；
- 话音编码：ACELP；
- 载波调制速率：36 kb/s；
- 语音编码速率：4.8 kb/s；
- 最大数据速率：7.2 kb/s（每时隙）；
- 数据速率可变范围：2.4 ~ 28.8 kb/s。

（2）TETRA V + D 工作频段划分。

TETRA 本身没有限制所使用的频率，但要实现国家间 TETRA 移动台的漫游，统一频段是必要条件，但目前尚有困难。

我国信息产业部无线电管理局已规定了数字集群通信系统（包括 TETRA 和 iDEN）的工作频段，如图 7-2-14 所示。

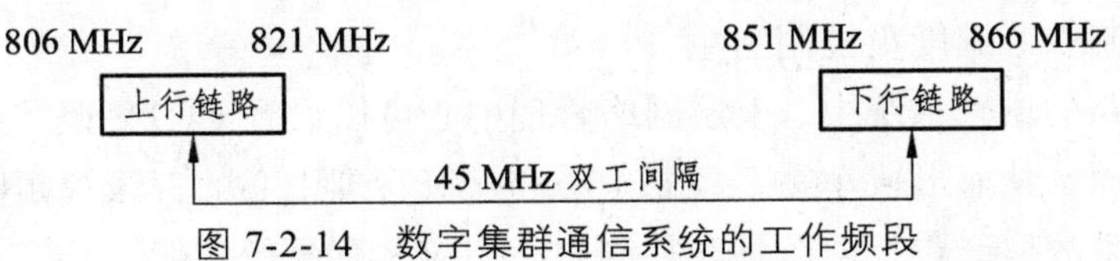

图 7-2-14　数字集群通信系统的工作频段

TETRA 系统在我国使用 806 ~ 821 MHz 和 851 ~ 866 MHz 频段，和现有的模拟集群通信系统所使用的频段是一致的，这就要求 TETRA 系统设备制造厂商应生产符合该工作频段的 TETRA 系统产品。

任务三　其他通信子系统

学习目标

（1）熟悉闭路电视监控系统的功能和主要设备组成；
（2）熟悉有线广播系统的功能和主要设备组成；
（3）了解乘客导乘信息系统的功能和主要设备组成；
（4）熟悉时钟系统的功能和主要设备组成；
（5）了解公共覆盖系统的功能和主要设备组成；
（6）了解集中告警系统的功能和基本设置要求；
（7）了解通信电源及接地系统。

相关知识

城市轨道交通是中短途的客运系统，为了提供更便捷、更舒适、更安全的乘客环境，城市轨道交通需要建设一系列的运输配套系统，其中在组织管理上归属通信系统的子系统一般有：闭路电视监控系统、有线广播系统、时钟系统、乘客导乘信息系统、公共覆盖系统、集中告警系统、通信电源及接地系统等。

一、闭路电视监控系统

城轨闭路电视（Closed Circuit TeleVision，CCTV）监控系统是轨道交通公司控制中心调度管理人员、车站值班员、列车司机及站台工作人员等对所管辖车站的站厅、站台、出入口、机房等主要区域提供实时视频监控服务，使他们可根据现场情况进行管理、指挥调度与操作，以确保城市轨道交通系统正常、安全运行的技术手段。

城轨 CCTV 监控系统一般采用车站、控制中心的两级互相独立监控方式，平时以车站值班员控制为主，中心调度员可任意选择、上调各车站的任一摄像头的监控画面；在紧急情况下，一般为以控制中心调度员控制为主。

在有多条线路的城轨系统中，上层网络管理中心可以设置 CCTV 监控中心，根据需要调看各线路监控画面，从而形成车站、控制中心和上级管理中心的三级视频监控系统。

出于安全与事故取证要求，车站和控制中心还应具有录像功能。

1. CCTV 监控系统功能

1）车站/车辆段视频监视系统的功能

城轨车站、停车场、车辆段的 CCTV 系统功能如下：

（1）车站值班员监视功能。

车站 CCTV 系统能与车站的 ISCS（Integrated Supervisory Control System，城轨综合监控系统）联网，车站值班员可通过 ISCS 系统终端或视频监控终端设备（由监视器和控制键盘组成）实现对本车站的监控。

车站值班员可利用 ISCS 视频监控终端向本车站 CCTV 系统发送操作控制指令，将本车站摄像机的画面以单画面、四画面等模式调入 ISCS 终端进行监视。

监视模式有编程自动循环模式和单选模式。

（2）接口功能。

为了实现车站 ISCS 终端对本站 CCTV 系统的控制和监视，CCTV 系统应采用统一的协议和接口与车站 ISCS 系统进行互联。

（3）字符叠加功能。

车站、控制中心 ISCS 终端的中央控制室大屏上，CCTV 显示区域还应同时显示相关的字符信息，这些字符信息主要包括摄像点的区域编号、日期及时间等，字符叠加应用软件能完成字符的格式、内容等信息的叠加。

（4）视频分配功能。

车站摄像机的图像信号在进行编码前应经视频分配器进行分配，分别接入城轨运营和公安的 CCTV 系统，视频分配器应具有补偿远端视频信号传输衰耗的能力。

（5）录像功能。

车站 CCTV 系统能对本站所有摄像机摄取的图像进行实时录制，图像质量达到高清级；能通过网络管理系统（人工或自动方式）开启和停止录像设备；系统在进行实时录像时，通过网管系统（人工或自动方式）可以转换为动态侦测录像；具有时间校准的功能，以便对输入的所有图像录制时间进行校准；能采用 IP 存储区域网络（IP-SAN）的方式存储视频信息；具有循环录像功能，磁盘存满后，最新录入的信息可覆盖最早录入的信息。

（6）回放及检索功能。

各车站被授权人员可对本站视频存储设备内存储的图像进行回放，并按记录的时间日期范围、摄像机位置（编号）等信息进行分类检索图像，且回放速度可调，回放时不影响录制。

（7）司机监视功能。

车站上/下行站台的 4 路枪式（固定）摄像机监视图像经画面合成后，分别传到上/下行站台的监视器上，或采用无线方式传到驾驶室内，供列车司机监视相应站台的旅客上下车情况。

（8）视频终端监视和周界告警功能。

在各站的站长室配置 1 台视频监视终端（工作站），该终端应至少具备下列功能：

- 支持软解码软件能清晰流畅地显示实时图像；
- 支持树形目录和电子地图功能，选择监控目标方便快捷，操作简单；
- 提供“单切”“组切”功能；
- 可对任意一个编码器进行解码；

- 可采用轮询方式自动切换图像；
- 支持组播功能；
- 数字视频编/（软）解码模拟端到端延时小于 300 ms；
- 具备本地紧急事件录像及实时视频抓拍功能；
- 具备回放及检索功能，车站 CCTV 系统可以从视频存储设备上下载信息；
- 每套终端应配置 1 套视频控制盘。

周界告警系统用于对车辆段围墙进行监视，当检测到有人非法翻越围墙时，能够以声、光信号或电子地图的方式显示入侵位置，并通过视频监控系统对入侵现场进行摄像和确认。

（9）系统联动功能。

车站/车辆段的 CCTV 系统能通过传输网络与控制中心 CCTV 系统联网，接受控制中心 CCTV 系统的监视、控制和管理。

2）控制中心视频监视系统的功能

城轨控制中心的 CCTV 功能如下：

（1）调度员监视和控制功能

① 控制中心行车调度台、环控/防灾调度台以及总调度台上需分别设置视频监控终端设备（由监视器与控制键盘组成）。控制中心总调度员、行车调度员和环控调度员通过视频监控终端设备实现对全线各车站、车辆段、运营列车的视频监控功能。

② 中心 CCTV 系统与中心 ISCS 联网控制中心总调度员、行车调度员和环控调度员也可通过 ISCS 终端（由 ISCS 配置）实现对全线各车站、车辆段、运营列车的视频监控功能。

（2）接口功能。

为了实现控制中心 ISCS 系统对 CCTV 系统的控制及监视功能，本 CCTV 系统应采用统一的协议和接口，实现和控制中心的 ISCS 系统互联。

（3）录像功能。

（4）回放、检索、转存功能。

3）分级控制功能

CCTV 系统的控制优先级可通过控制中心网管系统设定，其优先级顺序如控制中心环控调度员、车站值班员、车辆段（运转）值班员、司机、控制中心行车调度员、控制中心总调度员、车辆段安防值班员。CCTV 系统的优先级一般可以扩展，并可根据需要进行调整。

4）视频服务器的管理功能

CCTV 系统的视频服务器一般应具备下列管理功能：

（1）视频服务器能根据用户的操作指令建立监控链路，实现对视频的调用和对前端设备（包括云台、焦距、光圈、视频编/解码器等）的控制。

（2）视频服务器能充分满足系统内所有操作员的操作要求。

（3）视频服务器能根据用户的操作权限，区分用户的操作指令，并实现对前端设备的控制；为用户提供图形化（电子地图）操作界面，以方便用户操作。

（4）视频服务器能根据用户的请求，检查前端设备的占用情况，并根据不同的情况为用户建立视频链路。系统应能实时检测并显示出已启动视频连接链路与连接时间。

（5）视频服务器能支持 MPEG-2、MPEG-4、H.264 等图像压缩格式，并支持对视频存储设备管理策略。

（6）视频服务器能接收通信时钟系统提供的标准时间信号，并向系统内各相关设备转发。

（7）视频服务器的系统通信协议应能满足与其他相关系统（如 ISCS）通信协议之间的转换。

（8）视频服务器采用冗余热备方式配置。

5）网管功能

CCTV 系统的网管功能有信息管理功能、配置管理功能、日志管理功能、故障管理功能、用户管理功能、安全管理等，CCTV 系统与通信集中网管系统之间的连接采用 10/100M 以太网接口通信，能将本系统的故障信息上传至通信集中网管系统，以实现集中告警。

6）系统扩展功能

CCTV 系统应具有扩展功能，扩展时要求不影响既有设备的使用，在软件基本不变的前提下增加必要的硬件设备（摄像机、编码器、解码器、视频存储设备等）即可完成系统的扩展。

2. CCTV 系统的结构组成

CCTV 系统由摄像机（含监听头，即话筒）、传输部分、控制部分、监视器、报警部分和网管部分六部分组成，如图 7-3-1 所示。

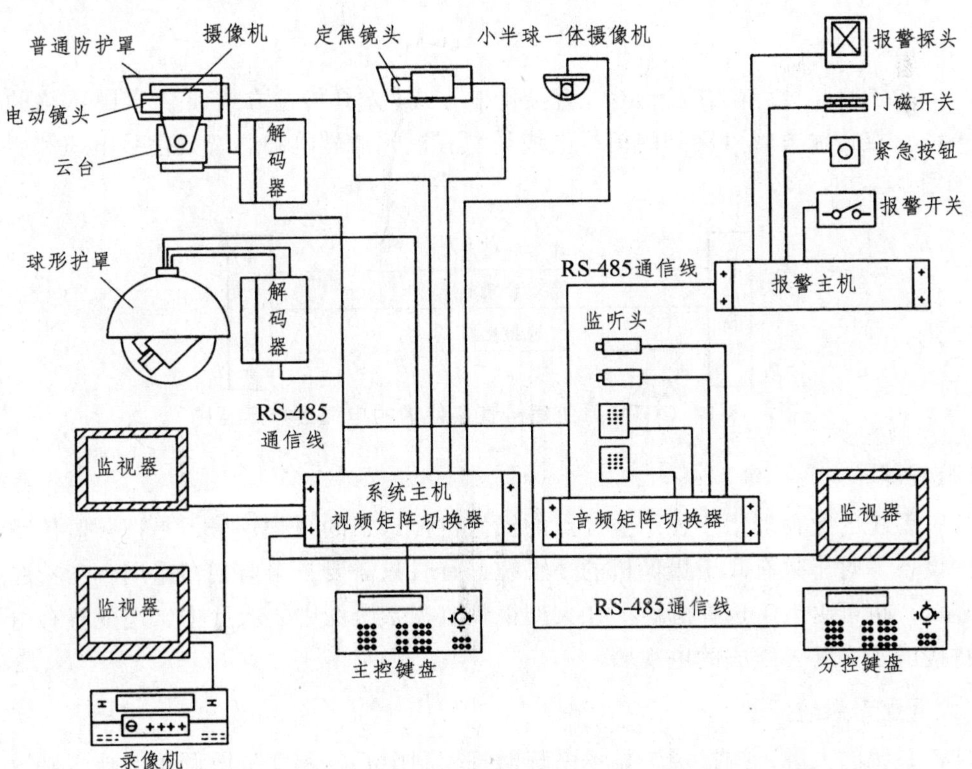

图 7-3-1　城轨闭路电视监控系统的结构组成

1）摄像机

摄像机是一种视频输入设备，在 CCTV 系统中所采用的摄像机分为一体化摄像机和固定摄像机两大类。其中一体化摄像机是受控摄像机，它的摄像头安装在云台上，可以上下左右4个方向受控移动，它的镜头也能受控调节焦距与光圈。

2）控制部分

CCTV 系统分为模拟闭路电视监控系统（简称模拟 CCTV）和网络闭路电视监控系统（简称网络 CCTV）。控制部分是整个 CCTV 系统的核心，模拟 CCTV 的控制功能主要用硬件来完成，网络 CCTV 的控制功能主要用软件来完成。

模拟 CCTV 系统的控制部分由主控制台、副控制台和远端解码器等组成，如图 7-3-2 所示。主控制台又称主机，其主要功能有视频信号的放大与分配、图像信号的校正和补偿、视频网络控制、图像信号的切换和分割、图像信号的记录、摄像机及其辅助部件的控制。

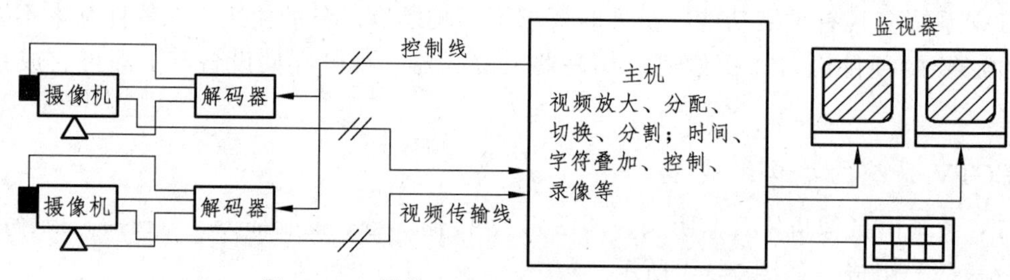

图 7-3-2　模拟 CCTV 系统的主要结构组成

3）传输部分

CCTV 系统的信号传输方式有电缆直接传输方式、光纤传输方式和基于 IP 网络的传输方式。其电缆直接传输方式可用到的信号电缆类型有视频信号电缆、音频信号电缆和通信控制电缆，如图 7-3-3 所示。

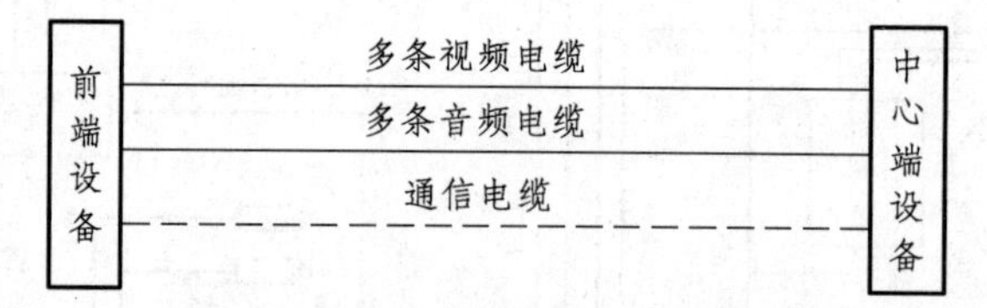

图 7-3-3　CCTV 系统信号直接传输的电缆连接示意图

4）监视器

CCTV 系统的监视器用于显示监控点的摄像机传送来的视频信号，是视频监控系统中不可缺少的设备。对于只有几个摄像机的小系统，有时只需要一个监视器采用自动轮巡或分割多窗口显示，也可由人工选择画面。在大型视频监控系统的中心大厅中，还配置有由多个监视器或拼接屏（大屏）组成的电视墙。

5）大屏显示系统

CCTV 系统的大屏（拼接屏）显示系统能将控制中心各调度员所调用的画面显示在一个共享的大屏幕上。大屏显示系统能将各种图形以窗口的形式进行缩放、移动和叠加，用以实现单屏显示、跨屏显示、分区显示和整屏显示，使多个调度员可通过各自的控制键盘，共享一个大屏进行工作。特别是在处理紧急事件时，利用大屏可以同时显示事故现场中多台摄像机的画面，供指挥人员根据现场情况做出决策，或供调度员联合调度使用。大屏也可作为视频会议、电视教学、放映 PPT/录像/有线电视等的视频终端。

6）网络视频存储系统

控制中心和车站的 CCTV 系统中配置有硬盘录像设备，硬盘录像设备包括视频存储服务器和磁盘阵列设备。城轨 CCTV 系统需对各车站的全部摄像点图像进行存储，控制中心调看的图像采用选择性的存储方式。因为城轨 CCTV 系统需存储的信息量很大，所以新建城轨 CCTV 系统均采用网络视频存储系统。

传统的存储系统采用直接附加存储（Direct Attached Storage，DAS）技术，该技术又称存储服务器与存储器的直连存储技术。随着计算机网络技术的发展和存储容量的迅速增加，催生出了存储局域网络（Storage Area Network，SAN）技术。

7）报警部分

CCTV 系统通常还具有环境监控信号的采集、编码、传输与报警功能，并具有报警和视频监控联动的功能。

8）网管部分

CCTV 系统的网管部分需具备下列功能：

① 用户管理：用户的增减、授权，用户优先级设置等 CCTV 功能均由系统管理员完成。

② 系统网管：CCTV 的系统服务器能自动完成系统的管理，管理内容包括设备在线检测、连接管理、自我诊断、网络诊断等。

③ 系统日志：对于 CCTV 系统中的操作，如系统报警、用户登录和退出、报警布防和撤防、系统运行情况等都需有系统日志记录。

④ 控制权协商：当多个用户同时控制一个前端设备时，为了避免控制混乱，只能有一个用户对该前端有控制权，这是通过管理员预先设定的优先等级顺序或网上自动协商实现的。

⑤ 信息查询：CCTV 系统的登录用户可以查询系统的使用和运行情况，如在线用户名单、前端运行状态、报警信息等。

3. 网络视频监控系统组网方案举例

网络视频监控系统是以计算机通信、视频压缩与处理技术为核心的新型监控系统。在网络视频监控系统中，控制中心和各车站 CCTV 的组网方式均采用计算机局域网（LAN）组网方式，并通过城轨专用传输网所提供的分组（Ethernet）传输通道将城轨视频监控系统的各局域网连接成为广域网。网络摄像机（或连接有多台模拟摄像机的编码器组）、视频终端（解码器 + 模拟监视器）、控制键盘、网络视频服务器、录像服务器等均作为节点设备接入控制中心或各车站的计算机局域网（CCTV 局域网）。各车站的 CCTV 局域网与控制中心 CCTV 局域网通过城轨专用传输系统以总线方式直接相连形成 CCTV 广域网。

基于计算机网络的城轨网络视频监控系统整体结构如图 7-3-4 所示。

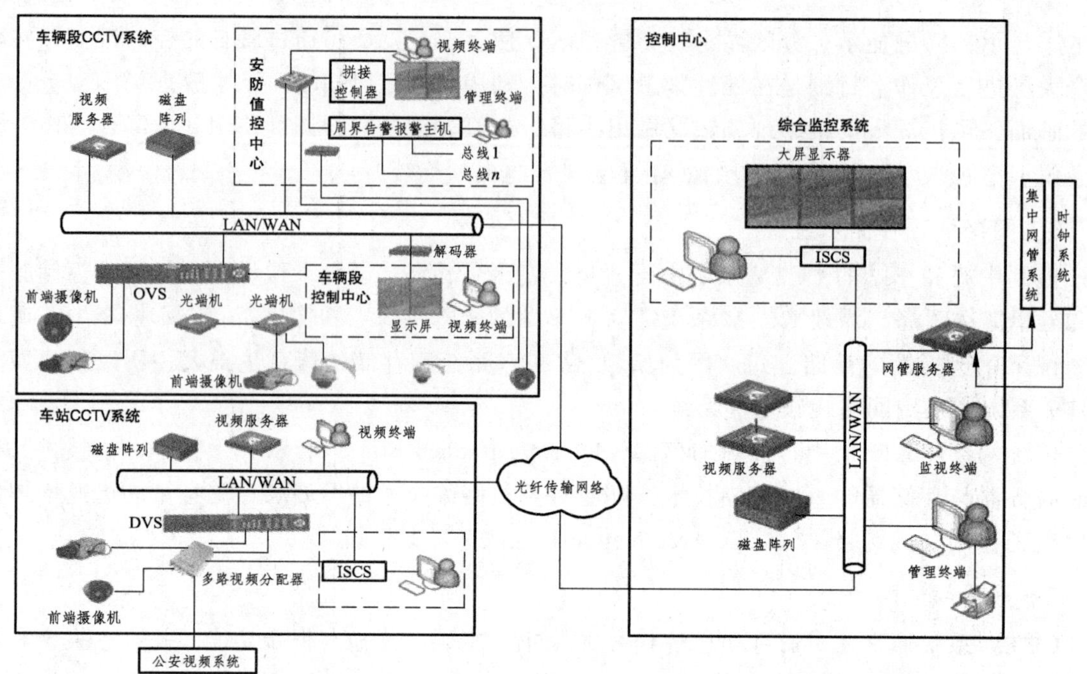

图 7-3-4　基于计算机网络的城轨网络视频监控系统整体结构示意图

二、有线广播系统

城轨有线广播（Public Address，PA）系统是行车组织、管理等不可缺少的技术手段。城轨有线广播系统可划分为三个独立的子系统：控制中心/车站（正线）广播子系统、车辆段/停车场广播子系统、商业区有线广播子系统。

1. 城轨有线广播系统的总体功能

城轨有线广播系统整体上需要具备下列功能：

（1）正线 PA 系统能实现控制中心和车站两级的有线广播要求，能根据车站用户的具体环境要求，在站台的监控亭设置供站台站务员作定向广播的播音台。

（2）控制中心 PA 系统的行车调度员、环控（防灾）调度员，可通过 PA 系统相应的广播控制台，对全线、所选车站或所选区域进行广播，必要时能进行录音。

（3）车站 PA 系统的车站控制室值班员，可通过 PA 系统相应的广播控制台对本站辖区范围内进行选区广播，并能对任何一个广播区域进行监听。

（4）为站台站务员所提供的站台广播，在必要时能插入本站有线广播系统对本站台进行定向广播。

（5）PA 系统用户的优先级顺序为：中心环控调度员、中心总调度员、中心行车调度员、中心维修调度员、车站值班员、车站站台客运值班员、背景音乐广播。广播系统用户优先级的顺序可以通过控制中心的网管终端进行相应设置调整。

（6）车站的播音区域可划分为上行站台区、下行站台区、站厅区、办公区、线路（隧道）等广播区域。

（7）PA 系统的各区域扬声器均采用分散布设方式，相互间隔能保证扬声器输出声压级与环境噪声声压级的比值（建议值为 6 dB）要求。

（8）在环境嘈杂区域，设置噪声传感器以实现音量的自动调整功能。

（9）PA 系统的放大器单元采用 N : 1 备份方式，能自动进行切换。

（10）车站 PA 系统的设备之间采用广播电缆连接（站务员可使用广播专用无线手持台），控制中心至车站之间的设备采用城轨专用的传输系统电路或分组通道进行连接。

（11）车辆段/停车场内部的 PA 系统能满足车辆段/停车场运转值班员和车库运转值班员对停车场、车库等播音区域的广播。

（12）PA 系统发生故障时，能降级使用，以确保紧急情况下的广播功能。

（13）PA 系统的主要设备具有自检功能，并由控制中心采集、存储检测信息。

2. 有线广播系统的结构组成

城轨有线广播系统是一个整体，图 7-3-5 为一个典型的有线广播系统。PA 系统的主要功能结构包括音源、前置放大器、功率放大器、扬声器配电盘、扬声器组和录音机等。

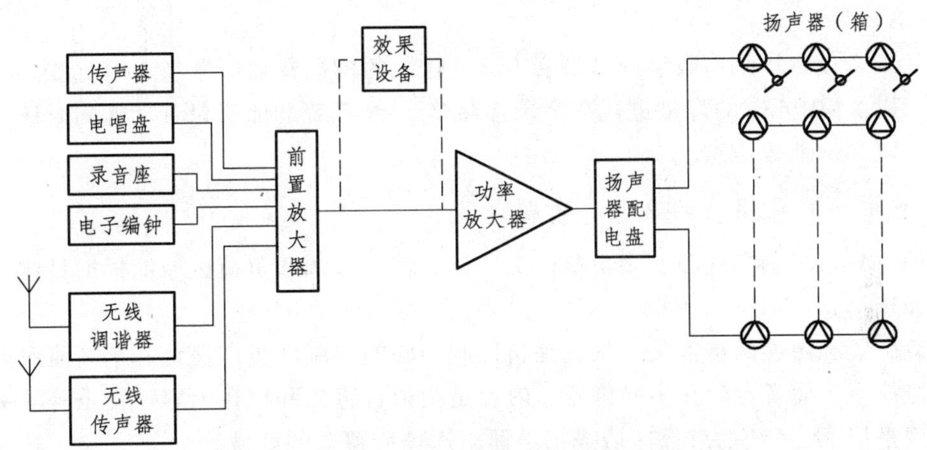

图 7-3-5　城轨有线广播系统结构组成示意图

1）音　源

音源设备主要包括传声器（话筒）、录放机、MP3、CD、DAT、收音机、“咚”音发生器等。

2）前置放大器（调音台）

前置放大器能对音频信号的电压进行放大。在前置放大器中往往带有音量调节器、均衡器、混响器、延时器、移频器等用来改善音质和适应重放环境。

早期城轨的有线广播系统采用模拟音频处理技术，如今均采用数字信号处理（DSP）技术，数字均衡、数字动态压缩、数字混响和数字延时等新型信号处理技术简化了电路，提高了系统的可靠性，操作简洁方便。对数字音频处理的参量修改，既可通过内部微处理机的总线送 DSP 芯片来设置，也可通过外部主机的通信接口进行编程设置。

3）功率放大器

功率放大器（简称功放）能将前置放大器输出的音频电压放大至适当功率，以驱动扬声器组工作。在大型的 PA 系统中，设置由多个功率放大器所组成的功放组，可增大功率输出以及配置更多的备用功放。

4）扬声器配电盘和负载核算模块

扬声器配电盘类似于通信网中的配线架。功率放大器与扬声器组不直接相连，而是通过扬声器配电盘上的接线器与开关相连接，利用开关能开启或关闭指定一路的扬声器组。

负载核算模块能计算指定区域所需功放和扬声的功率，控制功放和扬声器的工作次序。

5）扬声器组

扬声器的作用是将电信号转换为机械声波。常用的扬声器有纸盆扬声器和号筒扬声器。

6）音频切换矩阵

大型企业、车站、码头、机场等单位往往配置多个广播台与广播区域，在前置放大器组和功放组之间插入一个音频切换矩阵，音频切换矩阵类似于一台空分交换机，能完成任意广播台向指定广播区域进行可控的广播。

7）录音设备

如今的录音设备均采用数字硬盘录音方式。输入的模拟音频信号经 A/D 转换，按规定的编码技术，以 2 MB/min 的容量进行数字录音存储。PA 系统的监听录音功能同时还需记录播音时间、区域和地址等信息。

3. 城轨有线广播系统的音源与负荷区

城轨的 PA 系统是多音源、多负荷区的广播系统，音源和负荷区域能根据具体环境需要进行控制和选择。

音源有位置和内容两重含义。位置是指控制中心的各调度员广播台、车站值班员广播台和站台（监控亭）播音台处在不同位置，内容是指语音直播和预存内容、音乐等的播送。

负荷区是指 PA 系统的广播区域或扬声器组声场所覆盖的区域。

4. 城轨有线广播系统的控制方式

城轨 PA 系统具有自动广播和人工广播方式，并能对相应的功能和优先级进行设置。

城轨 PA 系统采用车站和控制中心两级控制方式。平时以车站广播为主，控制中心可以插入，但在紧急情况下一般以控制中心防灾播音台为主。

5. 城轨有线广播系统的组网举例

城轨车站有线广播子系统网络的结构组成如图 7-3-6 所示。车站 PA 系统由各种外围设备和车站广播机柜组成。其中车站广播机柜内置前置放大器、音频切换矩阵、广播控制器、应急切换设备、功率放大器组、功放控制器、负载输出控制器、以太网交换机等。

车站 PA 系统对外连接 PIS（音频）、ISCS 等系统和便携网管终端。车站广播机柜通过城轨传输网的车站 ADM（分插复用器）接口连接控制中心，接收控制中心的两路分组广播信号和控制信号，向控制中心选择发送车站的两路广播监听信号和状态信息，供控制中心监听、显示。

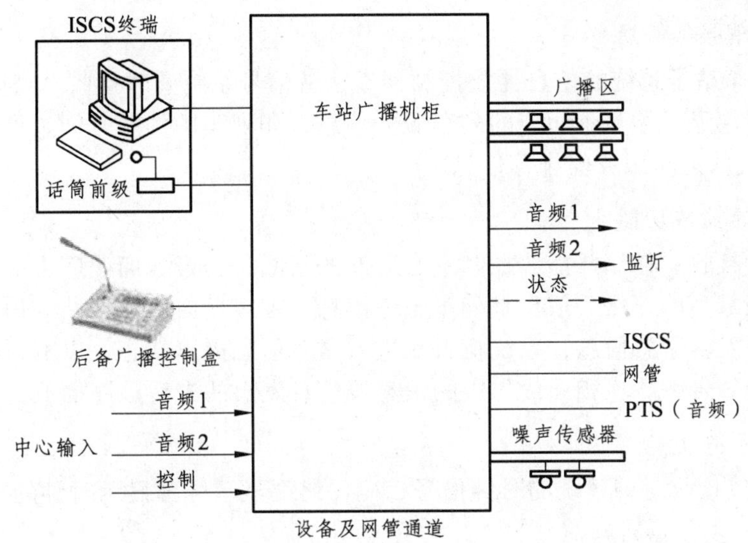

图 7-3-6　城轨车站有线广播系统的结构组成

三、乘客导乘信息系统

现代城市轨道交通系统的运营管理越来越重视对乘客的服务，城轨运营模式正在从以车辆为中心的运营模式向以服务乘客为中心的运营模式转变，所以要加强为乘客提供服务为主的乘客信息系统（Passenger Information System，PIS）的建设。

1. 乘客信息系统的功能

1）应急功能

PIS 系统可以预先设定多种紧急灾难告警模式，方便系统自动或人工触发进入告警模式。通过设置在调度大厅的紧急信息发布工作站，设定每种模式的告警信息及各种告警信息发布参数。在发生火警、恐怖袭击等情况时，由相应的接口系统或人工触发，进入紧急灾难告警模式。此时，相应的终端显示屏显示发布乘客告警信息及人流疏导信息。

当车站发生非预期的灾难且需要乘客信息系统实时发布灾难告警信息时，乘客信息系统软件可以即时编辑发布紧急信息。通过中心紧急信息发布工作站，由相应权限的操作员即时编辑各种告警信息，并送至指定的终端显示屏，使乘客及时看到告警信息及人流疏导信息。

2）宣传和广告发布功能

PIS 系统能通过形象视频、图片、文字的播出，可以为城市轨道交通进行更多的形象宣传。

3）区域屏幕分割功能

PIS 系统的终端显示屏模板可根据要求分割为多个区域，不同区域可同时显示不同的各类资讯，包括文字、图片和视频信息；不同区域的信息可采用不同的显示方式，以吸引更多的观众。播出的版面可以根据不同需要而进行调整，各子窗口可以独立指定时间表。通过时间表的控制，每一子窗口可以单独用于显示列车服务信息、乘客引导信息、商业广告信息、一般站务信息及公共信息、新闻、天气、通告等，同时也可对某个信息进行全屏播放。

4）显示列车服务信息

PIS 系统的车站子系统的信息播放控制器直接从信号系统实时接收 ATS 列车服务信息，再控制指定的终端显示器显示相应的列车服务信息，如列车的到站时间、列车时间表、列车阻塞/异常、特别的列车服务安排等信息。

5）车载信息播放功能

列车能实时接收、存储并播放控制中心下发的新闻、公告、商业广告等，紧急灾难信息是其中优先等级最高的，然后依次是列车服务信息、乘客导向信息、站务信息、公共信息和商业信息。如果发生紧急信息，系统将自动进入紧急信息播出状态，以醒目的方式提示来客紧急疏散，直到警告解除。相同优先级的信息按信息发出的先后顺序播放。

6）时钟显示的功能

PIS 系统可以接收时钟系统的时钟信号，确保终端显示屏幕显示时钟的准确性。

7）与其他设备的接口功能

PIS 系统为多种设备提供了接口，能提供多种信息服务。

PIS 系统、CCTV 系统与传输系统之间设有共享的以太网通道。PIS 系统与 CCTV 之间设有接口，可以将列车视频监控信息传送给 CCTV 车站交换机系统，CCTV 系统相关人员能对列车视频监控信息进行显示调阅。PIS 系统与时钟系统之间设有接口以实现时间同步。PIS 系统与 FAS 之间设有接口，PIS 系统能够接收并解释 FAS 发送的命令，并回送乘客信息系统的状态给 FAS 系统。PIS 系统与 ATS 之间设有接口，PIS 系统能够接收并解释 ATS 发送的命令，进行列车进站、位置等信息的显示。

2. 乘客信息系统的结构组成

PIS 系统是以计算机及多媒体应用为平台，以车站和车载显示终端为媒介向乘客提供信息的系统。PIS 系统从控制功能上分为 4 个层次：信息源、中心播出控制层、车站/车载播出控制层和车站/车载播出显示终端设备。

PIS 系统在结构和设备组成上可分为中心子系统、车站子系统、网络子系统和车载子系统四部分，如图 7-3-7 所示。中心子系统、车站子系统通过网络子系统进行连接。

1）中心子系统

PIS 的中心子系统通过采集外部信息流，经编辑、处理等手段生成内部信息，按既定规则或版式播出以达到向乘客传递信息的目的。中心子系统的设备设置在控制中心的通信机房，同时在控制中心设播出控制工作站，由中心值班员控制。

中心子系统设置有视频监控终端调阅车载 CCTV 系统视频图像，或通过设置轮巡监视等复杂功能进行乘客信息的视频监控。

中心子系统的设备主要由中心操作员工作站、网管及监控工作站、无线管理工作站、多媒体素材管理工作站、播出控制工作站、中心监视终端、中心服务器、视频流服务器、资讯应用服务器、直播数字电视编码器、中心存储设备、有线电视解调器、音视频切换矩阵、上/下变换器、打印机、有线电视传输制式转换设备、外部信号源和中心集成化软件系统等构成。

整个中心子系统设备构成了一个完整的播出、集中控制、集中监控系统。同时中心子系统还将提供多种连接其他系统的接口。

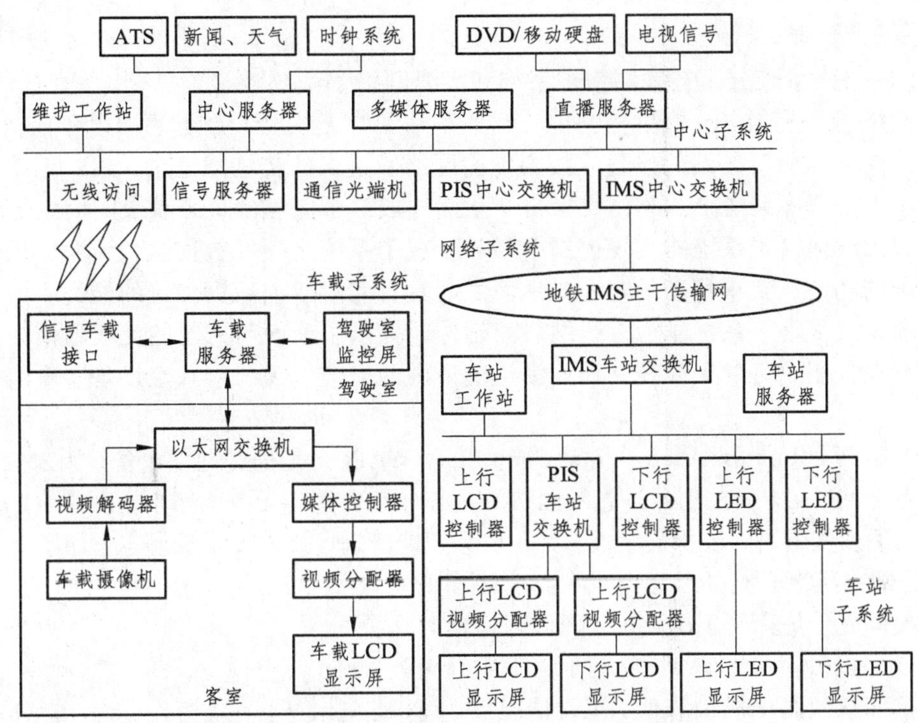

图 7-3-7　乘客导乘信息系统的结构和设备组成

2）车站子系统

PIS 的车站子系统由车站服务器、车站操作终端（紧急信息发布）、媒体控制器、网络系统和集成化软件系统等组成。车站子系统通过传输通道转播来自控制中心的数据，实时播放和本地播放，媒体控制器通过模板播出显示，并在模板划分的不同区域显示本站的信息，如列车运行信息和各类个性化信息等。

车站子系统分为控制和现场显示两部分。控制部分包括车站服务器、车站操作终端、网络系统。现场显示部分包括所有的 LCD/LED 屏以及相应的媒体控制器。车站操作终端安装在车站的综控室内，根据车站规模及客流量的大小，在车站每侧站台设置不等数量的 LCD 显示屏，如图 7-3-8 所示。播出版面在正常运营期间自动定时切换而不需人工干预，以避免固定显示的文字或图像对显示终端灼伤（烧屏）。

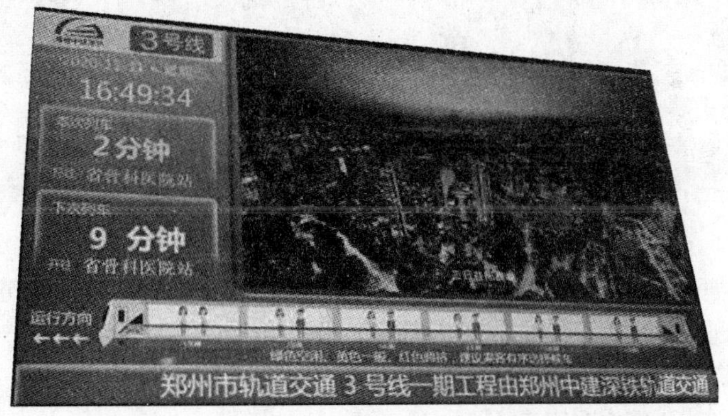

图 7-3-8　乘客导乘信息系统的站台 LCD 显示屏

3）网络子系统

PIS 的网络子系统分为有线网络子系统和无线网络子系统。

有线网络子系统为 PIS 提供控制中心到各车站（含无线接入点）的视频和数据信号传输通道。控制中心和所有车站的设备连接到传输网络所提供的传输通道上，PIS 系统在每个车站和车辆段、停车库设置 PIS 车站交换机，从而构成一个完整的 PIS 系统的信息传输路径。

PIS 的无线网络子系统能实现控制中心与车载子系统之间的数据信息传输，根据车载乘客信息系统的功能，要求移动的列车与地面之间具有实时双向数据传输的能力。

PIS 的无线网络子系统作为有线网络的延伸，提供了地面与列车的无线通信，其设备主要包括设置在控制中心的无线控制器、沿途隧道内的光缆、无线接入点设备、车载的无线单元和天线。

无线控制器（Wireless Access Point Controller，WAPC）是一种网络设备，用来集中化控制无线接入点（AP）。无线控制器是无线网络的核心，负责管理无线网络中的所有 AP，它对 AP 的管理包括下发配置、修改相关配置参数、射频智能管理、接入安全控制等，如图 7-3-9 所示。

PIS 的无线网络应充分考虑列车在高速情况下的信号切换问题，应采取有效措施以降低因切换时间带来的数据损失。在列车高速运行时，不应因丢失通信连接而导致画面质量降低，正常情况下，列车能到达的地方都应进行全面的网络覆盖测试，并满足覆盖要求。

PIS 的无线接入点是移动设备用户信号连接有线网络的接入点。作为无线局域网的中心点，AP 能连接其他装有无线网卡的计算机接入无线局域网，从而达到有线网络信号范围延伸的目的。

图 7-3-9　无线接入点（AP）设备

4）车载子系统

传统的乘客导乘信息系统只有车站的信息向导，无全网概念，系统功能较弱。随着无线传输的成熟，很多城轨的乘客导乘信息系统设置了车载的乘客导乘信息服务，如图 7-3-10 所示。

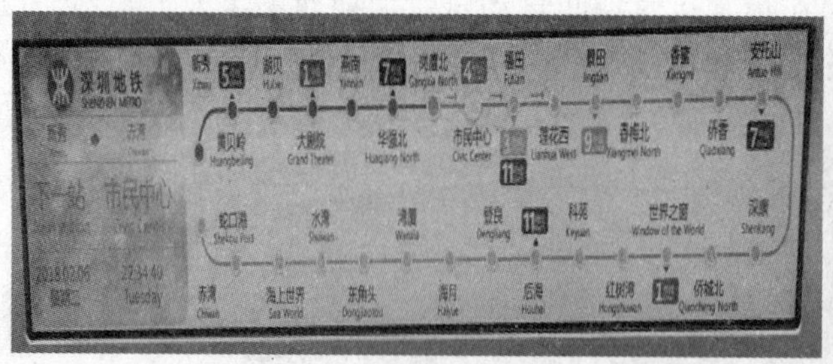

图 7-3-10　车载乘客导乘信息设备

车载的乘客导乘信息显示系统的建设是为了更好地提高对乘客的服务质量，通过此系统，中心能快捷、方便地将一些热点新闻资讯信息、交通状况、体育赛况、天气预报、时政要闻、股票、广告和公告等信息，通过视频、音频或文字的方式传播到列车上，供乘客消遣、娱乐，并及时了解对自己有用的相关信息。

车载 PIS 系统包括车载乘客信息显示系统（Passenger Information Display System，PIDS）和车载视频监控子系统。车载PIS视频无线接收/发送以及播放控制装置均设置在驾驶室，LCD视频传输、分屏和客室视频监控、编解码及传输装置设置在客室。

PIS 车载子系统的核心问题是无线传输，目前用于车-地无线通信的技术有：无线局域网（WLAN）、WiMAX、LTE/数字电视地面广播、地铁专用数字无线集群通信（TETRA）。采用 TETRA 时，传输通道不需另建无线网络，但此方式信号传输带宽较低，车-地间信息传输内容和类型有局限性，目前通常采用 WLAN 或 LTE 方式。

由于列车内部电磁和振动环境比较复杂，为提高车载 PIS 网络的可靠性，同时遵循单点故障不扩散原则，列车内部使用工业环状冗余以太网，如图 7-3-11 所示。环状冗余以太网为网络设备提供了双备份链路，当某一线缆或某一交换机出现故障时，不影响其他设备的通信。

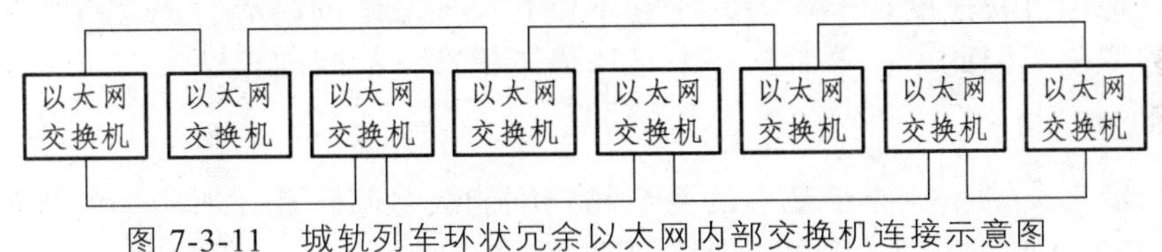

图 7-3-11　城轨列车环状冗余以太网内部交换机连接示意图

车载视频监控系统通过安装在列车客室的摄像机和安装在驾驶室顶部的摄像机，分别用于监控乘客在整个乘客室内的活动情况，并记录列车司机的在司机操作台上的操作过程。车载视频监控系统也可使司机通过安装在驾驶室中的 CCTV 监视触摸屏实时监视或录像回播客室内乘客的活动情况。

列车客室每个车厢安装两台摄像机。车辆上的客室摄像机输出的信号经过视频编码后，视频流通过以太网传输到驾驶室媒体主机中保存。列车的每个驾驶室内各安装 1 台驾驶室媒体主机，拥有监控视频存储功能。驾驶室媒体主机自带以太网络接口，可连接各客室网络交换机，主机内部设置有一个工业级的防振硬盘支架，可以放置硬盘。

四、时钟系统

时钟系统是城市轨道交通运行的重要组成部分之一，它的主要作用是为城轨工作人员和乘客提供统一的标准时间，为其他各相关系统设备提供统一的时间信息，从而使轨道交通的各系统时间信号同步。

1. 时间同步和时钟同步

城轨的时钟系统分为两类：基于协调世界时（UTC）组建的时间同步系统和用于数字通信设备的时钟同步系统。

数字通信系统往往将时钟同步称为频率同步，时间同步称为相位同步。时间同步系统用于定时（如每隔 1 s）和输出标准时间（年/月/日/时/分/秒/毫秒）信号，时钟同步系统则用于输出高稳定度、连续的同步脉冲信号。

2. 时间的概念

在现代科技中，时间系统是最重要、最基本的物理量之一，但如何定义基准时间是比较麻烦的科学问题。例如 1 m 的长度，是在 1983 年第 17 届 CGPM（国际度量大会）的决议中才最终定义的：光在真空中 1/299 792 458 s 所传播的距离长度。如今世界上最常用的时间系统有三大类：世界时、原子时和力学时。力学时系统通常在天文学中使用，这里不作介绍。

1）世界时系统（UTI）

世界时系统是以地球自转运动为基准时间。由于观察地球自转时所选择空间参考点的不同，世界时系统又分为恒星时、平太阳时和世界时。

以平子夜为零时起算的格林威治平太阳时称为世界时。平太阳时是太阳连续两次通过观察者子午线上空定为 24 h。平太阳时是地方时，地球上各地点的平太阳时不同。19 世纪末开始，一般将一个平太阳日的 1/86 400 作为 1 s。由于地球自转轴在地球内部的位置是不固定的（极移），而且地球自转速度是不均匀的，它不仅有长期减缓的趋势，还含有一些短周期的变化和季节性的变化。因此，世界时是一个常用但不很严格的时间系统。

2）原子时

原子秒的定义：铯-133 原子基态的两个超精细能级之间跃迁，所产生的辐射（电磁波）的 9 192 631 770 个周期历经的时间，作为 1 原子秒。

经国际上 100 多台原子钟的时间相互对比，并经数据处理，推算出统一的国际原子时。

3）协调世界时（UTC）

原子时虽然秒长均匀、稳定度很高，但与地球自转无关。世界时虽然不均匀，但与地球自转密切相关。原子时的秒长与世界时的秒长不等，大约每年相差 1 s。

为了协调原子时与世界时的关系，建立了一种折中的时间系统，即为协调世界时（Universal Time Coordinated，UTC）。目前，世界各国发布的时间均以 UTC 为基准。

4）GPS 时间系统（GPST）

为了定位的需要，全球定位系统（GPS）建立了专用的时间系统（GPST），GPST 属于原子时系统，秒长与原子时相同。采用 GPS 接收机输出的 ToD（Time of Day）时间信息，获得精确的 UTC 及北京时间，是比较经济、便捷的方法。

3. 城轨时钟系统的功能和技术需求

1）时钟系统基本功能需求

时钟系统按控制中心一级母钟和车站/车辆段二级母钟两级方式设置，系统基本功能如下：

（1）同步校对

控制中心的一级母钟设备接收 GPS 时标信号，产生精确的同步时间码，通过传输通道向各车站和车辆段的二级母钟传送，统一校准二级母钟时间信息。

（2）失步工作

一级母钟设备在失去 GPS 同步时标信号的情况下，应能自主产生符合精度要求的时标信号，来统一校准二级母钟和控制中心的各个子钟。

二级母钟在传输通道中断，失去来自一级母钟时标信号的情况下，也能独立工作，产生各子钟所需精度的时标信息。

（3）日期/时间显示

一级、二级母钟应产生全时标信息，格式为年、月、日、星期、时、分、秒，并能在设备上显示。

（4）时钟精度

一级母钟 GPS 同步精度应小于 ±1 μs，一级母钟自身时钟稳定度应在 1×10^{-9} s 以上，二级母钟自身计时精度小于 ±0.01 s/天，子钟自身计时精度小于 ±0.1 s/天。

（5）为其他系统提供标准时间信号

一级母钟设备设有多路标准时间码输出接口，能够为传输系统、公务电话、专用电话、无线通信、CCTV、PA、PIS、OA（办公自动化系统）、电源、集中网管、ATS、ISCS、AFC 系统等提供秒级标准时间信号。

一级母钟设备和车站二级母钟设备应能提供毫秒级标准时间信号，以满足相关系统的时间信号需求。

（6）设备冗余

一、二级母钟采用主、备母钟冗余热备方式，当主用母钟出现故障时，系统自动切换至备用母钟工作。主用母钟恢复正常后，备用母钟自动切换回主用母钟工作。

（7）系统扩容

系统扩容时无须增加控制模块，只需增加接口板便可实现扩容。扩容时要求不影响已有设备的正常使用。

（8）可监控性

主要时钟设备应具有自检功能，控制中心维护检测终端应能采集故障检测结果，实时显示各设备的工作状态和故障状态。当系统出现故障时，维护检测终端能够进行声光报警，指示故障部位，对故障状态和时间进行打印和存储记录，并具有集中告警和联网告警功能。

（9）防电磁干扰

列车电机等设备所产生的电磁波会对时钟系统产生干扰，需采取必要的防护措施避免干扰信号进入时钟设备与线缆。

2）一级母钟功能需求

（1）一级母钟可接收 GPS 时标信息并校准自身时钟精度，以 GPS 时标为主自身晶振作为备用，当 GPS 信号接收故障时，能够采用自动/人工的方式切换。

（2）一级母钟产生出精确的标准同步时间码提供给各车站和车辆段二级母钟。一级母钟具有信息显示器，显示标准全时标时间及各部分工作状态；具有子钟驱动接口，用于驱动控制中心子钟。

（3）一级母钟具有时间码输出接口，系统应支持 NMEA 0183 协议输出接口和 NTP 时间码传输接口，能够给城轨各相关系统提供时间同步信号，接口标准为以太网（RJ-45）接口和 RS-422 接口。

（4）一级母钟各接口局部故障应不影响整个系统正常工作。

（5）一级母钟应能向网管设备提供时间及设备状态信息，并通过网管终端对时钟系统的主要设备及主要模块进行点对点监控。

3）二级母钟功能需求

（1）二级母钟通过城轨传输系统的分组或电路数据传输通道，接收一级母钟发出的时标信号，二级母钟与一级母钟随时保持同步。二级母钟应具有信息显示器，用于显示时间和各部分工作状态，并输出时间驱动信号，用于驱动本站/段内所有的子钟。

（2）二级母钟应具有独立的晶振，当中心母钟或传输通道出现故障时，二级母钟能依靠自身晶振驱动子钟运行，系统网管设备应能做出相应的告警。

（3）二级母钟具有子钟分路输出接口。通过屏蔽电缆线连接本车站/车辆段内各子钟。二级母钟采用标准 RS-422 接口，直接以电缆方式与所在区域的子钟相连接。连接子钟的接口数量为 10 路。每路最多可带 20 个子钟。

（4）二级母钟能够给城轨各相关系统提供时间同步信号，接口标准为以太网（RJ-45）接口和 RS-422 接口。

（5）二级母钟各接口局部故障应不影响整个系统正常工作。

（6）各车站/段二级母钟应设有系统监控数据接口，以便测试便携计算机的接入，可实施对全线设备的监测和管理。

4）子钟功能需求

所有子钟均具有独立的计时功能，平时跟踪二级母钟工作。当二级母钟出现故障或因其他原因接收不到时标信号时，子钟仍能依靠自身晶振工作，并向时钟系统管理中心发出告警。

子钟可分为指针式和数显式两大类，从外观结构上分单面和双面子钟，从安装方式上可分成悬挂式和壁挂式子钟。

4. 时钟系统的结构组成

时钟系统按控制中心一级母钟，车站/车辆段二级母钟，两级结构方式组网。系统主要包括 GPS 信号接收单元、控制中心主/备一级母钟系统、车站（车辆段）主/备二级母钟、子钟、时钟系统网管终端、电源、接口设备及传输通道等，如图 7-3-12 所示。

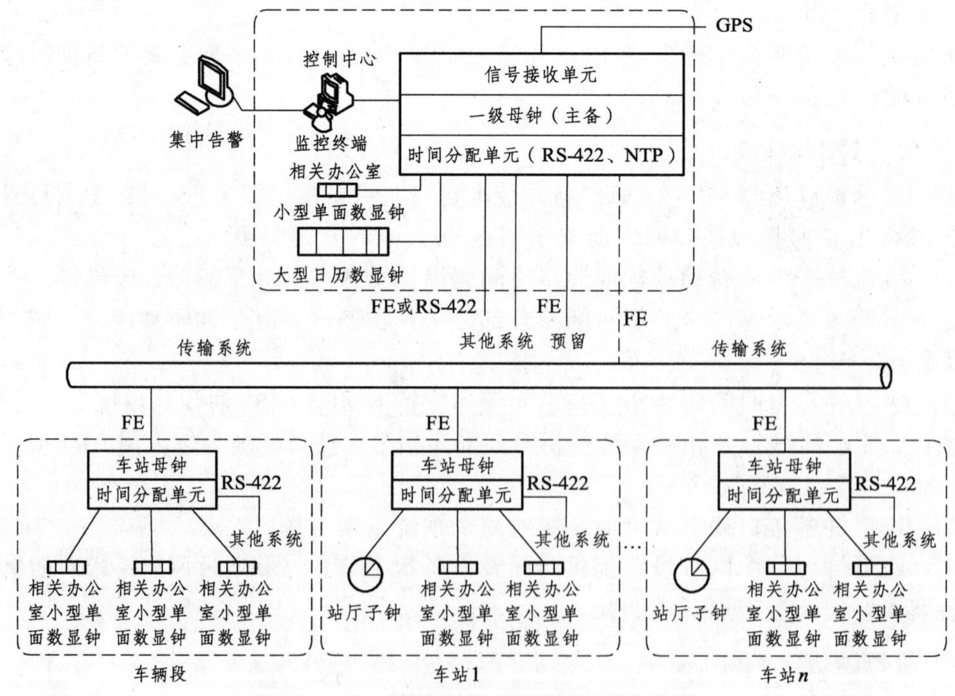

图 7-3-12 城轨时钟系统结构组成框图

控制中心设置一级母钟和子钟，沿线各车站、车辆段/停车场设置二级母钟和本地子钟。

一级母钟接收并同步于来自 GPS 卫星的时标信号，为其他各机电系统提供统一的时间信号，使各子系统的定时设备与时钟系统同步。一级母钟通过城轨传输线路所提供的 RS-422/485 电路数据通道或 10/100M 以太网通道，向各车站和车辆段的二级母钟传送时标信号，从而实现城轨全线执行统一的时间标准。

一级母钟的 GPS 信号接收模块在设计上应具有 4～8 个并行信道，即同时最多可以接收 4～8 个 GPS 卫星的信号。该模块从接收的 GPS 信号中分解出时标信息，用以同步一级母钟中的受控高稳定度晶体振荡器，使该晶体振荡输出的时钟信号精度达到 GPS 时钟信号的精度。

CJ-9300Ⅲ系列控制中心一级母钟系统的结构组成框图如图 7-3-13 所示。

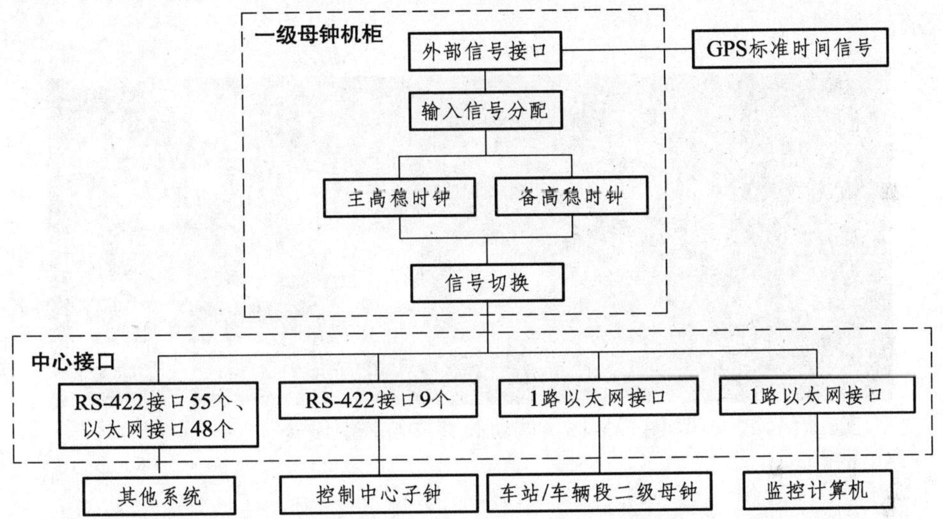

图 7-3-13　CJ-9300Ⅲ系列控制中心（一级母钟）时钟系统的结构组成框图

该系列产品的车站/车辆段时钟系统结构组成如图 7-3-14 所示。

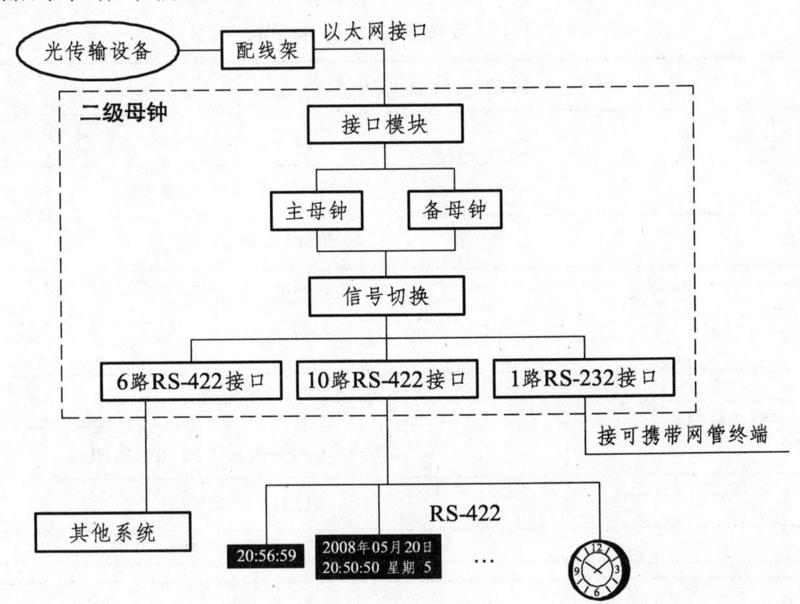

图 7-3-14　CJ-9300Ⅲ系列车站/车辆段（二级母钟）时钟系统的结构组成框图

五、城轨公共覆盖系统

城轨中的移动通信系统分为专用移动通信和公用（民用）移动通信。专用移动通信是城轨公司投资规划建设，专为内部组织列车运行、调度和管理服务的无线通信系统，一般指的就是城轨无线集群系统；而公用移动通信指的是公众移动网络的电信运营商为社会大众整体服务的 2G、3G、4G、5G 无线通信系统。

所谓“公共覆盖”，指的是在城轨系统中的公共运营区域，为满足乘客各种类型公用移动通信需求而规划建设的无线信号共同覆盖系统。城轨公共覆盖系统主要包括信号源（基站）和分布式天馈线系统两大部分，两者均需根据城轨具体特殊的环境进行设计与施工，如图 7-3-15 所示。

图 7-3-15　城轨公共覆盖系统设备

1. 我国专用和共用无线通信系统的频率分配

无线电通信的频率资源有限，且不同通信频率的相关设备外观、电路、成本和规划设置等区别也都较大。表 7-3-1 较为详细地介绍了我国无线电频率资源的分配方法。

表 7-3-1　我国无线电频率分配表

国内无线频谱分配情况	
频段/MHz	分配/用途
450～470	专用双频通信农村无线接入
470～806	数字电视微波接力
806～821	数字集群通信上行
821～825	无线数据通信（未分配）
825～835	中国电信 CDMA 上行
835～840	中国电信 CDMA 上行，已退回
840～845	RFID 专用
845～851	微波接力
851～866	数据集群通信下行

续表

国内无线频谱分配情况	
频段/MHz	分配/用途
866 ~ 870	无线数据通信（未分配）
870 ~ 880	中国电信 CDMA 下行
880 ~ 885	中国电信 CDMA 下行，已退回
885 ~ 890	铁路 E ~ GSM 上行
890 ~ 909	中国移动 GSM 上行
909 ~ 915	中国联通 GSM 上行
915 ~ 917	ISM 频段，未授权限制
917 ~ 925	立体声广播
925 ~ 930	RDIF 专用
930 ~ 935	铁路 E-GSM 下行
935 ~ 954	中国移动 GSM 下行
954 ~ 960	中国联通 GSM 下行
960 ~ 1 215	航空导航
1 215 ~ 1 260	科研、定位、导航
1 260 ~ 1 300	空间科学、定位、导航
1 300 ~ 1 350	航空导航、无线电定位
1 350 ~ 1 400	无线电定位
1 400 ~ 1 427	卫星地球勘探
1 427 ~ 1 525	点对多点微波系统
1 525 ~ 1 559	海事卫星通信
1 559 ~ 1 626	航空、卫星导航
1 626 ~ 1 660	海事卫星通信
1 660 ~ 1 710	气象卫星通信、无绳电话
1 710 ~ 1 735	中国移动 GSM 上行
1 735 ~ 1 745	中国联通 GSM1800
1 745 ~ 1 765	中国联通 FDD 上行
1 765 ~ 1 780	中国电信 FDD 上行
1 780 ~ 1 785	FDD 扩展频段
1 785 ~ 1 805	民航专用频段

续表

国内无线频谱分配情况	
频段/MHz	分配/用途
1 805～1 830	中国移动 GSM 下行
1 830～1 840	中国联通 GSM 下行
1 840～1 860	中国联通 FDD 下行
1 860～1 875	中国电信 FDD 下行
1 875～1 880	FDD 保护频段（电信）
1 880～1 900	移动 TD-SCDMA/TD-LTE
1 900～1 920	使用 TDD 频段，原 PHS 占用
1 920～1 940	使用中国电信 FDD 上行（正式文件为 1 920～1 935）
1 940～1 965	中国联通 WCDMA/FDD-LTE 上行
1 965～1 980	FDDE 行（未分配）
1 980～2 010	卫星通信
2 010～2 025	TD-SCDMA/TD-LTE
2 025～2 110	固定台、移动台、卫星通信等
2 110～2 130	使用电信 FDD 下行（正式文件为 2 110～2 135）
2 130～2 155	中国联通 WCDMA/FDD 下行
2 155～2 170	FDD 下行（未分配）
2 170～2 200	卫星通信
2 200～2 300	固定台、移动台、卫星通信等
2 300～2 320	中国联通 TDD
2 320～2 370	中国移动 TDD
2 370～2 390	中国电信 TDD
2 390～2 400	无线电定位、TDD 补充频段（未分配）
2 400～2 483.5	ISM 频段，未授权限制：WLAN、近场通信、医疗、导航、点对点扩展通信等
2 483.5～2 500	卫星广播、卫星移动
2 500～2 535	卫星广播、卫星移动、TD-LTE 主力频段
2 535～2 555	TDD 频段（未分配）
2 555～2 575	中国联通 TDD
2 575～2 635	中国移动 TDD

续表

国内无线频谱分配情况	
频段/MHz	分配/用途
2 635～2 655	中国电信 TDD
2 655～2 690	TD-LTE 频段（未分配）
2 690～2 700	固定台、移动台、广播等
2 700～2 900	航空无线电导航
2 900～3 000	无线电导航、定位
3 400～3 600	TDD BAND42
5 275～5 850	点对点或点对多点扩频通信系统、高速无线局域网、宽带无线接入系统、蓝牙、车辆无线自动识别等

2. 城轨公共覆盖的设置

1）设置原则

（1）车站机房需统一建设。

我国最主要的移动电信运营商是中国移动、中国联通和中国电信。为保证各个运营商能顺利地将无线信号接入地铁内，首先必须考虑各运营商的信号源（基站）接入点机房的统一建设。机房的建设还需考虑其大小能否满足现有和未来基站安装的空间要求，以及传输设备、配线架、电源等设备的安装场地。

（2）信号需有效覆盖。

建设城轨公共覆盖系统需要考虑在地铁特殊环境下信号覆盖的特点，尤其是隧道内的无缝覆盖。站厅、站台可以通过馈线和吸顶天线达到覆盖的目的，而隧道内一般采用漏泄电缆进行覆盖。隧道中的漏泄电缆开口需根据信号覆盖强度和覆盖长度进行定制，并要考虑列车车体对信号的衰减量。

（3）线路规划需简洁明了。

城轨公共覆盖的线路需简洁明了，这样才能做到建设周期短、投资少、便于维护和未来容量扩展。

（4）容量的冗余。

城轨公共覆盖系统还要考虑专网和公网在紧急事件下，无线通信需求量可能暴增的容量冗余设置问题。

2）信号源的引入

城轨公用移动通信的射频信号源一般是指移动通信系统的基站（Base Station，BS）。基站的一侧通过基站控制器（Base Station Controller，BSC）连接移动通信核心网（Core Network，CN），另一侧通过射频电缆（馈线）连接天线（或通过光纤直放站连接远端的天线）。一个基站可以有一个或多个扇区（小区），每个扇区包括一组载频。

地铁基站（信号源）可以建在地铁车站的外部，也可以建在地铁车站的内部。当基站建在车站内部机房时，若每个车站均放置基站，则相当于无线集群的小区制组网方式。当某个基站容量有富余时，可通过光纤直放站分担邻近车站的话务量，这相当于无线集群的中区制组网方式。若整条地铁线路不长、车站不多、话务量不大，也可在全线只建一个扇区较多的宏基站，通过光纤直放站或射频拉远，将信号延伸到全线其他各车站，这相当于无线集群的大区制组网方式。

3）分布式天馈线系统的组成和布设

早期城轨的公用移动通信系统由各电信运营商独立引入自己的系统，造成了布局混乱、投资费用大、建设维护和管理难度大等问题。整合多个电信网络，多个运营商共用一个多系统接入平台（Point of Interface，PoI）是如今城轨最通用公共覆盖布设方法。

基于多系统接入平台（PoI）的城轨分布式天馈系统主要包括多系统接入平台、泄漏电缆和全向吸顶天线。为使射频信号的场强分布均匀，完成以上各部件的射频连接还需配置定向耦合器、功分器，以及各种规格的射频馈线电缆和馈线接头等。

（1）多系统接入平台（PoI）

PoI 是城轨公用无线通信系统的前端设备，也是整个系统的关键设备，它将不同运营商的多个通信系统的信号耦合进入同一套天馈系统。

（2）漏泄电缆

电磁波在城轨弯曲较多的隧道中传播时，常用的定向天线所辐射的直射波传播有困难，且隧道内对电磁波有较大的吸收衰耗，多径效应也会使电磁波极化紊乱，信号传播衰耗大。为了解以上问题，目前地铁隧道中均采用敷设漏泄电缆的方式来完成无线电波的均匀覆盖。

漏泄电缆全称为漏泄同轴电缆（Leaky Coaxial Cable，LCX），简称漏缆。漏泄电缆集天线、馈线功能于一体，具有传输电磁波、向外辐射电磁波、接收外界特定的电磁波三种功能。

（3）天线

天线是将高频电流的能量变换为电磁波能量，并向既定方向（或全向）发射出去；或将来自一定方向（或全向）的电磁波能量吸收，变换为高频电流的一种无线电通信设备。

天线在下行链路（基站发、移动台收），将来自基站发射机的射频信号变换成电磁波并按规定的方向发射出去；在上行链路（移动台发、基站收），天线把来自一定方向的电磁波还原为射频信号并送给基站接收机。

在地铁商场、站厅、人行通道等场所，一般采用全向或定向吸顶天线阵进行信号覆盖，站台可采用吸顶天线阵或采用上下行车道轨边的漏泄电缆进行覆盖。

（4）定向耦合器

为了在地铁内实现多天线覆盖的分布式天馈方案，需要通过定向耦合器从主干线路中提取部分信号来完成功率的分配。

（5）功分器

为实现分布式天馈方案，需要功分器将一路输入的信号能量，分成两路或多路能量相等的输出。功分器也可以反过来将多路输入的信号能量合成一路进行输出。

城轨分布式天馈系统的设置结构如图 7-3-16 所示。

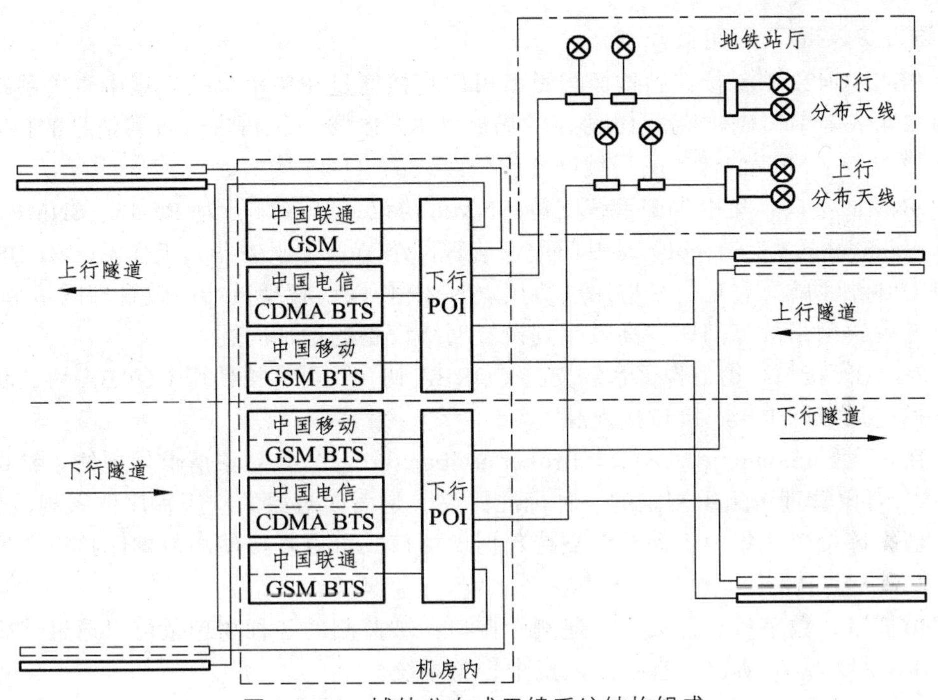

图 7-3-16　城轨分布式天馈系统结构组成

六、集中告警系统

城轨系统需要在各个子系统自身具备的网络管理设备之外另建立一套独立的集中告警系统，以便集中对通信系统内所有设备进行告警监督。集中告警系统能使设备维护管理人员处在一个位置就能以更高的层次掌握全网所有设备的运行情况，实现全系统设备的集中统一监控，有效地提高整体的通信能力和服务质量。

1. 集中告警系统整体构成

控制中心设置的通信集中告警系统设备，利用计算机网络技术和计算机本身的高速数据处理能力，对通信各子系统进行 24 h 不间断信息采集，当子系统的维护管理终端向集中告警系统发送故障告警信息时，集中告警终端设备可以清晰显示告警内容并发出告警音响，同时能将接收到的故障信息保存到数据库中。

集中告警系统以 IP 网络为基础，除 IP 接口外，集中告警系统还可以接入 RS-232/422/485、模拟量、数字量、开关量等接口。

1）被监控设备接入集中告警系统的物理连接方式

（1）直接接入方式：被监控的设备提供直接的监控接口接入集中告警系统。

（2）间接接入方式：如果被监控的设备已经有自己的专用网管，集中告警系统可以通过与其专用网管进行告警信号接入。

（3）遥测、遥信接入方式：对于不存在监控接口和专用网管的被监督设备，可以使用遥测、遥信设备采集所需监控量，从而实现集中告警系统与被监督设备的告警信号接入。

2）适用协议接口

（1）RS-232/422/485 接口：被监控设备可以直接通过 RS 串口接入集中告警系统，或将 RS-232/422/485 等串口先转换为 IP 协议的局域网 RJ-45 接口，再进行告警信号的接入。

（2）IP 接口：即我们常说的局域网 8 线双绞线的 RJ-45 接口。

（3）SNMP 接口：集中告警系统支持 SNMP 协议，其接口仍为 RJ-45。SNMP（Simple Network Management Protocol）是专门用于管理网络节点（服务器、工作站、HUBS 等）设备的一种 IP 标准协议，它是一种应用层协议。SNMP 使网络管理员能高效管理网络节点设备，及时发现并解决网络故障问题，高效规划设置网络设备的增加问题。

（4）CORBA 接口：集中告警系统支持 CORBA 协议，可直接使用 CORBA 协议将被监督通信设备通过局域网 RJ-45 接口接入。

CORBA（Common object request Broker architecture，公共对象请求代理体系结构）是由 OMG（公共对象管理）组织制定的一种标准协议，是面向对象的应用程序体系规范。

（5）数据库接口：集中告警系统支持数据库接口，可以直接使用数据库接口（通过局域网 RJ-45）接入集中告警系统。

（6）模拟量、数字量、开关量、遥测量接口：被监测的各种物理量可以通过传感采集设备转换成 RS-232 或 IP 协议，直接接入集中告警系统。

2. 集中告警系统总体布设

集中告警系统由集中告警主机设备（含 10/100 M 以太网卡）、测试监督软件、以太网交换机、故障告警声音报警器、网络打印机、信息采集设备、电源配电盘等组成。集中告警系统的总体结构如图 7-3-17 所示。

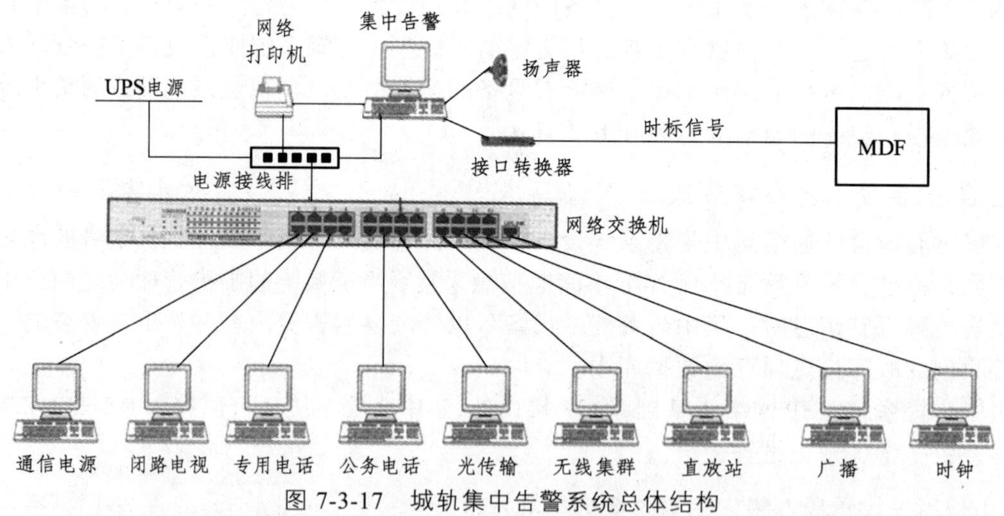

图 7-3-17　城轨集中告警系统总体结构

集中告警系统设备和被监督设备设在一个局域网内（也可不在同一个局域网内），只要局域网间路由正常，系统就可实现设备的整体集中监督告警。为更好地保障集中告警系统的安全性，一般会把集中告警系统相关设备全部设置在一个物理独立的局域网内。当需要和其他局域网连接混用时，需采取有效的数据安全措施才能保证集中告警系统的正常稳定运行和数据安全。

七、通信电源及接地系统

通信电源系统是为城轨所有通信设备提供符合要求的可靠、稳定、安全电力的设备系统。电源系统是城轨通信中必不可少的一个子系统，一旦电源设备发生故障而停止供电，必将造成城轨系统的通信中断，直接影响系统的运营安全。

1. 通信电源系统的主要设备组成

城轨通信电源系统由交流配电屏、－48 V 直流高频开关电源、交流不间断电源（UPS）、蓄电池组和电源集中监控等设备组成，综合 UPS 通信电源系统构成如图 7-3-18 所示。通信电源系统承担了城轨全线范围所有车站、控制中心、车辆段和停车场的通信设备供电。

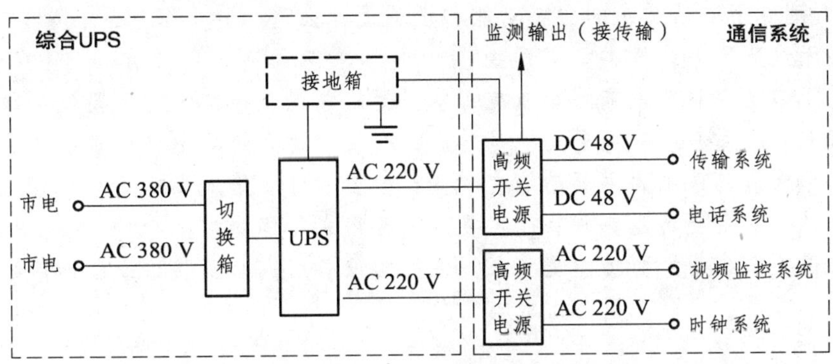

图 7-3-18　综合 UPS 通信电源系统构成简图

城轨通信电源系统是不间断供电系统，系统的交流输入由相关变电所接入两路独立的三相五线制交流电源，对通信设备按一级负荷供电。当两路交流输入同时断电时，系统的高频开关电源蓄电池可提供 DC 48 V 满载供电 4 h，UPS 蓄电池可满载为 AC 220 V 负载供电 2 h。

控制中心、车站、车辆段和停车场的通信电源设备的运行监控是独立设置的，但需通过传输系统将电源故障监测信息传送至控制中心统一监督。

通信电源系统的配电根据现场具体情况一般采用两种方式：一种是由弱电综合 UPS 电源系统供电，通信电源只配置了高频开关电源、交流配电盘等，UPS 由城轨各类设备共用；另一种方式是由通信系统独自提供 UPS 设备，UPS（含蓄电池）由通信设备独享。

2. 电源接地系统简介

城轨通信电源系统采用联合接地方式（工作地和保护地接在一起）。接地系统由接地体、接地引入线、地线盘、室内接地配线等构成，接地电阻小于等于 1 Ω。

将电源设备和通信设备的金属外壳接地，可防止设备故障时发生维护人员触电事故，保证了人身安全。设置电源线路和通信线路的防雷保护接地，可防止因雷击产生的过电压而击毁设备、危及人身安全。

高频开关电源原理

通信电源接地系统

思考题

1. 基本调制技术有哪些？它们各自的主要特点是什么？
2. 无线通信的多址技术有哪些？它们的技术原理是什么？
3. 城轨中常用的传输网络有哪些种类？各自的主要特点是什么？
4. 城轨传输主干网的结构设计要点有哪些？
5. 城轨中 LTE 技术的数据传输应用一般有哪些？
6. 城轨公务电话系统的主要功能有哪些？
7. 城轨专用电话系统的功能分类是什么？
8. 城轨车站专用电话系统包括哪些通信类型？它们各自的主要功能是什么？
9. 城轨调度专用电话系统的主要功能和设备是什么？
10. 城轨无线集群系统的类型有哪些？
11. 城轨闭路电视监控系统的功能有哪些？闭路电视监控系统的主要设备组成是什么？
12. 城轨有线广播系统的主要功能是什么？有线广播系统的主要设备组成有哪些？
13. 乘客导乘信息系统的主要功能有哪些？主要的设备组成有哪些？
14. 时钟系统的主要功能有哪些？主要的设备组成有哪些？
15. 公共覆盖系统的主要功能是什么？主要的设备组成有哪些？设备如何布置？
16. 通信电源系统主要的设备组成有哪些？

参考文献

[1] 中国铁路总公司. 铁路技术管理规程（普通铁路部分）[M]. 北京：中国铁道出版社，2014.

[2] 中国铁路总公司. 铁路技术管理规程（高速铁路部分）[M]. 北京：中国铁道出版社，2014.

[3] 中华人民共和国铁道部. 机车信号信息定义及分配（TB/T 3060—2002）[S]. 北京：中国铁道出版社，2002.

[4] 中华人民共和国铁道部. CTCS-3 级列控车载设备技术规范[S]. 北京：中国铁道出版社，2012.

[5] 中国铁路成都局集团有限公司. 铁路通信系统与故障处理[M]. 北京：中国铁道出版社，2021.

[6] 李丽兰. 信号联锁设备维护[M]. 北京：化学工业出版社，2019.

[7] 常治平. 铁路线路及站场[M]. 北京：中国铁道出版社，2018.

[8] 翟红兵. 铁道通信信号设备[M]. 成都：西南交通大学出版社，2012.

[9] 谢丹. 铁路综合调度通信系统[M]. 成都：西南交通大学出版社，2019.

[10] 常仁杰. 信号基础设备维护[M]. 成都：西南交通大学出版社，2019.

[11] 韦成杰. 列车运行自动控制系统[M]. 成都：西南交通大学出版社，2019.

[12] 韦成杰. 城轨列车运行自动控制系统[M]. 成都：西南交通大学出版社，2021.

[13] 李珊珊. 行车调度自动控制[M]. 成都：西南交通大学出版社，2019.

[14] 韦成杰. 通信信号电源设备维护[M]. 成都：西南交通大学出版社，2021.

[15] 常仁杰. 信号微机监测[M]. 北京：化学工业出版社，2017.

[16] 林瑜筠. 区间信号自动控制[M]. 北京：中国铁道出版社，2016.

[17] 贾文婷. 城市轨道交通信号与通信[M]. 北京：北京交通大学出版社，2018.

[18] 傅宗纯. 城轨交通信号与通信设备[M]. 上海：同济大学出版社，2019.